선택의 **심리학**

The Art of Choosing
Copyright ⓒ 2010 by Sheena Iyengar
All rights reserved including the rights of reproduction in whole
or in part in any form.

Korean Translation Copyright ⓒ 2010 by Book21 Publishing Group
This Translation is published by arrangement with
Janklow & Nesbit Associates
through Imprima Korea Agency

이 책의 한국어판 저작권은 Imprima Korea Agency를 통해
Sheena Iyengar c/o Janklow & Nesbit Associates와의
독점 계약으로 (주)북이십일에 있습니다.
저작권법에 의해 한국 내에서 보호를 받는 저작물이므로 무단전재와 무단복제를 금합니다.

선택의 심리학
The Art of Choosing

어떻게 선택할 것인가

쉬나 아이엔가 지음 | **오혜경** 옮김

21세기북스

contents

프롤로그 인생은 선택에서 시작된다 · 9

 선택의 목소리

01. 캘러헌은 어떻게 살아남았을까 ·· 19
02. 쥐에게도 신념이 있다? ·· 24
03. 선택을 하고자 하는 욕구 ·· 30
04. 황금 우리에 갇힌 판다 ·· 35
05. 건강을 선택하거나, 건강한 선택을 하거나 ·· 41
06. 선택이 주는 위로 ·· 49

 선택에 영향을 미치는 것들

01. 칸와르와 쿨디프의 축복받은 결혼 ·· 55
02. 당신은 천국이 있다고 믿는가? ·· 60
03. '나'에 집중하는가, '우리'에 집중하는가 ·· 65
04. 중매결혼이 연애결혼보다 이혼율이 낮은 이유 ·· 75
05. 미국과 일본 학생들의 선택 차이 ·· 88
06. 제 눈에 안경 ·· 99
07. 베를린 장벽을 원하는 사람들 ·· 109
08. 관용에도 한계가 있다 ·· 125

3장 미처 알지 못했던 내 선택의 심리

01. 자기계발서 코너를 서성이는 우리들 ·· 133
02. 당신은 고임금을 받을 수 있는가 ·· 138
03. 나도 남들만큼 특별하다 ·· 151
04. 일관성 있는 선택은 우리를 편하게 한다 ·· 162
05. 당신도 나와 같은 것을 보는가? ·· 174
06. 무거운 의무 ·· 186

 ## 4장 선택에도 기술이 필요하다

01. 어디로 갈지 정할 사람은 바로 당신! ·· 191
02. 마시멜로 이야기 ·· 194
03. 선택의 규칙 따라하기 ·· 204
04. 인간 거짓말 탐지기 폴 에크먼 교수의 비밀 ·· 215
05. 사랑은 흔들리는 다리에서 고백하라 ·· 221

contents

 5장 우리를 함정에 빠트리는 것들
01. 공정한 관찰자 ‥ 237
02. 닭이 먼저인가 달걀이 먼저인가 ‥ 242
03. 더 비싼 와인을 선호하는 이유 ‥ 255
04. 인생을 바꾸는 빨간 알약 ‥ 264
05. 코카콜라를 인식하는 뇌 ‥ 269
06. 눈앞에서 놓친 227킬로그램짜리 고릴라 ‥ 276
07. 선택의 함정 ‥ 291

 **6장 선택의 놀라운 역설**
01. 잼에 파묻히다 ‥ 297
02. 처음부터 다시 시작한 연구 ‥ 301
03. 지나치면 모자라느니만 못하다 ‥ 307
04. 선택기회가 많을수록 더 잘못된 결정을 한다 ‥ 321
05. 선택의 과부하 ‥ 330
06. 잘 구성된 선택 ‥ 340

7장 인생은 선택의 과정이다

01. 케이크냐 죽음이냐 ·· 355
02. 줄리의 불편한 딜레마 ·· 358
03. 수전의 선택 ·· 370
04. 비교의 대가 ·· 377
05. 때론 가혹하고 파괴적인 선택 ·· 385
06. 빨간 단추 증후군 ·· 392
07. 반대로 선택하는 이유 ·· 399
08. 자신을 돛대에 묶어라 ·· 407

에필로그 선택하는 자, 미래를 결정한다 ·· 416

주　　석 ·· 433

프롤로그

인생은 선택에서 시작된다

몰아치는 눈보라에 도시가 눈과 침묵으로 뒤덮이던 날, 나는 토론토에서 예정보다 한 달 일찍 세상에 태어났다. 그때는 미처 깨닫지 못했지만 내가 태어나는 날 덮쳤던 눈보라와 어두운 시야는 불길함의 전조였던 것 같다. 인도에서 갓 이민 온 어머니는 두 세계 사이에서 엉거주춤 두 발을 걸친 채 내게 혼란스러운 정체성을 물려주었다. 당시 아버지는 캐나다 이민 수속을 밟는 중으로 아직 입국하지 못한 상태였다. 태어날 때 아버지가 곁에 없었다는 사실은 앞으로 닥칠 더 깊은 부재의 조짐이 아니었던가 싶다. 이제 되돌아보니 출생의 순간 내 인생이 어떻게 결정되었는지 훤히 보이는 듯하다. 신이든 이름 붙일 수 없는 어떤 힘에 의해서든, 그 운명은 별에든 돌에든 이미 새겨져 있었다. 그리고 내 모든 행위는 그 운명을 확인하는 용도로 쓰였을 뿐이다. 이것이 내 이야기를 들려주는 한 가지 방식이다.

그런데 이 이야기를 전혀 다른 방식으로 펼쳐놓을 수도 있다.

인간은 절대 앞일을 알 수 없다. 그렇지 않은가? 아무리 조금씩 조심스럽게 열어도 무엇인가가 자꾸 튀어나오는 잭인더박스(뚜껑을 열면 인형이 튀어나오는 장난감—옮긴이)와 같은 것이 인생이다. 나는 그렇게 느닷없이 예정일보다 한 달 먼저 세상에 태어났다. 아버지는 그때까지도 인도에서 이민 수속을 밟고 있어 나를 받아주지 못했다. 어머니는 그 자신도 인도에 있는 꿈을 꾸었지만 우여곡절 끝에 토론토까지 오게 되었고, 타향에서 홀로 나를 낳았다. 내가 태어나던 날, 창밖으로 휘몰아치는 눈발 외에는 아무것도 보이지 않았다고 한다. 흩날리는 눈꽃처럼 우리 가족도 여기저기 옮겨다니며 퀸스Queens의 플러싱Flushing을 거쳐 뉴저지의 엘름우드공원에 겨우 자리를 잡았다. 나는 시크교도끼리 모여 사는 동네에서 자랐다. 그들도 우리 부모처럼 조국 땅을 떠났지만 인도를 마음 깊은 곳에 지닌 채 이민 온 사람들이었다. 그렇다 보니 나는 나라 안에 있는 또 다른 나라에 있었던 셈이었고, 우리 부모는 그곳에서 자신들에게 익숙한 삶을 다시 만들어보려고 애쓰며 살았다.

일주일에 세 번 부모님은 나를 사원에 데리고 갔다. 그런데 거기서 여자들은 오른쪽, 남자들은 왼쪽, 이렇게 둘로 나누어 예배를 드렸다. 신의 창조는 완벽하다는 시크교의 교리에 따라 나는 머리를 자르지 않고 길러야 했다. 그리고 회복력과 헌신을 상징하며 신의 눈길이 내 모든 행동을 지켜보고 있음을 일깨워주는 카라kara라고 불리는 쇠팔찌를 오른쪽 팔목에 차고 다녔다. 또한 샤워할 때조차도 사각팬티와 비슷하게 생긴 카챠kachchha라는 속옷을 절대 벗지 않았는데, 그것은 성욕의 절제를 의미했다. 이런 행동은 다른 신실한 시크교도들과 함께 내가 지켜야 했던 규범 중 일부였으며, 종교가 결정해주지 않는 그 밖의 일은 부모가 결정했다. 그 모든 것을 지켜내야만 평탄하게 살 수 있다고 했다. 하지만 아무리 꼼꼼하게 계획을 세운다 해도 삶은 순식간에 그 계획을 물거품으로 만들 수 있다.

어린 시절 나는 여기저기에 자꾸 부딪혔다. 처음에 부모님은 내가 그냥 아주 둔한 아이라고만 생각했다. 하지만 주차미터기 정도라면 충분히 피할 수 있을 만큼 큰 물체 아닌가! 아이가 단순히 둔해서 그런 게 아니라는 사실이 분명해지자 부모님은 나를 컬럼비아 프레스비테리언병원의 안과 전문의에게 데려갔고, 의사는 그 자리에서 오랜 미스터리를 풀어주었다. 나는 유전성 망막 변성질환인 희귀한 형태의 색소성 망막염에 걸려 시야가 남들에 비해 대단히 좁았던 것이다. 그러다가 고등학교에 들어갈 무렵에는 빛 외에는 아무것도 감지할 수 없게 되었다.

오늘 닥친 뜻밖의 사건은 앞으로 다가올 일들에 대한 준비를 시켜준다는 것이 나의 지론이다. 나는 시각장애에 대처하면서 더욱 강인해졌다고 생각한다. (아니면 타고난 회복력 때문에 잘 대처할 수 있었던 것일지도 모른다.) 하지만 아무리 준비되어 있더라도 여전히 거센 바람이 우리를 넘어뜨릴 수 있다. 아버지는 내가 열세 살 때 세상을 떠났다. 그날 아침 평소 다리 통증과 호흡곤란으로 고생하던 아버지는 할렘에 있는 일터에 어머니를 내려놓으면서 병원에 가겠다고 약속했다. 하지만 진료예약 시간에 문제가 발생해 아버지를 진찰해줄 의사가 없었다. 다른 여러 가지 일로 상당히 스트레스를 받고 있던 아버지는 이런 일까지 겹치자 울화를 참지 못하고 병원을 나와 거리를 배회하던 중 그만 어느 술집 앞에서 쓰러지고 말았다. 바텐더는 아버지를 가게 안으로 데리고 들어가 구급차를 불렀다. 하지만 병원에 도착했을 때 아버지는 몇 차례의 심장마비를 견디지 못한 채 그만 숨을 거두었다.

삶이 종잡을 수 없는 괴로운 사건으로만 이루어진다는 뜻으로 이런 이야기를 하는 것이 아니다. 좋든 나쁘든, 대체로 생각지 못했던 길을 따라 나아가는 것, 그게 바로 인생인 듯싶다. 당신은 과연 자신의 삶을 얼마나 지배할 수 있는가? 시야는 극히 제한되어 있고, 날씨는 적응하기도 전에 변하는데 말이다.

여기서 잠깐 독자들에게 들려줄 이야기가 하나 더 있다. 이 역시 내 이야기지만 이번에는 당신 또한 '나 역시……' 라며 공감하는 부분이 있을 것이다.

1971년 부모님은 인도에서 미국으로 이민을 왔다. 그전에 왔던 수많은 이민자처럼 두 분도 이 새로운 나라, 새로운 삶의 해변에 상륙하면서부터 아메리칸 드림을 좇았다. 그 꿈을 이루는 데 많은 어려움이 따른다는 사실을 머지않아 깨달았지만 묵묵히 버텼다. 당시 그 꿈 속에서 태어난 아이가 바로 나였다. 나는 자신이 부모보다 미국 문화에 더 익숙하기 때문에 그 꿈을 더 잘 이해한다고 생각했으며, 꿈의 한가운데는 나처럼 앞을 못 보는 사람도 볼 수 있을 만큼 찬란하게 빛나는 '선택'이 자리 잡고 있음을 깨달았다.

부모님은 미국으로 오겠다는 선택과 함께 가능한 한 인도 전통을 고수하겠다는 선택도 같이했다. 두 분은 다른 시크교도들과 어울려

살면서 성실하게 교리를 준수하고 내게 복종의 가치를 가르쳤다. 그래서 나는 나 자신이 무엇을 입고 먹고 공부하고 나중에 어디서 일하고 누구와 결혼할 것인가 하는 문제를 시크교의 교리와 우리 가족의 바람에 따라 결정해야 하는 것으로 알았다. 하지만 공립학교를 다니면서부터 그런 것들은 스스로 결정하는 게 자연스럽고 바람직하다는 사실을 배웠다. 그것은 문화적 배경과 성격, 능력의 문제가 아니라 무엇이 진실하고 옳은 것인가의 문제였다. 또한 그것은 여러 가지 제약에 갇힌, 앞을 못 보는 시크교도 소녀를 강렬하게 사로잡을 수 있는 생각이었다. 나는 나 자신의 삶이 이미 결정되었다고 생각하며 살 수도 있었다. 아마 그것이 우리 부모님의 인생관에도 더 부합했을 것이다. 또한 삶이 통제할 수 없는 사건의 연속이라고 생각할 수도 있었는데, 그런 생각은 시각장애와 아버지의 죽음을 좀 더 쉽게 설명해줄 수 있었을 것이다. 하지만 선택의 관점에서, 아직 가능한 일과 내가 일어나게 할 수 있는 일들이라는 관점에서 삶을 생각하는 것이 더 희망적이라는 생각이 들었다.

 많은 사람이 선택이라는 언어로 자신의 이야기를 구상하고 전달하고 있다. 선택의 언어는 분명히 미국의 공용어이며 세계의 다른 지역에도 급속히 확산되고 있다. 그래서 우리는 이런 언어를 쓸 때 상대방의 이야기를 더 쉽게 알아들을 수 있다. 나는 이 책에서 선택의 언어를 구사하는 것이 여러 모로 유익하다는 사실을 보여주고 싶다. 앞서 삶을 이야기할 때 운명이냐 우연이냐 하는 단순 양자택일 방식을 사용했지만, 살아가면서 줄거리를 짜고 자신의 이야기를 들려주는 데 그보다 복잡하고 미묘한 다른 방식이 있다는 사실을 보여주고 싶다.

어린 시절부터 늘 관심을 가져왔던 선택이라는 주제는 대학에 들어가면서부터 학구적인 성격을 띠게 되었다. 나는 펜실베이니아대학교에 다니던 시절 종교가 개인의 인생관에 미치는 영향을 밝히기 위해 다양한 종교집단을 연구했다. 그 연구는 선택과 관련된 개념이 아주 다양하다는 사실, 즉 시크교도이자 미국인으로서 겪은 내 경험이 그런 다양한 경험 중 극히 일부분에 불과하다는 사실을 암시해주었다. 그뒤 스탠퍼드대학교의 사회심리학 박사과정을 거치면서부터는 여러 문화권에서의 선택의 구성과 실행이 어떤지를 살펴보고 서로 비교해보게 되었다. 이렇게 선택에 영향을 미치는 문화적 차이점과 일상적 요인을 탐구하는 것이 지난 15년간 내 연구의 주제였다.

선택은 너무나 다양한 뜻을 갖고 있으며, 그에 대한 연구가 다양한 방식으로 이루어지다 보니 한 권의 책에 선택의 모든 것을 담기란 불가능한 일이 되고 말았다. 그래서 나는 우리가 살아가는 방식과 가장 연관되어 있으며 사고를 가장 자극하는 면들을 중점적으로 파고들어 보려고 한다. 이 책은 심리학에 확고한 기반을 두고 있지만 비즈니스, 경제학, 생물학, 철학, 문화연구, 공공정책, 의학을 포함하는 다양한 분야와 학문으로부터 도움을 받았다. 이는 선택이 우리 삶에서 담당하는 역할과 실행에 대해 가능한 한 다양하게 시각을 갖고, 이를 통해 기존의 개념들에 도전해볼 수 있기를 바라기 때문이다.

다음에 이어지는 7개의 장에서는 각기 다른 시각에서 선택을 살펴보고, 선택이 우리 삶에 영향을 미치는 방식에 대한 다양한 질문을 다루려고 한다. 선택은 왜 그토록 큰 영향력을 미치며, 그 힘은 어디서 오는 것일까? 사람들은 모두 같은 방식으로 선택을 하는 걸까? 왜 우리는 그토록 자주 자신의 선택에 실망하는 걸까? 어떻게 하면 선택이라는 도구를 가장 효율적으로 사용할 수 있을까? 우리는 일상적인 선택을 어느 정도까지 통제할 수 있을까? 선택지가 사실상 무제한으로 주어진다면 어떻게 선택해야 할까? 다른 사람이 나를 대신해 뭔가를 선택하도록 허용해도 괜찮을까? 사람들의 생각이 언제나 같을 수 없다는 것은 분명한 사실이므로 독자들은 내 의견과 제안, 결론에 동의할 수도 있고, 반대할 수도 있다. 하지만 그와 관계 없이 이런 질문들을 탐색하는 과정 자체가 보다 현명한 결정을 내리는 데 도움이 될 수 있을 거라고 생각한다. 사소한 것부터 인생을 바꾸는 것까지 모든 선택은 삶에서 떼어낼 수 없는 부분이다. 또한 선택할 수 있는 상황에서든 선택의 여지가 없는 상황에서든 선택은 삶과 분리될 수 없다.

  이 책을 읽으면서 독자들이 자신과 자신의 삶, 그리고 그 모든 것이 어떻게 시작되어 어디를 향해 가고 있는지에 대한 통찰을 얻을 수 있기 바란다.

1장

선택의 목소리

THE ART OF CHOOSING

자유란 무엇일까?
자유는 선택할 수 있는 권리다.
자기 자신한테 선택의 대안을 만들어줄 수 있는 권리다.
선택의 가능성이 없다면 인간은 인간이 아니다.
그저 무엇인가의 일원이나 도구, 사물에 지나지 않는다.

아치볼드 맥리시Archibald MacLeish
퓰리처상을 수상한 미국의 시인

01

캘러헌은 어떻게 살아남았을까

당신이라면 어떻게 하겠는가? 작은 구명보트에 탄 채 바다에서 표류하고 있다면, 부러진 다리로 산에서 조난을 당했다면, 아니면 거칠기로 유명한 하천에서 노를 잃고 떠내려가고 있다면 어떻게 할 생각인가? 얼마나 오래 버둥거리다 포기하고 가라앉겠는가? 얼마나 오랫동안 희망에 매달릴 수 있겠는가? 사람들은 저녁식사 자리나 파티에서 또는 한가한 일요일 오후에 이런 질문을 던진다. 생존에 필요한 요령을 알아두려고 묻는 것이 아니라, 인간이 무방비 상태이거나 유례가 없는 극한의 상황에 처했을 때 대응할 수 있는 능력과 한계에 흥미를 느껴 이런 질문을 던지는 것이다. 과연 누가 끝까지 살아남아 자신의 이야기를 다른 사람들한테 들려줄 수 있을까?

스티븐 캘러헌Steven Callahan의 예를 들어보겠다. 1982년 2월 5일 카나리제도에서 서쪽으로 약 1290킬로미터 지점에서 그의 배, 나폴

레옹 솔로는 폭풍에 뒤집혔다. 당시 서른 살이었던 캘러헌은 거의 빈손으로 물이 새는 고무보트에 탄 채 표류하게 되었다. 그는 빗물을 받아 식수로 마셨으며 임시로 만든 창으로 물고기를 잡았다. 따개비를 따먹었고 가끔 그 찌꺼기를 노리고 모여드는 새도 잡아먹었다. 그리고 정신을 놓지 않기 위해 자신의 경험을 기록하면서 쇠약해진 몸이 허락하는 한 요가도 했다. 그러고 나서 자신의 의지와 상관없이 서쪽으로 서쪽으로 떠내려갔다. 76일이 지난 4월 21일, 배 한 척이 과델루프 해안 근처에서 캘러헌을 발견했다. 지금까지도 그는 혼자 바다에서 한 달 이상 생존한 몇 안 되는 사람으로 남아 있다.

노련한 선원 캘러헌에게는 분명 생존에 필수적인 항해 기술이 있었다. 하지만 그 기술만으로 목숨을 구할 수 있었을까? 그는 『표류-

『바다가 내게 가르쳐준 것들Adrift: Seventy-six Days Lost at Sea』에서 재난을 당하고 얼마 지나지 않았을 때의 심경을 다음과 같이 묘사했다.

나는 솔로의 잔해 속에 누워 있다. 적당한 장비가 확보되었고, 핵심이 되는 체계는 그럭저럭 돌아가고 있었으며, 일상의 우선순위도 반박의 여지없이 정해졌다. 그리고 어쨌든 억제하기 힘든 불안과 두려움, 고통을 이겨내고자 했다. 나는 위험천만한 바다 위에 떠 있는 내 작은 배의 선장이었다. 솔로의 파선에 따른 격심한 혼란에서 탈출했으며, 마침내 물과 음식을 구했고, 거의 확실하던 죽음도 극복해냈다. 이제 나에게는 새로운 생명을 향해 나아갈 것인가, 아니면 그냥 포기하고 자신이 죽어가는 모습을 바라볼 것인가 하는 하나의 선택만 남아 있었다. 나는 가능한 오래 발버둥치기로 선택한다.

캘러헌은 자신이 처한 암울한 상황을 선택이라는 관점에서 보았다. 그의 앞에는 광대한 바다가 펼쳐져 있었다. 끝없이 넘실대는 푸른 수면 말고는 아무것도 보이지 않았지만, 그 아래에는 수많은 위험이 도사리고 있었다. 그래도 그는 철썩이는 파도와 바람소리 속에서 사형선고를 듣는 대신 "살고 싶으냐?"라는 질문을 들었다. 그런 질문을 받고 긍정적인 대답을 할 수 있는 능력, 상황에 빼앗겼다고 여겨지는 선택권을 되찾아올 수 있는 능력이 그가 생존할 수 있었던 원동력이었는지도 모른다. 누군가가 당신에게 "만약 당신이라면 어떻게 하겠습니까?"라고 묻는다면 캘러헌의 책을 인용해 "선택을 하겠습니다"라고 대답할 수도 있을 것이다.

또 한 사람의 유명한 생존자인 조 심프슨Joe Simpson은 페루 안데스산맥의 눈 쌓인 고지에서 내려오다가 죽음의 문턱에 이르렀다. 그는 발을 헛딛는 바람에 넘어지면서 다리가 부러졌다. 그래서 걸을 수 없게 되자 동료인 사이먼 예이츠Simon Yates가 로프를 사용해 그를 안전지대에 내려놓으려고 시도했다. 그런데 심프슨의 모습을 보거나 그의 소리를 들을 수 없던 예이츠가 그만 실수로 그를 벼랑 끝을 지나쳐 허공에 내려놓고 말았다. 심프슨은 그 상태에서 자신을 산벽에 고정시킬 수도, 다시 기어 올라갈 수도 없었다. 한편 예이츠는 심프슨의 체중을 혼자 지탱해야만 했다. 머지않아 더 이상 버틸 수 없는 상황이 되면 두 사람 모두 죽음의 나락으로 떨어질 수밖에 없었다. 달리 방도가 없던 예이츠는 친구에게 자신이 사형을 집행하는 심정으로 로프를 잘랐다. 놀라운 일은 그다음에 일어났다. 심프슨은 빙하의 깊게 갈라진 틈인 크레바스의 암붕(벼랑 위나 암벽 중턱에 선반처럼 삐죽 튀어나온 바위-옮긴이) 위에 떨어졌다. 그리고 나서 며칠 동안 빙하를 가로질러 5마일을 기어서 마침 예이츠가 떠날 채비를 하고 있는 베이스캠프에 도착했다. 『난, 꼭 살아 돌아간다Touching the Void』에서 그는 이 일을 이렇게 묘사했다.

압자일렌abseilen(현수하강, 빙벽이나 암벽에서 로프로 몸을 묶고 내려가는 것-옮긴이)을 멈추고 싶다는 욕구는 거의 참을 수 없을 정도로 절실했다. 아래쪽에 무엇이 있는지 전혀 알 수 없었지만 두 가지 사실은 확실했다. 예이츠는 떠났으며 돌아오지 않는다는 것이었다. 즉 얼음다리 위에 머물러 있으면 나는 끝장이라는 뜻이었다. 위쪽으로는 탈출할 방법이 전혀 없었으며, 반대쪽으로 떨어진다는 것은 끝을 더 재촉할 뿐이었다. 순간 유혹을 느꼈지만, 극심한 절망 속에서도 내게 자살할 용기가 없다는 사실을 깨달았다. 얼음다리 위에서 추위와 피곤이 나를 데려가기까지는 오랜 시간이 걸릴 것이고, 혼자 그처럼 오래 기다리다간 미쳐버릴 거라는 생각이 나를 선택으로 내몰았다. 그래서 나는 현수하강을 계속해 탈출하든지 그 과정에서 죽겠다는 '선택'을 했다. 죽음이 다가오기를 기다리기보다는 만나러 갈 생각이었다. 하지만 내 안에서는 또 하나의 목소리가 그만하라고 비명을 질러대고 있었다.

의지가 강한 이 두 사람에게 생존은 선택의 문제였다. 아니, 그들에게 선택은 기회라기보다는 명령이었다. 기회는 흘려보낼 수도 있지만 명령에 저항하는 것은 거의 불가능하다.

대부분의 사람은 이렇게 극단적인 상황에 처하지 않겠지만(바라건대), 굳이 이러한 상황이 아니더라도 우리는 매일 선택이라는 명령에 직면하게 된다. 행동할 것인가, 물러나서 지켜볼 것인가? 우리에게 다가오는 일을 조용히 받아들일 것인가, 자기가 정해놓은 목표를 향해 끈질기게 나아갈 것인가? 우리는 연도나 중요한 사건, 성취 등 여러 가지 이정표로 자신의 삶을 평가한다. 또한 오늘 우리의 모습, 지금 우리가 있는 자리로 이끌었던 선택의 총계로 인생을 평가할 수도 있다. 삶을 이런 렌즈로 바라보면 선택은 엄청나게 강력한 힘을 가지며, 우리가 살아가는 방식의 본질적인 결정자라는 사실이 분명해진다. 하지만 선택의 그러한 위력은 어디서 오는 것일까? 또한 우리는 어떻게 하면 그 힘을 최대한 이용할 수 있을까?

02

쥐에게도 신념이 있다?

존스홉킨스의과대학의 심리생물학자 거트 리히터Curt Richter는 많은 업적을 남겼다. 특히 그가 1957년에 진행했던 한 실험은 독자들에게 충격을 줄 만한 것이었다. 리히터와 그의 동료들은 수온이 지구력에 미치는 영향을 파악하려고 유리병 12개를 준비해 병마다 쥐를 한 마리씩 넣고 병에 물을 부었다. 병의 옆면이 기어오르기에 너무 높고 미끄러워서 쥐들은 헤엄치다가 빠져죽을 수밖에 없는 상황에 놓였다. 리히터는 살기 위해 헤엄치는 대신 게으르게 떠 있으려는 쥐를 수면 아래로 밀어넣기 위해 위에서 물을 분사시키기까지 했다. 그다음에는 먹이와 휴식, 도망칠 기회를 주지 않고 빠져죽기 전까지 얼마나 오래 버티는지 시간을 쟀다.

수온이 동일하고 쥐들의 몸집도 비슷한 조건에서 쥐에 따라 헤엄친 시간이 현저히 달랐다는 사실은 연구자들에게 놀라운 발견이었

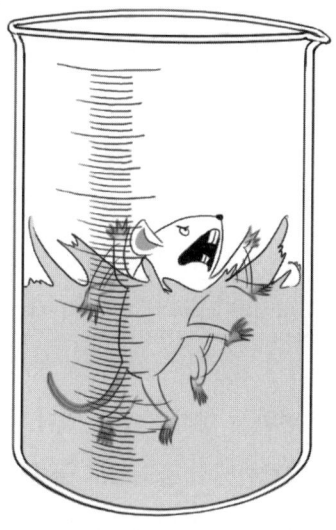 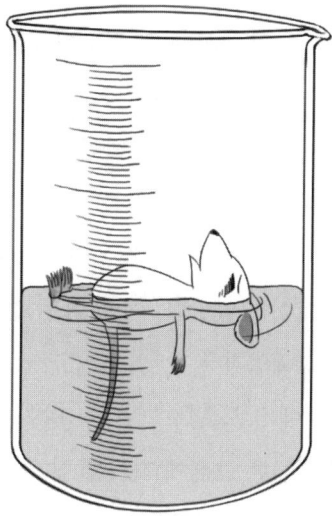

다. 어떤 쥐는 탈진할 때까지 평균 60시간 동안 쉬지 않고 헤엄친 반면, 어떤 쥐는 오래지 않아 물에 빠져죽었다. 죽은 쥐들은 한 15분쯤 허우적거리다가 그냥 포기해버리는 것 같았고, 버티는 쥐들은 체력의 한계가 올 때까지 어떻게든 살겠다고 결심한 것처럼 보였다. 혼란스러워진 연구자들은 혹시 어떤 쥐들은 다른 쥐들보다 계속 헤엄치면 도망칠 수 있을 거라고 확고하게 믿었던 건 아닌지 의심했다. 쥐가 서로 다른 '신념'을 가진다는 것이 가능하기는 한 걸까? 하지만 그토록 현저하게 차이가 나는 것을 달리 어떻게 설명할 수 있단 말인가? 그 상황에서는 모든 쥐의 생존본능이 분명히 발동했을 텐데 말이다. 어쩌면 끔찍한 상황에서 탈출할 수 있다고 기대했던 쥐들이 더 오래 버텼는지도 모른다.

그래서 다음 실험에서는 쥐들을 곧바로 물에 빠뜨리는 대신, 병이 아닌 다른 그릇에 담긴 물에 빠뜨리고, 잠시 후에 건져내어 자유롭게 돌아다니도록 해주었다. 그리고 이런 행동에 익숙해지도록 만든 다음, 몇 분 동안 병에 넣었다가 건져 자기 집으로 되돌려보내는 과정을 여러 차례 반복했다. 그리고 마침내 쥐들을 병에 넣어 헤엄치거나 가라앉게 만드는 실험을 했다. 이번에는 어떤 쥐도 포기하려는 낌새를 보이지 않았다. 이들 쥐는 탈진해 익사할 때까지 평균 60시간 이상을 헤엄쳤다.

쥐에게 '신념'이 있다는 말이 좀 불편하게 생각될 수도 있다. 하지만 쥐들은 그전에 자기를 잡고 있는 인간한테서 풀려났고 물줄기 세례에서 살아남았던 경험을 통해 불쾌한 상황을 참을 수 있었고, 그 병으로부터 벗어날 수 있다고 믿었다. 그런 경험을 하면서 쥐들은 자기가 어느 정도 결과를 통제할 수 있다는 사실과 금방 구조될 수도 있다는 사실을 배웠다. 쥐들은 놀라운 끈기를 발휘했다는 점에서 캘러헌이나 심프슨과 별반 다르지 않았던 것이다. 그렇다면 쥐들도 선택했다고 말할 수 있을까?

인내에 대해 보상받지 못한 채 고난당하는 이야기가 있는가 하면, 구조의 가능성을 알아채지 못하고 지나쳐버리는 가슴 아픈 이야기도 있다. 1965년에 코넬대학교의 심리학자 마틴 셀리그먼Martin Seligman은 선택에 대한 우리의 사고를 근본적으로 바꿔놓는 일련의 실험에 착수했다. 그의 연구팀은 비글이나 웰시 코르기 정도의 체구를 가진 잡종 개들을 한 마리씩 흰색이 칠해진 칸막이 공간으로 데려가, 그곳에서 고무로 만든 천 소재의 끈으로 묶어놓고 실험을 진행했다. 개들마다 머리 양쪽에 판자를 대고, 그것을 가로질러 목 부분에 멍에를 지워 머리를 고정시켰다. 그리고 그 개들은 다른 칸막이에 넣어두었던 개를 한 마리씩 파트너로 배정받았다.

실험하는 동안 각 쌍의 개들은 무해하지만 고통스러운 전기 충격을 주기적으로 받았다. 하지만 두 마리의 개가 들어간 공간에는 중요한 차이점이 하나 있었다. 한 마리는 머리로 옆면을 누르기만 하면 충격을 멈출 수 있었지만, 또 한 마리는 아무리 몸부림쳐도 전기를 끊을 수 없었다. 전기 충격은 짝을 지은 두 마리 개에게 동시에 가해지도록 시간이 맞춰져 있었고, 충격을 멈출 능력을 가진 개가 옆면을 눌렀을 때는 두 마리 개에게 가해진 충격은 동시에 멈췄다. 따라서 두 마리가 받는 충격의 양은 똑같았지만, 한 마리는 고통을 통제할 수 있다고 체험한 반면 또 한 마리는 그렇지 않았다. 자신의 힘으로는 전기 충격을 멈추기 위해 아무것도 할 수 없었던 개는 곧 겁을 내며 낑낑거리기 시작했다. 그런 반응은 불안과 우울의 징후였으며, 이는 실험이 끝난 뒤에도 지속되었다. 반면 충격을 멈출 수 있었던 개는 좀 불편해했지만 충격이 가해지면 옆면을 눌러 고통을 피하는 요령을 금방 터득했다.

실험의 두 번째 단계에서는 통제력이 주어지거나 주어지지 않는 상황에서 각자 배웠던 것을 어떻게 활용하는지 보기 위해 짝지은 개들을 새로운 환경에 노출시켰다. 연구자들은 커다란 검은 상자를 동물의 어깨 높이쯤 되는 낮은 벽으로 분리시켜놓고 그 상자 안에 개를 한 마리씩 넣었다. 개가 있는 쪽 바닥에는 주기적으로 전기를 흐르게 했고, 칸막이 반대쪽 바닥에는 전기가 흐르지 않았으며, 벽은 뛰어넘을 수 있을 만큼 낮았다. 앞선 실험에서 충격을 멈출 수 있었던 개들은 전

류를 피하는 요령을 금방 터득했다. 하지만 충격을 멈출 수 없었던 개들 중에서 3분의 2 정도는 바닥에 웅크린 채 수동적으로 고통을 감당해냈다. 충격이 계속되는 동안 개들은 낑낑거리면서도 탈출하려는 시도조차 하지 않았다. 다른 개들이 벽을 뛰어넘는 모습을 보고도, 심지어는 연구자가 반대쪽으로 끌고 가서 충격을 피할 수 있다는 사실을 가르쳐주었음에도 그저 고통을 당하고 있었다. 그 개들은 벽만 넘어가면 고통에서 해방된다는 사실을 전혀 지각하지 못했던 것이다. 벽 너머가 그토록 가깝고 너무나 쉽게 넘어갈 수 있었는데도 말이다.

우리가 이야기하는 선택은 자신과 환경에 대해 통제력을 행사할 수 있는 능력을 뜻한다. 그러므로 선택하기 위해서는 우선 통제가 가능하다고 지각해야 한다. 쥐들은 이미 자유를 맛보았으므로 피로가 쌓이고 도망칠 방법이 보이지 않는데도 계속해서 헤엄을 쳤다. 그 쥐들은 자기가 계속 꿈틀거리며 애썼기 때문에 자유를 얻었다고 알고 있었던 것이다. 한편 통제력이 전혀 주어지지 않는 상황을 체험한 개들은 자신이 무력하다는 사실을 배웠다. 그래서 나중에 통제력이 주어져도 그것을 지각할 수 없어 여전히 무력한 상태에 머물면서 행동의 변화를 보이지 않았던 것이다. 다시 말해 동물이 실제로 얼마만큼의 선택권을 가졌는가 하는 것보다 스스로 얼마만큼 선택할 수 있다고 느끼는가 하는 것이 훨씬 더 중요하다는 뜻이다. 실험은 쥐들이 죽을 수밖에 없도록 설계되어 있었다. 하지만 그 쥐들이 보여준 끈기는 실제 세상에서는 큰 보상을 받게 된다. 캘러헌이나 심프슨이 그 예다.

03

선택을 하고자 하는 욕구

거울을 들여다보면 선택에 필요한 '도구'가 눈에 들어올 것이다. 우리의 눈과 코, 귀, 입은 환경으로부터 정보를 수집하며 팔과 다리는 그 정보를 바탕으로 행동하도록 해준다. 우리는 이런 능력에 의존해 기아와 포만, 안전과 위험, 심지어는 삶과 죽음 사이를 효율적으로 타협하며 살아간다. 하지만 선택할 수 있는 능력에는 단순히 감각 정보에 반응하는 것 이상의 의미가 포함되어 있다. 의사가 고무망치로 무릎의 정확한 부위를 때리면 움찔하겠지만, 이런 반사작용을 선택이라고 생각하는 사람은 없을 것이다. 진정한 선택을 하려면 몸뿐 아니라 반드시 마음까지 동원해 주어진 모든 선택지를 평가하고 최선의 것으로 결정해야 한다.

기능성 자기공명영상장치fMRI와 같은 첨단기술의 발전으로, 우리는 선택할 때 사용되는 주된 두뇌체계인 피질선조 네트워크

corticostriatal network를 파악할 수 있게 되었다. 그 체계의 첫 번째 주요 부분인 선조체striatum는 두뇌의 중앙 깊숙이 파묻혀 있으며 파충류와 조류, 포유류에 이르기까지 전 동물계에 걸쳐 그 크기와 기능이 비교적 균일하다. 선조체는 기저핵basal ganglia이라는 구조의 일부를 이루고 있으며, 기저핵은 고등정신 기능과 하등정신 기능을 연결하는 일종의 스위치보드 역할을 한다. 선조체는 두뇌의 다른 부위로부터 감각정보를 받아들여 행동을 계획하는 역할을 담당하는데, 이 계획은 선택할 때 결정적으로 중요하다. 하지만 체험과 연관된 보상을 평가하는 일이야말로 선조체가 선택과 관련하여 수행하는 가장 중요한 기능이라고 말할 수 있다. 예를 들어 "설탕은 좋고 신경치료는 나쁘다"고 우리의 경각심을 일깨워준다고 하자. 본질적으로 선조체는 우리가 원하는 것을 갖기 위해 필요한 정신적 연결을 제공해준다.

그러나 달콤한 것은 매력적이고, 신경치료는 고통스럽다는 지식만으로는 선택을 관리하는 데 충분하지 않다. 우리는 또 어떤 특정한 상황에서는 단것을 너무 많이 먹으면 결국 치과에 가서 신경치료를 받아야 한다는 사실도 연결시켜야 한다. 이때 피질선조 네트워크의 또 다른 절반인 전두엽피질이 개입된다. 이마 바로 뒤쪽에 위치한 전두엽피질은 선조체와 신체의 다른 부위들로부터 오는 메시지를 받아들여 그것을 근거로 가장 적합한 행동 절차를 판단하고 실행하는 지휘사령부 역할을 한다. 전두엽피질은 잠재적 결과와 즉각적 결과, 그리고 미래에 일어날 결과에 대해 복잡한 비용편익 분석을 한다. 또한 장기적으로는 우리에게 해롭다고 이미 알고 있는 어떤 일을 하려는 유혹을 느낄 때마다 충동을 통제하도록 해준다.

전두엽피질의 발달은 자연선택이 일어나고 있음을 보여주는 완벽한 예다. 인간과 동물 모두 전두엽피질을 가졌지만, 인간의 두뇌에서 전두엽피질이 차지하는 비율은 다른 종들과 비교했을 때 월등히 높다. 그래서 그것은 우리에게 동시에 일어나는 다른 모든 본능을 누르고 '이성적으로' 선택할 수 있는 독보적인 능력을 부여해준다. 전두엽피질은 사춘기가 지나서도 계속 발달하기 때문에 이 기능은 나이가 들수록 향상된다. 사실 운동능력은 아동기에 이르면 거의 다 발달하지만, 추론능력은 사춘기까지도 발달하며 전두엽피질은 20대 중반까지도 성장과 통합의 과정을 거친다. 그러므로 아이들이 성인보다 추상적인 개념을 잘 이해하지 못하며, 아동과 10대 청소년은 충동에 취약할 수밖에 없다.

현명하게 선택하는 능력은 우리가 환경을 통제하는 데 사용하는 가장 강력한 도구라고 해도 거의 틀림없다. 비록 인간은 날카로운 발톱과 튼튼한 뒷다리, 날개, 기타 신체적인 적응구조가 없음에도 결국 지구를 지배하고 있다. 우리는 선택을 실행할 수 있는 도구를 타고나지만, 그에 못지않게 선택하고자 하는 욕구를 지니고 태어난다는 사실도 의미심장하다. 예를 들어 선조체의 뉴런들은 동일한 보상일지라도 수동적으로 받을 때보다 적극적으로 선택할 때 더 많이 반응한다.

"물고기는 헤엄치고 새는 날아야 한다"는 노랫말도 있듯, 우리는 누구나 선택을 해야 한다. 선택하려는 욕구는 타고나는 것으로, 그것을 표현할 능력이 생기기 전부터 이미 그 욕구를 실행에 옮기려고 한다. 생후 4개월밖에 안 된 영아를 대상으로 한 연구에서, 연구자들은 아기의 손에 줄을 묶고 아기들이 줄을 잡아당길 때마다 듣기 좋은 음악 소리가 흘러나오도록 했다. 그리고 다음 단계에서 줄을 끊고 음악 소리를 들려주자, 아기들은 슬퍼하거나 화를 냈다. 줄을 끊고 나서 들려주는 음악의 분량이나 아기들 스스로 줄을 당겨 음악을 시작하게 했을 때 들을 수 있는 분량이 같도록 실험을 설계했는데도 말이다. 아기들은 그냥 음악을 듣고 싶었던 게 아니라 그 음악을 선택할 수 있는 힘을 원했던 것이다.

선택할 때는 제시된 모든 선택지 중에서 가능한 최선의 선택지를 찾아낼 수 있다는 점이 선택의 위력이다. 하지만 역설적이게도, 선택하려는 욕구가 너무 강해지면 선택이 주는 유익함을 추구하는 데 방해가 될 수도 있다. 선택의 여지가 많은 것이 전혀 유익하지 않거나, 사실은 지나치게 많은 선택이 시간과 노력에 손해를 끼치는 상황에서도 우리는 여전히 본능적으로 선택을 선호한다.

한 실험에서 쥐들을 미로에 집어넣고 직선경로를 취하거나, 몇 가지로 갈라지는 경로를 택하는 선택지를 제시했다. 직선경로와 갈라진 경로가 결국은 동일한 양의 먹이가 있는 곳으로 이어졌기 때문에 어느 한 선택지가 다른 것보다 특별히 유리하지는 않았다. 그럼에도 수차례 실험에서 대부분의 쥐는 갈라진 경로를 선호했다. 단추를 눌러 먹이가 나오게 하는 것을 배운 비둘기와 원숭이들에게 단추 2개나 1개를 제시했을 때 단추가 더 많은 것을 선호했다는 유사한 결과도 있다. 단추 2개를 누르나 1개를 누르나 나오는 먹이의 양은 같았는데도 말이다. 인간은 의식적으로 이런 선호를 억제할 수는 있지만 꼭 그렇지만도 않다. 또 다른 실험에서는 카지노 칩을 받은 사람들이 룰렛 바퀴가 1개뿐인 테이블보다 바퀴가 2개 있는 테이블에서 게임하는 것을 선호했다. 여기서 2개의 바퀴는 똑같은 것이었고, 사람들은 하나의 바퀴에만 돈을 걸 수 있는 조건이었다.

    그러므로 선택하고자 하는 욕구는 자연스러운 것이며, 그것이 우리 생존에 도움이 되기 때문에 개발되었을 가능성이 아주 높다. 하지만 그 욕구가 실질적인 이익과는 무관하게 작용할 때도 종종 있다. 그런 경우 선택의 위력이 너무 강렬해서 선택 자체가 단순히 목적에 이르는 수단이 아니라 본질적으로 가치 있고 필요한 어떤 목표로 자리 잡기도 한다. 그렇다면 선택하고 싶은 욕구가 충족되지 못할 때는 어떤 일이 일어날까?

04

황금 우리에 갇힌 판다

최고급 호텔을 상상해보자. 깨어 있는 동안에는 세 끼 식사시간에 맞춰 고급스러운 별미 음식이 제공되고, 원하는 대로 뭐든 할 수 있다. 수영장에서 한가로이 지내거나 스파트리트먼트를 받거나 게임장에서 놀아도 좋다. 밤에는 거위털 베개와 600수 시트가 깔린 킹사이즈 침대에서 잔다. 직원들은 늘 유쾌한 표정으로 대기 상태로 있다가 당신이 요구하는 모든 것을 기꺼이 들어준다. 심지어 호텔은 최상의 의료 서비스까지 갖춰놓았다. 가족을 전부 데려올 수도 있고, 이곳에서 새로운 사람들과 사귈 수도 있다. 독신이라면 선남선녀 사이에서 특별한 연인을 찾을 수도 있을 것이다. 그중에서 가장 마음에 드는 점은 이 모두가 무료라는 사실이다. 하지만 한 가지 흠이 있다면 한 번 들어오면 절대로 나갈 수 없다는 점이다.

여기는 그 유명한 '호텔 캘리포니아(호텔 캘리포니아에 언제든 들어올 수 있지만 나가지는 못한다는 노랫말이 담긴 팝송 – 옮긴이)'가 아니라 동물원이다. 사실 전 세계 동물원에 사는 동물들은 이런 사치스러운 감금 상태에 있다. 1970년대와 1980년대 이후로 동물원은 동물에게 자연 서식처를 재현해주기 위해 콘크리트 바닥과 쇠창살을 풀이나 바위, 나무, 웅덩이로 대체했다. 이런 환경으로 야생을 흉내 낼 수는 있겠지만 동물들이 먹이와 잠자리, 포식동물의 공격을 걱정할 필요가 없다는 점은 야생과 완전히 다르다. 살아가는 데 필요한 모든 게 제공되는 것처럼 보여 언뜻 생각하면 이 거래가 그다지 나쁘지 않다는 생각이 들겠지만, 동물들은 이런 여건으로 말미암아 여러 가지 문제를 겪는다. 얼룩말은 다모클레스의 검(언제 칼이 위에서 떨어질지 모르는 불안과 위기 속에서 살아가는 상황을 비유하는 고대의 일화 – 옮긴이)이 끊임없이 위협하는 가운데 살아가고 있다. 매일 대형 고양이과 맹수인 사자의 냄새를 맡으면서도 도망칠 수 없는 형편이다. 이동하거나 겨울을 위해 먹이를 저장할 수 없는 상황은 새나 곰에게는 이런 상황이 분명 파멸로 여겨질 것이다. 사실 동물들은 지금까지 마술처럼 매일 나타나던 먹이가 내일 또 주어질 것이라고 확신할 수 없으며, 스스로 먹이를 구해올 힘도 없다. 간단히 말해 동물원에서의 삶은 동물에게 깊이 각인된 생존본능과 전혀 양립될 수 없다.

 인간이 정성껏 자신들을 보호해주지만, 동물원에 사는 동물들은 삶을 거의 통제할 수 없으므로 죽음의 함정에 빠졌다고 느낄 수도 있다. 동물 우리를 둘러싼 어마어마한 해자(우리의 주위를 파서 경계로 삼은 구덩이 – 옮긴이)와 벽, 그물, 유리벽에도 굴하지 않고 많은 동물이 탈출을 시도하는데, 그중 일부는 성공하기도 한다. 2008년 로스앤젤레스동물원에 있던 스물아홉 살짜리 오랑우탄 브루노는 결국 우리를 벗어나는 데 실패했지만 자기 집을 둘러싼 그물에 구멍을 뚫었다. 아무도 다치지 않았던 것은 다행이지만, 조련사가 브루노에게 진정제를 놓을 때까지 3000여 명의 구경꾼이 대피하는 소동이 벌어졌다. 그보다 일 년 전에는 타티아나라는 이름의 네 살짜리 시베리아 호랑이가 샌디에이고동물원에서 약 7.5미터 너비의 해자를 뛰어넘어 한 사람을 죽이고 두 사람을 다치게 한 뒤 사살된 사건도 있었다. 그리고 2004년 베를린동물원에서는 마치 안경 쓴 것처럼 눈 둘레에 백색 테가 있는 안데스 산 안경곰 후앙이 통나무를 이용해 서식지의 해자를 건넌 다음 벽을 타고 넘어가 자유를 쟁취했다. 동물원 관계자들은 후앙이 동물원의 회전목마를 한 바퀴 돌고 미끄럼을 몇 차례 탄 뒤에야 허둥지둥 진정제를 쏘아 체포할 수 있었다.

이 이야기들은 통제하려는 욕구는 그것이 심지어 해로운 결과로 이어질 수 있는 상황에서조차도 매우 강력한 동기로 작용한다는 사실을 알려준다. 통제력을 행사하면 기분이 좋아지며 그러지 못하면 불쾌한 기분이 들고 스트레스를 받기 때문이다. 구속을 당하면 내분비선은 아드레날린 등의 스트레스 호르몬을 분비해 즉각적으로 위험에 대처하도록 준비시킨다. 위험하고 스트레스를 받고 좌절감을 느끼고 겁에 질린 상황에 처하면 누구나 회피 또는 공격 flight-or-fight 반응을 보인다. 그런 반응이 일어날 때는 호흡과 심장박동수가 증가하며, 산소가 풍부한 혈액이 말초로 빨리 공급되기 위해 혈관이 축소된다. 소화나 면역체계 유지 등 신체 과정에 사용되던 에너지는 일시적으로 감소되고, 갑작스러운 행동을 취할 수 있는 에너지가 증가하게 된다. 동공이 확대되고, 반사작용이 신속해지며, 집중력이 높아진다. 위기가 지나가고 나서야 신체는 정상적인 기능을 재개한다.

이런 반응은 동물에게 스트레스의 근원을 제거하고 통제력을 되찾도록 동기를 부여하기 때문에 야생의 단기적인 위기 상황에서는 생존 가능성을 높여준다. 하지만 스트레스의 근원이 지속된다면, 다시 말해 피하거나 싸울 수 있는 대상이 아니라면 스트레스 반응이 지속되어 결국 신체는 탈진 상태에 이르게 된다. 동물원에 있는 동물들은 자신이 안전하다는 사실을 알지 못하기 때문에 기본적인 생존욕구와 포식동물의 공격 가능성으로 여전히 불안에 떨게 된다. 이러한 각성 상태가 계속 유지되면 신체적으로 면역체계가 약화되고 위궤양, 나아가서 심장에 문제가 생길 수도 있다. 이런 스트레스는 정신적으로 반복적이고 자기파괴적이며 정형화된 다양한 행동을 일으킨다. 그래서 사람들이 손을 비틀거나 입술을 깨무는 것과 같은 행동에 해당되는 여러 가지 이상 행동이 동물들에게 나타난다. 대부분의 생물학자는 이것을 우울증이나 불안의 표시라고 여긴다.

1994년 센트럴파크동물원에 사는 136킬로그램짜리 북극곰 거스가 그런 행동을 보이기 시작했다. 그 녀석이 관람객들에게 모습을 선보일 생각은 안 하고 쉬지 않고 왔다갔다 헤엄만 치면서 시간을 보내자 동물원 관람객들과 사육사들의 실망은 이만저만이 아니었다. 노이로제 치료를 위해 심리치료사까지 만났으니 거스는 진정한 뉴요커라고 할 만하다. 그의 치료사는 영화 「프리 윌리Free Willy」에서 고래를 훈련시켜 유명해진 동물행동학자 팀 데즈먼드Tim Desmond였는데, 그는 거스에게 본능을 발휘할 기회와 도전을 더 많이 주어야 한다는

처방을 내렸다. 거스는 자기 시간을 어디서 어떻게 보내야 할지 스스로 결정할 능력을 가졌다고 느끼고 싶었던 것이다. 즉 자신의 운명에 대한 통제력을 되찾고 싶었던 것이다. 비슷한 맥락에서 애완용 햄스터와 실험실 생쥐가 빈번하게 몸단장을 하는 것은 까다로운 성격 때문이 아니라 불안 때문에 생겨난 습관이다. 불안이 극심해지면 자기 털을 홀랑 벗겨질 때까지 계속 문지를 수도 있다. 흔히 프로작Prozac이라고 알려져 있는 항우울제 플루옥세틴fluoxetine을 동물에게 투여하면 이런 행동이 줄어들거나 멈춘다.

통제력의 결여가 신체적·심리적으로 이렇게 해로운 영향을 미치기 때문에 객관적으로는 생활조건이 향상되었음에도 종종 수명이 줄어드는 결과가 나타난다. 예를 들어 야생 아프리카 코끼리는 평균 수

명이 56세인데, 동물원에서 태어난 코끼리는 평균 17년밖에 살지 못한다. 출산이 줄어들고(포획된 판다들의 만성적인 문제다), 새끼 사망률이 높아지는 것(북극곰의 경우 65퍼센트)도 또 다른 부정적 결과다. 갇혀 사는 동물 모두가 참으로 안됐지만, 특히 멸종위기에 처한 동물들은 더욱 심각한 문제다.

동물원 관리자들이 온갖 물질적인 안락함을 제공하고 서식처를 가능한 한 자연 상태에 가깝게 만들어주려고 아무리 노력해도, 시설이 가장 좋은 동물원조차도 야생 환경처럼 자연스럽게 본능을 자극하고 그것을 행동으로 옮길 수 있게 해줄 수는 없다. 라이너 마리아 릴케의 시 「판다The Panther」는 포획된 삶의 절망을 절절하게 그려내고 있다. 그는 "끊임없이 비좁은 원을 도는" 이 동물의 모습이 마치 "마비된 육중한 중심을 빙빙 돌며 제례 춤을 추는" 것 같다고 묘사했다. 셀리그먼의 실험에 참여했던 개들과 달리 판다는 조용히 엎드려 있지 않고 끊임없이 움직임으로써 마비 상태임을 드러낸다. 하지만 유폐 너머를 볼 수 없다는 점에서 판다 역시 무력한 개와 다를 바가 없다. "곰에게는 수천 개의 철창이 보인다/그리고 그 철창 너머에는 아무것도 없다." 철창이 실제든 은유든 간에 통제할 수 없는 상황에서는 그런 상실의 고통 너머에 아무것도 존재하지 않는 것처럼 여겨진다.

05

건강을 선택하거나, 건강한 선택을 하거나

인간은 동물원에 사는 동물들처럼 감금의 위협에 직면해 있지는 않지만, 더 큰 선을 이루기 위해 개인적 선택을 일부 제한하는 체계를 자발적으로 만들어 따르기도 한다. 우리는 투표로 법을 제정하고, 계약을 규성하며, 전체의 이익을 위해 그것을 준수하겠다고 동의한다. 이는 그 반대의 대안이 무질서임을 알기 때문이다. 이성적으로는 이런 제약이 유익하다고 인식하지만, 그것을 피하려는 본능 때문에 심각한 갈등을 겪어야 한다면 어떻게 될까? 삶에서 어느 정도까지 통제력의 균형을 잡을 수 있는가는 우리의 건강과 밀접한 관련이 있다.

런던대학교의 마이클 마멋Michael Marmot 교수는 화이트홀Whitehall 연구라고 알려진 수십 년간의 연구 프로젝트를 진행했다. 그는 우리가 선택권을 어떻게 지각하는가가 웰빙에 어떤 방식으로 영향을 미치는지 확실하게 보여주었다. 연구자들은 1967년부터 20~64세의 영국 공무원 1만 명 이상을 추적해 봉급 수준이 직원들의 건강에 미치는 결과를 비교·분석했다. 출세에 미쳐 일만 하다가 45세쯤 되어 심장마비로 돌연사하는 상사의 전형적인 모습과는 모순되는 결과가 나왔다. 보수를 많이 받는 일에는 더 강한 압박이 따르기도 하지만, 오히려 수위 등 가장 적은 보수를 받는 근로자들이 최고 등급의 보수를 받는 근로자보다 심혈관 질환으로 사망할 가능성이 세 배나 높은 것으로 조사됐다.

저임금 근로자들이 고소득 근로자들에 비해 흡연과 비만의 가능성이 더 높고, 규칙적인 운동을 할 가능성이 더 낮다는 것도 그런 원인의 일부였다. 하지만 과학자들이 흡연과 비만, 운동 면에서의 차이를 감안해 조정했는데도 가장 적은 임금을 받는 근로자들이 심장병으로 사망할 가능성은 여전히 두 배나 더 높았다. 사다리의 맨 위로 올라가서 보수를 더 많이 받으면 삶을 통제할 수 있는 잠재력이 분명 커진다. 하지만 그 한 가지 요인만으로 저임금 근로자의 나쁜 건강을 충분히 설명할 수는 없다. 사회적 기준에 따라 보수가 좋다고 인정되는 의사나 변호사, 기타 전문직 종사자들이 포함된 두 번째 고임금 수준의 근로자들도 그들의 상사에 비해 사망위험률이 현저하게 높았다.

이런 결과가 나타나는 주된 이유는 직원이 자신의 일을 어느 정도 통제할 수 있는가와 보수등급이 직접적으로 연관되어 있기 때문이다. 상사가 집에 두둑한 월급봉투를 가져간다는 사실도 중요하지만, 여기서는 부하직원과 자기가 할 일을 지시할 수 있다는 점이 더 중요하다. 회사의 수익을 어깨에 짊어져야 하는 대표의 책임은 분명 무거울 수밖에 없다. 하지만 수많은 메모를 정리해야 하는 부하직원의 책임은 더 많은 스트레스를 준다는 사실이 밝혀졌다. 근무시간에 자신의 일에서 통제력을 구속당하면 혈압이 더 높아졌다. 반면 집에서 측정한 혈압은 직장에서 어느 정도의 통제권을 갖느냐와 관계가 없었다. 따라서 이 결과는 근무시간에 혈압이 상승하는 것은 일을 통제할 수 없어서 나타난다는 사실을 알려준다. 또한 자신의 일에 통제력을 갖지 못한 사람들은 요통을 일으킬 확률도 더 높았다. 그것은 동물들의 전형적인 반복 행동에 해당되는 현상이며, 갇힌 채 사육되는 동물의 경우와 마찬가지로 삶의 질을 저하시킨다.

안타깝게도 이야기는 점점 더 우울하게 전개된다. 몇몇 연구를 통해 사람들이 업무에 따른 스트레스 요인 말고도 하던 일이 중단되거나, 버스를 놓치거나, 교통체증이나 공해, 시끄럽거나 깜박거리는 형광등 불빛 등 자신의 통제를 벗어나는 일상적인 일 때문에 많은 괴로움을 겪는다는 사실이 밝혀졌다. 야생에서는 흥분과 근육의 긴장이 목숨을 구하려는 민첩한 행동으로 이어지지만, 현대 세상에서는 좌절과 요통을 불러온다. 본래 회피 또는 공격적 반응은 새벽 6시 30분에 울리는 알람이나, 답답한 직장까지 오가는 장시간의 출퇴근을 처리하기 위한 용도로 마련된 것은 아니다. 이렇게 약하지만 지속적인 스트레스를 가져오는 원인이 오히려 해고나 이혼처럼 드물게 닥치는 불행보다 건강에는 더 해로울 수 있다. 스트레스가 지속되면 시간이 흘러도 회복될 수 없기 때문이다. 통제력 결여에서 비롯된 부정적 영향은 사소한 일 속에 숨어 있다.

그렇다면 큰 조직의 사다리를 오를 수 없거나 오르지 않겠다고 선택하는 사람들에게는 과연 희망이 없는 것일까? 화이트홀 연구 결과는 우리를 불편하게 하긴 하지만, 그래도 희망이 있다는 사실을 보여준다. 이 연구에서 사람들의 건강에 가장 큰 영향을 미치는 요인은 실제로 업무에서 행사하는 통제력의 수준이 아니라 자신이 가졌다고 지각하는 통제력의 정도였다. 지위가 낮은 일에는 통제력이 덜 주어지기 때문에 직위가 낮은 근로자들이 높은 근로자들에 비해 평균적으로 통제력이 적다고 지각하는 것이 사실이다. 하지만 동일한 직위 안에서도 자신의 통제력에 대한 사람들의 지각, 그와 연관된 건강의 지표에 상당한 변동이 있었다. 보수가 좋더라도 자신이 무기력하다고 느끼는 중역은 저임금을 받는 우편물 담당 직원과 비슷하게 부정적인 생리적 반응으로 고통받을 수 있다.

포획된 동물과 달리 통제력에 대한 개인의 지각이나 무력감은 전적으로 외부적 힘에 의해서만 좌우되는 것이 아니다. 우리는 세상을 해석하는 자신의 방식을 바꿈으로써 선택의 여지를 만들어내는 능력을 가진다. 죽지 않고 살겠다고 선택한 캘러헌은 극단적인 예지만, 통제가 불가능해 보이는 상황에서라도 통제력을 주장하는 것으로 자신의 건강과 행복을 증진시킬 수 있다. 삶에서 겪는 부정적인 일이 통제 불가능한 힘 때문이라고 지각하는 사람은 자신이 그 일을 통제할 수 있다고 믿는 사람보다 우울증에 걸릴 위험이 더 높다. 그런 사람은 약물중독이나 학대하는 관계 등 해로운 상태를 벗어나려고 노력할 가능성 역시 낮다. 심장마비에서 살아남을 가능성도 낮고, 면역 체계의 약화나 천식, 관절염, 위궤양, 두통, 요통 등으로 고통받을 가능성은 더 높다. 그렇다면 '학습된 낙관주의'를 배양하려면 무엇이 필요할까? 어떻게 하면 관점을 바꿔 삶의 충격을 수동적으로 받아들이는 대신 자신이 통제력을 가졌다고 생각하도록 만들 수 있을까?

코네티컷주의 한 요양원 아덴하우스에서 진행되었던 1976년의 연구에서 이에 대한 단서를 찾아볼 수 있다. 과학자인 엘렌 랭거Ellen Langer와 주디 로딘Judy Rodin은 65~90세의 요양원 입주민들을 대상으로 통제력에 대한 지각을 조작해보았다. 우선 요양원의 사교 담당 직원이 서로 다른 두 층에서 별도로 입주민 회의를 소집했다. 1층에서 열린 회의에서는 각 입주민에게 화초를 나눠주고 간호사가 그것을 돌봐줄 것이라고 알려주었다. 또한 목요일과 금요일에 영화가 상영될 텐데, 그중 한 날에 영화를 보도록 스케줄이 잡혀 있다고 이야기해주었다. 그리고 다른 층의 사람들을 방문하거나 독서, 라디오 청취, 텔레비전 시청 등 다양한 활동에 마음대로 참여해도 된다고 입주민들을 안심시켜주었다. 입주민들이 몇 가지 일은 자유롭게 하도록 허용되지만, 그들의 웰빙에 대한 책임은 유능한 직원들의 손에 맡겨져 있다는 것이 그 메시지의 초점이었다. 그것은 당시 요양원들이 표준으로 따르는 방식이었다(그리고 지금도 그렇다). 관리인은 "우리는 여러분이 자랑스러워하고 행복하게 지낼 수 있는 보금자리를 만드는 것이 우리 의무라고 믿습니다. 여러분께 도움이 되도록 최선을 다하겠습니다"라고 말했다.

그리고 다른 층에서 또 다른 회의를 소집했다. 이번에는 각 입주민에게 자신이 원하는 화초를 직접 선택하도록 했고 화초를 돌보는 것이 그들의 책임이라고 알려주었다. 또한 목요일이나 금요일 중 어느 날 영화를 볼 것인지 결정하도록 선택권을 주었다. 그리고 다른 입주민을 방문하거나 독서, 라디오 청취, 텔레비전 시청 등 여가를 보내기 위해 여러 가지 방법을 선택할 수 있다고 알려주었다. 덧붙여 그들이 지내는 곳을 행복한 장소로 만드는 건 입주민들의 책임임을 강조했다. "여러분의 삶입니다. 그러므로 원하시는 대로 삶을 만들어갈 수 있습니다."

비록 메시지에는 차이가 있었지만 직원들은 두 층의 입주민들을 똑같이 대했으며, 그들에게 똑같이 주의를 기울였다. 입주민들 모두 화초를 받았고 목요일이든 금요일이든 다들 매주 똑같은 영화를 봤기 때문에 두 번째 집단의 입주민들에게 주어진 부가적인 선택권은 겉보기에 사소한 것에 불과했다. 하지만 3주일 뒤에 조사해보았을 때, 더 많은 선택권을 가졌던 입주민들이 그렇지 않았던 입주민들에 비해 더 행복하다고 느꼈고, 보다 활동적이었으며, 다른 입주민들이나 직원들과의 교류도 더 활발했다. 3주일이라는 짧은 연구 기간에도 선택권이 없던 집단에서 70퍼센트는 건강이 쇠퇴했다. 그와 대조적으로 선택권이 주어졌던 사람들 중에서 90퍼센트 이상은 건강이 향상되었다. 6개월이 지난 뒤에 연구자들은 더 많은 선택이 주어졌던, 아니 실은 그렇다고 지각했던 입주민들이 심지어는 사망할 가능성도 낮다는 사실을 발견했다.

요양원의 입주민들은 비록 상징적인 선택일지라도 선택권을 가짐으로써 혜택을 입었다. 입주민들은 자신의 환경에 대해 선천적인 통제 욕구를 어느 정도 행사할 수 있었으므로 우리에 갇힌 동물들이나 임금 수준이 낮은 근로자들이 종종 겪는 스트레스와 불안을 겪지 않았다. 사소한 일로 축적되는 스트레스가 몇몇 큰 사건에서 비롯된 스트레스보다 장기적으로는 더 해로운 것과 마찬가지로, 이 연구는 사소한 선택이라도 종종 실행할 수 있으면 자신이 전반적인 통제력을 지녔다고 지각하는 데 큰 도움이 된다는 것을 보여주었다. 또한 여기에 함축된 더 깊은 의미는 우리가 선택권과 그에 수반되는 혜택을 자신이나 타인에게 만들어줄 수 있다는 사실이다. 자신이 행위의 주체임을 강조하는 방식으로 말하거나 생각하는 것처럼, 행동을 조금만 바꿔도 우리의 정신과 신체 상태는 큰 영향을 받는다.

정신이 신체에 영향을 미친다는 생각에 대한 환자들의 태도를 살펴보는 여러 연구가 진행되었다. 이런 연구에서는 암이나 에이즈 등 매우 심각한 질환과 싸울 때조차도 상황이 절망적이라는 점을 받아들이지 않는 태도가 생존 가능성을 높이고, 재발 가능성을 줄이거나, 적어도 죽음을 연기시킬 수 있음이 밝혀졌다. 세계 최초로 오로지 암만 치료하고 연구할 목적으로 세워진 영국의 로열마스덴병원에서 진행되었던 한 연구를 예로 들어보겠다. 무력감과 절망감 측정에서 점수가 더 높았던 유방암 환자들은 점수가 낮았던 다른 환자들에 비해 5년 안에 사망하거나 재발 가능성이 더 높은 것으로 나타났다. 다른 많은 연구에서는 효과적인 치료법이 생기기 전의 에이즈 환자들도 마찬가지였다는 사실이 밝혀졌다. 무력감을 더 많이 호소했던 환자들이 HIV 양성 상태에서 본격적인 에이즈로 진행되거나, 에이즈로 발전한 뒤 더 일찍 사망할 가능성이 높았던 것이다. 그렇다면 자신의 병을 어떻게 생각하는가가 신체적 안녕에 직접적으로 영향을 미칠 수 있다는 말인가?

의학계에서는 이에 대해 논란이 분분하지만, 사람들은 여건만 허락된다면 선택하고 싶어 한다는 사실이 분명해졌다. 우리는 삶을 선택의 관점에서 보면 더 잘살 수 있을 거라고 믿고 싶어 한다. 그리고 그런 관점이 우리 몸을 좋아지게 할 수는 없어도, 기분을 좋게 만들어준다고 믿을 만한 근거들은 분명히 있다. 예를 들어 UCLA의 한 연구에서 유방암 환자들을 조사해본 결과, 그들 중 3분의 2가 자기 병의 예후를 자신이 통제할 수 있다고 믿었는데, 그중에서 다시 3분의 1 이상은 많이 통제할 수 있다고 믿었다. 그리고 이런 인식은 종종 과일과 채소를 더 많이 먹는 등의 행동 변화로 이어졌다. 하지만 통제력이 그저 정신활동으로만 표현되는 경우도 종종 있었다. 예를 들어 항암치료라는 대포가 암이라는 용을 폭파시켜 산산조각 내는 것과 같은 상상을 하거나 "나는 이 이상의 암은 단호히 거부한다"라고 스스로 다짐하기도 한다. 이런 믿음은 전혀 개연성이 없는 것일 수도 있지만, 아무튼 환자들은 자신의 질병을 더 많이 통제할 수 있다고 느낄수록 더 행복해했다. 자신이 병을 다스릴 힘을 가졌다고 믿고 싶어 하는 환자의 욕구는 건강하거나 아프거나, 늙거나 젊거나 본능적으로 자신의 삶을 통제하고 싶어 하는 모든 사람의 갈망을 그대로 반영한다. 우리는 가장 암울한 상황에서도 삶이 자신에게 선택과 통제의 가능성을 준다고 생각하고 싶어 한다.

06

선택이 주는 위로

이제까지의 이야기를 한번 뒤집어보자. 살겠다는 선택을 했다고 해서 실제로 생존에 도움이 될 거라는 보장은 없다. 인간 승리에 대한 이야기에서는 종종 영웅이나 생존자가 "나는 자신이 선택할 수 있음을 알았다"라든지, "어려운 선택이 내 앞에 놓여 있었다" 등을 말하는 결성적인 순간만 강조된다. 그러고는 어둠을 뚫고 빛에 도달하는 감동적인 여행의 기사나 그로부터 배워야 할 교훈에 대한 진부한 설명이 뒤따른다. 하지만 리히터의 쥐들도 다른 어떤 생물 못지않게 안전하게 빠져나올 수 있을 거라고 열심히 믿었을 것이다. 살겠다고 선택했지만 죽었던 선원이나 등반가, 불치병 환자들의 이야기는 우리 귀에까지 들려오지 않는다. 그러므로 생존자들의 이야기는 오해를 심어줄 수도 있다. 놀랍도록 강인한 개인의 성격을 강조하는 이야기는 더더욱 오해의 소지가 있다. 혹은 그들 모두가 방송 카메라

앞에 서기 전 똑같은 대본을 받아 그대로 읽고 있다는 생각이 들 수도 있다.

그럼에도 그런 이야기들은 사람들이 심각한 질환이나 비극의 두려움과 고통을 견디는 데 도움이 된다. 심지어 의료진들이 비현실적이라고 판단했을지라도 낙관적인 믿음이 현실적인 전망보다 상황에 대처하는 데 더욱 유익하다. 치유되었다고 철석같이 믿었다가 병이 재발하면 오히려 역효과가 나지 않을까 생각할 수도 있겠지만, 연구 결과들을 보면 그렇지 않다. 건강할 때는 그런 낙관주의를 환상이라고 거부할 수도 있겠지만, 입장이 바뀌었을 때는 아마 당신도 자신에게 유익하도록 조금이라도 확률을 바꿀 수 있다면 그 무엇에라도 매달릴 것이다.

조앤 디디온Joan Didion은 수필 『백색 앨범The White Album』에서 "우리는 살아가기 위해 자신에게 이야기를 들려준다"라고 말했다. 이는 단순하지만 충격적인 주장이다. 몇 줄 뒤에는 또 이런 이야기가 나온다. "우리는 자살 사건에서 설교를 들으려고 하며, 다섯 명의 연쇄살인에서도 사회적·도덕적 교훈을 찾는다. 우리는 자신이 보는 것들을 해석하며, 여러 가지 중에서 가장 쓸모 있는 것을 선택한다. 특히 작가라면 더 그렇겠지만, 누구나 이질적인 이미지에 줄거리를 부여함으로써 살아간다. 실제 경험하는 주마등 같은 환각을 고정시키기 위해 우리가 배운 관념에 의지해 살아간다." 진부하거나 감상적인 것일지라도 이렇게 부여한 줄거리는 자신의 삶을 이해하도록 해주는 중요한 기능을 한다. 그것이 선택에 관한 이야기일 때, 우리가 통제력을 가졌다는 생각을 포함시킨 줄거리일 때 우리는 정말로 '살기 위해' 자신에게 그 이야기를 들려줄 수 있다.

우리가 선택에 대한 이야기를 창작하고 전달해야 할 의무가 있다고까지 주장할 수도 있을 것이다. 일단 그런 이야기를 알고 나면 아무도 그것을 빼앗아갈 수 없기 때문이다. 자신의 소유물이나 가정, 사랑하는 사람을 잃는 일도 일어날 수 있지만, 그래도 선택의 이야기를 부여잡을 수 있다면 선택을 실행할 능력을 지킬 수 있다. 금욕주의 철학자 세네카는 이런 말을 했다. "노예근성이 한 인간 전체에 스며들어 있다고 생각하는 것은 잘못이다. 그 사람은 많은 부분에서 노예로부터 벗어나 있다. 몸은 정말로 주인의 것이고 그의 지배를 받지만 정신은 독립되어 있다. 그리고 몸을 가둬둔 육신의 감옥도 정신을 구속할 수 없을 만큼 정신은 자유롭고 분방한 것이다."

동물의 경우에는 신체를 가두는 게 존재 전체를 감금하는 것이지만, 인간은 신체적인 자율성이 전혀 없을 때도 자유를 선택할 수 있다. 그러기 위해 그 노예는 어떤 선택이 가능한지 알아야 하며, 자신이 그 선택을 할 자격이 있음을 믿어야 한다. 우리는 이야기를 공유함으로써 상상과 언어 속에서 선택의 불씨를 살려놓는다. 몸으로 선택을 실행할 수 없는 상황에서도 마음속으로 실행할 수 있는 힘을 서로에게 나눠준다.

그렇다면 선택에 대한 이야기가 점점 더 자라나고 전파되어 더 많은 힘을 얻게 된다는 것은 그리 놀라운 일이 아니다. 미국 독립선언서에는 인간에게 생명, 자유, 행복을 추구할 권리가 있으며 그 권리는 양도될 수 없다고 명시되어 있다. 선택에 대한 이야기는 그런 사상에 근거한 아메리칸 드림을 지속시켜준다. 그리고 선택은 자유나 자기 결정과 관련된 모든 논의에 함축되어 있으므로 그 기원은 훨씬 더 과거로 거슬러 올라간다. 실제로 우리는 선택이라는 단어가 존재하지 않을 때도 그것이 주는 위로를 체험한다. 종종 다른 사람들을 통해 대본이 집필되지만, 우리는 그런 이야기를 실행할 때 상황이 어떻든지 간에 통제력을 거머쥔다. 그리고 다음에서 보게 되듯이 비록 사람들의 대본과 실행은 다양하지만, 선택하고자 하는 욕구와 필요성은 보편성을 가진다. 기질이나 문화, 언어 등 여러 가지가 다르더라도 선택은 우리를 하나로 연결시켜주며 자유와 희망에 대해 함께 이야기할 수 있도록 해준다.

2장

선택에 영향을 미치는 것들

THE ART OF CHOOSING

01

칸와르와 쿨디프의 축복받은 결혼

40여 년 전 8월의 어느 날 아침, 칸와르 지트 싱 세티Kanwar Jit Singh Sethi는 결혼식 준비를 하기 위해 이른 새벽에 일어났다. 목욕재계에 서부터 준비가 시작되었다. 그는 허리를 끈으로 조여 입는 시크교도의 흰색 속옷인 카챠만 걸친 채 델리 본가의 욕실로 들어갔다. 그리고 창 하나로 빛이 새어 들어오는 작은 공간에 놓인 짤막한 나무의자에 앉았다. 맨발로 밟은 바닥에서는 냉기가 느껴졌다. 어머니와 할머니가 욕실로 들어와서 심황, 백단, 우유, 장미 향수로 버무려 반죽한 바트나라는 향을 그의 몸에 발랐다. 그러고 나서 양동이에 물을 받아 그의 머리와 어깨에 조금씩 끼얹었다.

  어머니는 등까지 닿는 그의 모발과 가슴까지 내려온 턱수염을 감겨주었다. 시크교의 전통에 따라 그는 그때까지 머리카락과 수염을 자르지 않고 길렀다. 어머니는 머리를 감기고 향유로 마사지한 뒤

단단하게 매듭을 지어 위로 틀어올리고, 턱수염은 턱 밑에 붙였다. 73킬로그램, 180센티미터의 건장한 체격에 가장 좋은 옷을 차려입고 선홍색 터번을 두른 스물여덟 살의 청년 칸와르 지트는 정말 멋졌다. 탁월한 외모와 명랑한 성격, 부드러운 눈과 편안한 몸가짐은 사람들의 마음을 끌어당겼다. 그는 문을 통과해 100여 명의 친척과 친지가 의식을 시작하려고 기다리는 정원으로 걸어갔다.

한편 몇 블록 떨어진 곳에서 스물세 살의 쿨디프 카우르 아난드Kuldeep Kaur Anand도 비슷한 절차로 아침을 시작했다. 그녀는 칸와르와 완전히 반대되는 점이 많은 아가씨였다. 150센티미터, 39킬로그램밖에 안 되는 아담한 체구의 그녀는 칸와르 지트가 외향적인 데 반해 수줍음을 많이 탔으며, 자신한테 사람들의 관심을 끄는 대신 다른 사람들에게로 그 총명한 눈길을 돌리곤 했다. 목욕의식이 끝나자 그녀는 그해 흥행했던 영화 「브라마차리Brahmachari」에서 자신이 좋아하는 여배우 뭄타즈Mumtaz가 입었던 것과 비슷한 주황색 사리를 입었다. 그리고 자신의 앞날을 축복해주려고 집으로 모여드는 손님들을 미소로 맞이했다.

양가는 온종일 잔치를 벌였고, 하객들이 만나 인사를 나누는 동안 치즈와 채소 식빵, 채소 등에 향료를 넣은 반죽을 입혀 튀겨낸 파코라pakoras 등을 대접했다. 저녁 무렵이 되자 두 집에서는 상견례인 밀니Milni의 준비가 시작되었다. 칸와르 지트의 집에서는 밴드가 도착해 행운을 불러온다는 갈대 악기 셰나이shehnai로 전통음악을 연주하고 있었다. 수를 놓은 갈색 덮개를 얹은 백마도 보였다. 칸와르 지트는 그 말을 타고 쿨디프의 집으로 갈 것이다. 출발하기 전에 여동생

이 터번에서 늘어뜨린 세라sehra로 그의 얼굴을 가려주었다. 세라는 금술과 꽃들을 엮은 장식이다. 그런 다음 말에 올라탄 칸와르 지트는 옆에 늘어선 가족들을 지나 목적지를 향해 떠났다. 악대가 그 길을 선도했다.

쿨디프는 가족과 함께 현관 앞에서 성가를 부르며 남편이 될 사람을 기다렸다. 그녀의 얼굴에는 칸와르 지트의 어머니가 보내준 화려한 자수 베일이 드리워져 있었다. 마침내 행렬이 도착해서 셰나이와 타블라tabla(2개의 작은 북으로 이루어진 악기-옮긴이) 소리가 울려퍼지는 가운데 칸와르 지트와 쿨디프는 장미와 재스민 화환을 교환했다. 그때 양가 가족들도 어머니는 어머니끼리, 자매는 자매끼리 서로 인사를 나누었다. 이렇게 짝지은 양가 가족들은 줄줄이 엮은 꽃을 교환한 다음에 칸와르 지트의 가족이 떠날 시간까지 노래하고 춤추며 두 사람의 결혼을 축하했다.

다음 날 새벽에 쿨디프와 칸와르 지트의 가족은 축복받는 혼례의식을 치르기 위해 근처에 있는 사원으로 갔다. 다시 붉은 터번을 두르고 짙은 색 양복을 입은 칸와르 지트는 시크 경전인 구루 그란트 사힙Guru Granth Sahib이 놓인 나무 제단 앞에 무릎을 꿇었다. 쿨디프는 헐렁한 바지와 긴 튜닉으로 이루어진 분홍색 살와르 카미즈salwar kameez를 입고 금술이 달린 베일로 거의 허리까지 가린 채 그 옆에 무릎을 꿇었다. 성가를 부르고 기도가 끝난 다음 칸와르 지트의 할아버지는 긴 스카프의 한쪽 끝을 손자의 손에, 다른 쪽 끝은 쿨디프의 손에 묶었다. 신랑신부는 이렇게 묶인 채 구루 그란트 사힙을 네 번이나 돌았다. 한 바퀴 돌 때마다 멈춰 서서 거룩한 사람Sant이 그들의 결혼과 관련된 카르마karma, 다르마dharma, 신뢰, 축복의 기도를 낭송했다. 양가 가족들은 부부의 발치에 돈과 화환을 던지며 그들의 결혼을 축하했다. 그러고 나서 칸와르 지트는 베일을 걷어올리고 처음으로 아내의 얼굴을 보았다.

우리 부모님은 이렇게 결혼했다. 누구와 결혼하고, 무엇을 입으며, 무엇을 먹을 것인가 등 의식의 모든 세부사항은 이미 결정되어 있었다. 혼례의식은 오랜 기간에 걸쳐 시크교도의 전통으로 진화되어 엄격히 준수되는 문화적 대본의 일부였으며, 신랑신부와 그의 가족들은 그날 그것을 그대로 따랐다. 사람들에게 우리 부모님이 결혼식 날 처음 만났다는 이야기를 할 때 가장 흔하게 접하는 반응은 바로 충격이다. "가족들이 결혼을 주선했다고요? 당신 부모님은 어떻게 그런 일을 허락할 수 있었지요?" 이것이 우리 가정, 아니 대부분의 인도 가정에서 결혼이 결정되는 방식이라는 간단한 설명만으로는 사람들의 호기심을 해소시키거나 놀라움을 누그러뜨려 주지 못한다. 표면적으로는 그들도 결혼이 성사되는 과정에 문화적 차이가 있음을 이해한다. 하지만 우리 부모님이 그렇게 중요한 결정을 다른 사람들의 손에 넘겨주었다는 사실을 진심으로 받아들이거나 이해하지는 못한다. 그들은 어떻게 그럴 수 있었으며, 왜 그랬을까?

02

당신은 천국이 있다고 믿는가?

개 실험으로 우리 마음을 불편하게 했던 심리학자 마틴 셀리그먼을 기억하는가? 인간과 동물을 대상으로 한 그의 흥미진진한 연구들과 앞서 소개했던 다른 연구들은 우리가 자신에게 닥칠 일을 통제할 힘을 가졌다고 생각할 필요가 있다는 사실을 보여준다. 사람들은 통제력을 지니지 못할 때 무력감과 박탈감을 느끼며, 제대로 활동하지 못한다. 나는 펜실베이니아대학교의 학생일 때 셀리그먼 교수의 강의를 들으면서 이 실험을 처음 접했다. 그리고 거기서 알게 된 사실들 때문에 시크교의 전통이 신도들에게 힘을 주고 고양시켜주는 대신 실은 무력감을 일으키는 것은 아닌지 의문이 들기 시작했다. 시크교도인 나는 끊임없이 여러 가지 규칙을 따지며 살았다. 무엇을 입고 무엇을 먹어야 하는지, 금지된 행동들과 가족에 대한 내 의무가 어떤 것인지를 항상 생각했다. 그 모든 것을 다 따져보니, 나를 대신해서 전통이 너무나 많은 결정을 내려주어 내가 결정해야 할 일이 별로 남아 있지 않았다. 이것은 시크교뿐 아니라 다른 여러 종교에서도 마찬가지다. 나는 이 질문을 셀리그먼 교수에게 가지고 갔다. 종교를 믿는 사람들이 삶에서 더 큰 무력감을 느끼는지 여부를 그가 밝혀줄 수 있기를 바라는 마음에서였다. 하지만 이 주제에 대해서는 과학적인 탐구가 거의 이루어지지 않았으므로 그도 확실히 알지 못했다. 그래서 우리는 종교를 신봉하면 건강과 행복에 어떤 영향이 미칠지 살펴보는 연구에 착수하기로 했다.

그후 2년 동안의 내 다이어리를 훑어본 사람이라면, 내가 평생 지은 죄를 속죄하려 애쓰는 영혼일 거라고 생각했을 수도 있다. 나의 연구는 매주 금요일 저녁에 사원을 방문하고 이어서 유대인 회당을 찾아가는 일과로 이어졌다. 토요일에는 더 많은 사원과 회당을 방문했고 일요일에는 교회를 찾아다녔다. 나는 전부 합해 아홉 가지의 다른 종교에 속하는 신도 600여 명을 인터뷰했다. 이 연구는 신도들에게 여러 가지 일상적인 규제를 가하는 근본주의(칼뱅교와 이슬람교, 정통 유대교), 그 중간 정도인 보수주의(가톨릭과 루터교, 감리교, 보수적 유대교), 또는 가장 제약이 적은 자유주의(유니테리언파와 개혁유대교)로 구분되었다. 사실 자유주의 범주에 속하는 어떤 종파는 신도들에게 신을 믿으라는 것조차 요구하지 않는다. 유니테리언 보편주의자들 중에서는 자신을 세속적 인본주의자라고 묘사하는 사람이 가장 많았으며, 자연 또는 지구 중심의 영성을 가진 사람이 그 뒤를 이었다.

나는 이들 신도에게 세 가지 조사에 응해 달라고 부탁했다. 첫 번째 설문에는 종교가 자신의 삶에 미치는 영향과 관련된 질문이 담겨 있었다. 즉 종교가 그들이 먹고 마시고 입는 것, 교제하는 대상, 결혼 상대에 어느 정도로 영향을 미치는가 묻는 질문이 포함되었다. 그 결과 근본주의에 속하는 사람들이 이런 질문에서 가장 높은 점수를 기록했으며, 자유주의적 믿음을 가진 사람들이 가장 낮은 점수를 기록했다. 또한 종교활동의 참여(얼마나 자주 예배에 참석하거나, 기도하는가)와 종교적인 희망(천국이 있다고 믿거나 당신의 고통이 보상받을 것이라고 믿는가)에 대해서도 물었다.

두 번째 설문에서는 좋고 나쁜 여러 사건을 가상하고 그들의 반응을 살펴봄으로써 개인이 가진 낙관주의의 수준을 측정했다. 파면당한다면 어떻게 반응할 것이냐는 질문을 받았을 때 낙관주의자들은 "내가 직장에서 파면당한다면, 그것은 쉽게 고칠 수 있는 어떤 구체적인 문제 때문이었을 것이다"라고 대답했다. 반면에 비관주의자들은 "내가 직장에서 해고당한다면, 그것은 내 자신이 절대로 고칠 수 없는 어떤 잘못 때문이었을 것이다"와 같은 대답을 했다. 본질적으로 그들의 대답은 자신이 삶을 어느 정도 통제할 수 있다고 생각하는지를 보여주었다.

마지막 설문에서 그들은 체중 감소나 불면증 등 우울증의 증상이 있는지 알아보는 데 흔히 사용되는 정신건강 질문에 대답했다. 놀랍게도 가장 근본주의적인 믿음을 가진 신도들이 더 많은 희망을 가졌으며, 역경을 만났을 때 더 낙관적이었고, 우울증에 걸릴 가능성도 더 낮았다. 실제로 우울증과 비관주의에 가장 취약한 사람들은 유니테리언, 특히 무신론적 입장의 유니테리언이었다. 사람들은 많은 규칙이 부과된다고 해서 약해지는 게 아니라 오히려 그로부터 힘을 얻는 것 같았다. 그들은 많은 선택권을 박탈당했지만 자신이 삶을 통제할 수 있다고 느끼고 있었다.

이 연구는 실로 놀라운 경험이었다. 제약이 많다고 해서 자신이 통제력을 가졌다는 느낌이 반드시 줄어드는 건 아니었으며, 원하는 대로 생각하고 행동할 수 있는 자유가 있다고 해서 통제력을 가졌다는 느낌이 강해지는 것도 아니었다. 세상의 본질과 그 안에서 우리가 맡은 역할에 대한 이야기가 제각기 다르게 구성되어 여러 세대를 거쳐 전수된다는 사실로써 이 같은 표면적인 역설을 해소할 수 있다. 누구나 자신의 삶을 통제하고 싶어 하며 그럴 필요가 있지만, 통제를 어떻게 이해하는지는 우리가 전달받은 믿음과 들은 이야기에 따라 달라진다. 어떤 사람들은 개인적인 선택권을 행사하는 것만이 통제력을 가진 거라고 믿는다. 아무도 우리를 대신해서 행복을 찾아주지 못하므로 행복에 이르는 자신만의 길을 스스로 찾아야 한다는 것이다. 또 어떤 사람들은 신이 우리 삶을 통제하므로 신의 그런 길을 이해하고 그에 따라 살아야만 행복할 수 있다고 믿는다. 우리는 각자 어디서 태어났고 부모가 누구인가를 비롯한 수많은 요인과 그 작용에 따라 삶과 선택에 대한 각기 다른 이야기에 노출된다. 그래서 서로 다른 문화나 나라를 살펴보면, 선택에 대한 이해 방식과 믿음에서 큰 차이가 있음을 발견하게 된다. 누가 선택할 것인가, 선택으로부터 무엇을 기대할 것인가, 결과를 어떻게 판단할 것인가 등이 모두 달라진다는 말이다.

학부생으로서 정식으로 선택을 연구하기 시작하면서부터 나는 청년과 노인, 세속적인 사람과 독실한 신도, 아시아 문화권의 사람, 공산주의 체제의 참전용사, 또한 미국에서 여러 세대를 살아온 사람 등 온갖 배경의 사람들을 대상으로 인터뷰와 조사, 실험을 진행했다. 이 장의 나머지 부분에서 나는 관련성을 가진 내 연구와 다른 연구자들의 의견을 독자들과 함께 나누려고 한다. 지리와 종교, 정치체제, 인구학적 요인 등이 우리 자신과 자신의 역할을 지각하는 방식을 어떻게 근본적으로 형성하는지 살펴보려고 한다. 각 문화와 가정마다 다르게 전해지는 삶의 이야기는 우리가 무엇을, 왜 선택하는지에 대한 깊은 의미를 함축하고 있다. 우리는 이런 이야기들을 어떻게 이해할 것인지를 배움으로써 비로소 사람 간의 놀랍고도 혼란스러운 차이점을 설명할 수 있게 될 것이다.

03

'나'에 집중하는가, '우리'에 집중하는가

1995년 몇 달 동안 교토 지역의 한 가정에서 생활한 적이 있다. 나는 그 기간에 박사학위 논문에 필요한 조사를 하기 위해 문화사회심리학 분야의 창시자들 중 한 명인 시노부 키타야마와 함께 작업했다. 물론 문화적 차이, 심지어는 오해까지 겪을 거라고 미리 각오했지만, 그런 차이점들은 종종 예상 뜻밖의 상황에서 불거지곤 했다. 가장 놀라운 사건은 내가 식당에서 설탕을 넣은 녹차를 주문했을 때 일어났다. 웨이터는 잠시 머뭇거리다가 녹차에는 설탕을 넣는 것이 아니라고 공손하게 설명했다. 나는 알았다고, 그런 사실을 알고 있지만 달콤한 녹차가 마시고 싶다고 대답했다. 그 요청에 더욱 정중하긴 했지만 결국 녹차에는 설탕을 넣으면 안 된다는 똑같은 내용의 설명이 되돌아왔다. 나는 일본인들이 그들의 차에 설탕을 넣지 않는다는 것을 알지만, 그래도 내 녹차에는 설탕을 넣고 싶다고 말했다. 그러자 당

황한 웨이터가 그 문제를 매니저에게 이야기했고, 두 사람은 한참 동안 상의를 했다. 마침내 매니저가 내게 다가오더니 "죄송합니다만, 여기는 설탕이 없습니다"라고 말했다. 나는 원하는 식으로 녹차를 마실 수 없게 되자 커피로 주문을 바꿨다. 그런데 웨이터가 가지고 온 커피의 잔 받침에는 각설탕 2개가 놓여 있었다.

 달콤한 녹차 한잔을 요구했다가 실패한 사건은 재미있는 이야깃거리면서 문화권에 따라 선택에 대한 관점이 얼마나 달라질 수 있는지를 간략하게 보여준다. 미국적 관점에서 보면, 돈을 내는 고객이 개인의 취향에 따라 큰 무리가 가지 않는 요청을 할 때는 그런 취향을 충족시켜 달라고 요구할 권리가 있다. 반면 일본인의 시각에서는 그들의 문화적 기준에 비춰볼 때 내가 녹차를 마시는 방식은 부적절했다. 그들은 내가 끔찍한 잘못을 저지르는 걸 막으려고 애썼던 것이다. 상황에 사로잡히지 않고 좀 더 넓게 보면서 미국과 일본의 문화를 비교한다면 가정과 직장, 삶의 대부분 영역에서 개인적 선택이나 사회적 영향력이 그와 비슷한 양상으로 전개된다는 것을 발견할 수 있다. 이들 두 문화, 아니 사실 모든 문화 사이에는 수많은 차이점이 존재한다. 하지만 세상에서 선택의 개념과 실행이 얼마나 다양한지를 이해하는 데 특히 유용한 한 가지 문화적 특성이 있으니, 그것은 바로 개인주의와 집단주의다.

  자기 자신에게 한번 물어보기 바란다. 선택할 때 가장 먼저 자신이 무엇을 원하는지 무엇이 자신을 행복하게 해줄 것인지를 고려하는가, 아니면 당신과 주위 사람들에게 무엇이 가장 좋은 선택인지를 고려하는가? 문화와 개인 사이에서 나타나는 중대한 차이점의 핵심에는 이처럼 단순해 보이는 질문이 자리 잡고 있다. 이는 한 국가 내부에서나 국가들 사이에서나 모두 해당되는 이야기다. 물론 대부분의 사람은 다른 사람들을 모두 무시하겠다고 할 만큼 자기중심적이지 않을 것이며, 자신의 욕구와 갈망을 전적으로 무시하겠다고 할 만큼 이타적이지도 않을 것이다. 하지만 이런 극단적 선택을 제외했음에도 상당한 변동이 존재할 수 있다. 이 연속선상에서 우리의 위치는 우리가 받은 문화적 양육과 선택 방법에 따른 대본에 의해 크게 좌우된다. 결정할 때 주로 '나'에 집중하라는 이야기를 들었는가, 아니면 '우리'에 집중하라고 배웠는가? 우리가 어떤 가정에 따라 살아가든, 이런 문화적인 대본은 개인의 삶을 성공적으로 항해해 나가도록 도와주기 위한 것이면서도 사회 전체가 가장 잘 운영될 수 있는 가치를 지속시키기 위한 것이기도 하다.

미국처럼 보다 개인주의적인 사회에서 자란 사람들은 선택하는 데 있어 주로 '나'에 집중하도록 배운다. 문화심리학자인 해리 트리안디스Harry Triandis는 『개인주의와 집단주의Individualism and Collectivism』에서 "개인주의자들은 주로 자신의 선호나 욕구, 권리, 다른 사람들과 맺은 계약이 동기가 되어 움직인다. 그리고 다른 사람들의 목표보다 자신의 목표를 우선시한다"라고 말했다. 살면서 하는 선택의 횟수와 중요성을 생각할 때, 개인의 선호 역시 중요하다. 사람들은 자신의 선호에 따라 뭔가를 선택할 뿐 아니라 자신의 정체성도 개인적인 관심이나 성격 특성, 행동 등에 따라 규정된다고 생각한다. 예를 들어 "나는 영화광이다" "나는 환경문제를 중요시한다" 등과 같은 말이 자신을 드러내 보여준다고 여긴다. 이런 세계관에 따르면 완전한 인간으로 살아가기 위해서는 인생의 행로를 스스로 결정할 수 있다는 점이 참으로 중요하다. 그래서 명백하게 그것을 가로막는 장해물을 부당하다고 여기는 것이다.

현대적인 개인주의는 17, 18세기 유럽의 계몽주의에 그 뿌리가 직접 닿아 있다. 그리고 계몽주의는 소크라테스와 플라톤, 아리스토텔레스 등 그리스 철학자들의 연구, "나는 생각한다. 고로 나는 존재한다"라는 금언으로부터 모든 지식을 도출하려고 했던 데카르트, 가톨릭교회의 중앙권력에 도전해 모든 개인은 신과 직접 연결되었다고 주장한 개신교, 종교에 의지하지 않고 세계를 이해할 수 있는 방법을 제시한 갈릴레오나 뉴턴 등의 과학적 발전 등에서 다양한 영향을 받았다. 이런 사상들은 오랜 기간 사회를 지배했던 전통을 거부하고 이성의 힘을 지지하는 새로운 세계관으로 이어졌다. 그런 세계관에 따르면 사람들은 왕이나 성직자 등 외부적인 권위에 의지하지 않으면서도 무엇이 옳고, 무엇이 최선인지 스스로 발견할 수 있는 능력을 가졌다.

미국 건국의 시조들 역시 계몽주의 철학에서 깊은 영향을 받았다. 특히 보편적인 개인의 권리가 존재한다는 존 로크의 주장에 영향을 받아 이런 사상을 미국 헌법과 권리장전에 포함시켰다. 독립선언의 서명은 1776년 애덤 스미스Adam Smith의 『국부론The Wealth of Nations』 출간과 비슷한 시기에 이루어졌다. 이 책은 개인주의 역사의 또 다른 이정표가 되는 사건이었다. 스미스는 저서에서 개인이 자신의 경제적인 이익을 추구하면 보이지 않는 손이 작용해 사회 전체에도 유익할 거라고 주장했다. 개인주의 이념의 핵심은 선택을 기회라는 관점에서 생각하는 것이다. 그리고 자신이 되고자 하는 것이나 하고자 하는 것을 할 수 있는 개인의 능력을 장려한다. 19세기의 철학자이자 경제학자였던 존 스튜어트 밀John Stuart Mill은 선택이 삶에서 어떤 역할을 해야 하는가에 대한 사람들의 기대에 이러한 사건들이 미친 누적된 영향력을 유려하게 표현했다. 또한 그것이 사회구조에 대해 함축하는 의미도 언급했다. 그의 표현을 빌면 "우리가 다른 사람의 자유를 앗아가거나 자유를 얻으려는 다른 사람의 노력을 저지하지 않는 한도 내에서 자기 이익을 자신의 방식대로 추구할 수 있는 자유야말로 그 이름에 걸맞은 유일한 자유다. …… 인류는 남들에게 좋다고 여겨지는 방식대로 살라고 사람들을 강요하는 대신, 각자 자신에게 좋다고 생각되는 대로 살도록 허용함으로써 더 많은 이득을 얻을 수 있다."

이런 사고방식은 사람들에게 깊이 각인되었다. 그래서 잠시 멈추고 그것이 보편적으로 공유되는 이상이 아닐 수도 있다고 생각하는 일이 거의 없다. 우리가 언제나 선택을 원하지 않을 수도 있다거나 다른 사람이 자기 대신 선택해주기를 선호하는 문화가 실제로 존재한다는 생각을 하지 못하는 것이다. 하지만 사실 개인주의 개념은 비교적 새로운 사조이며, 세계 인구 중에서 극히 일부의 사고방식을 이끌고 있을 뿐이다. 이제부터는 그에 못지않게 풍성한 집단주의의 전통으로 시선을 돌려보겠다. 지구촌의 광범위한 지역에서 집단주의가 선택의 개념에 어떤 영향을 미치고 있는지 살펴보기로 하자.

일본을 비롯한 집단주의 사회의 구성원은 선택할 때 '우리'에 우선순위를 두어야 하며 가족이나 동료, 마을, 국가 등 자기가 속한 집단의 관점에서 자신을 보아야 한다고 배운다. 트리안디스의 말로 표현하면 "집단의 규범과 집단이 부과한 의무가 그들을 움직이는 주된 동기이며, 그들은 개인적인 목표보다 집단의 목표에 우선권을 기꺼이 내준다." 이런 사회에서는 집단 구성원들 사이의 유대를 다른 무엇보다도 강조한다. 모든 사람이 1등을 추구하기보다는 전체로서의 집단 욕구가 충족되어야 개인도 행복할 수 있다고 믿는다. 예를 들어 "지는 것이 이기는 것이다"라는 일본의 격언은 평화와 조화를 유지하는 게 자기 뜻대로 하는 것보다 바람직하다는 사고의 표현인 것이다. 집단주의 세계관은 선택의 주체를 결정하는 문제를 넘어서까지 영향을 미친다. 집단주의자들은 자신을 성격 특성만 갖고 규정하지 않으며, 자신이 속한 집단과의 관계를 통해 자신의 정체성을 이해한다. 그러므로 그런 사회의 구성원들은 자신들이 속한 사회집단에 순응한 채 조화를 유지하려고 애쓴다.

역사를 통해 보면 집단주의가 더 보편적인 삶의 방식이었다. 원시의 수렵채집사회는 집단주의적인 사회로 운영되어야 할 필요가 있었다. 서로 돌보아야 모든 사람의 생존확률이 높아졌기 때문이다. 농경사회로 이행하자 집단에 부여하던 가치는 사회를 유지하기 위해 더욱 커졌다. 인구가 증가하고 이전에 결속을 유지시켜주었던 가족과 부족의 힘이 약화되면서부터 종교를 비롯한 다른 힘들이 그 공백을 메우고 사람들에게 소속감과 공동의 목표의식을 제시했다.

개인주의의 가치가 대체로 계몽주의라는 단 하나의 근원으로 거슬러 올라가는 데 비해, 집단주의는 다양한 형태로 오랜 기간에 걸쳐 나타났다. 그 한 가지 형태로, 아시아에서는 의무와 운명을 문화적으로 강조하는 현상이 있다. 수천 년 전에 근본적으로 서구와 독립되어 있던 아시아에서 서서히 발달한 집단주의는 지금도 여전히 영향을 미치고 있다. 힌두교와 그 뒤를 이은 불교와 시크교, 자이니교 등의 종교들은 어떤 형태로든 법dharma과 업karma을 크게 강조한다. 법은 개인의 계층이나 종교와의 상관관계에 따라 그 사람의 의무를 규정하며, 업은 죽음조차 뛰어넘는 보편적인 인과법칙이다. 기존의 문화적인 관습을 성문화한 유교 역시 중국에서 발생한 이후 동남아와 일본까지 전파되면서 집단주의에 중요한 영향을 미쳤다. 공자는 『논어』에 다음과 같이 적고 있다. "세상에는 의무와 운명이라는 두 가지 중요한 섭리가 존재한다. 아들은 부모를 사랑해야 하는 운명이다. 이 운명을 절대 마음으로부터 지울 수 없다. 신하는 군주에게 충성해야 하는 의무가 있다. 군주가 없다면 신하는 하늘과 땅 사이에 갈 곳이 없고 존재할 수도 없다." 이렇게 불가피한 관계를 가능한 한 조화롭게 유지하는 것이 집단주의 사회의 궁극적 목표다. 이런 집단주의 형태는 오늘날까지도 동양에서 최고의 가치로 남아 있다. 이 문화에 속한 개인은 선호보다 의무라는 관점에서 자신의 삶을 이해하는 경향이 있다.

한편 19세기 유럽에서 개인주의에 대한 반응으로 집단주의의 두 번째 중요한 흐름이 수면 위로 떠올랐다. 정치이론가인 카를 마르크스는 그 시대의 자본주의적인 제도를 비판하면서 개인의 이익을 강조해서 소수의 상류계급이 다수의 노동계급을 희생시켜 이익을 취하는 제도가 고착되었다고 주장했다. 공산주의 이론가들은 민중에게 계급의식을 심어주고, 동료들과 연대를 맺고, 이론뿐 아니라 실제로도 만인이 평등한 새로운 사회질서를 세우기 위해 분연히 일어설 것을 촉구했다. 그리고 이렇게 결집을 재촉하는 부르짖음은 큰 호응을 불러일으켰다. 개인주의와 대조적으로 이런 포퓰리즘적 이념은 전체적인 기회의 횟수를 극대화하기보다는 일정량의 자원을 모든 사람에게 보장해주는 데 초점이 맞춰졌다. 공산주의 볼셰비키가 1917년 10월 혁명으로 러시아에서 권력을 잡으면서 이런 철학은 전 세계적으로 엄청난 파장을 불러왔다. 그 결과 결국 소비에트연합이 형성되었으며, 전 세계 신생국가들에 정부 형태의 새로운 대안으로 제시되었다.

그렇다면 현대 세계에서 개인주의와 집단주의의 경계는 어디쯤일까? 이 분야에서 가장 널리 알려진 학자인 기어트 호프스테드Geert Hofstede는 전 세계 IBM 지사의 직원들을 대상으로 실시한 자신의 연구 결과에 기초해 한 나라의 개인주의 수준을 평가하는 가장 포괄적인 평가체계를 계발했다. 당연히 미국이 가장 개인주의적인 나라라는 평가를 일관되게 받으면서 100점 만점에 91점을 기록했다. 호주(90)와 영국(89)이 그 뒤를 바짝 따랐으며, 서유럽국가들은 주로 60~80점 범위에 속했다. 동유럽으로 옮겨가면 평가는 집단주의 쪽으로 더 많이 치우쳐서 러시아의 경우에는 39점을 받았다. 아시아는 전체적으로 더욱 집단주의적 성향을 보여 중국을 포함한 많은 나라가 20점 근처에 몰려 있었지만, 일본과 인도는 각각 46과 48로 비교적 높은 점수를 얻었다. 중남미국가들은 상당히 집단주의적이라는 평가를 받았는데, 대개 10~40점 사이에 분포되어 있었다. 그중 에콰도르가 100점 척도에서 6점으로 모든 나라 가운데 가장 집단주의적인 국가로 평가되었다. 아프리카에 대한 연구는 충분히 이루어지지 않았지만, 동서 아프리카의 몇몇 나라는 20~30점 정도일 것으로 추정된다. 후속 연구들에서도 전 세계에 걸쳐 비슷한 유형의 결과가 일관되게 나타났다. 그리고 개인주의적인 나라들은 "나는 종종 내게 유리한 일을 한다"거나 "인간은 다른 사람들과 독립적으로 인생을 살아야 한다"는 진술에 찬성하는 경향이 있는 반면, 집단주의자들은 "내가 속한 집단 안에서 화목을 유지하는 것이 중요하다"거나 "아이들은 즐거움보다 의무를 먼저 배워야 한다"는 주장에 찬성한다.

  이런 척도에서 어떤 나라가 얻은 점수는 국민들 점수의 평균에 불과하다는 사실에 유념해야 한다. 점수는 그 나라의 지배적인 문화에 따라서만 전적으로 결정되는 것이 아니며, 상당한 범위를 포괄할 수 있다는 점을 잊어선 안 된다. 한 나라와 공동체의 문화에 많은 영향을 미치는 요소는 개인에게도 영향을 미칠 수 있다. 미국에서는 GDP를 비교하든, 연봉으로 노동자계층과 중·상류계층을 비교하든 간에 모든 수준에서 부유할수록 개인주의가 강하다는 사실이 나타났다. 그리고 높은 인구밀도는 집단주의와 연관되어 있다. 아마 다른 사람들과 밀착된 공간에서 살면서 평화를 유지하기 위해서는 더 많이 행동을 제약할 필요가 있기 때문일 것으로 추정된다. 한편 다른 문화에 많이 노출될수록, 또 교육 수준이 높을수록 개인주의적 경향이 강하기 때문에 도시가 시골보다 반드시 더 집단주의적이지도 않았다. 사람들은 나이가 들수록 약간 더 집단주의를 따르는 쪽으로 변화하는데, 그 이유는 다른 사람들과 강도 높은 관계를 더 많이 계발하기 때문이다. 이런 경향이 나타나는 또 다른 이유는 나이가 들수록 견해가 좀 더 굳어지면서 전반적인 문화적 변화에 젊은 세대보다 영향을 덜 받기 때문이기도 하다. 성격과 우연적인 인생 체험을 제외하더라도 이런 요인들이 결합되고 상호작용하면서 개인은 집단주의와 개인주의 중에서 어느 쪽으로 치우칠 것인지를 결정한다.

04

중매결혼이 연애결혼보다 이혼율이 낮은 이유

그렇다면 왜 우리 부모는 인생을 함께할 사람을 선택할 때 다른 사람의 결정에 자신을 맡겼을까? 개인주의와 집단주의라는 개념을 적용하면 이 질문의 답을 찾을 수 있을지도 모른다. 연애결혼과 중매결혼에 대한 각각의 이야기를 들여다보면 연애결혼은 근본적으로 개인주의적 행위인 반면에 중매결혼은 본질적으로 집단주의적 행위임이 분명하다. 지금부터 이 두 이야기의 전개 양상과 그것이 전달하는 서로 다른 메시지를 살펴보기로 하자.

신데렐라 동화를 생각해보라. 착하고 사랑스러운 이 아가씨는 사악한 계모와 못생긴 이복자매 때문에 힘들게 하녀 일을 하며 살아간다. 그러던 어느 날 왕실에서 무도회가 열린다는 소식을 들었다. 신데렐라는 계모가 가지 못하게 막았지만 요정의 도움으로 무도회에 참석할 기회를 얻게 된다. 신데렐라가 아름다운 드레스와 반짝이는

유리 구두로 치장하고 마차에서 내리자 모든 사람의 관심이 그녀에게 쏟아졌다. 또한 그녀는 왕자의 마음까지 사로잡았는데, 그는 첫눈에 사랑에 빠지고 만다. 하지만 신데렐라는 하녀를 아름다운 아가씨로 변모시켰던 마법이 사라지는 자정이 되기 전에 그곳을 떠나야 했다. 계모와 이복자매들은 신데렐라의 사랑을 방해하려고 애쓰지만 마침내 그녀는 자신이 유리 구두의 주인임을 증명하고 왕자와 결혼한다. 그리고 "그들은 영원히 행복하게 살았습니다"라는 선언으로 동화는 끝을 맺는다.

아주 오래전에 살았던 실제 공주의 또 다른 이야기를 들려주겠다. 15세기에 아름다운 14세 소녀가 강성한 무굴제국의 샤자한Shah Jahan 황제의 세 번째 황후로 간택되었다. 두 사람은 처음 본 순간 사랑에 빠졌지만 결혼이 축성받을 때까지 5년을 기다려야 했다. 진짜 이야기는 그들의 삶이 결합되고 난 뒤부터 펼쳐진다. 뭄타즈 마할Mumtaz

Mahal('궁전의 선택을 받은 사람'이라는 의미)은 남편이 무굴제국에서 군사작전을 실행하거나 여행할 때면 그곳이 어디든 13명의 자녀를 데리고 동행했다.

왕실의 서기들은 그들의 친밀하고 애정 깊은 결혼생활을 성실하게 기록했다. 그 기록에 따르면 뭄타즈는 아내이자 동반자일 뿐 아니라 신뢰받는 조언자 역할도 하면서 막강한 권력을 가진 남편에게 긍정적인 영향을 미쳤다. 또한 완벽한 아내라고 널리 인정받았으며, 생전에 지혜와 아름다움, 친절함으로 시인들의 칭송을 받았다. 그런데 그녀는 14번째 자녀를 가졌다가 세상을 떠나고 말았다. 전해오는 이야기에 따르면, 황제는 아내가 임종할 때 서로 사랑하며 함께한 삶을 기념하는 건축물을 짓겠다고 약속했다고 한다. 그녀가 죽고 깊은 슬픔과 애도의 기간이 지나자 샤자한은 고인이 된 배우자의 아름다움과 훌륭한 삶에 걸맞은 사원과 정원을 설계하기 시작했다. 그 결과물인 타지마할은 세계 7대 불가사의의 하나로 손꼽히며, 아직도 인도의 아그라에 남아 이 전설적인 결혼을 증언해주고 있다.

이 두 이야기는 인간의 기본적 결혼 설자를 가상 이상석인 모습으로 그리고 있다. 그리고 각 이야기에서 칭송되는 가치는 선택에 관해 문화적으로 전혀 다른 두 가지 줄거리를 제시해 보여준다. 신데렐라 이야기에서 주인공과 그녀의 연인은 계급의 제약과 가족의 반대에 저항하고 모든 역경에 맞서면서 자신들의 선택을 실행에 옮긴다. 이 이야기에는 자기 마음이 원하는 것을 위해 싸워야 한다는 메시지가 함축되어 있다. 그리고 그들의 선택이 승리를 거두는 순간, 즉 결혼식 날에 이야기는 끝이 난다. 누가, 어떻게 선택하는가에 초점이 맞취져 있다. 우리는 그후로 두 사람이 어떻게 행복하게 살았는지에 대한 이야기는 전해듣지 못했다. 서로 사랑해서 선택했기 때문에 모든 일이 순탄하게 진행되어 신데렐라와 왕자가 그냥 행복해진다는 이야기뿐이다. 뭄타즈 마할과 샤자한의 이야기는 그와 반대되게 펼쳐진다. 시작부터 권위를 가진 자들이 이미 두 사람의 결혼을 결정했다. 그 대신 이야기는 그 결정의 결과를 보여주면서 중매로 결합된 후 위대한 사랑이 자라나는 것을 칭송한다. 여기서는 누군가가 당신을 위해 좋은 배우자를 골라주는 것이 가능할 뿐 아니라, 당사자들은 설령 자신이 원하더라도 배우자를 선택할 능력이 없다는 가정이 전제가 된다. 선택하는 순간이 아니라 자신의 의무를 완수할 때 궁극적인 행복을 누릴 수 있다는 것이다. 각각의 이야기에는 우리가 결혼에서 무엇을 기대하느냐에 대한 분명한 메시지가 담겨져 있다. 하지만 어떻게 해서 사람들은 그처럼 다른 이야기들을 하게 되었을까?

우리 부모님의 결혼은 전혀 화려하지 않은 평범한 중매결혼이었지만 위의 이야기와 상당히 비슷한 대본을 따라갔다. 내 외할머니와 친할머니는 사촌동서 사이였는데, 어느 날 만나 차를 마시다가 양가가 사돈을 맺으면 어떻겠느냐는 이야기가 나왔다고 한다. 예비 신랑과 신부의 조건뿐 아니라 양가의 여러 가지 여건이 화합된다는 것이 좋은 결혼의 기준으로 꼽혔고, 모든 실질적인 요건이 다 맞아떨어졌다. 두 사람은 같은 계급 출신으로 가까운 거리에 살았다. 우리 아버지는 어머니를 부양할 만한 경제적인 능력이 있다고 인정받았다. 시집식구들이 어머니에게 잘해줄 것이며, 아버지는 어머니의 남자형제들과 화목하게 지낼 것이라고 생각되었다. 한편 어머니는 교육을 잘 받았다고 인정되었으며 미국에 남동생 하나가 살고 있다는 사실이 보너스 점수가 되어주었다. 두 사람이 결혼한 후에 이민 갈 가능성은 부부의 경제적 미래뿐 아니라 인도에 남아 있는 다른 가족들을 위해서도 좋은 일이라고 여겨졌다. 따라서 가족 몇몇이 수차례 상의한 끝에 칸와르 지트 싱 세티와 쿨디프 카우르 아난드를 결혼시키는 것으로 합의를 봤다. 여러모로 순리에 따른 결혼처럼 보였다. 이렇게 양가가 공통적인 기반을 가졌다는 평가를 받았기 때문에 우리 부모님의 결혼은 성사될 수 있었다.

독자들도 이미 알다시피, 그들은 결혼식 당일에 처음 만났으며 나중에 정말로 미국까지 오게 되었다. 두 사람은 샤자한과 뭄타즈 마할은 아니었지만 두 아이를 낳고 살아가면서 서로에 대해 배우자로서의 의무를 성실히 수행했다. 대단한 격식을 갖춘 결혼식 날이 아닌 습관처럼 살아가는 일상생활 속에서 두 사람은 진정으로 결합되었다. 아버지가 어머니를 매일 직장에 데려다주고, 어머니가 부엌에서 식사 준비를 하는 동안 곁에 서서 자기 생각을 들려주고, 하루를 보낸 이야기를 해주면서 둘은 하나가 되었다. 우리 부모님의 결혼생활은 비록 흥미진진한 궁정의 역사나 후세에 길이 남을 만한 결혼은 아니었지만 뭄타즈 마할과 샤자한이 보여주었던 전형적인 중매결혼의 이상을 좀 더 평범한 삶 속에서 드러내 보여주었다.

현대적 사고방식을 가진 많은 독자는 중매결혼이 생각조차 할 수 없는 일이라고 하겠지만, 사실 우리 부모님의 결혼 절차는 그다지 비정상적인 사건이거나 인도에만 국한된 것은 아니었다. 오히려 5000년 동안 세계 전역을 지배했던 하나의 생활양식이었다. 고대

중국과 그리스, 이스라엘 부족에 이르기까지 광범위한 지역에서 결혼은 가족 전체가 개입되는 문제였다. 남자와 여자는 양가끼리 유대를 맺고 유지하려는 목적으로 결혼했다(근처에 사는 부족 사람들을 사돈으로 맞아들이는 경우, 두 나라의 정치적인 동맹을 공고히 하는 중대사에 이르기까지). 두 사람과 그 자녀들 사이에서 노동을 분담하는 것이 경제적으로 이롭기도 했고, 혈통과 생활양식을 존속시키기 위한 수단으로도 결혼이 필요했다. 다시 말해 공동의 목표를 기초로 결혼이 이루어졌던 것이다. 부부는 서로에 대한 의무뿐 아니라 친족 내의 다른 사람들에 대한 의무에도 한데 묶여 있었다. 가족에 대한 의무라는 개념은 배우자의 생애를 넘어서까지 연장될 정도로 대단히 강력한 것이었다. 구약의 신명기에는 형이 죽으면 동생이 형수와 결혼해서 부양해야 한다는 규정이 있으며 인도에서는 오늘날까지도 비슷한 맥락의 전통이 살아 있다. 앞서 이야기했듯이 결혼생활을 둘러싼 의무를 이토록 강조하게 된 데는 가족의 구성원 각자가 생계유지에 보탬이 되야 한다는 사실이 큰 몫을 했다.

    그렇다고 해서 사람들이 오로지 생존의 욕구 때문에 서로한테 이끌렸다는 뜻은 아니다. 로맨틱한 사랑은 인간의 가장 보편적인 한 가지 경험이며, 사실상 기록된 모든 문명의 역사는 낭만적 사랑의 힘을 인정했다. 가장 오래된 언어라고 알려진 수메리아의 설형문자로 진흙 판에 새겨진 사랑의 시에서 화자는 자신의 연인을 "내 사랑, 열매 맺은 나의 넝쿨, 달콤한 나의 꿀"이라고 노래했다. 구약의 아가는 "네 눈으로 한 번 보는 것과 네 목의 구슬 한 꿰미로 내 마음을 빼앗았구나"라는 글로 시작되어 열렬하고도 에로틱한 표현으로 점차 발전한다. 모든 위대한 고대문명의 신화와 성스러운 이야기는 사랑을 구현한 신들과 여신들로 넘쳐난다. 그리스신화에 등장하는 사랑의 여신 아프로디테, 이집트의 신성한 부부 오시리스와 이시스, 그리고 힌두교의 시바와 파르바티가 그런 예다. 고대 서사시에서 사람들이 전쟁을 하고, 저승까지 여행하는 등 모든 장애를 극복하게 만든 추진력은 바로 사랑이었다.

사람들은 사랑이라는 이름으로 많은 시를 쓰고 많은 피를 흘렸다! 하지만 종종 영웅들의 위대한 행위에 박차를 가한 사랑은 혼외정사였다. 『궁정식 사랑기법 The Art of Courtly Love』을 쓴 12세기의 안드레아스 카펠라누스 Andreas Capellanus는 "결혼은 사랑하지 않는 것에 대한 진정한 구실이 되지 못한다"라면서 아내들과 남편들의 로맨스를 옹호했다. 하지만 그의 제안은 부부끼리 로맨스를 나누라는 게 아니라 자신의 아내나 남편을 사랑하지 않는 사람들에게 이웃의 남편이나 아내를 사랑하라는 것이었다. 그는 당시 유럽의 귀족들에게 정치적인 동기로 이루어진 결혼에서 생기기 어려운 사랑의 열정을 체험하기 위해, 다른 남녀와 순수하고도 정서적으로 뜨거운 연애를 할 것을 장려했다. 지구의 또 다른 지역에서는 부부애가 성공적인 결혼생활에 장애가 될 수 있다고 여겼다. 예를 들어 중국에서는 신혼부부의 부부애가 가족에 대한 의무에 방해가 되면 부모가 강제로 결혼을 깨뜨리는 일이 종종 있었다.

그렇다면 언제부터 어떻게 사랑과 결혼이 한데 엮이게 되었을까? 사회가 확 뒤집혀 결혼의 전제가 의무 이행에서 사랑으로 바뀌었던 정확한 순간을 집어낼 수는 없다. 하지만 결혼에서 최초로 등장했던 사랑의 표현은 오늘날까지도 가장 흔하게 인용되고 있다. "지금부터 영원히 기쁠 때나 슬플 때나, 가난할 때나 부유할 때나, 병들었을 때나 건강할 때나, 죽음이 우리를 갈라놓을 때까지 사랑하고 보살필 것을 서약합니다." 독자들은 직접 참석했거나 영화나 텔레비전에서 본 대부분의 기독교식 결혼이나 세속적인 예식에서도 이 맹세를 들어보았을 것이다. 이것은 1549년 최초로 발표된 성공회 기도서에 들어 있는 글이다. 셰익스피어의 걸작 『로미오와 줄리엣』에 "죽음이 우리를 갈라놓을 때까지"라는 비극적인 결과가 등장하기 반세기 전에 쓰인 글이었다. 지금까지도 불운한 연인들이 온갖 역경에 맞서 사랑을 지켜내는 아름다운 이야기만큼 우리 가슴을 설레게 하고 눈시울을 붉게 만드는 것은 없다.

    서구사회에서 연애결혼의 개념은 개인주의와 나란히 발전했다. 성공회 기도서 자체가 영국 개혁의 산물이었다. 그 기도서에는 핵심이 되는 혼인서약을 비롯해 여러 가지 일반적인 종교예식에 쓰이는 기도가 포함되어 있다. 혼인서약은 로마의 가톨릭교회로부터 단절을 의미하며, 사실상 개인의 운명과 신과의 관계는 개별적으로 결정된다는 급진적인 개념의 도래를 상징한다. 그리고 그 같은 개혁은 "서약한다"는 맹세가 최초로 언급된 때로부터 오늘에 이르기까지 수세기 동안 유럽에서 일어났던 광범위하고 다양한 사회적 변화들 중 하나에 불과하다. 도시화와 중산층의 성장이 이루어지면서 가족집단의 요구를 고려해야 한다는 것의 중요도가 점차 약해졌다. 친척들의 지원에 의존하지 않고도 결혼과 함께 가족을 부양할 수 있게 되었다. 개인의 행복은 이제 결혼의 울타리 안에 자리 잡을 수 있었고, 성공적인 결혼생활과 사랑은 더 이상 어긋나지 않게 되었다. 따라서 1955년 프랭크 시내트라Frank Sinatra가 "사랑과 결혼, 사랑과 결혼, 마차와 말처럼 함께 가네/동생아, 하나가 없으면 또 하나도 있을 수 없지"라고 노래 불렀을 때, 그는 인류문명의 5000년 역사상 거의 찾아보기 힘든 새로운 관점을 전파하고 있었던 것이다. 이처럼 집단의 이익을 실현하기 위한 목적으로 마련된 역사적인 결혼 형태가 있는가 하면, 또 한편으로는 서로에 대한 사랑을 기초로 두 사람이 평생 함께 살겠다는 현대적인 결혼 형태도 있다. 이 두 가지를 비교하면서 감히 어느 한쪽이 더 낫다고 말할 수 있을까?

라자스탄대학교의 우샤 굽타Usha Gupta와 푸시파 싱Pushpa Singh 교수는 이것이 탐구해볼 만한 가치가 있는 질문이라고 판단했다. 그들은 자이푸르시에서 50쌍의 부부를 모집했다. 그중 절반은 중매결혼을 한 부부였고 나머지 절반은 연애결혼을 한 부부였으며, 결혼 기간은 1~20년으로 다양했다. 어떤 결혼을 한 부부가 더 행복했을까? 이 질문에 대한 답을 찾아보기 위해 참가자들에게 개별적으로 루빈애정척도Rubin Love Scale를 작성하도록 했다. 그 척도에서는 응답자가 "나는 내 남편/아내에게 거의 모든 이야기를 털어놓을 수 있다"와 "(사랑하는 사람과) 함께 지낼 수 없다면 비참할 것이다" 등의 진술에 어느 정도 동의하는지를 측정했다. 연구자들은 연애결혼과 중매결혼뿐 아니라 부부가 함께 지낸 기간을 기준으로 그들의 반응을 비교했다. 연애결혼을 해서 1년 미만의 결혼생활을 한 사람은 91점 만점의 애정척도에서 평균 70점을 받았지만, 그 점수는 시간이 흐르면서 꾸준히 떨어졌다. 그래서 연애결혼을 10년째 지속하고 있는 부부들의 평균 점수는

40점에 불과했다. 이와 대조적으로 중매결혼을 한 부부는 처음 점수가 연애결혼에 비해 낮은 평균 58점이었지만, 시간이 흐르면서 애정이 깊어져 10년 이상 같이 산 부부의 평균 점수는 68점에 이르렀다.

연애결혼은 뜨겁게 시작해서 점차 식어가지만, 중매결혼은 차갑게 시작해 뜨겁거나 적어도 따뜻해지는 것이 과연 가능할까? 그럴 듯한 이야기로 들리지 않는가? 중매결혼을 하는 두 사람은 공유하는 가치와 목표를 기초로 결합된다. 마치 룸메이트나 사업 파트너, 가까운 친구들 사이에서 시간이 흐를수록 유대가 강화되듯이 서로 좋아하겠다는 의도를 가지고 시작한다. 한편 연애결혼은 주로 애정을 기초로 해서 이루어진다. 사람들은 즉각적인 화학반응이 일어나 상대방에게 반했다거나, 강렬한 불꽃이 일어나 서로 천생연분이라는 사실을 알았다는 이야기를 흔히들 한다. 하지만 조지 버나드 쇼George Bernard Shaw의 표현에 따르면 사랑으로 이루어진 결혼을 할 때 "두 사람은 가장 격정적이고, 가장 제정신이 아니고, 가장 거짓되고, 가장 덧없는 감정의 영향을 받아 결합된다. 부부는 그렇게 흥분되고 비정상적이며 소모적인 상태에서 죽을 때까지 살겠다고 맹세하는 것이다." 실제로 앞서 언급한 두 연구와 두뇌활동을 직접 측정해본 결과, 20년 동안 함께 산 부부의 90퍼센트 정도가 처음 느꼈던 전폭적인 열정을 잃어버린다는 사실을 보여준다.

그렇다면 가족이나 친구들이 당신에게 적당한 짝을 소개해줄 거라고 믿고 그들에게 주도권을 넘기는 것은 어떨까? 중매결혼이 여전히 관행으로 자리 잡은 문화권에서 자라지 않은 이상 이런 제안은 미친 소리처럼 들릴 것이다. 어쩌면 온라인 소개 사이트에 회원 가입을 하고 컴퓨터가 당신의 짝을 찾아주는 것까지는 허용할지도 모른다. 하지만 당신은 절대로 처음 만날 때부터 상대에게 의무적으로 구속되는 데이트를 허용하지 않을 것이다. 제아무리 장기적인 관계의 성공을 과학적으로 예측해주는 29가지 성격 차원(29 Dimen-sions™ of personality)에서 미리 선별 과정을 거쳐 어울릴 만한 싱글들을 엄선해 짝을 찾아준다고 하더라도 말이다. 가족이나 친구가 당신을 아무리 잘 알더라도 그들이 당신의 인륜지대사를 결정한다는 것은 무모하게 생각될 수밖에 없다. 하지만 세상에는 그렇게 결혼하는 사람도 많다. 그런 사람들은 가족의 인정을 받는 결혼이 가치 있다고 믿으며, 그런 방식으로 결혼하는 게 좋은 성품을 드러내는 것이라고까지 생각한다. 그런 사람 앞에 내가 나타나서 "규칙이 바뀌었습니다. 지시나 도움 없이 스스로 나가서 배우자를 찾으십시오"라고 말한다면, 나를 선동가로 여길 수도 있을 것이다. 내가 어떻게 감히 전통에 도전하고, 의심의 씨앗을 뿌리고, 불만의 실마리를 제공하겠는가? 어떻게 감히 당신에게 부모님의 마음을 아프게 하고, 부모에게 도전해 그들을 모욕하라고 부추기겠는가? 가족의 화목과 명예까지 걸려 있는 상황은 아니더라도 당신은 수십 년간 결혼생활을 유지해온 노련하고 현명한 어른들의 안내를 받는 것이 더 낫다고 생각할 수도 있다.

사실 "어떤 결혼이 우리를 더 행복하게 해줄까?"라는 질문에는 "행복한 결혼이 행복하게 해준다"는 동어반복적인 대답밖에 없는지도 모른다. 굽타와 싱의 연구 결과에 좀 멈칫할 수도 있지만, 그것은 세계 전체는커녕 라자스탄의 예비부부에게도 어떤 해답을 제시해주지 못한다. 결혼의 성사를 결정하는 문화적인 대본은 너무나 강력하고 깊숙한 곳에 내면화되어 있어 개인적이거나 사회적인 이유로 특정한 대본에서 아주 조금만 일탈하더라도 난리가 날 수 있다. 당신의 대본에 중매결혼이 들어 있지 않다면, 우리 부모님의 결혼은 아무리 좋게 봐주어도 흥미로운 사건 정도에 그칠 것이다. 그리고 아주 나쁘게 보면 개인적인 권리와 존엄에 대한 모욕이라고 생각할 수도 있다. 그럼에도 인도에서는 90퍼센트의 결혼이 중매로 이루어지며, 대부분의 사람은 그것을 비극이라고 생각하지 않는다. 하지만 인도 등 집단주의 사회도 점점 개인주의화되면서 이제는 중매결혼의 관행에 개인주의적인 요소가 가미되는 현상이 나타나고 있다. 그렇다 보니 오늘날의 중매결혼은 소개로 시작되는 연애와 더 흡사해 보인다. 이제 젊은이들은 배우자를 선택하기 전에 예비 배우자와 한두 차례 깊이 있는 인터뷰를 하는 일이 흔해졌다. 그렇더라도 75퍼센트 이상의 인도 대학생들은 다른 모든 점이 적당하다면 사랑하지 않는 사람과 결혼할 수 있다고 말한다. 이는 미국 대학생들 중 그런 생각을 하는 사람이 14퍼센트에 불과한 것과 대조를 이룬다.

    가정을 꾸리고 자녀를 기르면서 서로를 돌보는 평범한 일과는 남녀가 사랑으로 만났든 중매로 맺어졌든 간에 똑같아 보일 수도 있다. 그리고 물론 두 경우 모두에서 자신이 행복하다고 말하는 사람도 있고, 그렇지 않다고 말하는 사람도 있을 것이다. 심지어는 자신의 감정과 경험을 묘사하기 위해 사용하는 언어조차 비슷할 것이다. 하지만 결혼생활의 성공을 판단하기 위해 사용하는 기준과 행복의 정의는 부모와 문화가 물려준 대본을 기초로 할 것이다. 중매결혼에서는 주로 의무 이행을 기준으로 삼아 행복을 평가하는 데 반해 연애결혼에서는 부부의 정서적 유대 강도와 지속이 중요한 평가 기준이 될 것이다. 이 점을 의식하든 그렇지 않든 간에 부부의 감정과 그런 감정의 결과는 결혼생활이 어떠해야 한다는 그들의 가정으로부터 나온다. 행복한 결혼생활에 대한 각각의 이야기에는 나름의 성취에 대한 척도와 기대가 따른다. 결국 이런 이야기는 결혼에 이르기 위해 선택해야 할 길만을 정해주는 것이 아니라 한 달, 일 년, 또는 50년간 지속되어야 하는 행위를 정해주는 대본을 제공한다. 어떤 사람들은 즉흥적으로 창작하기도 하고, 또 어떤 사람들은 대본의 어느 한쪽을 찢어내기도 하겠지만 어쨌든 공연은 지속되어야 하고 지속된다.

05

미국과 일본 학생들의 선택 차이

문화적 배경은 결혼하는 방식뿐 아니라 삶의 모든 영역에서 어떻게 선택할 것인가에 영향을 미친다. 개인주의 사회의 구성원은 일찍부터 개인적인 선택이 특히 중요하다고 배운다. 동네 슈퍼마켓에 가서 물건을 살 때도 선택과 관련된 교훈을 배우게 된다. 슈퍼마켓에 가면 보통 수백 가지의 선택지가 널려 있는 미국에서는 더욱 그렇다. 말할 수 있게 되면서부터, 아니 정확하게 손가락질을 할 수 있게 되면서부터 아이들은 "이것들 중에서 뭐가 좋아?"라는 질문을 받는다. 부모가 선택지의 개수를 줄여주고, 이 시리얼과 저 시리얼 또는 이 장난감과 저 장난감 사이의 차이점을 설명해주는 경우도 있지만 대체로 아이에게 자신이 선호하는 것이 무엇인지 표현하라고 가르친다. 그리고 얼마 지나지 않아 아이는 성장해서 더 어려운 선택을 하게 된다. 사람들은 아이가 네 살 정도의 나이가 되면 "너는 커서 뭐가 되고 싶니?"라는 부담스러운 질문을 이해하고 대답할 수 있으리라고 기대한다. 아이들은 이런 질문을 받으면서 자신이 무엇을 좋아하고 싫어하는지 파악할 수 있어야 하며, 무엇이 자신을 행복하게 해주고 무엇이 그렇지 못할지 가려낼 수 있어야 한다고 배운다. 자신의 행복이 걸려 있으므로 다른 사람이 아닌 자기 의견이 대단히 중요하며, 자신이 내린 선택에 따르는 결과를 어떻게 판단할 것인지를 배운다.

이와 대조적으로 집단주의 사회의 구성원은 의무를 더 강조한다. 아이들은 "착한 아이라면 부모님이 하라는 대로 해야 한다"는 말을 종종 듣는다. 부모는 이런 말을 설명할 필요조차 없다. 먹고 입는 것에서 가지고 노는 장난감, 공부하는 내용에 이르기까지 당신이 하기로 되어 있는 일을 하는 게 가장 중요하다. 나이가 들면서 당신은 자신이 원하는 것이 무엇이냐는 질문 대신에 "부모님이 필요로 하고 원하는 걸 어떻게 해드릴 생각인가?" "어떻게 해야 부모님이 자랑스러워할거라고 생각하는가?"라는 질문을 받게 된다. 여기에는 혹독한 대가를 치를 수도 있는 실수로부터 당신을 보호해주기 위해 부모와 윗세대 선체가 올바른 삶의 방식을 보여줄 것이라는 가정이 그 바탕에 깔려 있다. 세상에는 옳은 선택과 그릇된 선택이 있는데, 어른을 따르는 것으로 올바르게 선택하는 방법과 적당한 때에 선택을 포기하는 방법을 배우게 된다.

우리는 이렇게 서로 다른 태도가 결혼에 어떤 영향을 미치는지 이미 보았다. 그런 태도가 다른 일상생활을 어떻게 형성하는지 살펴본다는 의미에서 실습을 해보자. 종이를 한 장 꺼내어 앞면에 당신이 선택권을 가지고 싶은 삶의 영역을 모두 적어보라. 뒷면에는 당신이 선택하지 않기를 원하는 영역, 또는 다른 사람들이 대신 선택해주었으면 하는 것들을 적어보라. 빠트린 것이 없는지 몇 분 더 검토해보라. 종이에 적은 내용에 만족하는가? 그렇다면 이제 양쪽을 비교해본다. 당신은 양쪽 목록에 포함된 것에서 어떤 패턴을 발견했는가? 어떤 종류의 결정에 대해 다른 사람이 대신 선택하도록 절대 넘기지 않겠다고 단호하게 말할 수 있는가? 또한 다른 사람들에게 대신 맡기고 싶은 생각이 간절한 선택으로는 어떤 것들이 있는가?

나는 교토에 머무는 동안 각각 100명의 미국 대학생과 일본 대학생에게 이 실험을 진행했다. 미국 학생들의 종이 앞면에는 '내 직업' '거주지' '투표 대상' 등의 대답이 빼곡하게 채워져 있었다. 사실 목록이 너무나 길어서 페이지 여백 여기저기에 끼워넣어야 했던 학생도 많았다. 한편 뒷면은 완전히 백지거나 '죽는 시간' '사랑하는 사람이 죽는 시간' 등 항목 하나 정도에 그쳤다. 예외가 없었다. 다시 말해 미국인은 삶의 모든 영역에서 거의 무제한적인 선택의 욕구를 표현했다. 반면 일본 학생의 결과는 아주 다른 양상을 보였는데, 항상 선택하고 싶어 하는 사람은 아무도 없었다. 일본 학생들은 자신이 선택하기를 원하는 영역보다 선택하기를 원하지 않는 영역의 목록이 평균적으로 두 배나 더 많았다. 예를 들어 그들은 무엇을 먹을지, 무엇을 입을지, 아침에 언제 일어날지, 직장에서 무슨 일을 해야 할지 등을 다른 사람이 결정해주기를 원하는 경우가 많았다. 이 두 가지 결과를 비교해볼 때, 일본인에 비해 미국인은 네 배나 많은 삶의 영역에서 자신이 선택할 수 있기를 원했다.

이들은 대학생이었지만, 분명히 아주 어릴 때부터 자기 주위에서 선택에 대해 서로 다른 개념을 받아들이고 그에 따라 행동해왔을 것이다. 내가 스탠퍼드대학교에서 대학원생으로 있을 때 지도교수인 마크 레퍼Mark Lepper 교수와 함께 이런 차이를 보여주는 일련의 연구를 실시했다. 처음 연구는 샌프란시스코의 일본인 타운에 위치한 초등학교에서 진행되었다. 작은 교실에 테이블 하나와 의자 2개를 마련해놓고 한 의자에는 실험자가 앉아 있었는데, 그의 이름을 스미스 정도로 해두겠다. 책상 위에는 서로 다른 색깔의 매직펜과 6장의 애너그램anagram(단어나 문장을 구성하는 철자 순서를 바꿔서 다른 단어나 문장을 만드는 놀이 - 옮긴이)이 놓여 있었다. 그리고 각각의 애너그램에는 서로 다른 범주(가족, 동물, 샌프란시스코, 음식, 파티, 집)가 표시되어 있었으며, 그 범주와 연관된 한 단어를 만들기 위해 재배치할 수 있는 철자가 뒤섞여 있다. 예를 들어 동물이란 제목이 붙은 한 카드에는 R-I-B-D라는 철자가 들어 있는데, 그것에서 bird라는 단어를 다시 배열할 수 있었다. 7~9세 아이들 중 집에서 부모의 모국어를 사용하는 일본 이민자의 자녀나 중국 이민자의 자녀, 앵글로계 미국인 자녀를 만반으로 쉬어 한 명씩 교실에 내려다가 스미스와 마주 앉도록 했다.

아이들은 미리 무작위로 세 집단 중 한 곳에 배정되었다. 첫 번째 집단의 아이들에게 애너그램과 매직펜을 보여준 뒤 스미스는 "여기 너희가 선택할 수 있는 단어 퍼즐 카드가 6장 놓여 있는데, 어떤 것을 하고 싶니? 네가 선택해봐"라고 말했다. 아이들은 애너그램의 범주를 선택한 후(동물 범주를 선택했다고 하자), 답을 쓸 매직펜도 선택했다(파란색이라고 해두자). 두 번째 집단의 아이들에게도 6개의 애너그

램과 6개의 매직펜을 보여주었는데, 아이들이 선택지를 살펴보고 있는 동안 스미스는 이렇게 말했다. "나는 너희가 동물 애너그램을 골라 파란 매직펜으로 답을 썼으면 좋겠어." 세 번째 집단의 아이들은 애너그램과 매직펜을 검토하고 있었는데, 스미스는 이를 중단시킨 채 책상 위에 쌓인 종이를 훑어보고 이렇게 말했다. "너희 어머니께 미리 적어 달라고 부탁을 드렸어. 여기 보니까 어머니는 네가 동물 애너그램을 선택해 파란 매직펜으로 답을 썼으면 좋겠다고 써놓으셨네." 실은 어떤 엄마에게도 취향을 물어보지 않았다. 그런데 스미스는 나중 두 집단의 아이들을 대신해 선택 할 때, 첫 번째 집단의 아이들이 자유롭게 선택했던 것과 똑같은 매직펜과 애너그램을 골랐다. 이런 절차는 세 집단에 속한 아이들에게 똑같은 과제를 줌으로써 그들의 수행과 반응을 쉽게 비교하기 위한 조치였다. 아이들은 애너그램 과제를 완성한 후 몇 분 동안 방에 혼자 남겨져 있었다. 그 시간에 애너그램을 더 해도 좋고 십자말풀이나 단어 탐색 퍼즐 등 방에 있는 다른 단어 게임을 선택할 수도 있었다. 이때 아이들이 놀고 있는 동안 다른 실험자는 아이들의 행동을 신중하게 관찰하고 기록했다.

이처럼 과제 방식을 조금만 다르게 해도 아이들의 애너그램 과제의 수행 결과에 큰 차이가 나타났다. 애너그램과 매직펜을 선택할 수 있었던 앵글로계 미국 아이들은 스미스가 대신 선택해준 아이들보다 네 배, 엄마가 자기를 위해 선택해주었다고 생각한 아이들보다 두 배 반이나 더 많은 문제를 풀었다. 이 아이들은 다른 두 집단의 아이들에 비해 자유놀이 시간에도 세 배나 길게 애너그램을 했다. 다시 말해 앵글로계 미국 아이들은 자신이 선택권을 가졌을 때, 그 활동을 더 잘하고 오래 지속했다. 하지만 다른 사람이 아이에게 무엇을 하라고 말해주는 순간, 아이의 수행과 동기는 현저하게 낮아졌다.

이에 비해 아시아계 미국 아이들은 엄마가 자기를 위해 선택해주었다고 했을 때 가장 잘했고 동기부여도 가장 강했다. 이 아이들은 스스로 선택하도록 허락된 아이들보다 30퍼센트 더 많은 애너그램을 풀었으며, 스미스가 과제를 지정해준 아이들보다 두 배 많이 풀었다. 퍼즐을 풀고 나서 자유롭게 놀도록 했을 때, 엄마가 선택해주었다고 믿었던 아시아계 미국 아이들은 스스로 선택했던 아이들보다 애너그램을 가지고 노는 시간이 50퍼센트 더 길었으며, 스미스가 골라주었던 아이들보다 세 배나 더 길게 애너그램을 갖고 놀았다.

사실 많은 앵글로계 미국 아이는 실험에 대해 엄마와 상의했다는 것을 분명 창피하게 생각했다. 특히 메리라는 아이의 반응이 인상적이었다. 스미스의 지시를 들은 뒤에 그 아이는 일곱 살짜리답게 솔직하면서 자유롭게 자신의 생각을 표현했다. "엄마한테 물어보셨다고요?" 반면 엄마가 자기 대신 선택했다고 생각한 일본계 미국 소녀 나쓰미는 이와 대조되는 반응을 보였다. 나쓰미는 방을 나서려는 스미스에게 다가가서 그녀의 치마를 잡아당기더니 수줍게 "하라는 대로 했다고 엄마한테 말해주겠어요?"라고 부탁했다.

아시아계 미국 아이들은 엄마와의 관계가 정체성의 상당 부분을 차지하기 때문에 스스로 선택했을 때보다 엄마가 대신 선택해주었을 때 더 강한 동기부여를 받았다. 엄마의 선호가 자신의 선호를 결정하는 중요한 요인이 되어 엄마가 애너그램을 선택해주더라도 자신이 통제력을 가졌다는 느낌에 전혀 위협을 받지 않았다. 반면 앵글로계 미국 아이들은 엄마를 덜 사랑해서가 아니라 자신을 좀 더 자율적인 존재라고 인식하고 있다 보니 자신만의 독립적인 선호를 주장하고 싶어 했다. 그래서 그 아이들은 선택을 강요당할 때 갈등을 겪었다. 한편 전혀 모르는 스미스가 대신 선택했을 때는 두 집단 모두 강요받았다고 느껴 부정적으로 반응했다.

다른 사람을 자신의 정체성에 포함시키는 이런 과정은 엄마나 기타 가족들에게만 국한되지 않는다. 공동의 목표의식이나 특성을 느끼게 해주는 어떤 집단을 대상으로도 이런 현상이 일어날 수 있다. 이는 마크 레퍼 교수와 내가 실시했던 다른 연구에서도 드러났다. 우리는 앵글로계 5학년 학생과 아시아계 5학년 학생들에게 수학시험을 보게 한 다음, 일주일 뒤에 다시 교실로 찾아가 스페이스퀘스트 Space Quest라는 컴퓨터 게임 방법을 가르쳐주었다. 그 게임은 수학 학습을 도와주기 위해 고안된 것으로, 학생들은 컴퓨터로 조종되는 외계인 우주선의 공격으로부터 지구를 구하는 임무를 수행하는 플레이어 역할을 맡게 된다.

게임을 시작하기 전 학생들에게 각자의 우주선과 외계인 우주선의 이름과 이미지를 선택하는 스크린을 보여주었다. 그리고 학급 전체를 대상으로 어떤 이름과 이미지가 가장 좋은지 투표하도록 했다. 그 다음에는 앞의 연구에서처럼 세 개의 집단에 배정된 학생들에게 선택 과정을 다르게 제시했다. 첫 번째 집단에는 스크린에 제시되는 선택지 중에서 원하는 어떤 우주선이든 선택하도록 해주었다. 두 번째 집단의 학생들에게는 특정 세트를 강조하면서 하나의 메시지를 보여주었다. 그 세트가 학급 투표에서 가장 인기가 있어서 그것을 지정한다고 알려주는 메시지였다. 마지막 집단에도 미리 선택된 대안을 보여주었지만, 이번에는 그것이 다른 학교 3학년 학생들의 투표 결과에 따른 것이라고 알려주었다. 먼저 연구에서처럼 두 번째 집단과 세 번째 집단도 사실은 자유롭게 선택했던 첫 번째 집단과 똑같은 것을 제시했다.

스페이스퀘스트 게임을 하고 일주일이 지난 뒤에 우리는 다시 그 학급을 찾아갔다. 그리고 지난 시험 이후 얼마나 학습이 이루어졌는지 알아보기 위해 후속 수학시험을 치르게 했다. 자신의 우주선과 외계 우주선의 이름과 이미지들을 선택하도록 한 것은 전적으로 포장 행위일 뿐 실제 게임에는 아무런 영향을 미치지 않았지만, 그래도 학생들에게는 상당한 영향을 주었다. 앞선 연구에서처럼 앵글로계 학생들은 개인적으로 선택하게 해주었을 때 가장 많은 이득을 보았다.

처음 테스트보다 두 번째 테스트 점수가 18퍼센트(예컨대 C에서 A로 성적의 거의 2등급)나 급등한 것이다. 그리고 누군가가 대신 선택해 주었을 때는 점수가 거의 향상되지 않았다. 한편 아시아계 학생들은 급우들이 선택해주었을 때 가장 점수가 높았으며(앵글로계의 18퍼센트와 엇비슷하게 향상되었다), 스스로 선택했을 때는 11퍼센트 향상되었고, 모르는 사람이 결정했을 때는 거의 향상되지 않았다. 또한 우리는 학생들의 수학에 대한 전반적인 선호도 그와 비슷하게 영향받는다는 사실을 발견했다.

이 두 집단에 속한 아이들은 선택과 그것이 자신의 삶에서 담당하는 역할에 대해 서로 다른 개념을 가졌다. 앵글로계 학생들은 상황을 보고 "게임은 내가 하는 것이니까, 다른 누구도 아닌 나 자신이 우주선을 선택해야 한다"고 생각했다. 아시아계 미국 학생들은 자신의 우주선 이름이 친구들의 것과 같다는 사실을 알았을 때 생기는 유대감과 공동의 목표의식을 선호했다. "우리는 모두 한 반이니까 당연히 같은 우주선을 가져야 한다"고 생각한 것이다. 그러한 개념은 처음에는 가족과 문화를 통해 학습되지만, 그 개념에 끊임없이 일관되게 의지해 살아가는 동안 제2의 천성으로 자리 잡는다. 이 같은 개념이 너무나 깊숙이 뿌리를 내려 우리는 자신의 세계관이 다른 사람의 것과 어느 정도 다르며, 이런 차이가 우리의 상호작용에 어떤 영향을 끼치는지 대개 인식하지 못한다. 이런 생각들은 태도 형성뿐 아니라 실생활에서 여러 가지 결과에 강한 영향을 미친다. 그래서 이 경우에 학교에서의 수행 결과는 확연히 달라졌다. 따라서 선택에 대해 아주 다른 이야기를 하는 사람들끼리 한 지붕 아래 모여 지내는 상황에서, 함께 얼마나 조화롭게 일하느냐에 따라 일의 성패가 갈리게 된다.

세계 각지에서 다양한 집단의 직원들을 연결하는 글로벌 조직이 점점 늘어나고 있다. 그런 조직은 최대한의 효율을 확보하기 위해 표준화된 방침과 관례를 실행하려고 노력한다. 하지만 그 과정에서 문화에 따라 서로 다른 직원들의 기대치들로 충돌을 빚기도 한다. 버블랩Bubble Wrap을 도입한 회사로 널리 알려진 실드에어사Sealed Air Co.가 1980년대에 제조공장의 조직을 구조조정하는 과정에서 직면했던 어려움을 한번 살펴보겠다. 실드에어사는 전통적인 조립라인 구조를 소규모 팀으로 새롭게 조직화하려고 시도했다. 상사가 무엇을 하라고 지시하는 대신, 팀 스스로 생산 목표를 세우고 달성하도록 각자에게 책임을 부여한 것이다. 그런데 그 결과가 매우 고무적이었다. 직원들이 훨씬 더 만족스러워했을 뿐 아니라 생산하는 물품의 질과 양에서도 기록을 세웠던 것이다.

실드에어사의 임원들은 무척 기뻐하면서 새로운 구조를 두 번째 공장에서도 실행에 옮겼다. 직원들이 더 행복해지고 생산성이 더 높아지는 기적적인 결과가 재현되기를 바라면서 말이다. 하지만 이 공장에는 캄보디아와 라오스 이민자 직원이 많았는데, 그들은 새로운 자유가 해방감을 주기보다는 불편하다고 느꼈다. 공장장은 당시 상황에 대해 "많은 직원이 세상에서 최악의 매니저라는 듯한 표정으로 날 바라보고 있었습니다"라고 회고했다. 직원들에게 권한을 주려는 의도에서 그들이 무슨 일을 해야 할지 물어보러 자기를 찾아오면 오히려 "이 일을 할 때 최선의 방법이 무엇이라고 생각합니까?"라고 반문했기 때문이다. 첫 번째 공장의 앵글로계 직원들은 자기 의견을 피력할 기회가 주어지는 것을 환영했지만, 두 번째 공장의 아시아계 직원들은 매니저가 왜 직원들을 관리하는 본연의 업무에 소홀한지 의아해했다.

실드에어사는 이 결과에 대한 대응으로, 새로운 공장에서는 팀 단위 모델을 실행할 때 시작부터 아주 점진적으로 단계를 밟아갔다. 매니저들은 천천히 직원들이 스스로 결정하는 데 익숙해지기를 기다렸다. 그리고 그렇게 하는 것이 집단의 조화를 저해하지 않는다는 사실을 분명히 이해할 수 있기를 바랐다. 또한 직원들이 자신의 결정이 긍정적인 변화를 가져온다는 결과를 깨달으면 계속해서 독자적인 결정을 더 많이 내릴 것이라고 믿었다. 마지막으로 직원들끼리 비공식적인 회의를 통해 자신의 아이디어를 편안하게 나누고, 그를 통해 미래의 팀워크를 위한 기초를 다지도록 장려했다. 그 공장 역시 결국은 팀 단위 시스템으로 전환할 수 있었지만, 그것은 직원들이 문화적인 거부감을 일으키지 않고 자율적으로 활동할 수 있는 방법을 찾도록 하는 데 상당한 시간과 노력을 기울이고 난 뒤에야 가능했다. 실드에어사의 경영진은 사람들이 세상에서 자기 위치를 이해하는 방식에 문화가 지대한 영향을 미친다는 사실을 분명히 깨달았다. 나는 이제부터 문화가 세상 자체를 보는 방식에도 영향을 미칠 수 있음을 보여주려고 한다.

06

제 눈에 안경

다음에 나오는 사진을 관찰하되, 5초를 넘기지 마라. 이제 그 사진을 보지 않고 그것을 소리 내어 묘사해보라. 이번엔 시간이 좀 걸려도 좋다.

당신은 무엇을 보았으며, 무슨 말을 했는가? 가장 눈에 띄는 개별 물체인 큰 물고기 세 마리에 초점을 맞췄는가? 아니면 배경에 있는 식물이나 바위, 물방울, 작은 물고기에도 그만큼, 아니 더 많은 주의를 기울이면서 장면을 보다 넓게 묘사하려고 애썼는가? 이렇게 간단하고 단순한 과제에 대한 대답조차 당신이 집단주의적 혹은 개인주의적 세계관 중 어느 것을 가지고 있느냐에 따라 달라진다는 사실이 밝혀졌다.

심리학자 리처드 니스벳Richard Nisbett과 타카히코 마수다가 실시한 연구에서 미국과 일본 참가자들이 이 과제에 참여했다. 여기서 미국인들은 이 사진의 '주연'인 큰 물고기에 더 많은 주의를 기울인 반

면, 일본인들은 장면을 보다 전체적으로 묘사한다는 결과를 얻었다. 이렇게 사람들이 묘사를 다르게 하는 현상은 그들의 지각에 차이점이 있음을 보여준다. 특히 강력한 주체라고 믿는 대상이 달랐다. 미국인의 관점에서 보면 큰 물고기가 그 장면에서 핵심 배우이며, 주위의 다른 모든 것에 영향을 미친다. 반면 일본인들이 보기에 환경이 등장인물과 상호작용하면서 영향을 미치고 그것들을 지배하는 것으로 보였다.

처음 보여주었던 장면에서 일부 요소만 바꾼 몇 가지 변형을 보여주면서 어떤 것이 그대로이고 어떤 것이 변했는지를 물어보았을 때, 이런 차이는 더욱 두드러졌다. 배경 요소가 달라진 것을 알아보는 문제에서는 일본인들이 미국인들보다 월등히 잘했다. 한편 미국인들은 큰 물고기와 관련되지 않은 변화는 대체로 잘 알아보지 못했지만, 어디서든 큰 물고기가 나타나면 특히 잘 알아보았다. 반면 일본인들은 큰 물고기를 본래 배경에서 빼내어 다른 배경에 놓았을 때는 잘 알아보지 못했다. 이런 결과는 특정한 상황에서 누구, 또는 무엇이 지배하느냐에 대한 견해를 형성하는 데 문화가 중요한 요인으로 작용한다는 점을 보여준다. 추상적인 수족관 장면이 아닌 실제 상황에서 이처럼 서로 다른 틀이 적용될 때, 서로 다른 문화의 구성원은 객관적으로 동일하거나 비슷한 상황을 상당히 다르게 이해하기도 한다. 그리고 그처럼 다른 이해는 사람들의 선택에 영향을 미친다.

어쩌면 독자들은 어렸을 때 『꼬마 기관차The Little Engine That Could』라는 이야기를 읽었거나 자녀들에게 읽어주었을지도 모른다. 꼬마 기관차는 "난 할 수 있다고 생각해. 난 할 수 있다고 생각해"라는 주문을 끈질기게 외우면서 어려움을 헤쳐나간다. 그리고 의지와 결심만 확고하다면 아무리 작은 기관차라도 가장 높은 산꼭대기까지 올라갈 수 있음을 증명해 보였다. "하늘은 스스로 돕는 자를 돕는다"라는 벤저민 프랭클린의 격언에서 버락 오바마의 상징적인 슬로건 "우리는 할 수 있다", 자수성가한 사람들의 수많은 감동적 이야기에 이르기까지 개인주의적인 문화는 세상을 바꾸는 개인 행동의 위력에 대한 감동적인 이야기를 만들어내고 전파한다. 사람들이 그러겠다고 선택만 한다면, 자신의 삶을 스스로 주도하며 무엇이든 이룰 수 있다는 것이다. 우리는 앞에 놓인 장해물이나 방해를 극복할 수 있을 것인가 하는 질문에 초점을 맞추지 말고, 어떻게 극복할 것인가에 집중하라는 이야기를 듣는다.

반대로 십난주의 문화에서는 사람들에게 통제에 대해 보다 전체론적으로 생각할 것을 권장한다. 힌두교의 경전 바가바드기타Bhagavad Gita에는 크리슈나Krishna 신이 영웅 아르주나Arjuna에게 "너는 네 행동을 통제할 수 있지만 그 행동의 결과는 통제할 수 없다. 보상을 얻으려고 행동해서는 안 되며, 게으름에 굴복해서도 안 된다"라고 말하는 부분이 나온다. 이는 세상사는 어떤 개인이 세운 목표대로 되는 것이 아니라 사회적인 흐름과 운명의 지시에도 영향을 받기 때문에 특별한 결과를 얻는 일에 집착하지 말고 정의롭게 행동하도록 노력해야 한다는 가르침을 준다. 이와 비슷하게 아랍어의 '인 샬라in sha'Allah(신의 뜻대로)'라는 말에도 세상에 영향을 미치는 개인의 능력에 한계가 있음을 인정하는 의미가 담겨 있다. 예컨대 이슬람교도들은 "신의 뜻이라면 내일 당신을 만나게 될 것이오" 등과 같이 미래에 대한 이야기를 할 때 으레 '인 샬라'라는 말을 덧붙인다. 그리고 일본어의 '시카타가 나이shikata ga nai(불가항력이다)'라는 것도 역경이나 달갑지 않은 의무에 대처해야 하는 사람들이 널리 사용하는 말이다. 그렇다고 해서 인간이 무력한 존재라는 뜻은 아니다. 다만 인생의 드라마에서 인간은 한 사람의 배우일 뿐이다.

이렇게 선택에 대한 서로 다른 이야기가 어떤 결과로 이어지는지 이해할 수 있는 또 한 가지 방법은 우리가 성공과 실패를 어떻게 이해하는지 살펴보는 것이다. 우리는 영웅과 악당을 어떻게 이야기하는가? 시노부 기타야마와 헤이즐 마르쿠스Hazel Markus를 비롯해 몇몇 연구자는 2000년과 2002년 올림픽 우승자들의 수상소감을 분석한 결과, 미국인들이 대체로 자신의 성공을 개인의 능력과 노력으로 설명하는 경향이 있음을 발견했다. 예컨대 "그냥 집중력을 유지했던 것 같아요. 이번 경기는 제 능력을 세상에 보여줄 수 있는 기회였습니다. …… 그래서 이렇게 다짐했지요. '자, 오늘 밤은 나의 것이다'라고 말이에요"라는 식으로 말했다. 반면 일본 선수들은 자기를 지원해준 사람들에게 우승의 공로를 돌렸다. 그래서 "제게는 세계 최고의 코치와 최고의 매니저와 지원해주는 많은 사람이 있습니다. 이 모든 사람의 노력이 합쳐져 금메달이라는 성과를 이루어냈습니다. …… 저 혼자서 이룬 것이 아닙니다"라는 식으로 말했다. 내 동료인 마이클 모리스Michael Morris와 몇몇 연구자는 영웅과 반대로 악당의 사례를 살펴보았다. 예를 들어 14억 달러의 부채를 발생시켜 결국 1995년 베어링스Barings 은행을 파산시킨 '부도덕한 거래인' 닉 리슨Nick Leeson이나, 같은 해 승인받지 않은 거래로 다이와Daiwa 은행에 11억 달러의 손실을 끼친 도시히데 이구치같은 사람들의 금융 스캔들을 미국과 일본의 신문이 어떻게 다뤘는지 비교해보았다. 연구자들은 미국 신문들이 부도덕한 거래인의 개인적인 행동으로 스캔들을 설명하려는 경향이 강한 반면에, 일본 신문들은 매니저들의 등한한 감시와 같은 제도적 요인을 언급했다는 사실을 발견했다. 칭찬받을 만한 결과든 비난받을 만한 결과든, 어떤 결과를 고려할 때 개인주의적인 사회의 사람들은 책임을 한 개인에게 전가하는 반면에, 집단주의적인 사회의 구성원들은 결과가 시스템이나 문맥과 분리되지 않을 정도로 얽혀 있다고 보았다.

개인의 통제력에 대한 이런 생각들은 우리가 일상의 선택을 지각하는 방식과 직접적으로 연결되어 있다. 일본에서 지내는 동안 나는 일본 학생들과 일본에 유학 중인 미국 학생들에게 전날 아침에 일어나는 순간부터 잠자리에 드는 순간까지 그들이 선택했던 모든 것을 종이에 적어보라고 지시했다. 학생들은 같이 수업을 듣기 때문에 스케줄이 사실상 거의 비슷했다. 게다가 미국 학생들은 일본에서 산 지 한 달밖에 되지 않았기 때문에 자기가 취할 수 있는 대안과 활동 범위를 완전하게 의식하지 못했을 거라고 예상했다. 그렇다면 일본 학생들이 더 많은 선택을 했으리라고 쉽게 예상할 수 있었다. 하지만 미국 학생들이 거의 50퍼센트 이상 더 많은 선택을 했다고 지각한 것으로 나타났다. 일본 학생들과 달리 미국 학생들은 양치질을 하거나 알람을 맞춰놓는 일도 자신의 선택이라고 나열했다. 더욱이 미국 학생들은 이렇게 사소한 선택을 더 많이 나열했으면서도 일본 학생들과 비교할 때 자신들의 선택이 전반적으로 더 중요하다고 평가했다.

무엇을 보는가가 세상을 어떻게 해석하는가를 결정하며 그것이 세상에서 무엇을 기대하는가, 자기 삶의 이야기가 어떻게 펼쳐지기를 기대하는가에 영향을 미친다. 내 연구 결과와 마찬가지로 다른 연구들에서도 서구인에 비해 아시아인이 전반적으로 자신이 다른 사람에게 영향력을 덜 미친다고 믿으며, 인생에서 운명이 더 큰 역할을 한다고 여기는 것으로 나타났다. 이처럼 선택에 관해 다르게 지각함으로써 어떤 결과가 나타날까? 사람들이 매사에 선택의 여지가 있다고 지각하는 것이 더 유익할까, 아니면 덜 지각하는 것이 더 유익할까? 국제 금융계라는 예상치 못한 영역에서 그 답이 될 만한 통찰을 발견할 수 있었다.

1998년 나는 ATM의 창안자이자 당시 시티코프Citicorp의 회장이었던 존 리드John Reed에게 연구를 진행하도록 허락해 달라고 설득했다. 서로 다른 문화적 배경을 가진 사람들이 자신의 근무환경을 어떻게 지각하며 그것이 직장에서의 수행능력이나 만족도와 어떻게 연결되는지 알아보고자 하는 연구였다. 당시에 시티코프는 이미 유명한 글로벌 은행이었으며, 남극을 제외한 모든 대륙의 93개국 이상에 영업점이 분산되어 있었다. 나는 리드의 지원을 받아서 연구 보조원들과 함께 아르헨티나, 호주, 브라질, 멕시코, 필리핀, 싱가포르, 타이완, 미국 등지에서 일하는 2000명 이상의 시티코프 은행원과 영업점

대표들을 대상으로 조사를 실시했다. 미국 내 조사에서도 높은 수준의 다양성이 반영되기를 원했기 때문에 뉴욕, 시카고, 로스앤젤레스에 있는 은행에서 앵글로계, 히스패닉계, 아프리카계, 아시아계 미국인 등 다양한 배경의 인종과 인구 집단을 상대로 참가자를 모집했다.

우리는 우선 직원들에게 1(전혀 없다)에서 9(아주 많다)까지의 척도를 갖고 자신이 직장에서 얼마만큼의 선택권을 가지는지 평가하라고 했다. "자신이 직장에서 문제를 해결하는 방식"이나 "언제 휴가를 가는가"와 같은 구체적인 영역부터 "전형적인 하루의 은행업무 중에서 전적으로 내가 결정할 수 있는 자유의 전체적인 양"과 같은 일반적인 영역에 이르기까지 모두 평가하도록 했다. 그들이 지각하는 선택권은 "직장에서 내가 하는 일과 관련된 대부분의 결정을 상사가 내린다"와 같은 진술에 어느 정도 동의하는가를 통해서도 측정되었다. 직원들은 어쨌든 동일한 일을 하기 때문에 대답들이 상당히 비슷할 거라고 예상해볼 수 있다. 창구직원 업무를 예로 들어보면 그들의 업무는 조립라인 근로자의 업무만큼 틀에 짜여 있지는 않지만, 대개 수표를 현금화해주거나 입출금과 대출금 납부를 처리하는 등의 특정 업무에 국한되어 있다. 시티코프는 국내나 해외에서 업무 표준화를 추구하고 있어 여러 지점의 직원들이 본질적으로 동일한 관례와 인센티브 제도를 따른다.

그러나 연구 결과를 통해 직원들의 인종(여기서 인종은 그들의 문화적 배경과 밀접하게 연관되어 있다)이 스스로 얼마만큼의 선택권을 가졌다고 느끼는지에 상당히 영향을 미치고 있음이 드러났다. 아시아인과 아시아계 미국인들은 앵글로계 미국인, 히스패닉계 미국인, 아프리카계 미국인과 비교했을 때 직장에서의 일상적인 활동을 선택이라는 관점에서 생각하는 경향이 약했다. 그리고 라틴계 직원들의 선택에 대한 지각은 이들 집단의 중간쯤이었다. 자신에게 개인적인 선택권이 적다고 생각하는 사람일수록 상사가 자기 행동을 많이 통제한다고 여겼다. 같은 은행, 같은 매니저 밑에서 일하는 사람들도 문화에 따라 자신이 누릴 수 있는 선택의 정도를 다르게 인식했다. 매니저는 모든 직원에게 거의 동일한 선택권을 주었다고 보고했는데도 말이다.

우리는 다음으로 직원들에게 개인적인 동기 수준이 어느 정도인지, 직장환경이 얼마나 괜찮다고 생각하는지, 일에 대해 얼마나 만족하는지, 전반적으로 얼마나 행복한지 등을 물었다. 그리고 매니저들에게도 직원들이 현재 업무를 전반적으로 어떻게 수행하고 있는지 평가해 달라고 했다. 그 결과 아시아계 미국인을 제외한 모든 미국 직원들의 경우, 자신이 선택권을 더 많이 가졌다고 생각할수록 동기와 만족, 수행 등 모든 척도에서 더 높은 점수를 받았다는 사실이 밝혀졌다. 그리고 자신의 업무를 매니저가 지휘한다고 느낄수록 이 모든 척도에서 점수가 낮았다. 이와 대조적으로 아시아나 미국에 거주하는 아시아계 참가자들은 일상 업무를 주로 매니저가 결정한다고 생각할 때 오히려 점수가 더 높았다. 그들의 경우에는 선택권이 더 많다고 지각하는 것이 전혀 영향을 미치지 않았던 영역도 있었고, 심지어 어떤 영역에서는 부정적인 영향을 미치기도 했다. 라틴계 미국 직원들의 결과는 이번에도 그 중간 정도로 나타났다. 개인적인 선택권이 더 많다고 지각하거나, 매니저가 통제를 더 많이 한다고 지각하는 것이 모두 약간씩 이득이 되었다.

문화적 배경에 따라 선택을 구성하는 요소가 무엇인지 다르게 생각한다는 것도 흥미로운 결과였지만, 특히 자신이 선호하는 선택 조건을 더 많이 지각한다는 사실이 흥미로웠다. 개인적인 선택권이 더 많다고 지각하는 것이 유익했던 직원들은 자신이 선택권을 더 많이 가졌다고 보았다. 선택권이 다른 사람의 손에 있는 것을 더 선호했던 직원들 역시 다른 사람이 선택권을 더 많이 가졌다고 보았다. 회사 방침의 변화가 선택권의 존재나 부재를 더 분명하게 부각시키는 경우, 그런 변화는 서로 다른 문화권 출신의 직원들에게 현저하게 다른 결과를 가져올 수 있다. 실드에어사나 스페이스퀘스트 게임을 했던 학생들이 그런 예다. 하지만 자기 마음대로 생각하도록 했을 때는 현재 주어진 선택권이 자신에게 가장 적합한 수준이라고 지각할 가능성이 높았다.

그러나 이것이 이야기의 전부는 아니다. 문화는 선택에 대한 개인의 지각이나 선택하려는 욕구를 넘어서까지 영향을 미쳤다. 문화는 사람들이 실제로 선택할 때 선택하는 방식을 결정하며, 그 결정은 사회 전체에 영향을 미친다. 시티뱅크든 다른 다국적 대기업이든 간에 일단 사무실 환경만 생각해보기로 하자. 미국에서는 더 많은 선택을 할 수 있으면 더 좋다고 이야기하는 데 그치지 않고, 더 많은 선택이 능력을 보여줄 기회를 더 많이 만들어주기 때문에 긍정적이라고 말한다. 자신을 다른 사람들과 차별화하는 것이 성공의 관건인데, 상사가 세밀하게 관리하는 상황에서는 사적으로나 직업적으로 질식당할 수 있다는 것이다. 한편 아시아에서는 전체로서 조직의 이익에 집중하는 이야기를 많이 한다. 그래서 더 현명하고 경험이 많거나 지위가 높아서 가장 적격이라고 생각하는 사람에게 선택권을 넘기기도 한다. 두 가지 접근방식 모두가 유익한 점이 있긴 하지만 결점도 있다. 전자는 이기주의를 조장할 수 있는 반면, 후자는 정체로 이어질 수 있다. 그러므로 시티코프 등의 회사들은 상반된 두 세계의 가장 좋은 점들을 활용하고자 통합된 기업문화의 창출에 많은 노력을 기울이고 있다. 하지만 아직까지 완전한 성공을 거두지 못한 상태다. 이제 직장 밖의 세상을 생각해볼 차례다. 가장 이상적인 사회를 그리려고 할 때 선택과 더 나아가 통제에 대한 다양한 지각이 어떻게 영향을 미치는지 생각해보자.

07

베를린 장벽을 원하는 사람들

1989년 11월 9일, 수십 년 만에 동독이 국경을 개방했다는 소식에 전 세계는 엄청난 충격에 빠졌다. 하루아침에 동베를린과 서베를린이 통합되면서 마치 철의 장벽이 그곳에 한 번도 드리웠던 적이 없던 것처럼 자유로운 왕래가 가능해졌다. 당시 마드리드에서 공부하던 나는 그 소식을 듣자마자 베를린 장벽에서 벌어지는 축제에 끼기 위해 가장 빨리 도착할 수 있는 기차에 몸을 실었다. 동베를린 주민들은 서쪽에 발을 디디기 위해, 서베를린 주민들은 동쪽 땅을 밟아보기 위해 장벽의 양쪽 방향에서 무서운 기세로 밀려들어 왔다. 낯선 이들을 얼싸안은 채 기쁨에 겨워 함께 환호했고, 기념으로 철의 장막 조각들을 뜯어내는 엄청난 축제가 벌어졌다. 철의 장막이 붕괴되는 환희의 순간을 만끽하기 위해 마치 온 세상이 그곳으로 모여든 것 같았다.

ABC뉴스의 앵커 피터 제닝스Peter Jennings는 "베를린 장벽은 오늘

로써 자유의 장해물이라는 의미를 상실했습니다"라고 선언했다. 그가 최초로 동베를린에서 서베를린으로 건너가는데 한 젊은이가 그를 향해 "이제는 감옥에 갇힌 느낌이 들지 않아요!"라고 소리쳤다. 또 다른 동베를린 주민은 "오늘 이후부터 돌아가는 일은 절대 없을 겁니다. 이것이 바로 모든 사람이 이야기해왔던 전환점입니다"라고 말했다. 사람들은 그것이 독일뿐 아니라 전 세계에서 자유가 승리를 거둔 순간이라고 생각했다. 그뒤 이어진 열광적인 축하와 미사여구에서 베를린 장벽의 붕괴가 암시하는 바가 분명해졌다. 궁극적으로 그것은 정치·경제 체제로서 공산주의의 종식인 동시에 민주주의와 자본주의의 승리였던 것이다.

그후 20여 년 동안 나는 연구 명목으로 베를린에 갈 일이 몇 번 있었다. 한 체제에서 다른 체제로의 전환을 관찰하고 싶다는 개인적인 호기심이 방문의 동기가 되기도 했다. 1991년에 이르러 베를린 장벽은 거의 철거되고, 새로운 질서와 그에 따르는 선택의 확대를 보여주는 표시들이 점차 그 자리를 채워나갔다. 한때 장벽이 서 있던 지역에는 이제 쇼핑몰이 들어섰다. 동베를린에는 살 수 있는 물건과 식사할 수 있는 식당이 그 어느 때보다도 많아졌다. 자본주의는 점진적이지만 확고하게 자리 잡아가고 있는 것처럼 보였다. 하지만 자본주의와 민주주의만 도입되면 모든 일이 순조로울 거라던 생각과 달리, 새롭게 얻은 자유는 기대했던 만큼 사람들을 행복하게 만들어주지 못했다.

통일되고 20년이 지난 뒤에도 베를린은 여러 면에서 여전히 물리적 장벽만큼이나 강력한 사고의 장벽으로 나뉜 2개의 도시처럼 느껴졌다. 나는 동베를린 사람들과 대화하면서 그들이 기회나 선택, 시장에서 구할 수 있는 선택지가 늘어난 것에 감사하기보다는 새로운 삶의 방식에 회의를 느끼고 있음을 발견했다. 그들은 시간이 흐를수록 그 방식이 불공평하다고 생각하고 있었다. 2007년의 한 조사에 따르면 독일인 5명 중에서 1명 이상이 베를린 장벽을 다시 원하는 것으로 드러났다. 또한 동독인 중에서 97퍼센트라는 놀라운 숫자가 독일의 민주주의에 만족하지 못한다고 보고했다. 그리고 90퍼센트 이상의 사람들이 사회주의가 원리로서는 좋은 생각인데, 단지 과거에 적절히 실행되지 못했을 뿐이라고 믿었다. 공산주의 시대에 대한 이런 갈망이 만연한 나머지 동쪽Ost과 향수Nostalgie를 합성한 오스탈기Ostalgie라는 단어까지 생겨났다. 1989년 11월 장벽의 붕괴를 미친 듯이 축하하던 베를린 사람들이 어떻게 그토록 폐기하기를 바랐던 그 체제로 돌아가기를 바라는 상황에 이르게 되었을까?

소련과 동베를린을 비롯한 그 위성국가들이 채택했던 경제체제를 생각해보자. 정부는 자동차, 채소, 식탁, 의자 등 모든 것을 각 가정이 얼마만큼 필요로 하는지 계획하고, 그로부터 국가 전체의 생산목표를 산출했다. 국민 개개인은 자기가 학교에 다니는 동안 보여주었던 기술과 능력에 따라 특정한 직업을 할당받았으며, 어떤 직업을 국민에게 제공할 것인지 역시 국가가 산정한 수요에 근거해 정해졌다. 집세와 의료비가 무료이다 보니, 사람들이 자신의 임금을 사용할 수 있는 분야는 소비재에 국한되었다. 하지만 그마저도 중앙에서 생산을 통제했기 때문에 모든 사람은 획일적인 텔레비전 수상기나 가구, 주거공간 등을 소유할 수밖에 없었다.

역사는 이런 체제가 지속될 수 없음을 증명해 보여주었다. 시간이 흐르면서 근로자들의 봉급은 인상되었지만, 대중의 불만을 억제하기 위해 상품가격은 인위적으로 낮게 유지시켜야 했다. 그러자 돈을 갖고 살 물건보다 쓸 돈이 더 많아졌다. 그래서 암시장에서는 불법상품들이 제한적으로 유통되기도 했지만, 대부분의 돈은 은행에 예치되어 그냥 잠자고 있었다. 즉 정부는 사람들에게 돈을 지급했지만, 정부의 활동을 뒷받침하는 데 충분한 자금을 거둬들이지 못했다는 뜻이다. 내부적으로 부패가 만연하고 미국과의 군비경쟁으로 자원이 고갈되자 소련 경제는 자체의 무게를 견디지 못한 채 그만 무너지고 말았다.

공산주의 체제는 치명적인 결함으로 실패하고 말았지만, 그 체제 속의 보통 사람들은 제공되는 대부분의 물건을 살 만큼 충분한 돈을 가졌다는 단순한 사실 때문에 대체로 돈 걱정에서 자유로울 수 있었다. 사치품을 사거나 그 밖에 남보다 두드러지는 소비를 할 만한 대안은 없었지만, 삶의 기본 필수품은 누구나 공평하게 누릴 수 있었다. 반면 자본주의 체제에서는 그런 보장이 없다. 많은 동유럽인은 나라 경제가 전환되는 시기에 그 같은 현실을 뼈저리게 깨달았다. 사람들은 하룻밤 사이에 나라가 배정해주었던 일자리를 잃었다. 새로운 고용시장에서 자리를 차지하기 위해 싸우면 밀릴 수밖에 없는 나이든 세대에게 실직은 특히나 고통스러운 문제였다. 그리고 1950년대부터 가격을 억지로 일정하게 눌러놓았기 때문에 걷잡을 수 없는 인플레가 발생했다. 소비재, 특히 외국산 소비재 가격이 엄청나게 뛰어 사람들이 평생 저축했던 부의 가치를 파괴시키고 말았다. 운 좋게 적당한 시기에 적당한 위치에 있다가 자본주의로의 전환기에 많은 돈을 챙긴 사람들이 있기는 했지만, 그런 이들은 주로 폭리를 취함으로써 부를 이룩했다. 나와 이야기를 나눴던 어떤 남자는 이런 변화를 아주 간략하게 요약해주었다. "소련에서는 돈은 있으나 아무것도 살 수가 없었습니다. 이제 우리는 무엇이든 살 수 있지만 돈이 없습니다."

심리학자이자 사회이론가인 에리히 프롬Erich Fromm은 1941년 『자유로부터의 도피Escape from Freedom』에서 우리 문화가 가장 소중하게 여기는 가치인 자유의 의미를 명쾌하게 구분했는데, 앞서 말한 남자의 이야기가 그 구분을 잘 보여준다. 프롬의 주장에 따르면 자유는 두 가지의 보완적인 부분으로 구성되어 있다. 일반적인 의미의 자유는 '인간을 속박하는 정치적·경제적·영적 족쇄로부터의 자유'를 뜻한다. 즉 자유는 다른 사람으로부터 강압적인 방해를 받지 않고 목표를 추구할 수 있는 상태다. 프롬은 이렇게 '~으로부터의 자유freedom from' 라는 개념(소극적 자유)과 대조적으로, 능력이라는 또 다른 의미의 자유가 있다고 했다. 즉 인간의 잠재력을 완전하게 실현하고 특정한 결과를 달성할 자유, '~으로의 자유 freedom to(적극적 자유)'를 제시한다. 적극적 자유와 소극적 자유는 언제나 함께하는 것은 아니지만, 선택으로부터 온전한 혜택을 누릴 수 있으려면 이 두 가지 의미에서 모두 자유로워야 한다. 아이가 과자를 먹도록 허락받았더라도 과자 그릇이 높은 선반에 놓여 있어 손이 닿지 않으면 과자를 먹을 수 없다.

이상적인 자본주의 체제는 첫째로, 그리고 무엇보다도 사회적 계층 상승을 꾀할 수 있는 개인 능력에 가해지는 외부적인 제약으로부터의 자유를 강조한다. 적어도 이론적으로는 자신의 능력을 통해 성공하거나 실패할 수 있는 동등한 기회가 모든 사람에게 주어진다. 하지만 제약 없는 세상은 경쟁적인 곳으로 더 재능이 있거나, 더 열심히 일하거나, 그도 아니면 운이 더 좋은 사람에게 유리하다. 그러므로 다양한 상품과 서비스가 존재하더라도 제시되는 모든 범위의 선택에 모든 사람이 접근하지는 못한다. 어떤 사람들은 음식이나 집, 의료 서비스 등 기본적인 필수 품목조차 감당하지 못할 수도 있다. 한편 이상적인 공산주의·사회주의 체제는 기회의 평등보다는 결과의 평등에 목표를 맞추고, 모든 구성원이 적절한 생활수준을 누릴 수 있는 적극적인 자유를 보장한다. 문제는 필요로 하는 사람들에게 제공되려면 추가적인 자원들이 어딘가에서 와야 하고, 좀 더 구체적으로는 누군가로부터 와야 한다는 것이다. 그런데 이 말은 곧 누군가의 소극적 자유가 제한되고, 국가가 그들의 경제활동을 지시하고, 그들의 재산을 강제로 가져가야 한다는 뜻이다.

진정한 선택이 이루어지려면 개인은 선택지를 선택할 능력이 있어야 하고, 어떤 외부적인 힘에 그 선택을 저지당해서는 안 된다. 그러므로 어느 한 극단으로 치우친 체제는 개인의 기회를 제한할 수밖에 없다. 더 나아가서 어느 한 극단에 치우칠 경우 현실적으로 더 많은 문제가 발생할 수 있다. 적극적인 자유가 결여되면 스스로 먹고살 능력이 없는 사람들은 궁핍과 고통, 죽음에 처할 수 있다. 하지만 그 사실을 젖혀놓더라도 적극적 자유의 결여는 실질적인 금권정치로도 이어질 수 있다. 부유한 사람들은 불평등하게 권력을 휘둘러 불법 행위에 따르는 처벌을 피해가거나, 다른 사람들을 희생시켜 자신의 유리함을 영속시킬 수 있는 방향으로 법 자체를 바꿀 수 있다. 19세기 말 '악덕 자본가'들이 종종 이런 비난을 받았다. 한편 소극적 자유의 결여는 사람들에게 자기 능력보다 적게 일하도록 조장할 수 있다. 어찌 됐든 필요한 것을 얻을 수 있다는 사실을 알기 때문이다. 그리고 더 많이 노력해도 더 이상의 물질적 이익이 없기 때문에 혁신과 기업정신을 말살시킬 수 있다. 또한 그런 제도를 실행하려면 국가에 강력한 권력을 부여해야 하는데, 역사적으로 대다수의 공산주의 정부 행태가 보여주었듯 권력은 부패하게 마련이다.

두 가지 유형의 자유를 동시에 극대화하는 것은 불가능하지만, 다행히도 이는 제로섬 게임은 아니다. 두 세계에서 좋은 점들을 어느 정도 취하는 것이 가능하다는 말이다. 예를 들어 사회적인 안전망을 구축하기 위해 세금을 부과하는 일처럼 많은 사람의 적극적 자유에 상당한 혜택을 주는 대가로 소극적 자유에 비교적 경미한 제약을 가하는 방법이 있다. (물론 특정 세율이 경제적으로 어려운 사람들을 부양하기에 형편없이 부족하다고 보는 사람이 있는 반면에, 똑같은 세율임에도 지나치게 높다고 생각하는 사람도 있을 수 있다.) 대부분의 사람은 이 두 극단 사이에서 어느 정도 균형 잡힌 것을 선호하는 게 사실이다. 하지만 우리는 누구나 개인적 경험과 문화적 배경을 기초로 세상에 대해 가정하는데, 그것은 그런 균형이 어떤 모습일지에 대한 각자의 판단에 영향을 미친다.

이전에 공산주의 국가에서 살던 사람들은 한쪽 극단에 치우친 사회에서 민주적·자본주의적 사회라는 그 반대쪽 극단에 가까운 사회로 전환해야 하는 어려운 과제를 떠안았다. 베를린에 사는 다양한 사람들과 이야기해본 결과, 공정함에 대해 오랫동안 지녀왔던 가정을 또 다른 신념체계로 간단히 대체할 수 없다는 것이 이런 전환의 한 가지 걸림돌이라는 사실이 분명해졌다. 나는 일반적인 서구인과 마찬가지로 서베를린 주민들도 소극적 자유의 렌즈를 끼고 세상을 이해하고 있음을 여러 차례 발견했다. 한편 동베를린 주민들, 특히 나이든 사람들은 이제 공산주의가 기억 속에서만 존재하는데도 적극적 자유에 초점을 맞춘 채 살아가고 있었다. 클라우스라는 사람은 "옛날에는 휴가를 갈 만한 곳이 헝가리밖에 없었지요. 하지만 적어도 휴가는 갔었습니다. 이제는 어디든 갈 수 있지만, 그 어디에도 갈 여유가 없어요"라고 탄식했다. 헤르만이라는 사람도 과거에 대해 비슷한 그리움을 표현했다. "그 시절에는 텔레비전 채널이 2개밖에 없었지만 그래도 모든 사람이 텔레비전을 볼 수 있었지요. 채널 100개를 가진 사람과 하나도 갖지 못한 사람이 공존하는 요즘과는 사정이 달랐습니다." 카탸는 새로운 체제가 의료 서비스에 미친 영향을 가장 불만족스러워했다. "그전에는 찾아갈 의사가 한 사람밖에 없었습니다. 하지만 요즘은 선택할 의사는 많지만 그들은 환자에게 관심이 없고, 좋은 의사는 진료비가 비쌉니다. 그렇다 보니 병이 나도 돌봐줄 사람이 없다는 생각이 들어요." 젊은 동베를린 주민들도 비슷한 정서를 표현했다. 하지만 그들보다 윗세대가 전환기에 가장 심각한 경제적 악영향을 받았기 때문인지, 젊은 세대는 나이든 세대만큼 그런 정서가 강렬하지는 않았다.

　인터뷰의 범위를 확대해 우크라이나와 러시아, 폴란드까지 살펴보았더니, 어떻게 하면 선택을 가장 공정하게 분배할 것인가에 대해 그들도 비슷한 신념을 가졌음을 관찰할 수 있었다. 이들 나라의 최고 명문대학에 재학 중인 학생들조차도 교육 덕분에 자신들이 미래에 상당한 수준의 성공을 누릴 거라고 예상할 수 있음에도 그 같은 믿음을 가지고 있었다. 나는 학생들과 토론하는 동안 두 세계 중 하나를 가상적으로 선택하라고 제시했다. 하나는 선택지가 적지만 모든 사람이 그 선택에 동등하게 접근할 수 있는 세상이고, 또 하나는 선택지가 많지만 어떤 사람이 다른 사람보다 더 많은 선택권을 누리는 세상이었다. 폴란드 출신의 여성 우르줄라는 "첫 번째 세상에서 살고 싶을 것 같네요. 나는 화려함을 좋아하지 않는 부류의 사람이어서 지위를 얻으려고 일하는 사람을 질투하지는 않지만, 지위를 과시하는 사람들은 좋아하지 않아요. 그들을 보면 혐오스럽다는 생각이 생기고, 그런 사람이 활개 치는 세상도 싫어요"라고 대답했다. 인터뷰 대상이었던 또 다른 폴란드인 조제프도 "이론적으로는 첫 번째 세상이 더 낫습니다"라고 같은 대답을 했다. 우크라이나 여성 일리아는 "어떤 사람이 많은 선택권을 가지고 다른 사람은 그러지 못한다면, 사회적·대인적 갈등이 심화될 거예요. 그래서 모든 사람이 동일한 선택권을 가지는 것이 더 낫다는 생각이 들어요"라고 이야기했다. 폴란드의 경영학도 헨리크는 "나는 두 번째 세상에서 더 잘 살겠지만, 첫 번째 세상이 더 공정하다고 생각합니다"라고 대답했다. 젊은 면접 대상자들은 적극적 자유보다 소극적 자유가 개인적인 수준에서는 자신들에게 더 많은 기회를 제공할 거라고 생각했지만, 사회 전체를 위해 그것이 최선의 모델이라고는 생각하지 않았다.

응답자들은 소수의 사람이 더 많은 선택권을 가진다는 생각이 불공평한 결과를 가져올 수도 있다고 여겼다. 게다가 동유럽의 여러 면접 대상자는 선택의 급증 자체를 그리 환영하지 않았다. 선택과 함께 어떤 단어나 이미지가 연상되는지 물었을 때 바르샤바 출신의 그르제고르즈는 "아, 저는 두려움이 떠오릅니다. 딜레마도 생각나고요. 저는 선택할 수 없는 상황에 익숙합니다. 예전에는 모든 것이 저를 위해 결정되어 있었습니다. 그래서 자신의 삶에 대해 스스로 선택해야 할 때가 두렵습니다"라고 응답했다. 키예프 출신의 보단은 접할 수 있는 다양한 소비재에 대해 "아무튼 너무 많습니다. 저것들이 다 필요하지 않지요"라고 말했다. 바르샤바 조사국의 한 사회학자가 내게 설명해주었듯이, 동유럽의 나이든 세대는 우리에게 익숙한 미국식 상업주의를 경험한 적이 없었다. 그들은 아무것도 없는 세상에서 살다가 주위에 온통 선택할 것이 널려 있는 세상으로 갑자기 뛰어들었는데 어떻게 반응해야 할지 배울 기회조차 주어지지 않았다. 그렇다 보니 그들은 새로 얻게 된 기회에 대해 어느 정도의 양면적인 감정을 갖거나 회의적인 시선으로 바라본다.

　한편 인터뷰 중에 제기되었던 질문이 아닌, 간단한 음식을 대접하는 행위에서 뜻하지 않게 아주 흥미로운 사실을 발견했다. 참가자들이 도착했을 때 우리는 코카콜라, 다이어트 콜라콜라, 펩시콜라, 스프라이트 등 대중적인 일곱 가지 탄산음료를 대접했다. 처음 온 참가자가 여러 가지 음료 중에서 한 가지를 선택하도록 기다렸더니, 그는 다음과 같은 말로 나를 놀라게 했다. "글쎄요, 아무거나 상관없습니다. 그냥 다 탄산음료니까요. 어차피 한 가지 중에서 선택하는 일이네요." 순간 그의 말에 너무 충격을 받아 그다음부터는 인터뷰에 응한 모든 사람에게 처음과 같은 종류의 음료들을 보여주면서 "선택지가 몇 가지라고 생각합니까?"라고 물었다. 그런데 그들의 반응에서 어떤 패턴이 보이기 시작했다. 그들은 일곱 가지 탄산음료를 일곱 가지의 별개 선택이라고 보지 않았다. 탄산음료를 마실 것인가, 안 마실 것인가의 한 가지 선택이라고 지각했다. 여러 탄산음료와 함께 물과 주스를 내놓자 그들은 탄산음료, 물, 주스의 세 가지 선택이 있다고 보았다. 이들 면접 대상자에게는 여러 종류의 탄산음료가 각기 다른 선택을 의미하지 않았던 것이다.

　미국인들은 새로운 제품이 시장에 등장하는 순간, 당연히 그것을 또 다른 선택지로 받아들일 것이다. 즉 새로운 맛의 탄산음료가 선택 범위를 넓혀준다고 생각한다. 하지만 그런 추가 선택지가 더 많은 선택을 의미하지는 않는다는 시각에서 본다면, 이전에 공산국가였던 나라의 국민이 선택의 급증에 회의적인 반응을 보이는 것도 그리 놀랄 일은 아니다. 폴란드 남성 토마즈는 그와 같은 시각에서 "내게 껌은 열 종류까지 필요하지 않습니다. 선택의 여지가 전혀 없어야 한다는 뜻은 아니지만, 어떤 선택은 상당히 인위적이라는 생각이 듭니다. 사실 선택이 별로 다르지 않은 것들 사이의 선택일 뿐입니다"라고 말했다. 그와 같은 시각에서는 적극적 자유를 가지는 것이 진정한 선택이다. 예를 들어 키예프의 교수인 아나스타샤는 "나는 자본주의로 이행하면서 동등한 기회라는 특권을 잃었다고 생각합니다. 소련에서는 모든 사람이 동등한 기회를 가졌기 때문에 지금보다 오히려 더 많은 선택을 할 수 있었다고 생각합니다"라고 말했다.

'적극적 자유'와 '소극적 자유'를 보는 시각적 차이는 자본주의와 공산주의 이념이 경합하는 시대상에 노출되었던 사람들에게만 국한된 것은 아니다. 일반적으로 개인이나 문화가 개인주의보다 집단주의를 더욱 강조하면, 개인의 성공을 촉진하는 체제보다 모든 사람에게 기본적 필수품을 보장하는 체제를 더 선호하게 된다. 절대적 의미에서는 상당히 개인주의적이지만 미국보다는 덜 개인주의적인 서유럽 사람들도 소극적 자유보다 적극적 자유와 일치하는 정부 정책을 지지하는 경향이 더 강하다. 예를 들어 2009년 미국에서 가장 부유한 개인들에게 부과하는 소득세율은 35퍼센트였는데, 그것은 유럽연합의 평균보다 12퍼센트 더 낮은 수치다. 1998년 미국은 국가총생산의 11퍼센트를 사회보장이나 의료보장, 복지혜택 등의 보조금과 대체금으로 사용한 데 비해 유럽연합의 국가들은 평균 21퍼센트를 할애했다.

자신의 삶을 얼마나 통제할 수 있는가에 대한 믿음은 우리가 개인주의에 얼마나 노출되었느냐에 따라 어느 정도 결정되며, 그것 역시 선택권을 분배하는 방법에 대한 우리의 선호에서 중요한 역할을 한다. 자신과 다른 사람들이 개인적인 통제력을 많이 가졌다고 보는 사람들은 소극적 자유를 선호하는 경향이 있다. 소극적 자유가 개인적인 목표를 달성할 기회를 더 많이 주기 때문이기도 하지만, 가장 많이 노력하는 사람이 보상을 받고 게으름을 피우는 사람은 다른 사람에게 묻어갈 수 없도록 해준다는 점에서 공정하다고 여기기 때문이다. 한편 태어날 때의 상황 등 여러 가지 운에 따라 대체로 성공이 결정된다고 믿는 사람들은 적극적 자유를 내세우는 체제가 더 공정하다고 생각하는 경향이 있다. 어쨌든 아무리 노력해도 성공을 보장받을 수 없다면 누릴 자격이 있는 사람들도 자기 힘만으로는 삶에 꼭 필요한 것을 얻지 못할 수도 있으니 말이다.

이렇게 서로 다른 세계관이 미치는 영향은 통제력에 대한 생각이 정치적 이념과 강하게 연관되어 있음을 보여준다. 보수 정당들은 전형적으로 자유방임형 경제정책을 선호하며, 자유주의 정당들은 더 큰 정부와 사회정책을 선호한다. 세계가치관조사World Values Survey의 자료를 보면 미국과 유럽공동체 국가들 내에서 스스로 사유주의자라고 밝힌 사람들은 보수주의자들에 비해 "가난한 사람은 게으르다" 등의 진술을 덜 지지하고 "운이 수입을 결정한다" 등의 진술을 더 지지할 가능성이 높았다. 미국의 주류 정당보다 좌파에 치우친 강력한 민주사회주의당이 지배적인 유럽에서는 국민 중 54퍼센트가 개인의 수입이 운에 따라 결정된다고 믿었다. 그에 비해 미국에서는 단지 30퍼센트만 그렇게 생각했다. 그리고 사람들은 자신이 믿는 바에 따라 투표하므로, 두 가지 서로 다른 자유의 개념을 향해 집단적으로 사회를 움직여나갈 수 있다.

　이쯤에 이르면 "어떤 접근방식이 전반적으로 더 나은가?"라는 질문이 분명하게 머릿속에 떠오를 것이다. 하지만 자유에 대해 사람들이 가진 개념의 차이가 그들이 지지하는 정책에 영향을 미칠 뿐 아니라 그런 정책대상이 되는 사람들의 복지를 평가하는 척도에도 영향을 미치므로 그 질문에 대답하는 건 사실상 불가능하다. 소극적 자유를 신봉하는 사람들은 1인당 국가총생산과 같은 척도를 참고할 가능성이 높다. 그것이 잠재적인 기회의 개념을 대략적으로 제시해주기 때문이다. 예를 들어 2008년 유럽연합의 1인당 총생산이 평균 3만 3400달러였던 데 비해 미국은 4만 7000달러였다는 사실을 강조할 수도 있을 것이다. 또한 미국에는 다른 나라보다도 여섯 배 이상 많은 억만장자가 있으며, 그중에는 지구상에서 가장 부유한 5명 중 3명이 포함되어 있다. 반면 적극적 자유를 더 믿는 사람들은 한 나라에서 소득 분배의 균등을 측정하는 지니계수Gini coefficient 등의 수치에 주목할 것이다. 지니계수를 측정한 133개국 중 국민 사이에서 부와 자원이 가장 균등하게 분배된 나라는 스웨덴이었다. 그리고 소련에 속했던 많은 국가와 그 위성국가들은 1인당 국민총생산은 낮았지만 상위 30위 안에 들어갔다. 반면 미국은 카메룬과 코트디부아르공화국 바로 다음인 94위를 차지했다. 미국 민주주의는 거대한 실험을 거쳐 유례없는 국가적 부를 이룩했지만, 한편으로 불평등이 만연한 사회를 만들어내기도 했다.

　미국인 전체를 보았을 때 다른 어떤 나라 국민보다도 소극적 자유가 으뜸이라고 진심으로 믿는다. 이런 이상적인 생각은 역사학자 제임스 애덤스James T. Adams가 1931년 만들어낸 '아메리칸 드림'이란 용어로 종종 표현된다. 그는 "아메리칸 드림은 모두가 더 낫고 더 풍요롭고 더 충실한 삶을 누릴 수 있는 나라, 모두에게 능력과 성취에 따라 기회가 주어지는 나라에 대한 꿈이다. …… 남녀 각자가 타고난 최고의 모습에 도달할 수 있고, 우연적인 출생이나 지위와 무관하게 그 존재 자체로 다른 사람들한테 인정받는 사회질서에 대한 꿈이다"라고 말했다. 당신의 가장 고귀한 포부는, 그것을 실현할 수 있는 야망과 기술만 지니고 있다면 어느 누구의 방해도 받지 않아야 한다는 것이 기본 전제를 이루고 있다. 당신에게 꿈이 있고 올바른 근로윤리가 있다면, 그 꿈을 키워줄 수 있는 나라가 바로 미국이라는 점에 전 세계가 동의한다.

아메리칸 드림이 위대한 업적을 이룩하도록 많은 사람을 고무시킨 것은 분명히 사실이지만, 한편으론 수많은 사람에게 그것은 그저 꿈에 그칠 뿐이다. 전 세계에서 미국은 오랫동안 기회의 땅으로 인식되어왔으며, 얼마 동안은 정말 그렇기도 했을 것이다. 하지만 오늘날 미국 인구의 대다수에게 지기 나리는 다른 탈공업회국기들과 다를 바가 없다. 심지어 최근 연구에서는 스웨덴, 독일 등의 서유럽국가들보다 미국에서 오히려 부모의 수입과 자녀의 수입이 더 강하게 상관관계가 있음이 밝혀지기도 했다. 이런 사실은 미국에서도 성공이 노력보다 출생 여건에 더 큰 영향을 주고 있음을 보여준다. 미국인들이 자기 나라의 독특한 위치를 너무나 낙관적으로 해석하든, 다른 나라의 국민이 자신들이 가진 기회에 대해 지나치게 비관적으로 해석하든 간에 이런 사실을 통해 사람들의 가치관과 신념이 얼마나 강력하고 끈질긴 것인지를 알 수 있다.

 결국 아메리칸 드림이 현실적으로 달성 가능한지 여부는 가장 중요한 논점이 아닐지도 모른다. 모든 세계관이 그렇듯이, 그것은 국가 전체의 이상을 형성해왔던 대단히 실제적인 힘이다. 미국에서 아메리칸 드림은 모든 사람이 삶의 이야기를 엮어가는 토대가 되어왔다. 그리고 우리가 그 이야기의 힘을 진정으로 인정할 때 우리와 다른 꿈을 가진 다른 나라들이나 다른 문화 속의 사람들은 어째서 선택과 기회, 자유에 대해 전혀 다른 생각을 가지는지 이해할 수 있을 것이다.

08

관용에도 한계가 있다

나는 선택에 접근하는 여러 가지 다른 방식에 대해 스스로 제기했던 몇 가지 질문에 제대로 된 대답을 내놓았기를 바란다. 그리고 그런 대답들이 독자들에게 신선하게 다가가 사고를 자극하기를 바란다. 또한 여기서 제시한 내용이 우리에게 단순한 관용을 넘어 앞으로 나아가는 데 도움이 되기를 무엇보다 바란다. 오늘날 모든 사람은 다른 문화를 알아가는 일이 즐겁다고 배운다. 사람들은 서로 다르며, 다른 것도 괜찮다고 배운다. 젓가락을 잡거나, 아니면 수저나 포크 따위를 다 내려놓으라고 한다. 다른 문화에 대한 체험에 이처럼 열광하는 것은 잘못된 현상이 아니다. 사실 문화적으로 낯선 사람을 전보다 덜 경계하는 것은 아주 좋은 현상이다. 하지만 초밥을 먹고, 사리를 입고, '작고 작은 세상It's a Small World After All' 노래를 부르는 것만으로는 뭔가 부족하다. 세계는 분명 예전보다 더 긴밀하게 연결되어 있지만, 더 황당하고 무질서해졌다. 국경을 허무는 강력한 힘으로 말미암아 이전에는 문화적·국가적 경계 안에 갇혀 있던 것들이 마구 흘러넘치고 있다. 물리적인 이민(인구조사국은 2042년이 되면 유럽계 조상을 가진 미국인이 미국 전체 인구에서 차지하는 비율이 절반 이하가 될 거라고 추정한다), 국제 미디어의 홍수(BBC, CNN, 알자지라, 그 밖에 외국 텔레비전과 영화들), 그리고 경계 없이 활짝 열린 인터넷의 공개 토론장이 가세해 국경을 무너뜨리고 있다. 이런 추세는 점점 더 개인적인 문화적 이야기를 만들어낸다. 그리고 점점 더 많은 사람이 너무나 공통점 없는 이야기를 가지고 자기 삶의 이야기를 짜깁기하다 보니 그 많은 모순을 아우르려고 하면 현기증이 일어날 지경이다. 모든 것이 다른 모든 것과 닿거나 겹친다. 이런 현상이 문화적 이종교배를 낳기도 하지만, 갈등으로 이어지기도 한다.

과거에는 서로 다른 문화끼리 만나면 으레 충돌이 일어났다. 양쪽 모두 수사학적으로든 경제적으로든 군사적으로든 간에 자신의 우월함을 과시하고, 그럼으로써 상대방을 설득하거나 강제로 동화시키려 했다. 각 문화마다 자기 것이 가장 훌륭한 가치를 지닌 가장 훌륭한 문화이며, 다른 여러 문화가 사라진 가운데서도 그 문화가 살아남았다는 게 그 증거라는 논리를 제시한 것은 그리 놀랄 일이 아니다. 1990년대 초 정치학자 새뮤얼 헌팅턴Samuel P. Huntington이 내놓았던 유명한 예언처럼 지금 우리가 '문명 충돌'의 한가운데 있다고 말하는 사람도 많다. 그 말이 사실이라고 하더라도, 오늘날의 갈등은 과거의 갈등과 같은 방식으로 끝나지는 않을 것이다. 한 문명은 더 이상 다른 문명을 집어삼키지 못하며, 다른 문명을 차단하기 위해 거대한 장벽을 세울 수도 없다. 특히 깊숙이 자리 잡은 믿음과 삶이 위협받는 상황에서는 관용과 존중도 기대에 부응할 만큼의 역할을 해주지 못한다. 그래서 우리는 나눌 것도 별로 없고 앞으로 나아갈 분명한 길도 보이지 않는 일종의 교착 상태에 빠졌다는 생각이 들기도 한다.

그러나 간혹 무인지대처럼 보일지 몰라도 공통 기반은 존재한다. 가장 포괄적인 수준에서 보면 전 인류가 생명, 자유, 행복의 추구라는 기본 가치를 진정으로 공유한다는 사실은 의심의 여지가 없다. 앞 장에서 보았듯이, 우리는 실제로 선택권과 통제력을 원하는 생물학적 욕구를 지녔다. 이런 보편적인 욕구가 있기 때문에 사람들에게는 법으로 동등하게 보호받고, 정치 과정에 참여하고, 교육을 받을 권리 등 여러 가지 권리가 있다. 1993년 비엔나에서 열렸던 세계인권회의에서는 전 세계 171개국이 그 사실을 인정했다. 하지만 스스로 선택할 수 있는 자유가 주어지더라도 세계의 다른 지역 사람들이 만들어내는 사회구조가 서구 모델과 아주 흡사할 거라는 이야기는 아니다. 그 사람들은 독자적으로 선택하거나, 다른 관점을 취하거나, 환경을 바꾸거나, 환경에 더 잘 적응하기 위해 자기 자신을 바꾸거나, 각자 자신의 안녕을 책임지라고 방임하거나, 누군가가 낙오되는 걸 방지하기 위해 조치를 취하겠다고 결정해야 할 것이다.

그렇다면 기본적인 인권의 차원을 넘어가는 영역에서는 어떻게 문화적 차이를 가장 잘 관찰하고 평가하고 배울 수 있을까? 자기만의 고정된 관점에서 다른 모든 문화를 판단하는 것보다 관용을 갖고 대하는 편이 훨씬 더 좋지만, 관용에도 분명한 한계가 따른다. 관용은 대화 분위기를 조성하고, 비판적인 자기성찰을 고취하는 대신에 종종 무관심으로 이어지곤 한다. 즉 "너는 네 식대로 생각하고, 나는 내 식내로 생각하면 서로 간섭할 일이 없을 것이다"라는 태도다. 다른 문화에 속한 사람들은 서로 섞이지 않으려고 하지만, 상황 때문에 어쩔 수 없이 상호작용을 하게 될 때 가치관에 근거한 갈등이 불거진다. 오늘날에는 그냥 문을 닫아버리는 방법으로 상대를 관용하는 것이 불가능하다. 실제적이든 가상적이든 간에 우리 공간은 그 어느 때보다도 빈번하게 교차하고 있기 때문이다. 하지만 우리는 이런 교차영역을 전투장으로 쓸 것인지, 회의장으로 쓸 것인지를 선택할 수 있다.

    나는 관용 뒤에 오는 게 무엇이든 간에 어떻게 그곳에 도달할 수 있을지에 대한 3단계 계획이나 30단계 계획 같은 것을 제시하지는 못한다. 하지만 우리가 자신만의 이야기를 고집하며 살아갈 수 없으며, 우리 이야기만이 세상에서 유일한 것이라고 고집할 수 없다는 사실은 분명하다. 다른 이야기들은 다른 언어로 전달되므로 우리는 실제 다중언어가 아니더라도 은유적인 의미에서 다중언어를 구사하도록 노력해야 한다. 내가 무슨 뜻으로 이런 말을 하는지 설명하기 위해 내 삶의 소소한 예를 들어보겠다. 나는 앞을 보지 못하지만 시각적인 요소가 지배하는 이 세상에서 의사소통을 좀 더 잘하기 위해 '본다' '지켜본다' '주시한다' 처럼 볼 수 있는 사람들이 쓰는 언어를 종종 사용한다. 나는 가족과 친구, 동료들이 내게 묘사해주는 내용의 도움을 받아 보이는 사람들의 세계를 돌아다닐 수 있다. 그래서 이 책을 쓸 수 있게 되었는데, 여기서 내가 보지 못한 것들을 선명하게 보여줄 수 있기를 바란다. 나는 어차피 소수자에 속하므로 선택하고 말고 할 것도 없다고 말하는 사람도 있을 것이다. 하지만 시각적인 회화에 능숙한 덕분에 내 삶이 더 편안하고 풍부해졌다고 생각한다. 나는 보이는 사람들이 쓰는 지배적인 언어와 체험을 이용할 수 있으며, 그 덕분에 내 경험을 더 잘 전달할 수 있다. 내 방법을 확대해서 다중문화에 익숙해지는 쉬운 요령을 만들어내기란 어려운 일이겠지만, 선택에 대한 우리의 이야기들이 서로 얼마나 다른지를 배우는 건 아주 훌륭한 첫걸음이 될 것이다. 그리고 나는 지금부터 그렇게 한 발자국씩 떼어놓으면서 낯선 나라의 낯선 언어 속으로 들어가 보라고 간곡하게 권하고 싶다.

3장

미처 알지 못했던 내 선택의 심리

THE ART OF CHOOSING

01

자기계발서 코너를 서성이는 우리들

당신에게 남은 생의 첫날인 오늘, 당신은 서점의 통로를 걸어가 자기계발 코너에 들어선다. 자기계발서 코너를 서성이며 성장과 지식을 추구하는 다른 수많은 독자처럼 당신도 꿈을 가지고 있다. 명예와 부, 건강, 애지중지하는 가족 등 모든 것을 다 갖고 싶다는 욕심이 있다. 그리고 자기계발서에서 그런 것들을 찾을 수 있다는 이야기를 들었다. 자기계발서들은 집중하고 마음을 통제할 수만 있으면 물리적인 세상을 통제할 수 있다고 가르친다. 당신이 필요로 하는 건 바로 통제력이라는 것이다. 우선, 당신의 모든 목표를 나열하는 데서 시작해보자. 그것을 지우고 모든 습관을 나열해보자. 아니, 죽기 전에 가보고 싶었던 모든 곳의 목록을 만드는 게 좋을까? (저쪽 선반 위에는 젊음을 샘솟게 해준다는 대단한 책이 쌓여 있으니 아마 죽음은 아직은 먼 일일 것이다.) 어쨌든 간에 그런 책들은 하나같이 자신을 사랑하고, 자신을

진실하게 대하라는 이야기에서부터 출발한다. 그런데 문제가 있다. 당신은 자신이 누구인지 확실히 알지 못해 아직도 자신을 찾아야 한다. 그렇다면 그런 자기계발서들은 어디를 찾아보아야 할지 알려주어야 옳은 것 아닌가? 자기계발의 목표 중 하나가 또한 자기계발의 전제조건이기도 하다면, 그것을 어떻게 실천하라는 말인가?

그래서 당신은 자기계발서 코너에 실망한 나머지 어쩌면 여행서적 코너로 갈지도 모른다. 거기 진열된 안내서들은 반들거리는 표지사진을 내세워 생애 최고의 여행을 약속하며 사람들을 유혹한다. 혹시 동남아 배낭여행을 가거나, 호주에서 스카이다이빙을 하거나, 아프리카로 봉사여행을 가면 자신이 누구인지 알아내는 데 도움이 될까? 내면의 자아와 만나게 해주는 명상 강의가 포함된 고가의 휴양여행을 갈 만한 여유가 있을까? 아니, 그런 여행을 가지 않을 여유가 있을까?

위대한 예술가 미켈란젤로는 돌 속에 조각상이 이미 존재하므로 자기는 그 위의 군더더기를 파내기만 했을 뿐이라고 주장했다. 우리는 정체성도 종종 그와 유사한 개념으로 이해한다. 자신을 켜켜이 덮고 있는 모든 의무와 금기 아래에 일정하고 단일하며 진정한 자아가 발견되기만을 기다리며 놓여 있다는 것이다. 그래서 자신을 발견하는 과정을 일종의 발굴작업으로 생각한다. 우리는 자신의 영속적인 자아를 드러내기 위해 이질적인 것들을 벗기고 표면 아래로 깊숙이 파고들어 간다. 그리고 그 핵심을 파헤치기 위해 우리가 사용하는 도구는 다름 아닌 선택이다. 어떤 옷을 입으며, 어떤 탄산음료를 마시며, 어디에 살며, 어느 학교를 다니고, 무엇을 공부하고, 그리고 어떤 직업을 가질 것인지 등등. 이렇게 우리가 취하는 선택은 모두 자신에 대해 무엇인가를 말해준다. 그리고 그런 것들이 진정한 자신을 정확하게 보여주도록 하는 것이 우리의 할 일이다.

그렇다면 당신은 정말로 누구인가? "내 자신이 되라!"는 명령은 꽤 명료해 보인다. (이미 존재하는 당신이 되라는 것보다 더 쉬운 일이 있겠는가!) 하지만 정신 차리지 않으면 다른 사람이 될 수도 있겠다는 생각이 동시에 머릿속을 스쳐가면서, 눈부신 전조등 같은 그 명령 앞에서 얼어붙은 채 눈을 껌뻑거리게 될 때가 종종 있다. 발걸음을 내디딜 때마다 '진정한' 자아로부터 멀어져간다면 앞으로 나아가기가 어려워져 머뭇거리게 된다. 요즘 젊은이들은 교육을 마친 뒤 곧장 장기적인 커리어에 뛰어들지 않으며, 결혼해도 아이를 갖지 않는다. 그 대신 18~25세 시기에는 주로 정체성 탐색에 몰두한다. 미국에서 초혼 평균 연령은 1970년까지만 해도 여자가 21세, 남자가 23세로 비교적 안정적으로 유지되었으나, 그후로 가파르게 높아져 이제는 여자 25세, 남자 27세가 되었다.

「타임」은 사춘기와 성인기 사이에 이도저도 아닌 채 끼어버린 '트윅스터twixter'라는 새로운 부류가 생겨났음을 선언했다. 잡지 커버는 그들을 "부모에게 얹혀살면서 직장을 옮겨다니고, 상대를 갈아치우는 젊은이들이다. 게으른 것은 아니지만 …… 성장하려고 하지 않는다"라고 묘사했다. '트윅스터'라는 말이 정체감을 찾으려는 미국인들을 특별하게 지칭하기 위해 만들어진 용어이긴 하지만, 그 현상은 전 세계적이라고 말할 수 있다. 이런 사람들을 유럽에서는 'NEETs(Not in Education, Employment, or Training, 교육을 받지도 않고 고용되어 있지도 않고 훈련받지도 않는 사람)'로, 일본에서는 '기생독신자'로, 이탈리아에서는 '밤보치오니bamboccioni(성인 아기)'로 알려져 있다. 집단주의적인 나라에서도 진정한 자아를 발견해야 한다는 압박감과 자아발견이라는 고귀한 목표에 종종 동반되기도 하는 불확실성과 망설임이 더욱 두드러지고 있다.

전통적인 기준에서는 이런 집단이 정체된 것처럼 보일 수도 있겠지만, 얼마나 일찍 결혼해 자녀를 낳느냐를 기준으로 성장이나 진보를 측정해야 할 특별한 이유는 없다. 지난 수십 년간 많은 사회적 변화가 일어나면서, 과거에 거의 대안을 선택할 수 없던 사람들에게도 훨씬 더 많은 기회가 주어졌다. 새로 발견한 자유를 활용해 탐색하고 자기 자신이 되기를 바라는 것이 이상한가? 그러지 않는 사람이 오히려 부정적으로 보이지 않겠는가? 그리고 자기계발서 코너를 서성이는 우리도 어떤 의미에서는 그들과 똑같은 것을 추구하고 있다고 보여진다. 하지만 자신을 찾는다고 하면서 정말로 찾고자 하는 것이 무엇일까? 그리고 자신을 발견하는 것이 우리에게 왜 그토록 중요한 문제일까?

02

당신은 고임금을 받을 수 있는가

"나는 누구인가?"라는 질문에 의미 있는 답을 구하고자 하는 탐색은 역사적으로 항상 사람들을 매료시켜왔다. 앞 장에서 보았듯이, 전통적인 집단주의 문화에 속한 사람들은 집단연대감과 정체성이 떼려야 뗄 수 없게 연결되어 있으므로 쉽게 답을 구할 수 있다. 그런데 개인주의가 문화의 지배적인 패러다임으로, 또는 과거에 살던 방식과 대조되는 방식으로 제기되어 흥하고 널리 전파되면서 정체성은 좀 더 개인적인 문제가 되었다. 인종이나 계급, 종교, 국적 등에서 어떤 사람이라는 것만으로는 자신이 누구인지 완전히 결정할 수 없다는 생각이 개인주의 사회의 핵심에 자리 잡고 있다. 자아의 핵심, 혹은 본질은 외적인 영향으로부터 독립된 채 존재한다는 것이다. 앞으로 보겠지만, 우리가 누구인지를 정의하는 과정 자체도 일종의 정체성 위기를 겪었다.

정체성에 대한 개념이 시간의 흐름과 함께 어떻게 변화되었는지 그 추이를 살피기에 좋은 방법은 역사를 들여다보는 것이다. 최초로 떠오른 가장 영향력 있는 개인주의 개념은 '프로테스탄트 근로윤리'라고 불렸던 막스 베버Max Weber의 신념체계라고 할 수 있다. 미국의 많은 식민지 이주자는 이 개념을 지지했는데, 건국의 아버지 벤저민 프랭클린은 이런 윤리를 상징하는 대표적 인물로 손꼽힌다. 그는 18세기의 대중문화 속에서 오프라와 닥터 필(유명 텔레비전 프로그램을 진행하는 미국의 심리학자, 상담사-옮긴이), 워런 버핏의 역할을 한꺼번에 했던 사람이다. 그는 기업가이자 정치가, 저널리스트로 널리 인기를 얻고 신뢰를 받았으며, 저서 『가난한 리처드의 달력Poor Richard's Almanack』에서는 19세기부터 지금까지 농부, 장인, 기업가들이 열심히 일하도록 격려하는 수많은 금언을 남겼다. 프랭클린은 무엇보다도 실질적인 성향을 가진 사람이었다. 자신의 일을 잘하라, 푼돈도 아껴라, 가족을 부양하라, 그러면 결국은 다 잘된다는 것이 그의 지론이었다. 이런 품성의 기준을 준수한다면 누구든 출세할 기회가 주어질 것이라고 했다. 진정한 개인이 된다는 긴 생활수단을 획보히고 그에 따르는 성공과 부를 즐기는 것이다. 큰 집과 잘 가꾼 정원, 튼실한 가축은 신의 총애를 나타내며 세상 사람의 존경을 받게 해준다.

이런 체제는 자신의 생계수단을 스스로 선택하도록 해주었지만, 원하는 것은 무엇이든 할 수 있는 자유이용권을 보장해주지는 않았다. 이전 세기에 비해 사람들은 다양한 범위의 정체성을 선택할 수 있는 가능성은 많아졌지만, 어떤 사람이 되어야 하는가는 여전히 사회적으로 확고하게 합의되어 있었다. 즉 공동체의 기대에 부응하는 행동을 하는 사람이 좋은 성품을 가진 사람이라고 인정받았다. 게으르거나 자기 것을 과시하거나 관습에 어긋난 정치적·종교적 견해를 견지하거나 동거하거나 혼외자녀를 낳아서 성적인 관습을 위배하거나 하면 그 사람은 나쁜 인간이라고 평가되었다. 남보다 두드러지면서도 사회적으로 인정받을 수 있는 유일한 길은 성실하고 경건하게 살거나, 그 밖의 어떤 방법으로든 주위 사람들보다 더 완벽하게 지배적인 규범에 순응함으로써 자신의 탁월함을 보여주는 것뿐이었다.

개인의 성품이 초래하는 결과는 사회적 승인이나 제재의 차원을 훨씬 넘어섰다. 일례로 포드사는 1916년 당시 평균 일당의 두 배에 해당하는 일당 5달러의 임금을 지급하기 시작하면서 몇 가지 조건을 덧붙였다. 포드가 정한 '미국적 방식'을 고수해야만 임금을 받을 자격이 주어졌던 것이다. 거기에는 음주와 도박을 절제하고, 영어를 할 줄 알아야 하며(최근 이민 온 사람들은 반드시 미국 귀화 수업을 들어야 했다), 전통적인 가족의 역할을 유지해야 한다는 것 등이 포함되어 있었다. 여성은 독신이며 가족을 부양해야만 보너스를 받을 자격이 있었다. 또한 기혼여성이 가정 밖에서 일을 하면 그녀가 근무하는 회사가 포드이더라도, 포드의 직원인 남편은 보너스 받을 자격을 상실하게 된다. '사회화 조직'이라는 위원회가 이런 규정들을 집행했는데, 그들은 직원들이 올바르게 처신하고 있는지 확인하기 위해 가정방문을 하기도 했다. 요즘 같으면 이것이 차별적 처사이며 사생활 침해라고 항의하겠지만 당시만 해도 그런 방침이 통했고, 심지어 많은 사람의 칭송을 받기까지 했다.

사람들은 사회적으로 엄격한 기준에 따라야 할 뿐 아니라 직장에서도 능률과 순응의 새로운 기준을 준수해야 했다. 오늘날 포드사는 조립라인이라는 혁신적 생산 과정을 도입한 것으로 널리 알려져 있다. 당시 그것은 18세기 영국 산업혁명과 함께 시작되었던 생산 과정 발달의 가장 새로운 형태였다. 개별적인 농업과 수공업은 공장에서 임금을 받고 근로하는 형태로 넘어갔으며, 공장의 근로자 개개인은 복잡한 기계를 구성하는 일부분이 되어 얼마든지 대체 가능한 존재로 전락하고 말았다. 이런 분위기는 1911년 프레더릭 윈슬로 테일러Frederick Winslow Taylor의 영향력 있는 논문인 「과학적 경영의 원리The Principles of Scientific Management」에서 하나의 과학으로 압축되었다. 이 논문에서 그는 효율 극대화를 보장하기 위해 근로자의 업무는 모든 부분에서 정확하고 엄격하게 규정된 절차에 따라야 한다고 주장했다. 테일러는 철공소에서 선철을 다루는 슈미트라는 사람과 나눈 대화 내용을 다음과 같이 보고했다.

"나는 당신이 고임금을 받을 만한 사람인지, 여기서 일하는 여느 저임금 직원들 중 한 사람인지 알고 싶습니다. 당신이 일당 1.85달러를 받고 싶은지, 아니면 다른 저렴한 친구들과 마찬가지로 1.15달러를 받는 것에 만족하는지 알고 싶군요."

"하루에 1.85달러를 받고 싶으냐고요? 그 액수에 해당하는 사람이 고임금 직원입니까? 그렇다면 나는 고임금을 받을 수 있는 사람입니다."

"당신이 고임금 근로자라면 내일 아침부터 밤까지 이 사람이 지시하는 대로 따라야 할 것입니다. 당신에게 선철을 들고 걸으라고 하면 들고 걸어야 하고, 앉아서 쉬라고 하면 앉아야 합니다. 온종일 그렇게 해야 합니다. 절대 말대꾸를 해선 안 됩니다. …… 내일 아침에 출근하면 밤이 되기 전에 당신이 정말 고임금 근로자인지 아닌지 알게 될 것입니다."

테일러는 슈미트가 지시를 한 마디도 빠뜨리지 않고 엄격히 따랐으며, 그 덕분에 능률을 올릴 수 있었고 임금의 60퍼센트를 인상받았다고 자랑스럽게 보고했다. 하지만 슈미트가 자신의 새로운 일과를 어떻게 생각하는지에 대해선 한 마디도 언급하지 않았다. 사사로운 감정은 공장의 능률적인 작동과 무관한 것이었기 때문이다.

그러나 포드와 테일러가 표준화를 규범으로 정착시키기 전부터도 네모난 못을 둥근 구멍에 집어넣으려는 경향에 항의하는 목소리가 터져나왔다. 에세이 작가이자 철학자인 랠프 월도 에머슨Ralph Waldo Emerson은 초기에 그런 추세를 비판했던 영향력 있는 인물이었다. 그는 19세기 중반의 사회를 "각 주주가 빵을 더 잘 확보하도록 해주기 위해, 사원이 식사하는 사람의 문화와 자유를 포기하겠다고 동의한 합자회사다"라고 묘사했다. 그리고 "거기서 가장 요구되는 덕목은 순응이다"라고 썼다. 에머슨은 그런 시류에 반해 당시로서는 파격적으로 독립과 자립의 철학을 옹호하고 사회의 지시에 굴복하기를 거부하면서, 그래야만 개인이 자신의 진정한 자아를 발견하고 표현할 수 있다고 주장했다. 그는 "온갖 가리개로 덮여 있으면 나는 당신의 실체를 알아내기가 어렵다. 하지만 당신이 자신의 일을 한다면 당신이 누구인지 알아볼 수 있을 것이다"라고 적었다. 에머슨이 이야기한 가리개는 다른 사람이 우리를 온전히 보지 못하도록 가릴 뿐 아니라 자기 자신한테도 그 모습을 은폐시킨다. 하지만 진정한 선택을 할 때 우리는 그런 가리개를 찢어버린 거라고 말할 수 있다.

자기계발운동의 시초를 에머슨으로 거슬러 올라가는 견해는 사실 그리 놀랍지 않다. 자기계발은 분명 "너 자신의 일을 하라!"는 유형의 경구를 바탕으로 발달한다. 하지만 오늘날의 많은 '구루'와 달리 에머슨은 쇼맨십을 과시하거나 손쉽게 돈을 벌려고 하지 않았다. 에머슨은 당대에 선구적인 지식인이었으며, 그의 견해는 지배적인 사회질서에 반하는 강력한 대조적 요소를 제시했다. 한 동시대인은 그의 연구를 "지성의 독립선언"이라고 일컬었다.

개인이 자기 삶의 모든 부분을 선택해야 한다는 에머슨의 생각은 공감을 불러일으켰고, 그 아이디어는 대중문화에 점점 더 많이 표현되었다. 예를 들어 미국인 최초로 노벨문학상을 받은 싱클레어 루이스Sinclair Lewis의 작품에도 그런 생각이 반영되어 있다. 루이스는 『메인 스트리트Main Street』에서 1920년대 소도시 삶의 공허함과 순응의 초상화를 비판적으로 그려냈다. 소설의 주인공 캐럴 케니콧은 대도시 세인트폴에서 살다가 남편의 설득으로 그의 고향인 미네소타주의 작은 마을 고퍼프레리로 이사간다. 생각이 깊고 자유로운 영혼을 가진 캐럴은 전통과 순응을 받아들이는 시골에서의 삶에 숨이 막힐 지경이었다. 그녀는 자기와 비슷한 부류의 사람들이 그 작은 마을을 벗어나 다시는 돌아오지 않는 이유가 바로 그것 때문이라고 믿었다.

캐럴은 그 이유가 턱수염이 덥수룩한 촌티 때문은 아니라고 주장했다. 그렇게 우스운 이유가 아니다!

상상력이 결여된 획일화된 배경, 나태함이 묻어나는 말과 몸짓, 점잖게 보이고 싶다는 욕구에 지배당한 채 경직된 영혼 따위가 그 이유다. 만족……, 자기는 잠잠하게 죽어 있으면서 살아서 부단히 움직이는 사람들을 조롱하는 사람들의 만족이 그 이유다. 최고의 넉목이라고 성스럽게 여겨지는 부정, 행복의 억압, 스스로 찾아내어 방어하는 노예근성 그리고 신격화된 권태 때문이다.

몰취미한 사람들이 맛대가리 없는 음식을 집어먹으며, 코트를 벗고 무의미한 장식이 있는 껄끄러운 안락의자에 생각 없이 앉아 기계적인 음악을 들으며, 포드자동차의 탁월함에 대한 기계적인 이야기를 하면서 자신들이 세상에서 가장 우월한 종족이라고 생각한다.

루이스는 미국 전역의 수많은 소도시를 대표하기 위해 작가가 선택한 고퍼프레리에서 캐럴이 겪는 고난과 시련을 묘사해, 개성의 표현을 억누르는 문화적 풍토에서 개인의 독립성을 주장하겠다고 선택한 사람들이 부딪히게 되는 투쟁을 부각시켰다. 캐럴이 시골사람들을 얕보는 태도를 취한 것은 사실이지만, 그렇다고 해서 그녀의 관찰이 진실하지 않은 건 아니다. 오늘날이라면 캐럴과 루이스는 '동부의 자유주의적 미디어 엘리트'를 대표하는 인물이라고 일부 무리의 비난을 받을지도 모른다. 하지만 그런 비난은 우리가 사용하는 어휘는 달라지더라도 본질적으로 똑같은 여러 가지 압력이 지속되고 있음을 보여줄 뿐이다.

산업화가 조성한 삶의 '기계적인' 특성이 많은 사람에게 불만족의 근원이 되었다고 증명되기 시작하면서 찰리 채플린의 1936년 영화 「모던 타임스」에서는 그런 삶에 대한 풍자가 무르익었다. 채플린이 분해서 유명해진 영화 속의 인물 리틀 트램프는 테일러주의 정신을 극단적으로 수용한 어느 공장에 일하러 다닌다. 트램프는 빠르게 움직이는 조립라인의 한 지점에 서서 그의 옆을 지나가는 기계의 한 부분에 나사를 박으라는 지시를 받는다. 그의 손은 지시받은 움직임에 너무 익숙해져 조립라인이 아닌데도 나사와 조금이라도 비슷한 물건만 보면 무엇이든 강박적으로 돌리려고 한다. 콧구멍이 드러난 사람이나 단추 달린 옷을 입고 있는 사람들은 그의 곁에 있다가 그런 행동에 질겁하곤 한다. 트램프는 공장에서 일하는 동안 먹을 때조차 감시를 받는다. 능률이라는 명목 하에 급식기계가 그의 앞에서 돌아가면서 옥수수와 고기조각을 먹여준다. 영화에서 가장 인상적인 장면은 그가 자신의 일에 압도당한 나머지 컨베이어 벨트에 그냥 드러누워 공장의 기계 뱃속으로 빨려 들어가는 모습이다. 그의 몸은 회전하는 기어와 바퀴 사이로 미끄러져 들어가서 기계의 톱니가 되어버리고 만다.

아이러니하게도 산업화는 지금 우리가 당연하게 받아들이는 선택의 환상을 형성하는 데 중요한 역할을 했다. 검소함을 강조하는 개신교의 근로윤리는 19세기나 경제공황기처럼 신용대출이 힘들 때는 실용적으로 의미가 있었다. 하지만 2차 세계대전 이후에 일반 근로자들이 점점 더 부유해지면서 그런 윤리는 차츰 양립하기가 어려워졌다. 게다가 제조업자들은 필요한 것보다 더 많은 상품을 생산할 수 있게 되자 스타일이나 광고 혁신을 통해 수요를 끌어올리기 위해 노력하게 되었다. 그러면서 구매 행위는 온전히 실용적인 것에서 자기표현 행위로 변했다. 예를 들어 차를 한 대 산다고 할 때 당신은 교통

수단의 필요를 충족시킬 뿐 아니라 자신이 누구이며, 자신에게 무엇이 중요한가를 선언하는 것이기도 하다. 그와 동시에 팽창한 대중매체도 그런 추세를 더욱 부추겼다. 사람들은 이제 반항적인 제임스 딘이나 도발적인 엘비스 프레슬리처럼 화려한 연예인이나 영화배우들의 삶에 대리만족을 느끼게 되었다. 흰 담장에 둘러싸인 순응적인 1950년대 초가 지나면서 성공에 대한 찬란하고 새로운 비전이 발달하기 시작했다. 그 비전은 융화되어 성실하게 자기 역할을 완수하는 모습 대신, 자신의 고유한 성격을 표현함으로써 군중 속에서 두드러지는 개인의 모습을 보여주었다.

1950년대 말과 60년대에 이런 경제적·문화적 힘이 결합되면서 개인의 정체성에 대한 사회의 통념이 광범위하게 변화되었다. 이전 세대는 2차 세계대전으로 말미암아 결속될 수 있었지만, 이제 한 세대 전체가 그런 거대한 명분 없이 풍요의 시대에서 성장했다. 이는 독립적 기풍이 일어나기에 완벽한 환경이다. 앨런 긴즈버그Allen Ginsberg나 잭 케루악Jack Kerouac 같은 비트 시인들은 1950년대 주류 문화에 도전했고, 그들이 걸었던 길은 곧장 60년대 히피들의 반문화 운동으로 이어졌다. 1964년 비틀즈는 에드 설리번 쇼에 최초로 모습을 드러내면서 인상적인 더벅머리로 논란의 불씨를 지폈다. 수많은 비틀즈 마니아와 그 밖에 다른 젊은이들이 음악, 장발, 환각제, 대체 영성의 추구를 시도하면서 경계선을 밀어내기 시작했다. 자아의 개념에 대한 이런 패러다임의 전환을 보여주는 과격한 표현은 1970년대 말에 잦아들었지만, "(거의) 언제나 순응보다는 독립을!"이라는 메시지는 살아 있었다. 그리고 대중매체 테크놀로지가 국제화되고 경제 영역에서 국제적 통합이 활발해진 덕분에 개인주의의 가치는 그런 가치를 상징하는 코카콜라나 리바이스 청바지 등의 상품과 함께 세계의 다른 지역으로 널리 퍼져나갔다.

이렇게 현기증 나는 역사여행은 우리를 어디로 데려다놓았을까? 우리는 사실 상당히 흥미로운 장소에 떨어졌다. 예전에는 아예 존재하지 않았거나 불과 얼마 전까지만 해도 손이 미칠 수 없던 여러 가지 선택지 중에서 마음껏 선택할 수 있는 선택의 왕국으로 오게 된 것이다. 전통적인 가족구조의 다양화(맞벌이에 자녀가 없는 가정, 아빠가 주부인 가정, 한 부모 가정, 입양 가정, 동성 간의 결혼 등)가 세계 전역에서 차츰 널리 수용되었으며, 이런 가족들이 사는 지역도 점점 더 많아졌다. 1970년대에 이르러 미국 주요 도시 주민 중 3분의 2가 다른 지역에서 태어난 사람들로 구성되었으며, 아시아 지역 도시 주민의 거의 절반이 다른 지역 출신이었다. 가장 최근의 미국 인구조사는 작년 한 해만도 인구의 13퍼센트인 3900만 명의 미국인이 거주지를 옮겼다는 사실을 보여준다.

눈 색깔만금이나 질내직인 표시라고 여겨졌던 종교조사 나앙하세 변화되었다. 2009년 퓨리서치센터의 조사에 따르면 미국인의 절반 이상이 적어도 한 번 개종을 했다. 또한 가장 급속도로 팽창하고 있는 범주는 어느 종교에도 속하지 않은 사람들이다. 말이 나왔으니 이제는 컬러 콘택트렌즈 덕분에 눈색깔도 바꿀 수가 있게 되었으며, 무르익은 성형기술로 사람의 얼굴을 정말 확 뜯어고칠 수 있게 되었다. 자연 상태에서는 도저히 나올 수 없는 머리색깔을 한 바리스타에서 청바지를 입은 회사 회장에 이르기까지, 이제 사적인 삶뿐 아니라

직장에서도 개인의 스타일을 표현하도록 점점 더 허용 범위가 넓어졌을 뿐 아니라 심지어는 기대감마저 갖게 되었다. 마이스페이스MySpace나 페이스북Facebook, 세컨드라이프Second Life 등 온라인 공동체는 다른 사람들에게 보여지는 자신의 모든 페르소나를 완벽하게 조작할 수 있도록 해준다. 정체성 선택의 여지가 커지는 이런 추세가 일시적일 거라는 조짐은 눈에 띄지 않으며, 오히려 미래에는 더 심화되리라고 여겨진다.

이렇게 유례를 찾아보기 어려운 선택의 자유는 우리를 해방시켜주기도 하지만 거기에는 요구도 뒤따른다. 런던대학교 경제학과 사회학 교수인 니콜라스 로즈Nikolas Rose가 『자유의 힘Powers of Freedom』에

썼듯이 "현대의 개인은 그저 자유롭게 선택만 하는 것이 아니라 자유로워야 할 의무도 떠안는다. 선택이라는 면에서 자신의 삶을 이해하고 실행할 의무가 있다. 사람들은 이미 내린 선택이나 앞으로 내릴 선택의 결과로 과거를 해석하고 미래를 꿈꿔야 한다. 또한 그들의 선택은 선택하는 사람이 지닌 특성의 구현, 즉 성격의 표현으로 여겨지며 선택을 내린 사람을 반영해준다." 그래서 자기 자신이 된다는 것은 자아를 가장 잘 반영해주는 선택을 한다는 뜻이다. 이런 선택이 쌓여 가장 소중한 가치인 자유의 표현이자 법령이 된다. 선택의 왕국에 사는 국민인 우리는 최고의 민주주의 사회에서 살며, 자신을 위해서 뿐만 아니라 자유라는 개념에 스스로 헌신하고 있음을 주장하기 위해서라도 반드시 선택을 해야 한다. 이렇게 우리의 개인적인 결정에는 정치적인 차원이 포함된다.

선택하는 개인에게로 힘의 소재가 옮겨갔을 때는 그 개인이 누구인가, 그의 목표와 동기가 무엇인가라는 질문이 아주 중요해진다. 그 질문은 혼란스럽고 솔직히 조금은 두려운 수준까지 파고들면서 자기 성찰을 하라고 요구한다. 그리고 우리의 시야이 넓어시년서 선택 가능한 자아의 개수 역시 늘어난다. 우리의 조각상을 둘러싼 대리석 덩어리가 점점 더 커져 내면의 본질적인 형상을 드러내려면 더 많은 부분을 깎아내야만 한다. 자기발견이 가장 필요해진 바로 이때 자기를 발견하는 일이 점점 더 어려워지고 있다. 삶에서 유일하게 옳다고 주장할 만한 길이 없다면, 어느 누구에게도 쉬운 답은 존재하지 않는다. 자신을 알고, 자신이 되어, 자신의 일을 한다는 것이 걷잡을 수 없이 어려워지고 있다. 우리는 어떻게 자신의 정체성을 발견하고 그에 부합되는 선택을 할 것인가? 그 과정에서 우리가 만나는 세 가지 주요 도전을 탐색해보기로 하자. 그러면 우리의 존재와 우리 선택 사이의 관계를 달리 이해하게 될지도 모른다.

03

나도 남들만큼 특별하다

사람들은 한 가지 감각에 장애를 입으면 다른 감각들이 더 예민해진다고 말한다. 내 경우에는 놀랍게도 육감이 매우 발달했다. 그래서 나는 당신을 만나지 않고도 당신의 마음을 읽고 성격을 평가할 수 있다. 여기서 한번 보여주겠다.

당신은 열심히 일하는 사람이다. 모든 사람의 기대를 충족시켜주지 못하기 때문에 다른 사람들로부터 인정받지 못할 때도 있지만, 정말로 당신에게 중요한 일이 있을 때는 최선을 다한다. 일반적인 기준으로 따진다면 항상 성공을 거두는 것은 아니지만, 보통 사람의 생각을 지나치게 중시하는 사람이 아니기 때문에 괜찮다. 그리고 어떤 규칙과 기준이 타당한 근거가 있어 존재한다고 믿기 때문에 그런 것에 저항하려고 특별히 애쓰지 않는다. 하지만 당신은 강력한 내면의 나침반으로부터 안내를 받는다. 남들이 이런 힘을 항상 알아보는 건 아니어서 과소평가를 받을 때도 있지만, 가끔 자신의 능력에 스스로 놀라곤 한다. 새로운 것을 배우는 일을 즐기면서도 모든 교육이 규정에 맞는 정상적인 환경에서 이루어지거나, 특별한 목표를 가져야 한다고 생각하지는 않는다. 가난하고 힘든 사람들을 위해 더 많은 것을 해줄 수 있기를 바라지만, 그럴 수 없더라도 당신은 나름대로 따뜻하고 사려 깊은 사람이다. 인생이 당신에게 몇 차례 역경을 안겨주기도 했으나 잘 극복했으며, 그 기백을 보존하려고 한다. 당신은 자신이 집중력과 자신감을 갖기만 한다면 언젠가는 노력의 결실을 보게 되리라는 것을 안다. 실은 사생활이나 직업에서 특별한 기회가 막 다가오려고 하는데, 그 기회를 잘 살피고 완벽하게 추구한다면 목표를 이룰 것이다!

정직하게 말해보라. 이 정도면 꽤 괜찮은 점괘가 아닌가? 완전히 들어맞지는 않더라도, 이 책을 집어들기도 전에 당신을 알지 못한 상태에서 썼다는 점을 생각한다면 꽤 신통할 것이다. 만약 친구나 가족들에게 한 장씩 복사해서 준다면 그들도 내 재능의 덕을 볼 것이다. 아닌가? 급히 달려나가서 애인에게 용한 점쟁이가 있다고 자신 있게 알려줄 생각이 없는가? 그렇다면 그 이유가 뭔가?

별로 기발할 것도 없는 내 계략은 점쟁이나 다른 예언가들이 종종 사용해 톡톡히 재미를 보는 속임수와 별반 다를 바가 없다. 물론 그들의 기술보다는 좀 투박하지만 말이다. 손님이 지나치게 회의적이지 않고, 점쟁이가 어느 정도의 무대 기질을 발휘한다면 점괘는 잘 맞아떨어질 것이다. 내 육감은 실은 다음과 같은 사실로 귀결된다.

1. 사람들은 스스로 생각하는 것보다 서로 비슷한 점이 많다.
2. 사람들이 자신에 대해 믿는 내용이나 믿고 싶어 하는 내용은 사람마다 크게 다르지 않다.
3. 누구나 자신이 독특한 존재라고 믿는다.

점쟁이들은 이 세 가지의 특성을 밑바탕에 두고 대개 손해 보지 않는 도박을 한다. 그들은 대부분의 사람에게 적용되는 일반적인 이야기를 해준다. 하지만 모든 사람은 자신이 일반적인 특성과는 거리가 멀다고 생각하기 때문에 특별히 마법적인 능력이 없는 점쟁이일지라도 솔깃해하는 상대에게 상세하고 정확하며 진실하다고 받아들여질 만한 점괘를 알려줄 수 있다.

제프리 레오나르델리Geoffrey Leonardelli와 메릴린 브루어Marilyn Brewer가 실시했던 한 연구 결과를 소개하겠다. 그들은 실험 참가자들에게 무의식적인 지각양식을 측정하려 한다고 알려준 뒤 비디오 스크린에 뜬 점의 개수를 알아맞히도록 했다. 그리고 나중에 참가자들에게 대다수의 사람(약 75~80퍼센트)이 스크린에 있는 섬들의 수를 습관적으로 늘려 짐작하는 경향이 있으며, 나머지 20~25퍼센트의 사람들은 반대로 습관적으로 줄여 짐작하는 경향이 있다는 이야기를 들려주었다. 또한 응답과 관계없이 무작위로 선택한 절반의 참가자들에게는 자신이 점의 개수를 줄여 짐작했다는 말을 들려주었고, 나머지 반에게는 늘려 짐작했다고 알려주었다. 그들에게 '점의 개수를 늘리거나 줄이는 사람은 어떤 사람이다'라고 보다 넓게 함축된 의미를 들려주지는 않았다. 그래서 그들은 다만 자신이 다수 집단에 속했는지, 소수에 속했는지를 알아냈을 뿐이다. 그럼에도 자신이 다수에 속한다는 말을 들은 사람들은 자존감에 상당한 타격을 받았다. 다수가 무슨 의미를 갖든 간에 무리와 함께 묶인다는 것 자체를 기분 나쁘게 생각하는 듯했다. 이 결과에 비춰볼 때 사람들이 자신은 특별하고 두드러지는 존재라고 생각할 수 있는 방법을 찾는 건 자연스러운 일이다. 그것은 바로 자기보호적인 기제인 것이다. 그래서 우리는 벨벳 가운을 입고 실크 터번을 쓴 점쟁이가 우리의 마음과 영혼을 꿰뚫어보는 초자연적인 능력을 가졌다고 믿고 싶을 뿐, 다른 손님들과 우리가 비슷하기 때문에 똑같은 장광설을 늘어놓아도 먹히는 거라고 생각하고 싶어 하지 않는다.

우리는 단 하나뿐인 존재이기를 바라고, 자신의 진정한 모습(또는 진정한 모습이라고 생각되는 것)을 보이고 싶어 그토록 비중 있게 투자해온 것이다. 당신은 독특한 사람이 괜찮은 사람이라는 메시지를 계속 받아왔기 때문에 이런 일이 그다지 놀랍지 않을 것이다. 그렇지 않다면 왜 한 명 건너 한 명꼴로 거의 모든 고교 수석 졸업자의 연설이나 대입지원서의 작문에 "나는 사람이 덜 다닌 길을 택했다／그리고 그것 때문에 모든 것이 달라졌다"라는 로버트 프로스트의 「가지 않은 길The Road Not Taken」이 인용되겠는가? 다른 사람들과 너무 비슷하다는 것, 대부분의 사람과 동일한 선택을 한다는 것은 아무리 좋게 보려고 해도 나태함이나 진취성 결여 등 성격적 결함으로 비춰진다. 그리고 그것은 그 사람이 애초에 개성이 없다는 표시로 받아들여질 때가 많다. 사람들은 좀비나 백수, 나그네쥐, 양 등 어떤 근본적인 인간적 요소가 결여되었다는 뜻을 함축하고 있는 어휘를 동원해 그런 사람들을 경멸하곤 한다. 그들은 결국 조지 오웰의 무시무시한 『1984년』이나 픽사Pixar의 재미있는 히트영화 「월-E」에 등장하는 세뇌당한 순응주의자로 전락할 수도 있다. 영화 속에서 그런 사람들은 지시받은 대로 파란색 옷을 입고 있다가 "빨간색이 유행이다!"라는 말을 듣는 순간 구별이 안 되는 빨간색 옷으로 일제히 갈아입는 생각 없는 인간이다. 「월-E」에서는 오히려 로봇들이 나서서 상냥하지만 멍청한 인간들을 마비 상태에서 일깨워 통제력을 장악하는 방법을 보여준다. 이런 반유토피아dystopia 이야기들은 군중을 따르면 깊은 곳에 있는 진정한 자아가 궁극적으로 파괴될지도 모른다는 두려움을 보여주는 것이다.

우리는 자신이 다른 사람들과 분명히 다르다고 주위 사람들을 설득하기 위해 부단히 노력한다. '평균 이상 효과better-than-average effect'라는 이 현상은 대부분의 사람이 실제보다 자신이 더 열심히 일하는 사람이고, 더 현명한 투자자며, 더 좋은 연인이고, 더 재치 있는 이야기꾼에다 더 친절한 친구, 더 유능한 부모라고 판단하려는 경향을 지칭한다. 사람들에게 어떤 능력에 대해 질문을 하든지 간에, 극소수의 사람만이 선뜻 자신을 '평균 이하'라고 묘사한다는 사실이 다양한 연구에서 일률적으로 나타났다. 90퍼센트의 사람들은 자신이 전반적인 지능과 능력 면에서 상위 10퍼센트에 속한다고 믿는다. 우리는 최소한 창의적인 통계능력만큼은 칭찬해야 할 것이다. 이런 현상은 '레이크 워비곤Lake Wobegon' 효과라고 불리기도 한다. 이는 라디오 진행자인 개리슨 케일러Garrison Keillor가 "그곳의 모든 여자는 강하고, 모든 남자는 잘생겼으며, 모든 아이는 평균 이상으로 똑똑하다"라고 묘사했던 허구의 도시 이름에서 생겨난 용어다. 우리는 마음속으로 모두 레이크 워비곤의 자랑스러운 시민인 것이다.

우리는 다수를 따를 때도 자신이 순응하는 게 아니라 독자적인 사고에 따라 행동하는 것이므로 자신은 여전히 예외라고 믿는다. 표현을 바꿔보면, 자신의 행동이 일반적인 사회의 영향이나 관례에 덜 취약하다고 여긴다. 자신은 의식 있는 사람이라는 것이다. 연구자인 조나 버거Jonah Berger와 에밀리 프로닌Emily Pronin, 세라 물루키Sarah Moulouki 등은 이런 현상에 대해 흔한 두 가지 예를 보여주었는데, 여기서 그것들을 살펴보기로 하자. 그들의 적절한 표현을 빌리면 사람들은 자신이 "양의 무리 가운데 홀로 있는 존재"라고 믿는다. 한 연구에서 학생들에게 몇 가지 입법안에 투표하라고 지시하면서 민주당과 공화당의 취지라고 알려진 입장에 대한 정보를 제공하며 고려해보라고 했다. 대부분의 학생은 당연히 자신이 지지하는 정당과 일치하는 방향으로 투표했지만 약간의 반전이 있었다. 투표자 개개인이 자신은 제안된 법안 자체의 장점에 더 많은 영향을 받았다고 평가하면서도 다른 투표자들은 단순하게 정당의 노선에 따라 투표했을 거라고 평가했다는 것이다. 두 번째 연구에서는 유비쿼터스 아이팟을 가진 사람들에게 그들의 구매에 영향을 미쳤던 요인이 무엇인지 질문해보았다. 당연하게 그들은 아이팟을 구매한 다른 사람들에 비해 자신은 사회적인 영향을 덜 받은 상태에서 구매 결정을 내렸다고 평가했다. 작은 사이즈와 더 큰 메모리 용량 등 실용적인 이유 때문에, 혹은 매끈한 디자인 때문에 선택한 거라고 주장했다.

다른 연구들도 일관되게 동일한 양상을 보여주었다. 미국인들에게

"당신은 다른 사람들과 얼마나 비슷한가?"라고 물어보면, 대체로 그들은 "별로 비슷하지 않다"라고 대답할 것이다. 동일한 질문을 뒤집어 "다른 사람들이 당신과 얼마나 비슷한가?"라고 물으면, 그들이 판단하는 유사성의 정도는 현저하게 증가한다. 질문 자체가 본질적으로 똑같기 때문에 두 가지 대답이 동일해야 하지만, 우리는 어떻게든 자신을 속인다. 모든 사람이 자신은 평균 이상이라거나, 사회적으로 큰 영향을 받지 않는다고 주장하는 것과 같은 맥락이다. 사람들은 거듭해서 자신만 두드러진다고 생각한다. 우리는 무엇 때문에 다른 사람들보다 자신이 특별하다고 느끼는 걸까?

우선 자신과 친밀하다는 것이 한 가지 이유다. 나는 나 자신을 고통스러울 정도로 자세히 안다. 깨어 있는 매 순간마다 내가 생각하고 느끼는 것과 하는 일들을 알고 있으며, 이런 앎에 근거해 다른 누구도 자신과 똑같이 생각하고 느끼고 행동할 수 없을 거라고 확신에 차서 말한다. 하지만 다른 사람한테서 과연 무엇을 관찰하고 나서 그런 말을 하는 것일까? 혹시 다른 사람들끼리는 대충 비슷하다고 본 건 아닐까? 모두 같은 가게에서 물건을 사고, 같은 텔레비전 프로그램을 보고, 같은 음악을 듣는다. 사람들이 이렇게 똑같은 선택지를 취하는 모습을 보면 그들이 순응하고 있다고 쉽게 짐작하게 된다. 하지만 자신이 바로 그런 선택지를 택할 때는 왜 우연히 다른 사람과 같은 행동을 하게 되었는지 완벽하면서 타당한 이유를 줄줄이 대곤 한다. 그들은 생각 없이 순응하지만 자신은 생각을 갖고 선택한 거라고 주장한다. 이 말은 우리가 순응주의자면서 그 사실을 부정하고 있다는 뜻이 아니다. 다른 사람들의 생각과 행동도 자신의 행동이나 생각만큼 복잡하고 다양하다는 사실을 인식하지 못한다는 뜻이다. 자신만 양의 무리 가운데 홀로 서 있는 인간이 아니라, 모든 사람이 양의 옷을 입은 개인인 것이다.

    사실 우리는 정말로 특이하기보다는 좀 덜 극단적으로 특이함을 원한다. 지나치게 특이하면 오히려 그 매력은 반감된다. 점의 개수를 세어보라는 과제를 내주었던 연구자들은 그 실험을 변형하여 다시 실시했다. 그래서 한 집단의 참가자들에게는 그들이 과소평가하는 소수에 속한다고 말해주었고, 다른 집단의 참가자들에게는 그들의 점수가 너무 특이해서 연구자들이 과소 평가자나 과대 평가자로 분류하는 게 불가능하다고 말해주었다. 그러자 과대 평가자들은 자존감이 하락했고 과소 평가자들은 자존감이 상승했는데, 너무나 특이해 분류가 안 된다는 이야기를 들은 사람들의 자존감 역시 곤두박질쳤다. 우리는 자신이 일반대중으로부터 거리를 둘 수 있을 만큼 특별한 존재지만 여전히 정의를 내릴 수 있는 집단의 일원일 때, 혹은 '딱 적당하게 특이할 때' 가장 기분이 좋다.

동료인 대니얼 에임스Daniel Ames와 나는 사람들이 보다 구체적이고 일상적인 선택에 직면했을 때 어느 정도 특이한 것이 적당하다고 생각하는지 살펴보았다. 어떤 참가자들에게는 아이들 이름을 40개 적은 목록을 주고, 다른 사람들에게는 넥타이와 구두, 선글라스 등 30가지 물건을 보여주었다. 품목을 선택할 때는 판단전문가들이 이미 판단한 바에 따라 일부는 평범하고, 일부는 적당히 독특하고, 또 다른 것들은 매우 독특하다고 생각될 만한 것들로 골랐다. 예를 들어 첫 번째 목록에는 마이클이나 케이트와 같은 이름에서 에이든, 애디슨을 거쳐 매덕스나 느헤미아처럼 아주 특이한 이름까지 포함되어 있었다. 그리고 넥타이는 평범한 빨강이나 감색부터 스트라이프나 페이즐리 무늬처럼 좀 더 특이한 것들을 거쳐 형광 오렌지색 표범무늬나 디스코볼을 연상시키는 반짝이는 반들이 씌인 매우 대담한 것까지 다양하게 구비해놓았다.

목록에 있는 이름이나 물건들을 살펴본 뒤에 각 항목이 얼마나 특이하다고 생각하는지, 그것들이 얼마나 마음에 드는지, 다른 사람들은 그것을 얼마나 좋아할 것 같은지 평가하도록 했다. 앞서 언급했던 연구들과 일관되게, 모두들 다른 사람보다 자신이 더 특이하다고 믿었으며, 특이함을 더 많이 관용한다고 주장했다. 실제로 사람들의 반응은 놀라울 정도로 비슷하게 나타났다. 모든 범주에서 약간 특이한 항목을 더 긍정적으로 평가한 반면, 극단적으로 특이한 항목에는 부정적인 반응을 보였다. 서구의 소비문화는 특이함을 온갖 긍정적인 것과 연상시키지만, 사람들은 어느 정도의 특이함이 대상을 매력적으로 만들어주는가에 대해 분명한 개인적 한계를 긋고 있음이 드러났다. 한 참가자는 "발음하기 무난하고 쉽게 애칭으로 바꿔 부를 수 있다면 조금 특이하게 들리는 이름을 아이에게 지어주는 것도 괜찮다고 생각하지만…… 어떤 이름들은 너무 괴상하다"라고 설명했다. 패션에 관심이 많은 한 참가자는 넥타이들을 보고 다음과 같은 장황한 설명을 늘어놓았다. "양복을 입을 때 넥타이는 그 사람의 안목과 성격을 보여줄 수 있는 유일한 품목이다. 하지만 여기 있는 넥타이들 중 몇 개는 성격만 지나치게 드러내고 안목은 없는 것 같다. 넥타이가 너무 전위적이면 적당해 보이지 않는다."

우리는 어느 수준의 특이함까지는 인정하고 갈망하지만, 남이 자신의 선택을 이해해주는 것 역시 중요하다고 여긴다. 넥타이 선택에서 남이 흉내 낼 수 없는 취향을 지닌다는 것과 무례한 패션을 연출한다는 것 사이의 경계는 아주 미세하다. 그리고 대부분의 사람은 어떤 넥타이가 받아들여질 만한 것인가에 대한 사람들의 관념에 도전하기보다는 좀 더 안전한 선택을 하려고 한다. 우리는 다수로부터 두드러져 보이기를 원하지만, 대개는 확연하고 외로운 소수에 속하는 방식으로 두드러지고 싶어 하지는 않는다. 심지어는 어떤 넥타이를 매고 싶더라도 다른 사람과의 관계에서 자신이 어떻게 보일지 두려워서 선택하지 않을 때도 있다.

누구나 분포곡선에서 가장 편안하게 느껴지는 위치를 찾으려고 애쓴다. 그 위치를 잡기 위해 진실을 조금 왜곡해야 한다면 그렇게 한다. 성직자이자 시인인 존 던John Donne은 400여 년 전에 "누구나 그 자체로 온전한 섬은 아니다. 모든 인간은 대륙의 한 조각, 전체의 일부다"라고 노래했다. 우리는 인간사회라는 풍경에서 좋은 자리를 원한다. 그러려면 주위 사람들과의 관계에서 자신이 서고 싶은 장소, 속하고 싶은 곳을 차지하기 위해 노력해야 한다. 어떤 집단에 속하고 싶고, 그런 집단이 어느 정도의 크기였으면 하고 바라는가? 자신에게 맞는 장소에 도달하려면 좀 더 여행을 해야 한다. 사람들의 말처럼 여행은 자아를 발견하기 위한 훌륭한 방법이다.

04

일관성 있는 선택은 우리를 편하게 한다

다이앤은 1916년에 부유하고 보수적인 가정에서 태어나 동시대의 역사적인 소용돌이로부터 벗어나 비교적 평온하게 자랐다. 아버지는 기업 변호사였으며 어머니는 저명한 은행가의 딸이었다. 그래서 다이앤은 대공황이 절정으로 치닫던 시기에 성장했지만 집안에는 그녀에게 좋은 교육을 시켜줄 만한 경제적 여유가 있었다. 그녀의 부모는 버몬트 전원에 위치한 신생 명문여자대학인 베닝턴Bennington 대학을 선택했다. 그들은 이 학교가 딸의 교육을 더욱 향상시켜주고, 존경받을 만한 아가씨로 잘 자라 그녀의 원하는 바를 실현해주는 데 도움이 될 거라고 생각했다. 고전을 보는 식견을 갖추고, 그 주제에 대해 우아하고 편안하게 이야기를 나눌 수 있으며, 자신의 배경에 어울릴 만한 행동을 하고 처신할 수 있기를 바랐다. 하지만 다이앤은 1934년 그 학교에 입학하면서부터 사교나 학문 면에서 자신이 어릴 때 받았던 것과 전혀 다른 교육을 받게 되었다.

베닝턴대학은 에머슨의 자립 개념을 강조하는 실험적인 교육철학에 입각해 세워졌다. 대학 공동체는 자급자족이 가능하고 긴밀하게 연결되도록 짜여졌다. 교수진은 젊었으며(대학이 개교한 1932년에는 50세를 넘긴 교수가 한 명도 없었다), 자유주의적 성향이 두드러졌고, 학생과 교수는 위계적이기보다는 교감을 통해 형식에 얽매이지 않는 관계를 맺었다. 허심탄회한 대화가 권장되고, 대화를 통해 학생과 교수 간에 끊임없이 쌍방향 피드백이 오갔다. 학생들은 학생-교수위원회의 활동을 통해, 비록 교수진이 학생들에 비해 수적으로 열세였지만 다수결로 의사결정을 하면서 대학 운영에까지 개입했다. 바사대학처럼 전통적인 틀이 잡힌 학교들과는 전혀 다른 새로운 교육 모델로 운영되었으며, 그 안에서 가장 존경받는 학생 지도자들은 종종 자유주의적 정치철학의 모범으로 묘사되기도 했다.

다이앤은 신입생 시절 이런 환경에 당황했지만, 머지않아 자신이 받았던 답답한 양육방식에서 해방되는 짜릿한 자유로움을 느끼게 되었다. 그녀는 세상을 보는 법과 관련해 자신이 물려받았던 생각의 상당 부분에 의문을 갖기 시작했으며, 자기와 똑같은 과정을 거치는 새로운 친구들을 사귀게 되었다. 그녀가 3학년이던 해에 선거가 치러졌는데, 캠퍼스는 뉴딜정책과 당시의 다른 정치적인 문제들에 대한 열띤 논쟁으로 술렁거렸다. 학생들은 대체로 민주당 후보인 루스벨트를 지지했는데, 다이앤도 자유주의적 사회정책을 표방하는 열정적인 주장에 서서히 설득당했다. 가족과 식사하는 자리에서 그녀가 자신의 그런 생각을 표현했을 때 부모는 당혹스러워했다. 공화당 후보인 알프 랜던Alf Landon을 지지하던 아버지는 자유주의적 사고를 지닌 모든 사람을 '완전히 정신 나간' 인간으로 취급했으며, 딸이 너무 순진하다고 비난했다. 그러자 다이앤은 '심각하게 제한되어 있는 것'은 바로 아버지의 인생경험이라고 되받아쳐 모든 사람을 놀라게 했다. 심지어는 그녀 자신도 깜짝 놀랐을 정도였다. 난생 처음으로 그녀는 집안에 긴장감을 불러왔으며, 부모가 자신을 염려하면서도 혐오스럽게 바라본다고 느끼기 시작했다. 바사나 사라로렌스 같은 대학에 다니다가 주위의 기대대로 안정된 모습으로 집에 돌아온 고교 동창들도 그녀를 이상하게 보는 것 같았다. 왜 모든 것이 이전과 비교했을 때 완전히 달라졌을까? 그녀는 오직 한 가지 설명만이 가능하다고 생각했다. 그녀는 부모가 그려준 방식이 아니라 스스로 개척한 길을 따라가면서 자기 자신이 되었던 것이다. 그 결과가 달콤하고도 씁쓸했음에도 그녀는 자신의 성취에 뿌듯함을 느꼈다.

대학시절 그처럼 확고하고 영구적인 이념의 변화를 체험한 것은 비단 다이앤만은 아니었다. 시어도어 뉴컴Theodore Newcomb은 1936~1939년 베닝턴대학을 다녔던 400여 명의 여성을 대규모로 인터뷰했다. 다이앤과 마찬가지로 그들도 대개 부유하고 보수적이며 점잖은 가정 출신이었는데, 많은 학생이 베닝턴에 다니는 동안 정치적인 견해가 완전히 바뀌었다. 예를 들어 1936년의 대통령 선거는 역사상 가장 일방적인 선거 중 하나였지만(루스벨트가 일반투표에서 60퍼센트의 압도적인 득표를 했으며, 선거인단 투표에서도 8표를 제외하고 모든 표를 얻었다), 베닝턴대학의 학부모들 중 66퍼센트는 랜던에게 표를 던졌다. 그해 들어온 신입생도 62퍼센트가 랜던에게 표를 주는 비슷한 투표 양상을 보였으나, 베닝턴에서의 재학 기간이 길어질수록 공화당에 투표한 학생은 점차 줄어들었다. 2학년 중에서는 43퍼센트, 3~4학년 중에서는 겨우 15퍼센트만 랜던을 뽑았다.

게다가 대학시절에 형성된 새로운 정치적 정체성은 25년과 50년 후 두 차례의 후속 연구에서 드러났듯이 평생 안정적으로 유지되었다. 베닝턴대학의 졸업생들은 여권이나 인권운동 등 자유주의적인 대의에 대해 또래 여성보다 여전히 호의적이었으며, 베트남전쟁처럼 보수적인 대의에 대해서는 덜 우호적이었다. 남편이나 친구 등 주위 사람들도 그들의 정치적인 견해에 동조했다. 그들은 그런 견해를 자녀들에게도 물려주었다.

베닝턴 여대생들이 정치적인 신념의 변화와 새롭게 얻은 자유주의적인 태도를 그후 어떻게 견지했는지 이해할 수 있는 방법이 두 가지 있다. 우선, 그것을 진정한 실천의 완벽한 예라고 설명할 수 있다. 이들 여학생이 자신의 진짜 위치를 발견하기 위해 가족과 공동체로부터 물려받았던 가치를 넘어서서 더 나아갔던 건 진정한 실천이었다는 것이다. 대학은 부모의 영향에서 자유로워지고 새로운 친구들과 새 출발을 할 수 있는 곳이기 때문에 오늘날까지도 진정한 자아를 발견하거나, 진실한 자신이 될 수 있는 훌륭한 수단이 된다고 여겨진다. 한편 그들이 정체성을 결정해주는 세력을 바꿨기 때문에 태도의 변화가 일어난 거라고 이해할 수도 있다. 그렇다면 이 경우 베닝턴 공동체가 그런 세력에 해당된다. 어쨌든 그들이 얻은 새로운 삶의 태도가 그 대학의 기존 규범과 그토록 비슷했다는 사실은 우연일 가능성이 낮다.

한 베닝턴 동문이 자기 입으로 말했듯이, 두 가지 설명 모두가 타당성을 갖고 있다. 그녀는 "급진적 입장을 취한다는 것은 독자적으로 생각한다는 뜻이었는데, 은유적으로 말하면 가족들을 무시한다는 뜻이었다. 또한 내가 가장 닮고 싶어 하는 교수나 학생들과 자신을 지적인 면에서 동일시한다는 뜻이기도 했다"라고 말했다. 또 다른 사람은 "자유주의적인 태도에 신망이라는 가치가 따른다는 사실을 깨닫기까지 그리 오랜 시간이 걸리지 않았다. 처음에는 그 가치 때문에 자유주의자가 되었다. 그러다가 내가 지지하는 자유주의를 둘러싼 문제들이 중요해졌기 때문에 그것을 견지하게 되었다"라고 말했다. 하지만 가장 주목해야 할 부분은 새로운 신념을 지속시킨 바로 그 힘이었다. 그들이 처음 어떻게 새로운 신념을 얻게 되었는가 하는 질문을 넘어서서, 시간이 흘러도 이런 믿음을 지속시키고 심지어 더욱 강화시켜준 요인은 무엇이었을까?

아주 어릴 때부터 자기 취향에 따라 주위 세상을 구분하는 과정이 시작된다. "나는 아이스크림이 좋아. 방울양배추는 싫어. 난 축구가 좋아. 숙제하기 싫어. 해적이 좋아. 난 자라서 해적이 될 거야." 이 과정은 시간이 흐르면서 점점 세련되어가지만 기본 전제는 변하지 않는다. "난 내향적인 경향이 있다. 그러면서도 대담하다. 여행을 좋아하지만 참을성이 없기 때문에 성가신 공항 보안 검색은 못 견디겠다." 그러면서 우리는 자신과 세상에 대해 "나는 이런 종류의 사람이다"라고 말할 수 있게 되고, 자신이 정확한 평가를 내렸다는 동의를 받을 수 있는 능력을 얻게 된다. 결국 우리는 자신을 이해하고 자신에 대한 일관된 그림을 그리고 싶어 한다.

그러나 우리가 살면서 평생 여러 차례 발달과 변화를 겪는 복잡한 존재라는 사실을 감안할 때, 자신의 누적된 과거에 의미를 부여하는 일은 상당한 도전일 수 있다. 자신의 여러 가지 기억과 행동, 태도의 넓은 웅덩이를 건너야 하며, 어떻게 해서든 자신의 핵심을 드러낼 수 있는 것들을 골라내야 한다. 그러다 보면 당연히 모순이 눈에 들어오게 된다. 물론 원하던 일을 했을 때도 많겠지만, 당면한 상황이 요구해서 어떤 일을 한 적도 많다. 예를 들어 직장에서의 행동, 즉 옷차림이나 상사에게 말하는 태도는 집에 있거나 친구들과 어울릴 때보다 훨씬 더 형식적이고 보수적이다. 이렇게 뒤섞인 갈등과 모호함을 걸러내야 자신이 왜 그런 선택을 했는지 알 수 있으며, 미래의 상황에서 우리가 반응할 방식을 가장 잘 드러내 보여주는 것이 어떤 행위인지 판단할 수 있다.

에머슨의 제자인 월트 휘트먼Walt Whitman은 「나의 노래Song of Myself」라는 시에서 이런 딜레마를 포착하고, 단호하면서도 시적인 응수를 한다. "내가 모순된 말을 하는가? 좋다, 그렇다면 모순된 말을 하겠다. (나는 거대하다. 내 안에는 수많은 것이 담겨 있다.)" 하지만 대부분의 사람에게는 자기 안의 다면성을 화해시키는 일이 쉽지 않다. 특히 자아의 여러 가지 면이 서로 모순을 불러올 때 문제가 발생하게 된다. 또는 우리의 행동과 신념 사이에서 모순을 겪을 때 힘들다는 생각이 든다. 자신은 보수적이라고 생각했지만 자유주의적인 또래들과 정치적 문제를 논의하면서 점점 더 그들에게 동조하는 자신의 모습을 보게 된 베닝턴 학생의 경우가 그랬다. 그 학생은 이런 상태로부터 어떤 결론을 내리게 되었을까? 자신이 비합리적이고 이해하기 어려운 행동을 하고 있다는 결론을 내렸을까, 아니면 사회적 압력에 굴복해 실은 자신이 믿지 않는 의견들을 옹호하고 있다고 결론을 내렸을까? 둘 중 어떤 쪽을 인정하더라도 합리적이며 진실한 사람이라는 정체감의 핵심요소는 위협받았을 것이다. 이렇게 두 가지의 모순된 힘 사이에 끼이는 불편한 체험은 인지부조화cognitive dissonance라고 알려져 있는데, 그로써 불안이나 죄책감, 당혹감 등을 겪게 된다.

원활하게 활동하려면 부조화를 해소할 필요가 있다. 이솝이 쓴 여우와 포도 우화를 떠올려보라. 포도를 따려고 얼마간 헛수고를 했다가 포기한 여우는 "저 포도는 아마 대단히 실 거야"라고 구시렁거리면서 그 자리를 떠난다. 여우가 마음을 바꾸는 모습은 우리가 부조화를 감소시키려고 본능적으로 흔히 사용하는 전략의 적절한 예다. 자신의 신념과 행동 사이에서 갈등을 겪을 때는 시간을 되돌려 이미 우리가 한 일을 취소할 수 없으므로 그 행동과 일치되게 자신의 신념을 조절해야 한다. 만약 이야기가 다르게 전개되어 여우가 포도를 딸 수 있었는데 그것이 시다는 것을 발견했다면, 여우는 아마 헛수고했다는 느낌을 피하려고 신 포도를 좋아한다고 자기를 타일렀을 것이다.

인지부조화를 피하고 자신이 누구인지 일관된 이야기를 만들어내고 싶은 욕구로 말미암아 우리는 처음엔 다른 이유 때문에 택했던 가치나 태도를 자기의 것으로 내면화한다. 이런 사실을 증명해준 많은 연구가 있는데, 그중 어떤 실험은 사람들에게 개인적인 신념과 일치하지 않는 논술을 작성하라고 지시하는 방법으로 그 같은 증거를 얻었다. 예컨대 사람들에게 자신이 반대하는 세금인상을 지지하는 글을 쓰게 했을 때, 그들은 나중에 자신이 지지했던 입장에 보다 호의적인 태도를 가지게 된다. 베닝턴 학생들의 경우에는 부조화를 줄이기 위해 학내를 지배하는 자유주의적 태도가 정말로 가치 있는 문제에 집중되어 있다고 판단했을 수도 있다. 심지어 자신은 항상 개인적으로 그런 태도를 지니고 있었는데, 이제 와서야 그것을 표현할 기회를 가지게 되었다고 생각했을지도 모른다. 자신의 정체성을 인식하는 방식을 바꾸면 외부로부터의 영향력은 우리에게 지속적인 효과를 미치게 된다.

같은 맥락에서, 자신에 대해 일관된 정체성을 확립하고 난 뒤에는 그것을 더욱 강화시키는 선택을 함으로써 사전에 부조화를 피하려고 한다. 베닝턴의 여학생들은 자유주의적 성향을 가진 남성과 결혼하고 또 그런 친구들과 어울렸다. 사실 보수주의적·종교적·친환경적 집단 등 어떤 집단의 구성원들 사이에서도 그 같은 양상이 나타난다. 물론 단지 부조화를 피하기 위해서만 그런 행동을 하는 것은 아니다. 자신과 비슷한 사람을 찾고 그들과 어울리면 소속감의 욕구가 충족되기도 한다. 이처럼 자유롭게 선택한 교제를 나누는 동안 결국 우리의 정체성은 시간이 흐를수록 고정되고, 주위 사람들은 그런 우리의 정체성을 더 쉽게 식별할 수 있게 된다.

일관성에 대한 욕구는 어떻게 하면 삶을 가장 잘 영위할 것인지 결정할 때 딜레마에 빠지게 할 수도 있다. 한편으로 우리는 자신의 마음속에서나 다른 사람들의 눈에 오락가락하는 것으로 비춰지는 것을 분명 원하지 않는다. 누군가가 "나는 당신이 어떤 사람인지 잘 모르겠어"라고 말할 때, 거기에는 명백하게 부정적인 뜻이 담겨 있다. 다른 사람들이 인식하고 좋아하는 자신의 정체성과 일치되지 않게 행동하는 것은, 전혀 알 수 없거나 신뢰할 수 없는 사람이 된다는 뜻이다. 다른 한편으로 세상은 늘 변하는 곳이어서 지나치게 일관성을 고집하면 융통성과 현실성이 부족한 사람이 될 위험성도 있다. 2004년에 치러진 미국 대통령 선거에서 불거졌던 사건이 그런 긴장감을 보여주는 가장 널리 알려진 예라고 할 수 있다. 존 케리 후보는 변덕스럽다는 비난으로 피해를 입은 반면에 조지 부시는 자기 입장을 굳건히 견지한다는 이유로 사람들의 칭찬을 받았다. 하지만 백악관에 들어가자 그는 '지상의 현실'은 거의 고려하지 않은 채 몇 가지 주문을 앵무새처럼 되풀이한다고 비난받았다. 2006년 백악관 특파원 만찬에서 유머 작가인 스티븐 콜버트Stephen Colbert는 부시를 "이분의 가장 위대한 점은 한결같다는 것입니다. 우리는 이분이 어떤 입장인지 잘 압니다. 대통령은 화요일에 무슨 일이 일어나든, 월요일에 믿었던 것을 수요일에도 변함없이 믿습니다"라는 아리송한 말로 조롱했다. 우리 삶 속에서도 일관성과 융통성 사이에서 적절하게 균형 잡는 것은 절대로 쉽지 않은 일이다.

내가 지도하는 박사과정 학생인 레이철 웰스Rachel Wells와 공동으로 실시한 연구에서 이런 딜레마에 대해 이상적이진 않지만, 한 가지 흔한 반응을 발견할 수 있었다. 우리는 졸업을 앞두고 최초로 정식 직장을 구하고 있는 대학교 4학년생 수백 명을 추적했다. 첫 직장의 선택은 대학 이후의 경험과 정체성에 지대한 영향을 미칠 수 있는 중요한 결정이다. 우리는 그들이 맨 처음 직장을 찾기 시작해서 성공적으로 채용될 때까지 6~9개월 동안에 세 차례의 기회를 만들어 이상적인 직장조건으로 무엇을 염두에 두었는지 묘사해보라고 요청했다.

그때마다 그들에게 '높은 보수' '출세의 기회' '직업 안정성' '창의성을 발휘할 기회' '자유로운 결정권' 등 13가지의 특성을 가장 중요한 것에서 가장 중요하게 여기지 않은 것에 이르기까지 순서를 매겨보라고 했다. 우리는 막 졸업하는 사람들만 살펴보았지만, 커리어의 어느 시점에 있든 간에 모든 사람은 바로 이런 특성을 고려해 득실을 따진다. 개인적으로 보람 있는 일을 하는 것이 더 중요한가, 아니면 가족을 더 잘 부양할 수 있게 해주는 일이 더 중요한가? 부자가 될 기회를 위해 직장의 안정성을 희생할 가치가 있는가? 이런 질문은 우리가 어떤 사람인가에 대한 대답에 강한 영향을 미치며, 이 선택은 우리가 어떤 사람이 될 것인가에 영향을 미친다.

구직 과정의 초기 단계에서 학생들은 대체로 '창의성을 발휘할 기회'나 '결정을 내릴 수 있는 자유' 등의 특성을 가치 있는 것으로 여겼다. 다시 말해 생계유지보다는 개인적 성취와 관련된 보다 이상적인 특성을 더 중요시했다. 시간이 흐르는 동안 갓 졸업한 학생들은 직업 시장을 조사하고, 이력서를 보내고, 면접 약속을 잡고, 어떤 일자리가 실제로 자신에게 열려 있는지 확인하려고 노력했다. 그런데 선택지가 좁혀지고 실제 직장의 장점과 단점을 비교하게 되자 우선순위가 바뀌었다. '출세의 기회' 같은 실질적인 면을 더 높게 평가하기 시작한 것이다. 한 참가자는 "바로 얼마 전까지 좋은 학벌에 많은 돈과 시간을 투자했다. 그리고 어떤 직장은 분명히 다른 직장들보다 내가 출세하는 데 유리하다. 나는 투자에서 최대한의 수익을 거둬들이고 싶다"라고 말했다. 그들이 어떤 일자리를 택할 것인지 최종 결정을 내린 다음에 이루어진 세 번째 평가에서는 수입이 우선순위로 꼽혔다.

우리는 시간이 흐르면서 학생들의 선호도가 바뀌었다는 사실을 단순히 인식하는 데 그치지 않고, 그들이 지난번에는 여러 가지 특성을 어떻게 평가했는지 되돌아보게 하는 질문을 던졌다. 학생들은 직장의 기준에 대해 언제나 같은 생각을 가졌다고 대답했다. 물론 그것은 정확하지 않은 대답이었다. 그들은 단순하게 처음 밝혔던 선호를 기억하지 못해 그렇게 대답한 게 아니라 과거를 아예 새롭게 인식했던 것이다. 취직한 어느 실험 참가자는 "아니다. 나는 언제나 안정성을 염두에 두고 있었다. 그리고 학자금 융자를 갚아야 하기 때문에 보수가 높은 직장을 받아들이는 것이 훨씬 더 현명하다"라고 응답했다.

구직자들은 자신의 우선순위를 선뜻 바꾸겠다는 마음가짐이 있어 현실적인 대안에 대응해 자신의 기대를 조절할 수 있었다. 하지만 그런 태도는 그들이 처음 평가했던 우선순위와 나중에 평가한 우선순위 사이에 갈등을 불러일으켰다. 그때 인생을 결정하는 중대사인 직장이라는 범주에서 자신이 지닌 가치관에 대해 일관된 이야기를 만들어냄으로써 그런 갈등을 성공적으로 해소하는 사람일수록 더 편안하게 지낼 수 있었다. 비록 그 이야기가 거짓일지라도 말이다. 자신이 과거에 무엇을 더 선호했는지 정확하게 기억하지 못한 사람일수록 자신이 받아들인 일자리에 더 만족스러워했다. 이런 착각은 자신의 비일관성을 인식하지 못하게 막아주면서 자신을 보호해주는 기능을 한다. 덕분에 학생들은 구직 과정 초기에 자신이 밝혔던 우선순위를 준수해야 한다는 의무감을 느끼는 대신, 가장 마지막에 밝힌 우선순위에 따라 일자리를 선택할 수 있었다.

갈등을 해소하는 데 있어 장기적으로 더 실용적이고 더 오래 지속할 수 있는 또 다른 방법은 보다 높은 수준에서 일관성을 유지하기 위해 노력하는 것이다. 자신의 행동끼리 서로 모순을 빚더라도 그것을 그냥 둔 채로 진실을 추구하거나 도덕적인 규범을 지키고, 어떤 이상에 헌신하는 것이다. 스티븐 콜버트의 말처럼 월요일에 이런 말을 하고 수요일에 저런 말을 하더라도, 당신이 화요일에 새로운 지식을 얻었거나 상황 자체가 바뀌었다면 그건 오락가락하는 것이 아니다. 실은 똑같아야 한다고 고집하는 것이야말로 에머슨이 언급한 '어리석은 일관성'을 실천하고 '옹졸한 마음의 도깨비'를 풀어놓는 일이다. 우리는 마음속으로 더 큰 그림을 그림으로써 자기 안의 다면성을 통합시킬 수 있다. 보다 포괄적인 자신의 원칙을 세상에 분명하게 전달하도록 유의하기만 한다면 말이다. 융통성을 유지하면서도 자신으로 남아 있으려면 변화하겠다는 결정이 자신의 정체성과 일관된다고 스스로 정당화시켜야 한다. 또는 우리의 정체성 자체가 유연하지만 그렇다고 해서 덜 진실한 것은 아니라고 인정해야 한다. 과거의 자신과 현재의 자신이 정확하게 일지하지 않더라도 언제나 자신을 알아볼 수 있으리라고 생각하는 것은 결코 쉽지 않은 도전이다.

05

당신도 나와 같은 것을 보는가?

2008년 7월 28일 새벽(정확히 오전 4시), 나는 잠에서 깨어 택시를 타고 맨해튼 5번가에 있는 애플 대리점으로 향했다. 그러고는 남편이 생일선물로 무척 받고 싶어 하던 신형 아이폰 3G를 사기 위해 사람들 틈에 끼어 줄을 섰다. 남편은 자신이 정확히 무엇을 갖고 싶은지 결정하느라고 온라인과 가게에서 아이폰만 들여다보며 며칠을 보냈다. 그리고 자기가 도착하기 전에 먼저 내 차례가 올 때에 대비해 제품의 특성을 외우고 있으라고까지 했다. 몇 시간을 기다리는 동안 나는 '8GB, 밤과 주말에 무제한 통화 가능, 검은색, 8GB, 밤과 주말에 무제한 통화 가능, 검은색'이라고 중얼거리며 자세한 특징을 되뇌고 있었다. 줄의 거의 맨 앞에 갔을 때 남편이 도착했다. 그런데 놀랍게도 남편은 카운터에 앉아 있는 사람에게 "마음을 바꿨어요. 흰색으로 주세요"라고 말했다.

"당신 입으로 흰색은 때가 잘 타고 검은색이 더 세련되었다고 말한 걸로 아는데."

"다들 검정색을 사잖아. 다른 사람들하고 똑같은 물건을 가지고 다닐 순 없지."

남편은 자신이 무엇을 원하는지, 왜 그것을 원하는지, 그리고 자신이 독자적으로 그런 결정을 내렸다는 사실을 알고 있었다. 하지만 따라 하는 사람이 되고 싶지 않다는 단순한 이유로 마지막 순간 자신의 선호를 바꿔버린 것이다.

사실 '따라쟁이가 되지 않으려는' 충동은 연구의 단골 주제여서 잘 정리되어 있다. 나는 그 연구들 중 댄 애리얼리Dan Ariely와 조너선 르바브Jonathan Levav가 한 소도시의 인기 있는 술집 겸 식당에서 실시했던 연구를 좋아한다. 그 실험에서 웨이터는 두 사람 이상이 앉아 있는 테이블을 돌아다니면서 그 지역의 소규모 양조장에서 제조한 네 종류의 맥주를 간략히 소개해놓은 메뉴를 보여주었다. 손님들은 샘플들 중 약 120cc짜리 한 가지를 공짜로 고를 수 있었다. 절반의 테이블에서는 식당에서 통상적으로 그렇듯이, 웨이터가 고객들의 수문을 순차적으로 받았다. 한편 다른 절반의 테이블에서는 합석한 다른 사람과 상의하지 말고 자신이 선택한 맥주를 카드에 표시해 달라고 요청했다. 카드에 적으라고 했을 때는 같은 테이블에 앉은 둘 이상의 사람들이 흔히 같은 맥주를 주문했지만, 합석한 다른 사람이 주문하는 것을 직접 들었을 때는 겹치게 주문하는 일이 훨씬 적었다. 다시 말해 순차적으로 주문한 고객들은 한 맥주만 두드러지게 많이 주문하지 않고 샘플로 주어진 맥주를 모두 주문하는 것으로 '다양성'을 선택했다.

이것은 맞춤화의 극치 아닌가! 아무도 같은 음료를 시음해보라는 압력을 받지 않았고, 모든 사람이 자기가 요구한 것을 마셨으니 말이다.

그러나 나중에 공짜 샘플을 평가해보라고 했을 때, 자신이 어떤 맥주를 골랐는지 상관없이 순차적으로 선택한 사람들이 선택에 덜 만족했음이 드러났다. 그들은 자신이 다른 맥주를 시켰더라면 좋았을 거라고 이야기했다. 한편 조용히 주문했던 사람들은 테이블의 다른 사람들과 같은 맥주를 마셨더라도 자신이 고른 샘플에 더 만족하는 것으로 보고했다. 더욱 놀라운 사실은 순차적으로 주문했던 테이블에서는 각 테이블에 딱 한 명씩만 만족한 것으로 나타난 것이다. 그건 바로 맨 처음 주문한 사람이었다.

처음 주문한 사람은 '자기에게 정직할 것' 외에는 다른 의무가 없

▲ 2010. 6. 7. 연세대 백주년기념관에서 있었던 저자 강연회 모습

말하기가 스펙보다 더 중요하다!
이제 당신도 말을 잘할 수 있다!
16년간 200만 명의 청중을 열광시킨 마법의 말하기 전략

조직원에게 감동과 영향력을 주는 리더가 되고 싶다면?
이 책을 읽어라! _이승한 (홈플러스 회장)

대한민국 국민 모두가 재미, 흥미, 의미가 듬뿍 담긴 스피치를
신나게 즐기는 그날이 하루 빨리 오기를 소망한다. _이재용 (아나운서)

이 책을 읽다 보면 자기표현뿐 아니라 대중과
공감하는 법도 배울 수 있다. _김미화 (방송인)

김미경 지음 / 값 15,000원

세상에서 가장 특별한 만남

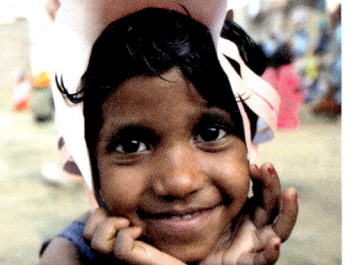

당신의 작은 사랑이 굶주리고 고통받는 아이의 한 끼 식사가 되고,
한 권의 책이 되고, 한 알의 약이 되고,
내일을 꿈꿀 수 있는 '희망'의 메시지가 됩니다.

우리 결연할래요?
당신의 사랑을 기다리는 아이들이 있습니다.

GOOD MORNING CHILDREN | 1:1 해외아동결연 신청 02)783-2291~3 www.goodpeople.or.kr 한 아동결연 매월 3만원
굿피플은 UN 경제사회이사회 특별협의지위 국제개발 NGO입니다.

었지만, 그 사람과 같은 맥주를 시키려고 생각했던 그뒤의 사람들은 딜레마에 빠졌다. 물론 그들은 그냥 "재미있군, 나도 그걸 주문할 생각이었는데!"라고 말해버리거나, 똑같은 것을 주문한다는 자의식을 한쪽으로 치워버릴 수도 있었다. 하지만 그들은 자신의 독립성을 주장하고픈 욕구 때문에 차선의 맥주를 선택했다. 스스로 맥주를 고를 수 있다는 사실을 보여주고 싶었기 때문에 자신이 첫 번째로 원했던 걸 다른 누군가가 골랐다는 이유로 포기해야 했다.

이 연구는 자신의 정체성을 형성하고 표현할 때, 우리를 우리 자신으로 보아줄 다른 사람을 필요로 한다는 사실을 보여준다. 우리는 남들과 공통의 영역을 찾고자 하지만, '따라쟁이'가 되고 싶어 하지는 않는다. 그런 인상을 피하기 위해 자신의 진정한 욕구와 어긋나는 방식으로 행동할 정도로 그 바람은 대단히 강력한 힘을 가진다. 다른 사람들과 어울릴 때 우리는 흥미로운 사람으로 보이고 싶긴 해도, 관심을 끌고 싶어 안달 난 사람처럼 보이는 것은 원하지 않는다. 똑똑하게 보이고 싶지만 허세를 부린다는 인상은 주기 싫은 것이다. 상냥하게 보이고 싶지만 비굴한 사람으로 인식되는 것은 원하지 않는 것이나. 사람은 누구나 자신은 이런 모든 최고의 특성만을 표현하는 존재라고 생각하기 쉽다. 하지만 그것을 어떻게 객관적으로 남들에게 보여줄 것인가?

우리가 하는 어떤 선택이 자신이 누구인지를 표현하는 방법 중 하나라는 것은 불가피한 사실이다. 그런데 어떤 선택은 다른 선택보다 더 분명하게 그런 표현을 전달한다. 우리가 선택해 틀어놓는 음악은 그 스테레오의 브랜드보다 더 자신에 대해 많은 것을 알려준다. 음악은 순전히 개인적인 취향에 따라 선택된다고 여겨지기 때문이다. 실용적인 기능을 하는 선택은 선택자의 정체성에 대해 큰 의미를 함축하지 않지만 그 실용적이지 않은 선택은 우리를 보여주는 지표 같은 게 된다. 따라서 우리는 실용적인 용도가 전혀 없는 음악이나 패션 같은 범주에 특별히 신경을 쓰는 것이다. 유행음악 블로그나 음악에 조예가 깊은 친구한테서 직접 곡 목록을 따오거나 영화나 잡지에 나온 옷을 그대로 따라 입는 행위는 우리에게 주관이 없다는 사실을 세상에 공표하는 것이나 마찬가지다. 한편 유명배우가 사용하는 것과 같은 브랜드의 치약을 사용하는 건 그 제품이 치석을 억제시키는 탁월한 기능을 가졌기 때문이라고 쉽게 그 이유를 댈 수 있다.

우리는 의식적으로든 잠재의식적으로든 간에 가능한 한 정확하게 자신의 정체성을 보여주는 방향으로 삶을 구성하려는 경향이 있다. 생활양식과 관련된 선택은 종종 우리의 가치관을 드러낸다. 또는 적어도 사람들이 우리의 가치관이라고 인식해주기를 원하는 것을 드러낸다. 무료급식소나 헌 옷 모으는 활동에 자원봉사를 하는 사람은 이타적인 사람으로 보일 것이며, 마라톤을 하는 사람은 자제력과 의지가 아주 강한 사람으로, 자신의 거실에 직접 페인트칠을 하고 고가구 천갈이를 하는 사람은 손재주가 좋고 창의적인 사람으로 보일 것이다. 우리는 일상생활에서 선택할 때, 그 선택이 자신과 자신이 원하는 것에 가장 잘 부합하는지 뿐만 아니라 다른 사람들이 그 선택을 어떻게 해석할 것인지도 끊임없이 계산한다. 우리는 자신의 사회적 환경 속에서 다른 사람들이 이런저런 것들에 대해 어떻게 생각하는지 알아내기 위한 단서들을 찾는다. 그러려면 특정한 선택에 담긴 가장 지엽적이고 세부적인 의미도 놓쳐선 안 된다.

　이런 현상이 실제로 일어나는 모습을 관찰하기 위해 조나 버거와 칩 히스Chip Heath가 스탠퍼드대학교의 학부생을 대상으로 실시한 한 연구를 살펴보기로 하자. 실험자들은 스탠퍼드의 기숙사들을 방마다 방문해 랜스 암스트롱 재단의 암 퇴치에 적은 액수를 기부하고 그 지원의 표시로 노란색 팔찌를 착용해 달라고 요청했다. 일주일 후에 그들은 학과공부에 크게 집착하는 학생들이 사는 곳이라고 캠퍼스에 소문난 괴짜들의 기숙사를 찾아갔다. 그로부터 일주일 후에 실험자들은 얼마나 많은 학생이 아직까지 팔찌를 차고 있는지 알아보았다. 그 결과 괴짜 기숙사 옆에 위치해 있어 함께 식당을 쓰는 기숙사의 학생들 중 32퍼센트가 괴짜들이 팔찌를 차기 시작한 시기에 팔찌를 빼버렸다는 사실이 드러났다. 그 기숙사에서 멀리 떨어진 기숙사에 사는 학생들 중에는 단 6퍼센트만 팔찌를 뺐다는 것과 비교되는 결과였다. 팔찌를 차는 행위가 "나는 암에 대항하며/또는 랜스 암스트롱을 지원한다"는 표시에서 "나는 사람들과 교제하는 것을 반대하고 오릭으로 클린곤Klingon(「스타트렉」에 등장하는 허구의 무사족 클린곤이 사용하는 언어-옮긴이)을 배우는 데 찬성한다"는 표시로 갑자기 바뀐 것이다. 전 세계의 모든 랜스 암스트롱 재단 후원자가 똑같은 노란색 팔찌를 차며, 외부 사람들이 보기엔 괴짜를 암시하는 의미가 전혀 들어 있지 않는데도 말이다. 괴짜들 옆에 사는 학생들에게는 괴짜 학생들이 그 팔찌를 착용함으로써 하룻밤 사이에 그 팔찌가 좀 찜찜한 선택이 된 것이다.

　순전히 겉으로 드러나는 모습 때문에 행동을 바꾼다는 것은 진실하고 일관되게 살려는 욕구와 모순된다고 생각될 수도 있다. 하지만 여러 가지 의미에서 그것은 그런 욕구들의 결과로 나타나는 현상이다. 대중으로부터 두드러지는 것과 고립되는 것 사이의 긴장을 해소하려면 세상에서 자기만의 틈새를 찾아야 한다. 하지만 소속감을 느끼는 어떤 집단에서 우리를 받아주지 않으면 어떤 일이 일어날까? 다른 사람들이 우리를 허세 부리는 사람이나 미친 사람으로 본다는 것은 고통스러운 일이다. 하물며 그들의 눈이 정확하다면 얼마나 괴로운 일이겠는가! 다른 사람들이 자신을 보는 방식과 자기 지각이 갈등을 빚을 때 일어나는 사회적인 결과나 자기회의는 자기 지각과 자신의 행동 사이에서 일어나는 갈등 못지않게 우리의 정체성을 무너뜨릴 수 있다.

자기 지각과 우리에 대한 다른 사람의 지각을 일치시키는 것이 중요하기 때문에 우리는 그들이 자신에 대해 어떻게 생각하는지 단서를 찾기 위해 다른 사람들의 행동을 끊임없이 읽는다. 하지만 X, Y, Z가 당신을 어떻게 생각하는지 알아내려고 아무리 많은 시간과 에너지를 투자해도, 당신은 X, Y, Z가 서로에 대해 어떻게 생각하는지를 더 정확하게 파악할 가능성이 높다. X는 당신을 어떻게 생각하는지 말해주기보다는 Y, Z에 대해 어떻게 생각하는지를 더 쉽게 말해줄 것이기 때문이다. 또한 우리는 남의 보디랭귀지나 얼굴 표정이 우리에게 향해 있을 때보다 제3자를 바라볼 때, 그런 단서들을 더 잘 읽어내는 경향이 있다.

우리는 다른 사람들이 자신에 대해 어떻게 생각하는지 꽤 잘 알아낼 수 있다. 예를 들어 자신이 대부분의 사람에게 내성적으로 보이는지 외향적으로 보이는지, 무례하게 보이는지 사려 깊게 보이는지 알아낼 수 있다. 하지만 특정한 한 사람이 우리를 어떻게 생각하는지 알아내는 것도 과연 그렇게 쉬울까? 이때는 주사위를 던지는 편이 더 나을지도 모른다. 여자들은 대개 남자들이 관심을 보일 때 눈치를 챌 수 있다(하지만 그 반대는 아니다). 또한 다른 사람이 자신의 농담을 정말로 재미있어 하는지도 대부분 알 수 있다. 그런데 그 정도를 넘어서면 우리가 자신을 보는 것과 다른 사람이 우리를 보는 것 사이에는 넓은 간격이 있음을 보여주는 연구가 많다. 사람들이 자신에 대해 그동안 어떻게 생각해왔는지 알게 된다면, 아마 충격적인 자각의 순간을 맞을 수도 있을 것이다. 단지 외양을 유지하기 위해 마음속으로 내키지 않는 선택을 하지 않고도 이런 간격을 해결하는 것이야말로 정체성을 확립하는 과정에서 우리가 해결해야 할 마지막 도전이다.

우리를 세상과 맞추는 과정이 어떻게 진행되는지 이해하기 위해 다른 사람들이 자신을 어떻게 생각하는지 다룬 가장 보편적이고 종합적이며 정확한 정보들을 살펴보기로 하자. 지난 20여 년간 「포춘」 500대 기업들 중에서 90퍼센트 정도가 360도 평가, 또는 다면평가 multirater feedback라고 알려진 직원성과 평가를 채택했다. 대개의 경우 스태프 직원, 동료 직원, 고객, 상사가 제출하는 4~8가지의 익명 평가로 이루어져 이런 이름이 붙었다. 그 시스템은 리더십이나 갈등해소 능력뿐 아니라 보다 광범위한 성격 특성을 측정한다. 또한 개인의 자기 지각이 다른 사람들이 관찰하는 그의 행동과 얼마나 정확하게 일치하는지 파악하기 위해 자기평가도 종종 포함시킨다. 그런 평가도구는 보너스와 승진을 결정하는 데 주로 사용되지만, 세상이 우리에 대해 실제로 어떻게 생각하는지 아는 데도 아주 유용하게 활용될 수 있다.

그런 평가가 기업환경에서 점점 더 많이 사용되자 나는 2000년 컬럼비아경영대학원 MBA 프로그램을 위해 영구적인 기능을 새롭게 설계하고 실행하는 일을 주도하면서 모든 신입생이 이전의 동료, 고객들은 물론 현재 급우들한테서 360도 피드백을 받는 평가를 도입했다. 매년 그 결과는 동일하게 나타났다. 90퍼센트 이상의 학생들이 자기 자신을 보는 것과 다른 사람들이 자신의 행동을 해석하는 것 사이에 상당한 격차가 있음을 발견했다. 그리고 대개 그런 사실을 발견하고 대단히 놀라워했다. 자신이 인기 있고 가치 있는 팀원이라고 생각했던 많은 사람이 사실 다른 사람들에게는 평균 정도거나 함께 일하기 어려운 사람으로 보여지고 있음을 알게 되었다. 자신을 리더라고 생각했던 어떤 사람은 자기를 똑똑하다고 생각하는 사람은 있지만 경영자 재목이라고 생각하는 사람이 별로 없다는 사실을 알았다. 다혈질로 폭발하는 경향이 있는 사람은(본인은 정당하다고 믿지만), 다른 사람들이 자신을 정서가 불안한 사람으로 못 박았다는 사실을 알고 상당히 기분 나빠했다. 그들은 다른 사람들이 자신을 지각할 때, 부정적 특성과 긍정적 특성 모두에서 견해 차이가 매우 크다는 사실에 더욱 놀라워했다. 다시 말해 어떤 사람이 '함께 일하기 어려운 사람'이라는 데 사람들의 의견이 전반적으로 일치할지라도 그런 특성이 어느 정도인지 지각하고 평가하는 것에는 여전히 들쑥날쑥했다.

왜 이런 격차가 발생하는 것일까? 나는 실망한 학생들에게 그들은 자기 행동의 배후에 있는 의도를 의식하고 자신이 하는 행동이 정당하다고 느끼지만, 남들은 보이는 것에만 반응한 거라고 말해주었다. 그것은 마치 잘 아는 노래의 박자를 테이블 위에 두드리면서 다른 사람에게 그 곡의 제목을 맞춰보라고 말하는 것과 같다. 두드리는 사람은 머릿속으로 음악을 들을 수 있기 때문에 생일축하 노래를 두드리면서 분명히 알아들을 것이라고 생각하지만, 상대방은 그저 똑똑똑 소리로만 들릴 뿐이다. 그 소리나 애국가의 첫 소절이 똑같이 들릴 수도 있다. 게다가 다른 사람들은 우리 행동을 진공 속에서 판단하지 않고 자신의 경험이라는 렌즈를 통해 해석하고 분석한다. 경험에 빗대볼 수 없는 경우에는 일반적인 고정관념을 통해 당신의 겉모습만으로 어떤 부류의 사람일 거라고 해석하기도 한다.

360도 평가의 교훈은 다른 사람들의 판단이 서로 너무 다르므로 심각하게 받아들일 필요가 없다는 것이 아니다. 매일매일 우리의 처신은 해석의 대상이 되고, 따라서 오해의 대상도 되기도 한다. 그리고 우리가 인간사회를 포기하고 숲속의 외로운 오두막에 은거할 생각이 아니라면 자기 지각과 친구, 동료, 그 밖에 일상적으로 마주치는 수많은 낯선 사람의 우리에 대한 지각을 가능한 한 일치시킬 필요가 있다.

앞서 보았듯이, 우리에게는 레이크 워비곤 효과의 경향이 있기 때문에 다른 사람들이 우리에 대해 가진 의견은 유용한 현실 점검 도구로 쓰일 수 있다. 굳이 정식 360도 피드백 절차를 거치지 않더라도 자기 의식을 활용해 정식 피드백이 주는 것과 비슷한 혜택을 볼 수 있다. 다른 사람들이 우리 행동에 어떻게 반응하는지 세심하게 주의를 기울이고, 가능하다면 우리가 어떤 인상을 주는지 직접 물어볼 수도 있다. (360도 평가가 그토록 위력을 지닐 수 있는 이유는 다양한 직접 피드백을 받을 수 있기 때문이다.) 남들이 자신에 대해 어떻게 생각하는지 알게 되면 어떻게 반응할지 선택할 수 있다.

생각보다 자신이 그다지 대단치 않다는 사실을 알고 나면 우리는 자신이 어떤 인상을 주고 싶은지, 그 모습과 좀 더 일치되도록 행동을 바꾸겠다는 결심을 할 수도 있다. 동료들이 자신을 거만하고 배려심이 없다고 생각한다는 사실을 발견한 매니저는 회의에서 남의 말을 가로막는 행동을 하지 않음으로써 자신의 인상을 긍정적으로 바꿔놓을 수도 있다. 자신이 생산성을 위해 필요한 일을 하고 있을 뿐이라고 생각되더라도 입을 닫게 되는 것이다. 그리고 자신의 행동을 바꾸는 대신 말을 막는 행동 뒤에 있는 이유를 설명해줄 수도 있을 것이다. 자신이 어떤 사람이라고 스스로 생각하는 것과 다른 사람이 자신에 대해 생각하는 것 사이의 차이를 완전히 해소하는 건 불가능할지라도 그 간격을 좁히기 위해 할 수 있는 일은 많다.

그러나 다른 사람이 실제 자기 모습보다 더 좋은 모습으로 봐주도록 영향을 미치고 싶다는 유혹에 넘어가지 않도록 조심해야 한다. 대니얼 에임스와 그의 동료들은 직장에서 자신의 위치와 평판을 개선하려고 노골적으로 노력하는 사람들이 집단에 방해가 된다고 여겨지고, 결국 좋은 성과도 내지 못한다는 사실을 발견했다. 당신이 텔레비전 프로그램인 「오피스The Office」의 미국판을 봤다면 금방 앤디 버나드Andy Bernard라는 인물이 떠오를 것이다. 그는 '신경언어학적 프로그래밍'을 통해 다른 사람에게 영향을 주려고 한다. 그래서 자기가 코넬대학교를 나왔다는 사실을 끊임없이 주지시키는데, 그의 이런 행동은 안타까운 본보기가 된다. 이를 통해 우리는 장기적으로 정확함을 추구하는 것이 더 유익하다는 사실을 알 수 있다.

자신이 오스카 와일드의 환생이라고 생각하는데 오히려 지루한 사람이라는 인상을 주고 있다는 사실을 알게 되거나, 자기가 무척 상냥한 사람이라고 생각하는데 비열한 사람이라 인식되고 있다는 사실을 깨닫는 것은 개인적으로 분명 불쾌한 일이다. 하지만 남에게 긍정적인 모습으로만 보이는 게 반드시 우리한테 유익한 것은 아니다. 연구 결과에 따르면 사람들은 심지어 자신의 부정적인 속성에 대해서조차도, 스스로 평가하는 것과 비슷하게 평가해주는 사람들과 교제하기를 선호하는 것으로 나타났다. 그리고 자신이 무뚝뚝하다고 생각하는 사람은 자신이 상냥하다고 생각하는 사람의 오해를 불식시키기 위해 더 무뚝뚝하게 행동할 거라는 사실도 드러났다. 자신에 대해 생각하는 것보다 배우자가 자신을 더 좋게 보아줄 때 만족감과 친밀감을 덜 느낀다는 결과를 얻은 연구도 있다.

모든 사람은 사마귀 한 개까지도 빠뜨리지 않고 자기의 모든 것을 인정받고 칭찬받기를 바란다. 하지만 결국에는 추켜세워지고 싶다는 갈망보다도 자기가 사신을 아는 것과 동일한 모습으로 다른 사람들에게도 자신을 알리고 싶어 하는 갈망이 더 강하다. 우리는 무엇보다도 다른 사람들이 보는 자신의 모습을 자기 자신이 알아볼 수 있기를 바란다.

06

무거운 의무

우리는 진정한 자아를 발견하고 그에 맞춰 선택하려고 할 때 상당한 도전에 직면하게 된다. 그 도전에 대해 우리가 정체성과 선택 사이의 피드백 고리를 통해 항상성의 상태에 도달하려고 노력하는 것이라고 표현할 수도 있다. '만약 내가 이런 사람이라면 저런 것을 선택해야 해. 내가 그런 것을 선택한다면 나는 분명 이런 사람일 거야.' 이상적인 경우라면 나이를 먹으면서 자기를 보는 것과 다른 사람이 자신을 보는 것, 그리고 우리가 어떻게 선택하는가를 조화시키기 위한 조절의 필요성이 점점 줄어들 것이다. 하지만 실제로는 선택해야 할 의무가 점점 더 쉬워진다고는 장담할 수 없으며(니콜라스 로즈의 이야기를 떠올려보자), 선택의 의무가 우리에게 터무니없이 무거운 짐을 지우기도 한다. 진정한 자아를 드러내려면 고립된 상태에서 내면에 집중할 필요가 있는데, 대부분의 사람은 그 일을 별로 달가워하지 않는다.

에머슨의 원칙을 실천하며 살기 위해 숲속의 오두막에서 은거할 생각을 가진 사람이 얼마나 되겠는가? 그래도 우리는 여전히 이상적인 자아는 조각상과 같다는 생각에 사로잡혀 있다. 그것이 조리 있고 완전한 걸작품이라고 믿는 것이다. 하지만 선택이 정체성을 형성하는 과정을 이해하는 데 이것 말고 더 효과적인 방법은 없는 것일까?

앞서 보았듯이, 과거 미국의 사회적인 네트워크는 선택이 늘어나면서 변화되었다. 그러므로 선택이 계속 늘어나면서 앞으로도 변화될 거라고 예상해볼 수 있다. 그렇다고 해서 우리가 공동체 의식이 전혀 없는 반사회적 존재가 될 거라는 뜻은 아니다. 선택이 개인적인 활동일 뿐 아니라 사회적인 것이기도 하며, 움직이는 여러 부분 간의 타협이기도 하다는 바로 그 이유 때문에 정체성과 선택문제에 도전이 존재하는 것이다. 선택은 우리에게 자신 안에서, 또한 다른 사람의 시선 속에서 자신이 누구인가를 더 깊이 고민하도록 요구한다.

우리가 완벽한 자아라는 조각상을 깨뜨려버릴 경우, 정체성은 정지된 대상이 아니라 다이내믹한 과정임을 알 수 있을 것이다. 결정하면서 깎고 파내는 바로 그 행위가 우리가 누구인지를 규정해준다. 우리는 선택의 결과 속에서 자아를 찾는 것이 아니라 선택 행위의 진화를 거치면서 자아를 발견해가는 조각가다. 사고의 틀을 바꿔 선택을 좀 더 유동적인 과정으로 보면 선택은 우리가 되고 싶지 않은 것들을 해체하려는 노력, 즉 파괴하려는 힘이 아니라 해방시켜주는 지속적 창조 행위가 된다. 그렇다면 당면한 사회적 맥락에서 우리의 욕구를 충족시켜주고, 오늘의 현실에서 이치에 맞는 선택을 찾는 것이 우리 의무다. 여기서 우리의 선택은 다른 사람들의 선택과 언제나 상호연관되어 있으며, 우리는 자기 안에 있는 허구의 완벽한 자아가 아니라 이전과 현재에 내리는 결정들로 다른 사람들에게 인식된다. 작가 플래너리 오코너Flannery O'Connor는 이런 말을 했다. "나는 내가 무엇을 아는지 발견하기 위해 글을 쓴다." 어쩌면 우리는 그녀의 책에서 한 줄을 인용해 "나는 내가 누구인지를 발견하기 위해 선택한다"라고 말할 수도 있을 것이다.

4장

선택에도 기술이 필요하다

THE ART OF CHOOSING

01

어디로 갈지 정할 사람은 바로 당신!

축하해!
오늘은 너의 날이야.
멋진 곳으로 가는 거야!
자, 떠나라!

머릿속에는 뇌가 있고
신발 속에는 발도 있고
원하는 대로 어느 방향으로도 나아갈 수 있어.
네 마음대로야. 자기가 뭘 아는지도 알지.
그러니까 어디로 갈지 정할 사람은 너야.

목표를 높이 잡아라. 꿈을 좇아라. 우리는 아주 어릴 때부터 이런 메시지를 들으며 자랐다. 그런데 나이가 들수록 그 메시지에 점점 많은 의미가 담기게 되었다. 네 살 적에 부모님이 읽어준 퓰리처상을 수상한 미국의 동화작가 닥터 수스Dr. Seuss의 『아, 네가 가게 될 그곳!Oh, the Places You'll Go!』은 우리에게 재미와 용기를 안겨준다. 고등학교나 대학교 졸업선물로 받은 그 책은 당신을 자극하고, 흥분시키며, 사명을 제시해준다. 선택은 가능성과 동시에 책임감을 의미한다. "어디로 갈지 정할 사람이 바로 당신이라면" 지도를 잘 읽고 올바른 길을 따라 여행하는 것이 좋다.

그러나 출발하고 얼마 지나지 않아 지도가 부정확하고 불완전하다는 사실을 깨닫게 된다. 도대체 누가 이따위 지도를 그렸는가! 그 지도는 당신의 선택이 자신을 어디로 데려다줄 것인지 완벽하게 보여주지 않으며, 때로는 아주 난감한 상황에 처하게 만든다. 그래서 수정하고 빈 구석을 채우기 시작한다. 그렇게 하더라도 여행은 만만치 않을 것이다. 당신은 직업 면에서 성취할 수 있으리라고 생각되는 일자리를 선택한다. 그래서 금전적으로는 성공할지 몰라도 권태로움에 힘들어할 수 있다. 당신은 도시를 벗어난 조용한 동네에 더 크고 아름다운 정원을 가진 집을 사겠다고 결정한다. 그 집이 여유로운 삶을 누리게 해줄 것이라고 생각했지만, 막상 이사하고 보니 출퇴근 때문에 오히려 스트레스만 늘었다. 긍정적인 관점에서 보면 당신은 평소 결혼생활이 아주 어려울 거라고 생각했고 결혼 전에 배우자를 겨우 한 달밖에 사귀지 못했지만, 두 사람의 관계는 뜻밖에도 아주 좋았다.

선택하면서 당신은 기대했던 것과 실제로 얻는 게 종종 다르다는 사실을 발견한다. 왜 그럴까? 결과와 기대를 더 잘 일치시킬 수 있는 방법이 있는 걸까? 행복을 향해 나아가고 싶다면 우리가 왜 잘못된 길로 들어섰는지, 근사한 곳으로 데려다줄 거라고 생각했던 선택이 왜 실망을 안겨주게 되었는지 아는 것이 무엇보다 중요하다. 이 장에서는 이처럼 어려운 질문에 대한 답을 찾아보도록 하겠다.

02

마시멜로 이야기

어린 남자아이가 지시받은 대로 자기 차례를 기다리고 있다. 다른 아이들은 진지하지만 친절해 보이는 흰 가운 차림의 남자에게 이끌려 한 명씩 다른 방으로 들어간다. 마치 의사를 만나러 가는 기분이 들지만, 아이의 부모는 주사를 맞거나 아픈 일은 없을 거라고 약속한다. 그래도 좀 불안하다. 그 남자가 마침내 따라오라고 해서 아이는 비밀의 방으로 들어간다. 그 방에 놓인 테이블 위에는 프레즐, 오레오쿠키, 마시멜로 등 온갖 맛있는 간식이 잔뜩 놓여 있다. 가운 입은 남자가 가장 먹고 싶은 간식을 골라보라고 해서 아이는 마시멜로를 선택한다.

그 사람은 "아주 잘 골랐어!"라고 말한다. 그리고 "나는 다른 방에서 중요한 볼일을 봐야 해"라고 하더니 아이에게 작은 종을 하나 쥐여준다. "그러니까 이렇게 하자. 지금 바로 마시멜로를 1개 먹어도 돼. 그런데 내가 올 때까지 기다린다면 2개를 먹을 수 있어. 내가 다

른 방에 가 있는 동안 네가 종을 울리면 금방 돌아올게. 하지만 종을 울리면 너는 마시멜로를 1개밖에 못 먹어. 우리 약속한 거다, 알았지?" 아이는 잠시 생각하고 고개를 끄덕인다. 아이가 자리에 앉자 그 사람은 쟁반에서 마시멜로를 1개 꺼내어 아이 바로 앞에 놓는다. 그러고는 방을 나가면서 문을 닫는다. 아이는 마시멜로를 정말 좋아한다. 마시멜로 1개만 먹어도 맛있는데 2개를 먹을 수 있다면 얼마나 좋겠는가! 아이는 방에 들어오기 전에 기다렸듯이 지금도 기다리겠다고 마음먹는다. 다리를 흔들다가 주위를 둘러보기도 하고, 자세를 고쳐 앉기도 한다. 시간이 흐른다. 그 어른이 영원히 가버린 것처럼 느껴진다. 과연 얼마 동안 갔다오겠다고 말을 했던가? 어쩌면 둘 사이의 약속을 잊어버리고 다시 안 돌아올지도 모른다는 생각이 든다.

마시멜로는 처음 봤을 때보다도 더 하얗고 폭신한 것이 정말로 먹음직스러워 보인다. 아이는 테이블에 턱을 괴고 앉아 달콤하고 환상적인 마시멜로를 뚫어지게 바라본다. 배에서 꼬르륵 소리가 나기 시작하고, 종을 울리고 싶다는 생각이 들기 시작한다. '저 마시멜로가 엄청 맛있다면 1개로도 충분할지 몰라. 2개까지는 필요 없지 않을까? 하지만 정말 맛있다면 좀 더 기다리지 않은 것을 후회할지도 몰라.' 아이는 마시멜로를 먹고 싶어 견딜 수 없을 때까지 이런저런 생각 사이를 오간다. 그러다가 순간 공평하지 않은 거래라는 생각이 든다. 그리고 자신이 특별히 잘못한 것도 없다. '착하게 행동했으니까 마시멜로를 먹을 자격이 있을 거야.' 아이는 피곤해지고 눈물까지 나려고 해서 종을 집어들고 힘껏 흔든다.

1960년대에 저명한 심리학자 월터 미셸Walter Mischel이 실시했던 '마시멜로 연구'는 유혹에 저항하거나 굴복하는 과정에 대한 탐구로 오늘날 널리 알려져 있다. 네 살짜리 참가자들의 시련과 고난은 오래 가지 않았다. 아이들은 종을 울리기 전 평균 3분 정도를 기다렸다. 하지만 그 짧은 시간에 자기가 당장 원하는 것과 결국 자기한테 더 좋다고 알고 있는 것 사이에서 강한 내면의 갈등을 느낀다. 어른의 눈에는 아이들의 그런 갈등이 고통스럽다기보다는 재미있게 보일 수도 있지만, 우리는 누구나 유혹의 노예가 되어 있을 때 얼마나 답답한지 알고 있다.

또 하나의 마시멜로를 먹기 위해 기다리려고 노력하든, 새로운 테크놀로지가 만들어낸 놀라운 기기에 돈을 쓰는 걸 절제하려고 애쓰든 간에 머릿속에서 서로 싸우는 목소리는 시간이 흐를수록 더욱 커지고 그 기세는 사나워질 것이다. 오스카 와일드의 표현을 빌리면,

유혹에 굴복하는 것이 유혹을 없애는 가장 빠른 길이다. 물론 나중에 그 행동을 후회할 가능성이 높다. 상반되는 양쪽 방향으로 끌릴 때 우리 내면에서는 무슨 일이 벌어지는가? 가끔 자신이 2개의 제각기 다른 뇌로 생각하고 있다는 느낌이 든다면, 그 느낌은 그리 틀린 것이 아니다. 인간은 서로 연관되어 있으면서도 다른 두 가지 체계를 갖고 정보를 처리하거나 어떤 해답과 판단에 도달한다.

하나는 힘을 들이지 않고 신속하게 무의식적으로 작용하는 체계인데, 우리는 그것을 '자동 시스템automatic system'이라고 부를 것이다. 자동 시스템은 감각자료를 분석하고 그에 빠르게 반응해 감정과 행동을 촉발시키는 잠행 프로그램을 지속적으로 가동한다. 당신은 무엇 때문에 행동하게 되었는지 알기도 전에 행동하는 자신의 모습을 볼 것이다. 심지어 몇 초가 지날 때까지 자신이 행동했다는 사실조차 깨닫지 못할 수도 있다. 그 체계는 지금 이 순간밖에 모르기 때문에 당신의 몸한테 당장 마시멜로를 먹으라고 재촉할 것이다. 심지어 심사숙고한 선택조차도 자동 시스템의 결과물에 기초해 이루어지기도 한다. 강한 예감이나 당신이 딱히 설명할 수 없는 어떤 매력과 같은 자동 시스템의 산물이 영향을 미치는 것이다.

또 다른 하나로 우리가 의식적으로 작동시키고 조율해야 기능을 하는 '숙고 시스템reflective system'이 있는데, 이는 원초적 감각이 아니라 논리에 따라 움직인다. 숙고 시스템의 범위는 즉각적인 체험을 넘어서기 때문에 선택할 때 추상적인 개념을 고려하거나 미래에 대해 심사숙고할 수 있다. 이 체계를 이용할 때는 자신이 어떻게 해서 특정한 결론에 도달하게 되었는지 훨씬 더 잘 의식한다. 숙고 시스템을 가동할 때 우리는 "Y 때문에 X가 맞다"든지 "3단계에 이르기 위해서는 1단계와 2단계를 완료해야 한다"고 말한다. 숙고해서 처리할 경우 매우 복잡한 선택을 다룰 수 있지만, 자동 시스템보다 훨씬 느리고 더 수고스럽다는 단점이 있다. 이는 동기와 상당한 노력을 필요로 하기 때문이다.

두 체계가 서로 일치하는 답을 내놓을 때는 갈등이 없다. 예를 들어 코뿔소가 돌진할 때 자동반응과 숙고반응은 하나이며 동일하다. '잽싸게 튀어라!' 하지만 답이 다를 때가 너무 많은데, 그런 상황에서는 하나의 답이 또 하나를 눌러야 한다. 머뭇거릴 시간이 없다면 아마 우리는 자동반응에 따를 것이다. 하지만 서두를 필요가 없다면 숙고하는 능력에 의존할 가능성이 훨씬 높아진다. 유혹이 있는 상황에서는 자동 시스템에 따라 욕망이 자극되지만, 숙고 시스템을 따르는 것이 더 유익하다는 사실을 의식하게 된다. 하지만 우리가 올바른 답을 알고 있어도 반드시 그것을 선택하도록 자신을 통제할 수 있는 건 아니다.

미셸의 연구에서 당장 1개의 마시멜로를 먹겠다는 유혹을 느끼는 아이들은 두 시스템 사이의 싸움을 겪는다. 대부분의 아이가 혼자 남겨진 지 몇 분 지나지 않아 종을 울리는데, 그 소리는 자동 시스템이 숙고 시스템을 이겼음을 알리는 것이다. 아이의 숙고 시스템은 제대로 발달되어 있지 않아 그런 결과가 그리 놀랍지 않다. 하지만 정교하게 숙고하는 능력을 갖춘 성인들도 삶에서 부딪히게 되는 여러 가지 마시멜로에 저항하지 못한다. 통계자료는 연인들 중 거의 30~40퍼센트, 기혼자들 중 40~60퍼센트가 부정을 저지른다는 사실을 보여준다. 한 연구에서는 대학생들의 52퍼센트가 미루는 습관을 극복하기 위해 보통 수준에서 상당한 수준까지의 도움을 필요로 한다고 밝혔다. 그리고 은퇴에 대비해 저축한 적이 한 번도 없는 근로자가 30퍼센트를 넘었다. 자신이 무엇을 해야 하며 장기적으로 무엇을 더 선호하는지 알고 있어도 자동 시스템을 발동시키는 선택지 때문에 혼란스럽고 주의가 분산될 때가 있을 것이다. 자동반응이 특별히 강할 때는 어떤 외부적인 힘이 자기를 통제한다는 느낌이 들기도 한다. "내 정신이 아니었다" "내가 무엇에 홀렸는지 모르겠다" 또는 "악마가 내게 그 일을 하도록 만들었다" 등등의 이야기를 한다. 당신은 나쁜 선택을 했다고 책망하는 사람들에게 그것이 거역할 수 없는 명령처럼 느껴졌다고 변명할 수도 있다. "여보, 내 말을 믿어야 해. 난 선택을 할 수가 없었어. 그 밖에 다른 선택은 도저히 할 수가 없었다고."

물론 그런 주장이 먹히더라도 당신에게 큰 도움이 되지는 못할 것이다. 그래도 어떤 사람들은 저항할 수 있는 방법을 찾아내지 않는가. 저항할 수 있는 능력은 다른 곳에서 성공을 거두는 데도 도움이 될 수 있다. 미셸의 실험에서 30퍼센트의 아이들은 자제력을 발휘하여 15분 동안을 기다렸다. 그 시간이 지나자 흰 가운을 입은 남자가 돌아와 아이가 선택한 간식을 2개 주어 기다림에 대한 보상을 해주었다. 후속 연구들은 어릴 때 자제력을 발휘했던 10대들이 교우관계가 더 돈독하고, 대응능력이 더 뛰어났으며, 문제행동을 덜 일으켰다는 사실을 발견했다. 그런 아이들은 유혹에 즉각 굴복한 아이들에 비해 SAT 평균도 200점 이상 높았다. 더 우월한 수행의 양상은 성인기까지 이어져 자제력을 발휘한 사람들은 흡연이나 불법약물을 남용할 가능성도 더 낮았다. 또한 사회경제적인 지위가 더 높았으며, 더 오랜 기간 교육을 받았다. 다시 말해 그런 사람들은 더 건강하고, 더 부유하며, 더 현명한 듯했다. 자제력이 긍정적인 결과를 가져온 유일한 원인은 아닐지라도, 이런 상관관계는 자제력이 우리 삶에 미치는 영향을 과소평가해선 안 된다는 것을 암시해준다.

한편 미래에 있을 어떤 보상을 받기 위해 즉각적인 만족을 포기해야 한다고 상상하면 마음이 무거워진다. 자발성이나 탐닉, 바람에 근심을 날려보내는 홀가분함에 대해서도 할 말이 있다. 죄책감이 드는 쾌락을 피하느라고 지나치게 신경 쓰다 보면 삶이 엄격하고 무미건조해질 수 있다. 대부분의 사람은 스크루지가 되지 않고도 돈을 모으고, 책상에 묶여 있지 않으면서도 일하고, 헬스장을 내 집처럼 드나들지 않더라도 건강하기를 바란다. 하지만 적당하게 균형 잡는 일은 너무나 어렵다. 특히 우리가 느끼는 지금의 욕망과 우선순위가 대개 더 강렬하고, 나중에 원하게 될 것과 너무 달라 보이기 때문에 더욱 그렇다. 사람들이 현재 고려해야 할 것과 미래에 고려할 사항을 어떻게 비교하는지 알 수 있는 사고실험을 하나 소개하겠다.

어떤 사람이 당신에게 지금부터 한 달 후에 100달러를 받는 것과 두 달 후에 120달러를 받는 것 중에서 하나를 선택하라고 제안한다면 어떻게 대답하겠는가?

그다음 같은 사람이 오늘 100달러를 받는 것과, 오늘부터 한 달 뒤에 120달러를 받는 것 중에서 하나를 선택하라고 한다. 이번에는 어느 것을 택하겠는가?

연구 결과는 첫 번째 질문에서는 대부분의 사람이 더 오래 기다려 돈을 더 많이 받는 쪽을 선호한다는 사실을 보여주었다. 하지만 두 번째 질문에서는 대부분의 사람이 한 달을 기다리는 대신 당장 더 적은 액수라도 돈을 받는 쪽으로 마음을 정했다. 논리적으로 봤을 때 두 가지의 선택은 동일하게 보인다. 두 경우 모두 한 달을 기다리면 20달러를 더 받는 조건이었다. 하지만 실제로는 돈을 금방 만질 수 있을 때는 자동 시스템이 작동하기 때문에 두 가지 조건이 똑같게 느껴지지 않는다. 먼저의 경우에는 돈을 더 받기 위해 한 달을 더 기다린다는 것이 숙고 시스템으로 보아 이치에 맞는다. 하지만 두 번째 경우에서는 당장 돈이 있다면 할 수 있거나 살 수 있는 것들을 생각하지 않을 수가 없다. 그럴 수 있다면 얼마나 좋을까? 한 달 내내 기다렸다가 120달러를 받는 것보다 그 편이 훨씬 더 기쁘지 않을까? 이렇게 두 번째 조건은 자동 시스템 측면에서 볼 때 말이 된다.

당신이 강렬한 바람을 만족시키기 위해 가끔씩 100달러를 선택하는 정도라면, 그저 찔끔찔끔 20달러씩 손해 보는 데 그칠 것이다. 하지만 매번 100달러를 선택한다면 손해액은 당신 인생에서 오랜 기간에 걸쳐 축적될 것이고, 지금부터 수십 년이 지난 뒤에는 자신이 얼마나 많은 돈을 낭비했는지 깊이 후회하게 될지도 모른다. 자동 시스템에 복종하는 기쁨은 중독될 수 있다. 당신은 "이번 한 번만……"이라고 말하지만, 그 말은 자기 자신에게 하는 공허한 약속에 지나지 않으며, 이번에도 손해 볼 거라는 신호가 될 뿐이다. 대부분의 사람은 그렇게 살고 싶어 하지 않는다. 하지만 이런 경우 우리는 어떤 조치를 취할 수 있을까?

네 살이라는 어린 나이에도 실험자가 돌아올 때까지 간식을 먹겠다는 유혹에 저항했던 아이들한테서 얻은 몇 가지 교훈을 살펴보자. 자동반응에 대항할 수많은 전략을 계발했다는 것이 그 아이들의 놀라운 자제력에 담긴 비밀이다. 어떤 아이들은 눈앞에 있는 간식 쟁반을 보지 않으려고 손으로 얼굴을 가렸다. 다른 아이들은 음식 생각을 하지 않으려고 장난감을 가지고 노는 상상을 했다. 그리고 몇몇 아이는 마시멜로가 입 안에서 살살 녹는 간식이 아니라 구름이라고 자신을 설득하기도 했다. 아이들은 이런 방법을 써서 물리적으로나 정신적으로 간식에 대한 생각을 감추었고, 그럼으로써 그것을 먹겠다는 선택을 인내했다. 있지도 않은 어떤 것 때문에 유혹에 질 수는 없지 않은가!

 미셸의 후속 연구를 보면 의도적으로 주의를 분산시키는 방법을 쓰면 놀라운 효과가 나타난다는 사실을 알게 된다. 원래 실험을 약간 변형한 실험에서 그는 아이들에게 장난감을 주고 기다리는 동안 즐거운 놀이를 생각하라고 하거나, 불투명한 뚜껑으로 간식을 덮어놓았다. 그러자 기다리는 평균시간이 60퍼센트까지 증가했으며, 대부분의 아이는 종을 울리지 않고도 참을 수 있었다. 이런 방법을 의식적으로 적용한다면 우리도 유혹적인 선택을 참아낼 수 있다. 심지어 꺼져 있더라도 텔레비전이 있는 방에서는 일하지 않거나, 싱크대 위에 과자를 놓아두는 대신 캐비닛에 넣어두는 것은 상식적인 행동처럼 보인다. 하지만 우리는 자제하는 데 드는 힘을 덜어주는 이처럼 간단한 행동조차 대개 실천하지 못한다.

 유혹을 제거하는 것뿐 아니라 자제력을 어떤 경우에 얼마나 강하게 발휘할 것인가에 대해 생각해볼 필요가 있다. 목표가 주어졌을 때 어떤 유혹에는 절대적으로 저항하고, 어떤 유혹은 좀 더 허용할 수 있을까? 만약 자기통제에 있어 너무나 많은 게 위협이 된다고 분류한다면 하루를 버티기도 힘겨울 것이다. 따라서 성공에 이르는 첫 번째 단계는 어떤 싸움을 할 것인지 선택하는 일이다. 운동선수와 마찬가지로 당신도 경기를 할 수 있게 해주는 몸과 마음 자체를 해치지 않으면서 자신에게 도전하고 싶을 것이다. 하지만 궁극적으로는 자동 시스템과 숙고 시스템을 조화시킴으로써 애초에 자기통제의 행위를 덜 힘겹게 만드는 것을 목표로 삼아야 한다. 우리는 자동 시스템의 작동을 의식하지 못해 그것을 마치 행동을 방해하는 외부적인 힘처럼 다루기가 쉽지만 사실 그것은 우리의 본질적인 일부분이다. 자신을 속이려고 하기보다는 유혹을 피하면서 회피 행위 자체가 습관적 · 자동적인 것으로 자리 잡도록 그때까지 자신을 가르치는 게 가능하다.

03

선택의 규칙 따라하기

옷을 덜 입는 것보다는 제대로 갖춰입는 편이 낫다. 흥정하거나 협상할 때는 얻고자 기대하는 것보다 더 많은 것을 불러야 한다. 밤늦게 간식을 먹는 것은 좋지 않다. 언제나 논쟁의 반대 입장을 보려고 노력하라. 수입의 35퍼센트 이상을 집에 투자하지 마라. 그리고 제발 술을 몇 잔 마신 뒤에는 헤어진 연인이나 배우자에게 전화하지 마라.

이런 경험법칙은 대개 쓸모가 있다. 일상적인 문제에 간단한 해답을 안겨줌으로써 여러 선택지와 일어날 수 있을 거라고 예상되는 결과를 고민하는 데 쏟아부을 시간과 에너지를 절약해준다. 그런 법칙이 전혀 오류가 없는 것은 아니지만 대체로 신뢰할 만하며, 복잡하고 불확실한 세상을 조금은 이해하기 쉽게 만들어준다. 유혹과 싸우다가 지치고 잘 선택해야 한다는 요구에 압도당할 때, 이런 규칙에서 해답을 찾는다면 어느 정도까지는 부담을 덜 수 있다. 이런 법칙은 공식적으로 '휴리스틱heuristics'이라고 알려져 있다.

사실 우리는 하루에도 수많은 결정을 하지만, 선택능력은 단순 반복만으로 향상되지 않을 수도 있다. 우리는 충분한 경험과 지식을 갖추었음에도 종종 실망스러운 선택을 한다. 휴리스틱은 대체로 위험을 최소화하고 만족의 가능성을 높이는 선택 방법을 제공하는 것처럼 보인다. 안타깝게도 우리는 휴리스틱이 자신에게 도움이 될 때와 헷갈리게 할 때를 인식한다고 생각하지만, 사실은 그 정도로 잘 알지 못한다. 결과적으로 가장 좋은 의도를 가졌고 최선을 다했어도 최적의 행동을 선택하는 데 실패할 수도 있다.

우리는 때때로 의식적으로 휴리스틱을 이용하기도 하지만, 또 때때로 그것이 순간적인 판단과 육감을 불러일으키며 잠재의식 수준에서 작용하기도 한다. 우리는 자신이 휴리스틱을 사용하는 것을 의식하지 못할 수도 있고, 의식할 때조차도 그것이 실제로는 해로운데 유익하다고 믿을 수도 있다. 심리학자 대니얼 카너먼Daniel Kahneman과 아모스 트버스키Amos Tversky는 휴리스틱의 오용을 최초로 밝혀낸 연구로 노벨상을 수상했다. 이런 현상은 의사결정 편향decision-making bias이라고 널리 알려졌으며, 그후로 아예 이런 주제를 중심으로 한 연구 분야가 생겨났다. 보다 현명한 선택을 하기 위해 가장 일반적인 네 가지 휴리스틱이 어떻게 작용하는지, 또 그것이 어떻게 편향으로 자리 잡는지 살펴보겠다.

첫 번째

기억은행에 저장된 정보는 우리가 무엇에 주의를 기울이고 중요하다고 생각하는지에 영향을 미치며, 그뒤를 이어 선호에도 영향을 미친다. 이 현상을 '용이성availability 휴리스틱'이라고 한다. 당신이 가볍게 알고 지내는 한 동료의 비밀 산타가 되었다고 가정해보자. 당신은 그에게 넥타이를 사주려고 하지만, 그 사람이 무슨 색을 좋아하는지 정확하게 모른다. 그래서 그가 무슨 색의 옷을 즐겨 입는지 기억해내려고 노력한다. 그것은 아주 합리적인 생각처럼 보이지만, 사실 당신 머릿속에 떠오른 색이 동료가 가장 많이 착용했던 색이 아닐 수도 있다.

우리는 대체로 정직한 사실이나 건조한 통계치보다는 감각을 흥분시키거나 감정을 끌어내는 것들을 더 잘 기억한다. 이는 빨강이 회색보다 더 밝은 색이기 때문에 동료가 빨간 타이를 맸던 횟수는 과대평가하고 회색 타이를 맸던 횟수는 과소평가할 수도 있다는 뜻이다. 마찬가지로 막 개업한 식당에서 최근 내 평생 최악의 식사를 했다는 친구의 말을 듣고 그 식당을 강력하게 추천한 온라인 정보들을 모두 무시할 수도 있다. 친구의 의견은 다수가 합의한 내용과 모순되지만 당신은 식당을 지나칠 때마다 그녀의 개인적인 이야기와 얼굴 표정이 떠오를 것이다.

또한 결정은 각 선택의 결과가 얼마나 생생하고 구체적인가에 따라 영향을 받을 수도 있다. 지폐 대신 신용카드를 쓸 때 더 흥청망청 쓴다는 사실을 생각해본 적이 있는가? 사람들이 현찰보다 신용카드로 지급할 때 훨씬 더 많은 액수를 소비한다는 사실을 보여주는 몇몇 연구가 있다. 어떤 연구에서는 두 배까지 더 많은 액수를 소비한다는 결과를 얻었다. 지갑에서 현금을 꺼내 건넬 때 우리의 감각은 이제 돈이 적어졌다는 사실을 입력한다. 하지만 점원이 조그만 플라스틱을 기계에 넣고 나서 돌려줄 때는 마치 아무것도 지급하지 않은 듯한 착각에 빠져든다.

선택지를 만나는 순서도 그 선택지의 용이성에 영향을 미칠 수 있다. 우리는 선택지의 집합에서 첫 번째와 마지막 선택지를 더 잘 기억하는 경향이 있다. 그래서 각 선택지의 장점에 집중하는 대신, 그것들이 제시되는 위치에 따라 영향을 받을 수도 있다. 상점 선반의 양쪽 끝에 진열된 물건이 가운데 있는 물건보다 더 잘 팔리는 것은 이런 이유 때문이다. 또한 면접관이 직장 면접에서 처음과 마지막 지원자들에게 무의식적으로 더 많은 주의를 기울이는 것도 이런 이유 때문이다.

두 번째

매년 경영학 석사과정의 학생들에게 1980년대 코카콜라의 회장이었던 로베르토 고이주에타Roberto Goizueta의 유명한 일화를 들려준다. 그가 처음 회장 자리에 임명되었을 때, 회사 분위기는 음료시장의 45퍼센트 점유로 상당히 들떠 있었다. 임원들은 자신들이 이룬 성취에 상당히 만족하는 듯했으며, 향후 몇 년간 주식 가치를 5~10퍼센트 정도 상승시킨다는 목표를 설정해둔 상태였다. 고이주에타는 임원들이 너무 안전 위주로 일한다고 생각해 성장에 대한 그들의 개념에 도전하겠다고 결심했다. 그는 "한 사람이 하루에 얼마나 많은 액체를 소비합니까?"라고 물었다. 그런 다음 "세계 인구가 얼마나 됩니까?"라고 묻고, 마지막으로 가장 중요한 질문을 던졌다. "우리는 탄산음료 시장 말고 전체 음료시장에서는 몇 퍼센트를 차지하고 있습니까?" 그 수치는 겨우 2퍼센트에 불과한 것으로 나타났다.

고이주에타는 쟁점을 리프레이밍reframing(같은 내용을 다른 관점에서 바라보고 다른 의미를 부여하는 것 – 옮긴이)함으로써 시야를 넓히고 보다 창의적으로 생각하도록 직원들을 고무했다. 그들은 시장과 코카콜라가 그 안에서 점하고 있는 비율에 그저 만족해했다. 고이주에타는 그들의 생각만큼 회사의 현재 위치가 확고하지 않음을 인식시키면서, 앞으로 차지할 수 있는 부분이 많다는 긍정적인 사실을 함께 보여주었다. 그런 접근방식은 회사의 비전을 극적으로 변화시켰으며, 놀라운 결과로 나타났다. 1981년에 총 가치가 43억 달러였던 코카콜라 주식은 1997년 고이주에타가 사망하던 당시에는 1520억 달러로 급성장했다.

우리가 자신이나 다른 사람을 위해 정보를 포장하는 방식은 분명히 선택을 어떻게 보고 반응할 것인가에 큰 차이를 가져온다. 우리는 새로운 정보를 접하거나 기존의 정보를 재검토할 때마다 그것이 제시되는 방식(프레이밍)에 영향을 받는다. 이런 프레이밍을 유리하게 사용할 수도 있지만, 때로는 그것으로 결정의 질이 떨어지기도 한다. 예를 들어 프레이밍이 어떤 선택지의 이익보다 비용을 강조할 때는 편향이 생길 수 있다. 연구 결과들은 사람들의 마음속에서 이익보다 손실이 훨씬 더 크게 비춰진다는 사실을 일관되게 보여주었다. 우리는 자신에게 중요한 것을 잃지 않기 위해서라면 무엇이든 하겠지만, 이익을 얻기 위해서는 그와 비슷한 위험을 부담하지 않는다. 이익을 얻으려다 도리어 손실을 볼까 봐 두렵기 때문이다. 이런 현상은 지극히 당연하게 보이지만, 그것 또한 정보가 제시되는 방식에 따라 우리가 조작당할 가능성에 매우 취약하다는 뜻을 내포하고 있다.

이런 현상이 실제 일어나는 모습을 보기 위해 트버스키와 그의 동료들이 시도한 너무나 유명한 연구를 살펴보자. 그들은 환자와 의대생, 의사들에게 수술과 방사선 요법의 암 치료 효과와 관련된 통계치를 제시하고, 환자들에게 어떤 치료를 선호하는지 물었다. 환자들 중 50퍼센트에게는 수술받은 환자들의 90퍼센트가 치료에서 살아남았으며, 34퍼센트는 그후로 적어도 5년간 생존했다는 이야기를 들려주었다. 반면 방사선 치료를 받은 사람들은 모두 치료를 견뎌냈지만 5년 뒤까지 생존한 환자는 23퍼센트에 불과하다고 알려주었다. 나머지 50퍼센트의 환자들에게는 생존보다 사망률이라는 관점에서 동일한 정보를 구성해 들려주었다. 즉 수술의 경우 10퍼센트가 수술 도중에 죽었으며, 5년 안에 66퍼센트가 죽었다. 한편 방사선 치료의 경우 치료 도중 사망률은 0퍼센트였고, 5년 내의 사망률은 78퍼센트였다고 알려주었다.

모든 참가자에게 동일한 통계치를 제공했지만, 제시하는 방식을 바꾸자 그들이 내린 판단은 크게 달라졌다. 생존을 부각시킨 프레임에서는 25퍼센트만 수술보다 방사선 치료를 선호했지만, 사망률을 부각시킨 프레임에서는 42퍼센트가 방사선 치료를 선호했다. 수술 도중 죽을 가능성을 강조했을 때는 심지어 장기적인 생존율이 떨어지더라도 방사선 치료를 선택할 가능성이 더 높아졌다. 더욱이 의사들도 환자들과 마찬가지로 프레이밍 편향에 빠지는 취약성을 보였다. 집중적인 경험과 수련을 쌓았지만 그들 역시 숫자만 가지고는 판단을 내릴 수 없었던 것이다.

세 번째

구름 속에서 기린, 밤하늘에서 전갈, 그릴드 치즈 샌드위치에서 성모 마리아 등 우리는 어디서든 패턴을 찾아낸다. 마음은 이처럼 의식하지 못한 상태에서도 질서를 찾으려고 한다. 그리고 서로 다른 정보들 사이에서 관계를 정립하려는 이런 성향은 결정을 내릴 때 중요한 역할을 한다. 연결 짓는 것은 추리력에 필수 요소지만, 실제로 존재하지 않는 패턴을 인식하기 시작하거나 실제 양상이 우리가 인식하는 패턴보다 더 미묘할 때는 그릇된 판단을 내릴 수도 있다.

일련의 사건이 부동산 가격 폭락으로 이어지고, 그것이 세계적인 금융위기와 75년 이래로 최악의 경기침체를 촉발했던 과정을 생각해보자. 전통적으로 대부분의 미국인은 집을 소유하는 것을 안전한 투자라고 생각했다. 큰 이익을 얻지는 못하지만 장기적으로 봤을 때 가치 보존이 보장될 거라고 생각한 것이다. 인플레이션을 감안한 평균 주택가격은 2차 세계대전 후부터 1997년까지 11만 달러(오늘날의 화폐가치)로 거의 움직이지 않았다. 그러던 것이 1997~2006년에 약 20만 달러로 두 배 가까이 뛰는 예상치 못한 일이 벌어졌다. 사람들은 이렇게 극적이고 꾸준한 성장세를 보면서 주택가격이 앞으로도 계속 오를 거라고 믿게 되었다. 로버트 실러Robert Schiller와 칼 케이스Karl Case는 2005년 실시한 연구에서 샌프란시스코의 주택 구매자들이 앞으로 10년간 주택가격이 연간 14퍼센트씩 오를 것이라고 기대했다는 사실이 드러났다. 어떤 사람들은 연간 50퍼센트까지 오를 것이라는 상당히 낙관적인 전망을 내놓았다. 이렇게 명백한 패턴을 보면서 많은 사람은 불리한 조건으로 주택담보대출을 받는 위험을 감수하더라도 주택을 소유할 가치가 있다고 판단했다.

가격폭등의 이면에는 정말 어떤 패턴이 있었지만 주택 구매자들은 그것을 보지 못했다. 실제 존재했던 것은 호황과 폭락이 이어지는 패턴이었다. 대중이 자산에 점점 더 열광해 실제 가치보다 가격을 높게 끌어올릴 때 일어나는 거품 현상이 숨겨져 있었던 것이다. 결국 과대평가된 자산가치는 언젠가 정리되는데, 그 시점에 모든 사람이 서둘러 팔려고 하면서 그 거품은 터지고 만다. 경제역사책에는 수많은 거품의 사례가 끼어 있다. 17세기 네덜란드의 튤립공황기에는 튤립 한 뿌리가 보통 사람들의 평균 연봉보다 더 높은 값에 팔리기도 했다. 광란의 1920년대에는 주식투기가 대공황의 발단이 되었으며, 닷컴거품이 나라를 경기침체로 몰아넣은 지 십 년이 채 지나기 전에 주택가격폭락 사태가 발생했다. 나무에 가려 숲을 보지 못하고, 집을 둘러싼 거품 때문에 집을 보지 못한 사람들은 한 가지 추세에 휩쓸렸지만, 그것은 결국 지속 불가능한 것으로 드러났다. 그런 근시안, 또는 착시에 따른 선택은 종종 아주 큰 피해를 불러온다.

네 번째

휴리스틱이 예상했던 결과를 가져오지 않을 때, 사람들은 결국 무엇이 잘못되었는지 깨달을 거라고 생각할 것이다. 비록 편향을 집어내지는 못하더라도 원했던 것과 얻은 것 사이의 차이는 실감할 수 있지 않겠는가? 글쎄, 꼭 그런 것만은 아니다. 사람들은 편향을 지탱해주는 편향 역시 가지고 있음이 드러났다! 한 선택지가 대단히 인상적이거나, 손실을 최소화하는 방향으로 프레이밍되어 있거나, 장래성 있는 패턴에 맞아떨어져 보이기 때문에 그쪽으로 기울어진다면 우리는 그 선택지의 선택을 정당화해줄 정보를 찾으려는 경향이 있다. 자료나 여러 가지 논리를 근거로 자신이 옹호할 수 있는 선택을 한다는 건 한편으로 현명한 처사다. 하지만 또 한편으로는 조심하지 않으면 불균형적인 분석을 할 수도 있는데, 이런 실수들을 가리켜 '확인편향confirmation bias' 이라고 뭉뚱그려 부르고 있다.

대부분의 회사가 채용 과정의 일부로 "자신에 대한 이야기를 하라"는 고전적인 면접을 포함시킨다. 그리고 이런 면접만으로 지원자들을 평가한다. 하지만 이런 전통적인 면접은 직원이 미래에 얼마나 성공을 거둘 것인지 예측하는 용도로는 사실상 가장 쓸모없는 도구들 중 하나임이 밝혀졌다. 면접관은 처음 몇 분 동안 주고받은 내용만을 근거로 면접대상에 대해 잠재의식 수준에서 마음을 정하고, 남은 시간에는 마냥 그에 부합되는 증거를 선택적으로 취하기 때문이다. 예컨대 성격 유형이나 관심사가 자기와 비슷한 사람에게는 처음부터 긍정적으로 반응한다. 그리고 "여기 보니 이전 직장에서 좋은 자리를 그만두셨더군요. 포부가 상당히 큰 것 같은데, 그런가요?" 또는 "그다지 회사에 헌신적이지 않았나 봐요?"처럼 최초의 인상을 확인해주는 질문을 던지고 자신의 구미에 맞는 증거를 골라낼 뿐이다. 이는 특정 지원자가 실제로 채용하기에 가장 적절한지 여부를 분명하게 보여주는 중요한 정보를 지나쳐버릴 수도 있다는 말이다. 지원자가 했던 일의 샘플을 구해본다든지 가상의 어려운 상황에서 어떻게 반응할 것인지 물어보는 등 좀 더 체계적인 방법이 미래의 성공을 훨씬 잘 예측하도록 도와준다. 이런 방법이 전통적인 면접보다 거의 세 배 정도 유익하다.

우리는 자신이 가진 생각을 확인하려고 노력할 뿐 그것이 틀렸음을 보여줄 위험이 있는 정보는 얼른 치워버린다. 심리학자이자 『전문가의 정치적 판단Expert Political Judgement』의 저자인 필립 테틀록 Philip Tetlock의 획기적인 장기 연구에서는 전문가들조차도 이런 경향을 가졌다는 사실이 드러났다. 그는 1980년대와 1990년대에 걸쳐 이념의 모든 스펙트럼으로부터 선정한 정치과학자, 정보자문, 정치전문가, 기타 정치에 정통한 수백 명의 권위자에게 특정한 미래의 사건들을 예측해보라고 부탁했다. 예컨대 미국과 소련의 관계가 안정적일까, 개선될까, 악화될까 전망해보라고 했다. 테틀록과 그의 동료들은 이런 사건들이 실제로 전개되는 양상을 보면서 예측을 생업으로 하는 대다수의 전문가가 무작위로 선택하는 것만도 못한 예측을 내놓았다는 사실을 발견했다. 그리고 확신 있게 예측한 사람들이 평균적으로 더 부정확했다는 사실도 알아냈다.

개별적인 세계관이나 특별히 선호하는 이론의 특성을 막론하고, 이런 전문가들은 자신의 생각에 들어맞지 않는 정보보다는 그 생각을 공고히 해주는 정보를 훨씬 더 흔쾌히 받아들였다. 예를 들어 소련을 '악의 제국'으로 보는 견해를 취하는 사람들은 스탈린이 1920년대에 공산당 내부의 온건파들한테 거의 추출당할 뻔했다는 사실을 암시하는, 최근 발표한 크렘린 기록의 내용을 분석하면서 온갖 오류를 찾아냈다. 좀 더 다원주의적 견해를 가진 전문가들은 이런 자료를 액면 그대로 받아들였다. 종합해보면 전문가라고 하는 사람들은 그릇된 것을 '거의 옳은 것'으로 바꿀 수 있는 온갖 방법을 생각해냈다.

결과적으로 그들은 사실에 더 잘 부합되도록 자신의 견해를 바꾸는 대신 고수한 것이다.

  우리도 이미 선호하는 것을 지지해주거나 이전에 내린 선택을 옹호해주는 정보를 수용하며 그와 똑같은 행동을 저지르곤 한다. 어쨌든 자신의 의견에 도전하기보다는 정당화하는 것이 더 기분 좋은 일이다. 장점만 생각하고 나쁜 점은 마음 뒤쪽으로 밀쳐내는 것이 훨씬 마음 편하다. 하지만 가장 현명한 선택을 하려면 스스로 불편함을 겪겠다는 마음을 먹어야 한다. 만약 우리가 정말 그럴 의지가 있다면, 이런 편향에 대비하여 자신을 강화하기 위해 어떻게 해야 할 것인가 하는 질문을 제기할 것이다.

04

인간 거짓말 탐지기 폴 에크먼 교수의 비밀

칼 라이트먼은 그 소녀가 두려움에 떨고 있다는 것을 안다. 그 정치인이 무엇인가를 숨기고 있음을 확신한다. 그리고 통화하고 있는 그 남자는 죄책감으로 너무 괴로워 아내에게 자신이 바람피우고 있다는 사실을 시인할 것이다. 라이트먼은 이렇게 생면부지의 사람을 단 몇 분, 때로는 단 몇 초 관찰한 뒤 심지어는 말 한 마디소차 나눠보지 않고도 그 사람들에 대해 꽤 확실한 결론에 다다른다. 그리고 그것은 대부분 정확하게 들어맞는다. 폭스사의 드라마 「라이 투 미Lie to Me」에서 팀 로스가 연기하는 라이트먼은 자신감 넘치고, 거칠며, 약간 광적인 모습으로 그려진다. 그는 보디랭귀지와 미세한 표정을 읽어냄으로써 범죄를 해결하고 생명을 구하는 등 대체로 좋은 일을 한다. 그러면서 여러 명의 심리학자인 동시에 텔레비전의 주인공이기도 한 여지껏 경험한 적 없는 인물을 만들어낸다.

라이트먼의 놀라운 재능은 텔레비전 판타지에서나 나올 법한 소재처럼 보이지만, 그는 95퍼센트의 정확도를 자랑하는 인간 거짓말 탐지기인 폴 에크먼Paul Ekman 교수라는 실존인물을 모델로 하고 있다. 거짓말을 탐지하기란 무척 어려운 일이므로 에크먼의 이 같은 성공률은 실로 놀라운 것이다. 우리는 어떤 사람이 거짓말을 하고 있는지 판단할 때 주로 직관에 의존한다. 사실적인 근거에서 거짓말을 포착하지 않는 한 그 사람의 부정직함을 보여주는 유일한 표시는 목소리와 보디랭귀지, 얼굴 표정뿐이다. 이런 표시는 의식적으로 인식하기에는 너무나 미세한 것이지만, 그래도 강렬한 직감을 불러일으킬 수 있다. 남들과 상호작용하는 상황에서 상대방의 신뢰성을 평가하는 데 자신의 기술을 적용해볼 수는 있지만, 그 판단의 정확성에 대한 분명한 피드백이 없으면 믿는 것이 잘못인지, 불신하는 것이 잘못인지 알아낼 방도가 없다는 문제점이 있다. 즉 아무리 시간이 흘러도 그 기술을 향상시킬 수 없다는 뜻이다. 많은 사람이 자신은 진실과 거짓을 상당히 잘 구분해낼 수 있다고 믿지만, 보통 사람은 우연 이상의 확률로 정확하게 구분해내지 못한다. 평균적으로 경찰관이나 변호사, 판사, 정신과의사 등 보통 사람보다 더 자주 심각한 거짓말을 접하는 다른 어떤 집단에 속한 사람들도 그 이상으로 잘 구분해내지 못한다. 그렇다면 에크먼은 어떤 면에서 보통 사람과 다른 점을 가진 걸까?

　에크먼이 지닌 육감의 비밀은 수십 년간의 연습과 피드백이었다. 그는 단지 인간의 얼굴뿐 아니라 온갖 얼굴을 연구하는 데 심혈을 기울였다. 순간순간 원숭이의 얼굴 표정을 추적하는 것에서부터 출발해 다른 원숭이한테서 무엇인가를 훔치거나, 공격하거나, 친밀하게 제안하는 등 그뒤에 따르는 행동과 이런 표정을 연결시켰다. 그런 다음 비슷한 개념을 거짓말 탐지에 적용했으며, 거짓말하는 사람들이 몇 분의 1초밖에 드러내지 않는 미세한 표정을 통해 거짓을 누설한다는 사실을 발견했다. 거짓말하는 당사자나 관찰하는 사람 모두 대개 이런 미세한 표정을 의식하지 못하지만, 에크먼은 진실을 말하거나 거짓말을 한다고 이미 알려진 사람들의 슬로모션 테이프를 세심하게 관찰하면서 그런 표정들을 탐지하는 훈련을 했다. 예를 들어 학생들에게 소름끼치는 의료 행위를 하는 필름을 보여준 뒤에 평화로운 장면을 본 것처럼 가장하라 하고 그 표정을 관찰했다. 에크먼은 이를 지속적으로 분석해 관련 없는 보디랭귀지와 사람들이 말하는 내용을 걸러내면서 미세한 표정을 자동적으로 탐지하고 그것에만 초점을 맞추는 능력을 계발했다. 그의 능력은 초인적으로 보일 수도 있지만, 실은 평범한 수단을 통해 얻은 것이다.

에크먼은 창의적인 독학 과정과 부단한 노력으로 자동 시스템과 숙고 시스템을 실합하는 방법을 발견했고, 그로써 상당히 정확도가 높은 순간 판단을 할 수 있게 되었다. 그가 발견한 방법은 신중한 사고와 분석에서 얻는 객관성과 반사반응의 신속함을 결합한 것으로, 정보에 입각한 직관informed intuition이라고도 말할 수 있다. 말콤 글래드웰Malcolm Gladwell의 『블링크Blink』 등 인기도서에 종종 등장하는, 자신의 분야에서 탁월한 수행으로 놀라운 업적을 남긴 사람들은 이처럼 정보에 입각한 직관에 의존한다. 아주 능숙한 포커 플레이어들은 게임의 전략이나 쓰고 있는 카드에 대한 지식, 상대방이 허풍을 떨고 있는지 여부를 알아내기 위해 보디랭귀지의 변화를 감지할 수 있는 민감성을 결합하여 이를 활용한다. 훈련받은 노련한 공항 보안 요원들은 마약이나 기타 밀수품을 반입하려는 승객을 거의 한눈에 잡아낸다. 아인슈타인은 우주를 지배하는 물리법칙을 발견하는 문제에서조차도 "이런 기본법칙을 발견하는 데 논리적인 방식은 존재하지 않는다. 드러난 모습 뒤에 숨어 있는 질서에 대해 감을 잡고, 직관을 활용하는 것이 유일한 방법이다"라고 썼다.

반드시 아인슈타인 급의 천재만 이렇게 본성에 가까운 전문성의 경지에 오르는 건 아니지만, 누구나 쉽게 그런 경지에 도달할 수 있는 것도 아니다. 노벨상 수상자이자 금세기의 가장 영향력 있는 학자 중 한 사람인 허버트 사이먼Herbert Simon은 "직관은 인식recognition 그 이상도, 이하도 아니다"라고 말했다. 자동 시스템은 예측하거나 이론적인 지식을 적용하지 않는다. 현재 개인이 처한 어떤 상황에서든 반응만 할 뿐이다. 새로운 상황을 맞았을 때는 그것이 예전에 경험했던 상황과 비슷할 때만 정확한 반응을 보일 수 있다. 따라서 정보에 입각한 직관을 계발하기 위해서는 방대한 양의 실전용 전문성을 갖춰야 한다는 것이 전제조건이 된다. 어떤 한 분야에서 세계 수준의 전문적 이해에 도달하려면 평균 1만 시간의 훈련, 또는 10년간 꼬박 매일 3시간씩의 연습이 필요하다고 한다. 하지만 연습만으로는 그 경지에 오를 수는 없다. 앞서 보았듯, 의사와 정치전문가들의 상당한 전문적 경험도 프레이밍과 확인편향을 늘 막아주지는 못한다. 십 년간 하루에 3시간씩 X라는 활동을 했다고 해서 X 분야에서 세계 챔피언이 될 거라고 확신할 수는 없다. 자신의 성과를 끊임없이 관찰하고 비판적으로 분석해야만 그 경지에 도달하게 된다. 뭘 잘못했던가, 어떻게 하면 더 잘할 수 있을까 하는 질문을 계속 자신에게 던져야 한다.

그 영역이 무엇이든 간에 이런 연습과 자기비판 과정의 최종 목표는 정보에 입각한 직관을 얻는 것이다. 그것을 갖추면 숙고 시스템만 사용할 때보다 속도나 정확성 면에서 과제를 훨씬 더 완벽하게 해낼 수 있다. 만약 성공한다면 주어진 상황에서 가장 적절한 정보를 신속하게 수집해 처리할 수 있으며, 편향된 선택으로 이어질 수 있는 모든 분산요소를 피하고, 그로써 가장 적절한 행동절차를 결정할 수 있게 된다. 하지만 정보에 입각한 직관이 아무리 날카롭더라도, 그것은 요구되는 시간과 노력을 투자했던 특정 영역에 한정될 것이다. 또한 분명하고 측정 가능한 목표, 즉 성공을 이루는 요소에 대한 명백한 기준을 세우지 못한 영역에서 정보에 입각한 직관을 계발한다는 것은 불가능까지는 아니더라도 대단히 어려운 일이다. 선택의 문제로 넘어오면 연습한다고 해서 언제나 완벽한 선택을 할 수 있는 것은 아니다. 하지만 올바른 방식으로 접근한다면 진정한 전문성을 계발하는 데 도움이 될 수는 있다.

물론 당신은 모든 분야에서 전문가가 될 수는 없다. 그렇다면 전반적인 선택 능력을 향상시키기 위해 어떻게 해야 할까? 당신이 사용, 또는 오용하는 휴리스틱을 선별하기 위해 숙고 시스템을 활용하는 것이 핵심이다. 어떻게 해서 이런 특정한 선호를 갖게 되었는지 자신에게 물어보라. 생생한 이미지나 개인적인 진술에 지나치게 영향을 받은 건 아닐까? 어떤 선택지를 손실이라는 관점에서 보았기 때문에 너무 빨리 폐기해버린 건 아닐까? 실제로는 존재하지 않는 어떤 추세나 패턴을 상상했던 건 아닐까? 당신이 즉각적으로 이끌리는 것을 선택하지 말아야 할 이유를 찾으려고 노력해보라. 자신의 의견에 대립되는 증거를 수집해보라. 선택하기 전에 늘 그처럼 철저히 숙고할 수는 없겠지만, 나중에 선택에 대해 다시 생각해보는 것도 가치 있는 일이다. 이미 지나간 선택을 바꿀 수 없을지는 모르지만, 자신이 실수했다는 사실을 발견한다면 미래에 같은 실수를 되풀이하지는 않을 것이다. 우리는 누구나 결정편향에 빠질 위험이 있지만, 항상 조심하고 인내하고 어느 정도 회의함으로써 그러한 편향들과 싸울 능력을 키울 수도 있다.

05

사랑은 흔들리는 다리에서 고백하라

컬럼비아대학교의 내 동료들 사이에서 떠돌았던 이야기 하나를 들려주겠다. 결정분석 분야의 선구자였던 하워드 라이파Howard Raiffa 교수는 오래전 하버드대학교로부터 지금보다 한 단계 더 명예로운 것이라고 여겨지는 자리를 제안받은 적이 있다. 하버드 대학교는 그를 붙잡기 위해 보수를 세 배 더 올려주겠다고 제안했다. 두 선택지 사이에서 고민하던 그는 친구인 컬럼비아의 학장에게 조언을 구했다. 학장은 그 질문을 재미있어 하면서 애초에 하버드로부터 제안을 받는 데 한몫했던 그의 테크닉들을 적용해보라고 제안했다. 결정을 그 구성요소들로 분해하고, 그것들 사이의 관계를 측정하고, 어떤 선택지가 자신에게 가장 적합한지 계산해보라는 것이었다. 그러자 라이파는 "자네는 이해를 못 하는군. 이건 대단히 중요한 결정일세"라고 대답했다.

이 이야기는 출처가 불분명하지만, 개인적인 행복은 언제나 아주 심각한 문제라는 근본적인 진리를 담고 있다. 남들에게 공식과 전략을 제안하는 것은 좋지만, 자신의 장기적인 행복이 걸려 있는 문제에 대해서도 그런 것들을 믿어야 할지는 확신할 수 없다는 것이다. 대체로 우리는 기계적인 접근이 개개인의 독특한 행복을 책임져줄 수 없을 것이라고 생각한다. 하지만 무엇이 우리를 행복하게 해줄 것인지 알지 못한다면, 어떻게 그것을 알아낼 것인가?

장점과 단점을 열거하는 방법이 유익하다고 극찬했던 벤저민 프랭클린은 일찍이 라이파의 연구에 토대를 마련해주었다. 프랭클린은 친구가 어려운 결정을 내리려는 데 도와달라는 편지를 보냈을 때, 자신이 무엇을 선택해야 할지 조언을 줄 만큼 충분한 정보는 없지만 어떻게 선택해야 하는지는 조언해줄 수 있다고 대답했다.

어려운 경우가 발생했을 때는 그것을 고려하는 동안 모든 장점과 단점이 동시에 마음속에 떠오르지 않기 때문에 결정하기가 어렵다. …… 그 어려움을 극복하려면 우선 종이를 세로로 두 칸으로 나눈다. 그리고 한 쪽에는 찬성이라고, 또 다른 쪽에는 반대라고 제목을 적는다. 사나흘 숙고하는 동안 아무 때고 그 조치에 찬성 또는 반대하는 서로 다른 이유가 떠오르면, 그것들의 간단한 힌트를 찬성이나 반대라는 제목 아래 적어넣는다. 그렇게 해서 그 모든 것을 한꺼번에 볼 수 있게 되면, 각각의 비중을 재본다. 그리고 양쪽에서 엇비슷해 보이는 항목을 찾아내면 그 2개를 지운다. 찬성하는 이유 하나와 맞먹는 반대 이유 2개를 찾으면 3개를 한꺼번에 지운다. 반대하는 이유 2개가 찬성하는 이유 3개와 비중이 같으면 5개를 지운다. 그러는 동안 마침내 균형을 찾게 된다. …… 이렇게 하면 더 잘 판단할 수 있고, 성급한 단계를 밟을 가능성도 줄일 수 있다고 생각한다. 그리고 나는 실제로 도덕적 대수, 또는 신중한 대수라고도 부를 수 있음직한 이런 방정식이 아주 유익하다는 점을 발견했다.

프랭클린의 대수는 아주 간단해 보이는데, 과연 그것이 효과가 있을까? 내가 앞 장에서 설명했던 구직 연구를 다시 생각해보자. 그 연구에서 갓 졸업한 학생들은 자신의 우선순위가 시간이 흐르면서 변화되었다는 것을 깨닫지 못했다. 그 연구의 일환으로 레이철 웰스와 나는 배리 슈워츠Barry Schwartz와 팀을 이루어 참가자들에게 그들이 궁극적으로 선택했던 직장에 대해 좀 더 물어보았다. 우리는 특히 구직 과정에서 모든 일을 객관적으로 올바르게 처리했던 졸업생들에게 관심이 있었다. 직업 상담사, 부모, 친구들과 더 자주 상의하고, 회사에 대한 전문가의 평가를 활용하고, 더 많은 회사에 지원했던 졸업생들이 좀 더 느슨하게 접근했던 졸업생들과 비교했을 때 어떤 결과를 얻었는지 무척 궁금했다. 6개월 뒤에 우리는 자신의 결정을 철저하게 분석했던 사람들이 더 좋은 결과를 얻었다는 수치를 발견했다. 그들은 면접 제의도 더 많이 받았을 뿐 아니라 합격통지도 더 많이 받았으며, 평균 연봉이 4만 4500달러인 직장을 구했다. 반면에 덜 철저했던 학생들은 평균 3만 7100달러의 연봉을 받았다. 하지만 이들 졸업생은 남보다 20퍼센트 이상 더 높은 보수를 받는데도 자신이 올바른 선택을 했는지 확신이 덜 했으며, 직장에 대해서도 전반적으로 덜 만족스러워했다. 비록 적극적으로 여러 선택지의 득실을 재보았지만, 최종 선택이 더 큰 행복을 가져다주지는 못했던 것이다.

더 열심히 직장을 구했던 졸업생들은 어쩌면 기대수준이 그만큼 더 높았는지도 모른다. 그들의 완벽주의가 행복 수준이 낮은 원인 중 하나일 수도 있다. 하지만 그것이 전부는 아니다. 찬성과 반대를 비교하는 접근방식의 치명적 약점은 종종 정서적인 면을 고려하지 않은 채 구체적이고 측정 가능한 기준에만 초점을 맞춘다는 것이다. 봉급이나 회사 순위는 쉽게 비교되지만, 두 직장의 분위기라든지 동료들과 얼마나 편안하게 지낼 수 있는지 등의 문제는 어떻게 평가하고 비교할 것인가? 감정은 수량화할 수 없으므로 우리는 그런 것들을 찬성과 반대의 목록에 넣지 않을 수도 있다. 비록 행복의 더 많은 부분이 그런 것들에 달려 있다고 하더라도 말이다. 아마 더 철저하게 직장을 구했던 학생들이 그랬는지도 모른다.

돈과 행복이 정비례적 관계에 있지는 않지만, 대부분의 사람은 채용 제의를 놓고 결정할 때 봉급에 많은 무게를 둔다. 여러 연구는 돈이 행복을 살 수 있지만, 거기에 한계가 있다는 사실을 일관되게 보여준다. 기본적인 욕구가 충족되고 나면 더 많은 부를 가져다줄 수 있는 물질의 추가적 가치는 급격히 감소한다. 2004년 전국적으로 실시되었던 일반사회조사General Social Survey에서 연간 2만 달러 이하를 버는 사람들은 그보다 고소득군에 속하는 사람들에 비해 상당히 덜 행복하다고 보고했지만, 그중 80퍼센트 이상은 그래도 여전히 자신이 '꽤 행복'하거나 '아주 행복'하다고 묘사했다. 이 계층을 넘어가면 사람들은 전반적으로 비교적 더 행복해했다. 하지만 그 이상의 소득 증가는 행복에 거의 영향을 미치지 않았다. 10만 달러 이상을 버는 사람들의 경우, 그 액수의 반을 버는 사람들보다 삶에 더 많이 만족하지 않았다. 다른 연구들은 연간 500만 달러 이상을 버는 미국인들한테서도 이런 점을 발견했음을 보여주었다. 사람들은 소득이 증가해도 그에 따라 더 행복해지지 않았던 것이다.

우리는 더 많은 돈이 더 많은 안락함과 안정을 얻게 해줌으로써 더 좋은 결과를 가져온다는 숙고 시스템에 설득되어 더 많은 봉급에 강하게 이끌리는지도 모른다. 하지만 그 시스템은 더 많은 봉급에 종종 수반되는 여가시간의 상실이나 통근의 번거로움 등 심리적인 대가를 방정식에 포함시키지 않았을 수도 있다. 카너먼과 그의 동료들이 실시한 연구에서는 보통 사람들의 일상에서 출퇴근이 가장 불쾌한 시간이며, 매번 출퇴근에 20분을 더 쓰는 것이 해고당하는 것의 5분의 1만큼이나 당신의 안녕에 해롭다는 사실이 드러났다. 더 좋은 학군과 더 좋은 동네, 더 큰 집을 가지고 싶어 장거리 출퇴근을 감수했을 수도 있지만, 그에 따른 이익은 늘어난 출퇴근시간이 미치는 부정적인 영향을 거의 상쇄시켜주지 못한 것이다.

자동 시스템은 우리를 유혹으로 이끌어 비난을 받지만, 행복이 걸려 있을 때는 어쩌면 자동 시스템에 더 많은 주의를 기울여야 할지도 모른다. 버지니아대학교의 팀 윌슨Tim Wilson과 그의 동료들은 "나는 미술에는 문외한이지만 내가 무엇을 좋아하는지는 안다"라는 일반적인 주장을 검증하기 위한 연구를 실시했다. 참가자들에게 자기 집에 붙여놓을 포스터를 고르라고 지시한 뒤 모네와 고흐, 좀 진부한 동물 그림 3점 등 다섯 가지 선택지를 제시했다. 대부분의 사람은 본능적으로 예술작품을 선호했지만, 자신의 생각을 묘사해보라는 지시를 받았을 때 동물 그림을 좋아하는 이유를 대는 게 더 쉽다는 사실을 깨달았다. (제대로 미술교육을 받지 않은 이상 인상주의 작품을 자세하게 논의하는 일이 상당히 어려울 수 있다. 그에 비해 미소 짓는 젖소 이야기를 하는 것은 식은 죽 먹기다.) 그래서 사람들은 인상주의 작품을 제치고 동물을 좋아하기 시작하더니, 결국에는 동물 그림을 선택했다. 하지만 몇 달 지난 뒤에는 본래 취향이 다시 표면으로 드러났다. 벽에 동물 포스터를 붙인 사람들 중 4분의 3은 매일 그 그림을 보면서 후회했다. 한편 자신의 원래 충동에 따라 모네나 고흐를 선택했던 사람들은 아무도 그 결정을 후회하지 않았다.

  개인적인 취향을 정당화하는 게 어렵다면 로맨틱한 매혹을 설명하는 것은 더더욱 불가능에 가깝다. 블레즈 파스칼Blaise Pascal은 "심장은 이성이 전혀 알지 못하는 논리를 가지고 있다"라고 말했다. 윌슨과 그의 동료들은 연애 중인 파트너한테 서로 얼마나 만족하는지 설문조사를 해본 결과 이런 현상이 실제로 일어나고 있음을 관찰했다. 어떤 사람들에게는 설문지를 작성하기 전 현 상태의 만족도에 대해 가능한 한 많은 이유를 나열하고, 그러한 이유들을 신중하게 생각해보라고 지시했다. 다른 참가자들에게는 즉각적으로 떠오르는 아무 대답이나 쓰라고 지시했다. 7~9개월 정도 지난 뒤에 연인들이 여전히 사귀고 있는지 알아보기 위해 추적해보았더니, 직관적인 평가가 성공적인 관계를 상당히 잘 예측해주었던 반면, 이성적인 분석에 기초해 내린 평가는 거의 상관없음이 드러났다. 관계를 철저하게 분석하고 자신들이 잘 지내고 있다고 결론을 내렸던 사람들은 관계에 심각한 결함이 있다고 판단했던 사람들 못지않게 결별

할 가능성이 높았다.

윌슨의 연구는 감정문제를 다룰 때는 자동 시스템에 의존하라는 쪽으로 우리를 몰아가는 듯하다. 하지만 도널드 더튼Donald Dutton과 아
서 아론Arthur Aron의 연구는 또다시 우리를 멈추게 한다. 그 연구는 브리티시컬럼비아에 있는 두 다리 위에서 진행되었다. 한 다리는 넓고 안정적이고, 뛰어내리려는 사람을 막을 수 있을 만큼 난간이 높았으며, 혹시 떨어지더라도 겨우 3미터 아래의 잔잔한 강으로 떨어지도록 되어 있었다. 대조적으로 두 번째 다리는 인디애나 존스 영화에서 옮겨놓은 것 같은 가느다란 외나무 다리였다. 바위투성이에 급류가 흐르는 험한 강으로부터 70미터 위에 걸려 있는 그 다리는 난간이 얕고, 바람이 불거나 사람이 건너갈 때마다 크게 흔들렸다.

남성 관광색이 이 두 다리 중 어느 하나를 건너갈 때, 매력적인 여성 실험자가 다리 한가운데에서 그 사람을 세우고 그 지역의 자연경관이 창의성에 미치는 효과를 알아보는 실험에 참가할 의사가 있는지 물었다. 참가하기로 할 경우, 한 손으로 얼굴을 가리고 다른 손을 내민 한 여자의 사진을 보고 떠오르는 짧은 이야기를 쓰는 것이 과제였다. 실험에 응했던 참가자가 그 이야기를 제출할 때 실험자는 자신의 이름과 전화번호가 적힌 종이쪽지를 건네주면서 연구 목적에 대해 더 이야기하고 싶은 게 있으면 부담 없이 전화하라고 말했다.

'현수교에서의 사랑'이라는 이름으로 불리게 된 이 연구의 실제 목적은 창의적 작문과는 아무런 연관이 없었다. 실험의 진짜 목적은 고조된 감정(이 경우에는 두려움)이 다른 강렬한 감정(이 경우에는 실험자에 대한 매력)과 혼동될 수 있는지를 연구하는 것이었다. 흔들리는 현수교를 건넜던 참가자들 중 절반 정도가 나중에 연구 이야기를 하자고 실험자에게 전화를 걸어왔다. 낮고 안정적인 다리를 건넜던 사람들 중에서는 겨우 8분의 1만 전화했다. 두 가지 상황의 맥락을 전혀 알지 못했던 평가자들이 판단한 바에 따르면 불안정한 다리 위에서 쓴 이야기는 성적인 의미를 더 강하게 함축하고 있었다. 만약 남자 피험자의 의도가 그렇지 않았을 것이라는 의심이 든다면, 남자 실험자가 같은 연구를 되풀이했을 때는 두 다리의 피험자들이 전화를 건 비율이 똑같이 낮았다는 사실을 생각해보기 바란다.

사람들은 어떻게 아래쪽의 험한 바위에 떨어져 죽을지도 모른다는 두려움과 큐피드의 화살에 맞은 것 같은 느낌을 헷갈릴 수 있는 걸까? 잘 생각해보기 바란다. 자동 시스템은 생리적인 반응을 등록하지만, 무엇이 그런 반응을 일으켰는지 매번 알지 못한다. 두려움과 사랑은 전혀 다른 감정이라고 생각되겠지만, 그것을 겪는 우리의 신체적 반응은 아주 비슷하다. 심장이 전보다 빨리 뛰고, 손바닥에 땀이 나며, 위가 조여드는 듯한 느낌이 든다. 첫눈에 반하는 사랑은 사실 떨어져 죽을 것 같은 두려움과 상당한 공통점을 가진다.

다리 연구의 결과를 비정상적인 것이라고 치부해버릴 수는 없다. 사실 우리는 종종 자신의 정서 상태를 알려주는 단서를 찾기 위해 사회적 맥락을 돌아보곤 한다. 1960년대에 컬럼비아대학교에서 진행되었던 한 고전적인 연구에서 스탠리 샤흐터Stanley Schachter와 제롬 싱어Jerome Singer는 아드레날린 주사를 맞은 학생(본인은 그 사실을 알지 못함)들을 유도해 즐겁게 행동하도록 할 수도 있고, 화를 내게 할 수도 있음을 발견했다. 실험자가 상호작용을 어떻게 조작하느냐에 따라 각각의 학생은 약물로 유도된 신체적 흥분 상태를 "오늘 너무 즐거워!"라든지 "난 정말이지 너무 화가 나!" 중에서 한쪽으로 해석하고, 그에 따라 행동했다.

예전에 내가 가르쳤던 한 남학생은 배경과 감정 사이의 이처럼 야릇한 관계를 직접 체험해보기로 했다. 그는 현수교 실험에 영감을 받아 여자친구와 인도를 방문하는 동안 자체적으로 실험을 해보기로 마음먹었다. 그는 그 여자친구에게 이성으로서 매력을 느꼈지만 상대방한테서 반응이 없자 직접 실행에 옮겨보기로 했던 것이다. 그는 빠르고 위험한 자동 릭샤(인력거)를 타고 델리 시내를 스릴 있게 달리는 것이 피를 솟구치게 해주는 방법이 될 거라고 생각했다. 그 여자친구는 자신의 흥분 상태를 옆자리에 앉은 사람과 연결시킬 것이고, 그 사람은 바로 자기 자신이 될 거라고 예상했다. 계획은 사실상 완벽했다! 그는 터번을 쓴 몸집이 크고 목소리가 우렁찬 사람이 과속으로 모는 릭샤를 불러세웠다. 그리고 좁고 소란스럽고 꼬불꼬불한 길을 달리도록 목적지를 알려주었다. 그 여자친구는 머리카락을 바람에 마구 휘날리며, 눈을 부릅뜬 채 손잡이를 단단히 붙잡았다. 마침내 릭샤가 멈추자 그 여자친구는 내리면서 옷매무새를 가다듬었다. 상당히 흡족했던 남학생은 "그래, 어땠어?"라고 물었다. 그러자 그 여자친구는 바싹 다가와 그의 눈을 똑바로 쳐다보며 이렇게 속삭였다. "저 릭샤 운전사 정말 멋지지 않아?"

이렇게 자신의 감정을 예측하는 것조차 어려운 걸 보니, 다른 사람들이 주어진 상황에 어떻게 반응할지 예측하기란 여간 어려운 일이 아닐 것이다. 오늘 내리는 결정을 미래에 어떻게 느낄 것인지 판단하려고 할 때, 우리는 현재 감정을 바탕으로 추론한다. 그러면서 앞에서 보았던 편향에 지고 만다. 예를 들어 생생한 시나리오에 지나치게 집중하느라고 앞으로 벌어질 더 큰 배경 상황을 무시하다가 우리의 반응이 얼마나 강렬할 것인지 과대평가하는 경향이 있다. 스포츠에 열광하는 사람들은 대부분 자신이 응원하는 팀이 지면 낙담할 것이며 이기면 열광할 것이라고 예측한다. 그때는 정서 상태의 전반에 영향을 줄 날씨, 출퇴근, 직장에서의 마감시한, 가족 모임 등 그날의 다른 모든 요인은 고려하지 않는다.

우리는 또한 감정의 지속기간을 과대평가한다. 오늘 당신이 승진해 엄청나게 행복하다면, 아마 두 달 뒤에도 무척 행복할 것이라고 생각할 것이다. 하지만 당신은 금방 새로운 일에 적응한다. 심지어 복권에 당첨되는 일조차도 개인의 행복을 장기적으로 향상시켜주지 못한다. 이런 현상과는 반대로 고무적인 것은 가족의 죽음이나 암 진단, 장애 등의 외상적 사건과 연관된 부정적인 감정조차도 생각만큼 오래 지속되지 않는다는 것이다. 처음에 느끼는 슬픔과 상심은 매우 깊지만, 우리는 시간이 흐르면서 점차 회복된다.

이런 편향을 보완하려면 폴 에크먼과 같은 전문가의 안내를 따라야 할 것이다. 즉 자신이 본래 가졌던 기대를 기억하고, 과거가 부정확함을 인식하고, 미래에 필요한 수정을 함으로써 자신의 성과를 분석하고 향상시켜야 한다는 것이다. 하지만 과연 감정의 영역에서도 그렇게 할 수 있을까? 팀 윌슨과 그의 동료들은 일을 또 한 번 꼬아놓았다. 2000년 미국의 대통령 선거가 있기 전에 그들은 정치에 관심이 많은 유권자를 모집했다. 그리고 이 유권자들에게 부시가 이기면 얼마나 행복할지, 또는 고어가 이기면 얼마나 행복할지를 물었다. 고어가 결과에 승복하는 연설을 한 다음 날, 유권자들의 기분을 알아보기 위해 그들에게 연락을 취했다. 그리고 넉 달이 지난 다음 유권자들에게 다시 질문을 했다. 첫째 선거 전에 어떤 기분이었으며, 둘째 고어가 졌을 때 어떤 기분이었는지를 물었다. 이때 부시 지지자나 고어 지지자 모두 이전에 자신이 어떤 감정이었는지 정확하게 기억하지 못했다. 그들은 선거 전 감정의 강도를 과대평가했다. 그리고 선거 결과를 인정한 연설 후의 반응에 대해서는 부시 지지자들은 실제보다 훨씬 행복했던 것으로 기억했으며, 고어 지지자들은 훨씬 더 언짢았던 것으로 기억했다.

사람들이 자신의 미래 감정을 예상하는 것보다 과거 감정을 기억하는 걸 반드시 잘하지 않는다는 사실은 분명하다. 하지만 앞 장에서 보았듯이, 우리는 자신이 일관성을 가졌으며 이해할 수 있는 사람이라고 믿고 싶어 한다. 그래서 자신의 감정과 의견에 대해 이치에 닿는 이야기를 만들어낸다. 예를 들어 앞의 연구에 참가했던 한 사람은 마음속으로 '나는 충실한 민주당 지지자니까 고어가 졌을 때 아마 크게 낙담했을 것이다'라고 생각했을 수도 있다. 자신의 미래 감정을 예측하거나(고어가 진다면 물론 나는 실망할 것이다), 다른 사람의 감정을 예상할 때(밥은 열렬한 자유주의자니까 고어가 지면 아마 굉장히 속상해할 것이다) 거치는 과정과 본질적으로 다를 바가 없다. 그 대답은 옳은 것처럼 생각되지만, 사실은 편의를 위한 날조일 뿐이다. 우리는 종종 앞뒤가 안 맞는 자신의 진짜 반응과 선호의 거친 가장자리를 이런 방식으로 매끈하게 논리성을 갖추기 위해 가다듬곤 한다.

이제 다시 아까의 질문으로 돌아가보자. 자신의 마음도 알지 못하는데, 무엇이 우리를 행복하게 해줄 수 있을지 어떻게 알겠는가? 자동 시스템과 숙고 시스템을 조율할 수도 있겠지만, 그래도 여전히 실수는 일어난다. 어쩌면 자기 안에서만 대답을 구할 것이 아니라 다른 사람들은 비슷한 상황에서 어떻게 했는지 살펴보아야 할지도 모른다. 행복 연구를 선도하는 심리학자 대니얼 길버트Daniel Gilbert는 『행복에 걸려 비틀거리다Stumbling on Happiness』에서 "이런 궁지에 몰렸을 때 자신의 정서적인 미래를 정확히 예측하는 데 필요한 정보는 바로 코앞에 있는데, 그 향기를 느끼지 못하는 것이 아이러니다"라고 썼다. 우리는 어떤 상황이나 성격도 자신이 처한 것과 똑같을 수 없다고 생각하기 때문에 다른 사람들의 경험은 대체로 자신과 무관하다고 생각하는 경향이 있다. 길버트는 "우리는 자신이 독특한 존재이며, 자신의 마음은 다른 누구의 마음과도 다르다고 생각한다"라고 적었다. "그래서 우리는 다른 사람들의 정서적인 체험으로부터 배워야 할 교훈을 종종 거부한다."

역사는 되풀이된다는 말이 있듯이, 개인의 역사도 마찬가지다. 우리는 관찰과 대화, 조언을 통해 다른 사람들의 삶에서 교훈을 얻을 수 있다. 누가 행복한 사람인지 찾아내기 위해 자동 시스템을 활용하고, 그들이 어떻게 행복해졌는지 평가하기 위해 숙고 시스템을 활용할 수도 있다. 행복을 추구하기 위해 반드시 외롭게 노력해야 할 필요는 없다. 사실 다른 사람들과 함께 우리의 운명에 참여하는 것은 선택에 따르는 실망에 대응할 수 있는 아주 좋은 방법이기도 하다.

  닥터 수스는 『아, 네가 가게 될 그곳!』의 거의 끝부분에서 우리는 이따금 인생 게임에서 자신의 적이 되기도 한다고 경고하고 있다. 유혹에 대항하려고 애쓸 때나 자신의 결정에 실망할 때, 어떻게 자신과 싸워서 이길 수 있는지 의심이 들기도 할 것이다. 항복하겠다고 백기를 흔들고 싶을 만큼 실망스러울 수도 있겠지만, 그런 충동을 억눌러야 한다. 오늘날에는 어딜 가나 선택이 존재하므로 이를 외면한 채 살아갈 수는 없다. 그렇다면 선택과 우리 사이의 복잡한 관계를 계속 연구하는 편이 가장 유리할 것이다. 선택의 어려움을 더 많이 보여주는 다음 장들을 읽어나가는 동안 당신은 때로는 배우는 일이 힘겹게 느껴질 수도 있고, 분명 비틀거리기도 할 것이다. 하지만 정보에 입각한 직관과 친구들의 도움을 받는다면 앞으로 나아갈 수 있다는 사실을 기억하기 바란다.

5장

우리를 함정에 빠트리는 것들

THE ART OF CHOOSING

01

공정한 관찰자

여기까지 독자들이 잘 따라왔기 때문에 이제 비밀 하나를 알려주려고 한다. 나는 때때로 내가 해야 할 선택을 다른 사람의 문제로 떠넘기기를 좋아한다는 것이 그 비밀이다. 선택을 그르칠 기회가 얼마나 많은지 감안한다면, 내가 해야 할 선택을 다른 사람이 의견을 표현할 기회로 넘긴다는 것은 대단히 유혹적이다. 그러면 나는 선택에 대한 책임을 지지 않아도 되고 내가 의견을 물어본 사람은 종종 조언을 주는 즐거움을 누릴 수도 있다. 당신은 수상쩍게 생각하겠지만, 이는 생각만큼 그렇게 잘못된 일은 아니다.

네일숍에 한번 가보자. 우리는 그곳에서 빨강 계통과 핑크 계통, 중성 계통 그리고 택시의 노란색이나 하늘색 등 대략 네 가지 범주로 분류되는 100여 가지의 색깔 중에서 선택을 해야 한다. 이 중에서 중성과 빨강 계통이 가장 인기가 있는데, 나는 눈이 보이는 사람들처럼

색에 대해 강한 의견을 가지고 있지는 않지만 개인적으로 중성 계통을 좋아한다. 중성 계통은 이름이 나타내는 대로 당연히 색이 별로 들어 있지 않은데도 핑크, 펄, 샴페인 등 20가지 이상 선택의 여지가 있다.

"이 중성 컬러들 중에서 어떤 게 내게 어울릴까요?"

나는 네일 아티스트에게 묻는다.

"물론 발레 슬리퍼Ballet Slippers지요."

그 여자가 대답한다. 그러자 "어도러볼Adore-A-Ball이에요"라고 내 옆에 앉은 손님이 반대 의견을 제시한다.

"글쎄요, 발레 슬리퍼가 더 우아하지 않나요."

"어도러볼이 더 화려하다니까요."

"그런데 그게 무슨 색인가요?"

"발레 슬리퍼는 아주 연한 분홍색이에요."

"어도러볼은 반짝이는 분홍색이에요."

"그렇다면 그 두 가지 색깔이 어떻게 다른가요?"

"두 가지 색깔 다 손님에게 잘 맞을 거예요. 다만 발레 슬리퍼가 더 우아하고 어도러볼은 더 화려해요."

내가 눈이 보인다면 아마 선택할 때 이 같은 독백을 할 수도 있겠지만, 보지 못하는 사람이니까 결국은 포기하고 정말 모르겠다고 말한다. 하지만 그 사람들이 우아하다든지 화려하다든지 등 모호한 형용사를 내세운다면, 나는 그 두 가지 색조를 구분하는 차이점이 별로 없을지도 모른다는 생각을 떨쳐버리지 못할 것이다. 물론 그런 말을 입 밖으로 내뱉지는 못하지만 말이다. 이런 상황에서 스스로 선택한다는 것은 부질없는 짓 같다는 생각이 든다. 하지만 두 사람 모두 "제 말을 믿으세요. 손님이 보실 수 있다면 아마 그 차이를 아실 거예요"라고 우긴다. 과연 그럴까? 그럴 수도 있겠다. 인디언 속담에도 있듯이 원숭이가 생강 맛을 알겠는가? 어쩌면 나는 조금씩 다른 색조들의 미묘한 아름다움을 알아볼 능력이 없는지도 모른다. 하지만 내가 이 속담 속의 원숭이가 되겠다고 동의하기 전에 그들의 주장을 검증해봐야 했다.

그래서 나는 실험자의 관점이 되어 컬럼비아대학교의 여학생 20명을 데리고 예비 연구를 진행했다. 연구를 위해 그 학생들에게 어도러볼이나 발레 슬리퍼 중 한 가지 색깔로 손톱을 칠해주는 공짜 네일케어를 제공했다. 여학생들 중 절반에게는 어도러볼이나 발레 슬리퍼라고 표시가 된 병을 보여주었고 나머지 절반에게는 A나 B라는 표시가 붙은 병에 그 두 가지 색깔을 넣어 보여주었다. 색깔 이름을 볼 수 있었던 집단에서는 10명의 참가자 중에서 7명이 발레 슬리퍼를 선택했고 나머지는 어도러볼을 더 좋아했다. 그들은 발레 슬리퍼가 더 짙고 풍부하다고 묘사했다. 다른 집단에서는 6명이 A(실제로는 어도러볼)를 선택하면서 그것이 더 짙고 풍부하다고 묘사했으며, 나머지 4명 중에서는 B(발레 슬리퍼)가 더 좋다고 말하거나, 별 차이가 없다고 말한 사람 수가 엇비슷했다. 어떤 사람들은 아무리 노력해도 두 가지 색깔 사이의 차이를 구분하지 못했다. 표시만 없었다면 두 가지 색이 똑같다고 생각했을지도 모른다. A와 B라는 표시가 붙은 병을 본 집단에서는 우리가 그들에게 똑같은 색의 두 병을 놓고 고르라는 속임수를 쓰고 있다며 의심한 사람도 실제로 3명이나 있었다.

나는 색들의 구분이 사실상 거의 불가능하지만 특별하게 이름이 붙여졌을 때는 차이가 생긴다는 사실에 매료되었다. 이름을 볼 수 있을 때 주로 발레 슬리퍼를 골랐던 이 학생들은 발레 슬리퍼라는 이름을 어도러볼보다 만장일치로 선호했다. 이것은 그냥 우연의 일치일 가능성이 적다. 그보다는 이름 때문에 색깔이 더 좋게 보였거나, 적어도 다르다고 느끼게 된 것 같다.

그러나 내 경우에는 이름 자체가 색을 더 돋보이게 해주거나 안 좋아 보이게 해주지 못했으므로 가능한 한 각 색깔의 객관적인 묘사를 원했던 것이다. 아이러니하게도 앞을 못 보는 내가 색깔의 시각적인 특성에 관심이 있었던 반면에, 눈이 보이는 사람들은 색의 포장을 평가하고 있었다. 나는 볼 수 없는 사람이라는 바로 그 이유 때문에 이름에는 별로 관심이 없었다. 아니, 오히려 그 이름이 불순물이라고 생각했다. 게다가 그들은 진공 상태가 아니라 다른 사람들이 가능한 한 그 제품을 매력적으로 보이도록 포장하고 선전하는 시각적 문화의 맥락에서 선택을 하고 있었다. 피상적인 특성일 것 같은 색깔의 이름이 사실은 시각적인 지각 자체에 영향을 미치도록 고안된 것일까? 만약 그렇다면 그런 지각에 바탕을 두고 내리는 우리의 선택과 감각을 정말로 믿을 수 있을까? 나는 이미 색상환을 돌렸으므로, 지금부터는 여러 색깔을 따라가면서 이런 의문을 추적해보기로 마음먹었다.

02

닭이 먼저인가 달걀이 먼저인가

나는 데이비드 울프David Wolfe라는 사람에 대해 중간 키에 보통 체격이고 60대 후반이라고 들었다. 날렵해 보이는 멋진 안경, 반백의 머리, 세심하게 다듬은 짧은 수염이 태닝한 피부와 잘 어울린다. 2008년 6월에 울프를 처음 만났을 때 내 비서인 스노든은 내게 그의 모습을 이렇게 묘사해주었다. 그는 갈색 마 바지에 검은색 버튼업 셔츠를 입고 그 위에 갈색 스리버튼 스포츠 재킷을 걸치고 있었다. 그리고 뱀가죽으로 만든 캐주얼 신발과 재킷 주머니에 꽂힌 밝은 빨간색 행커치프로 악센트를 주었다. 매력적이지만 화려하지 않은 모습은 강단에 선 그를 돋보이게 해주었다. 그는 패션 디자인과 제조, 도소매 업종의 거물들이 가득 들어찬 방에서 연설을 할 준비가 되어 있었다.

울프는 패션 트렌드가 점점 더 입기 편한 방향으로 흘러가고 있으며, 업계에서 스타일이 분열되고style schizophrenia 있다고 이야기했다.

"Which came first, the chicken or the egg?"

그는 리조트 의류의 고급화를 칭찬하고, 구명기구 크기의 목걸이를 소개하고, 이브 생 로랑의 죽음을 애도했다. 하지만 그곳에 모인 청중이 듣고자 했던 중요한 요지는 미래에 대한 예측이었다. 그는 정통적인 '짧고 검은 드레스'가 오랫동안 여성의 옷장에서 필수 품목이었듯이 이제는 '짧고 흰 드레스'가 그 자리를 차지하게 될 것이라고 주장했다. 그는 이 이야기를 며칠에 걸쳐 매번 100여 명 이상의 다른 청중에게 매 시간 되풀이했다. 점잖은 진회색과 베이지색부터 얼룩말 무늬의 스틸레토(뾰족구두)나 밝은 파랑 스타킹에 이르기까지 각양각색의 차림을 한 패션계 인사들은 거리를 활보하는 사람들이 지금부터 한 달이나 한 시즌 뒤가 아니라 일 년 또는 2년 뒤에 무엇을 입을 것인지에 대한 그의 예측에 귀를 곤두세웠다.

울프가 발표를 했던 도네거Doneger 그룹 본사를 나서면, 20세기 초부터 패션 디자인과 제조업의 중심지 역할을 해왔던 미드타운 서쪽 지역인 맨해튼 가먼트 구역이 나온다. 하지만 강의실에서 기울인 노력의 결실을 보려면 소호의 브로드웨이를 걸어보라. 다운타운에서 좀 더 멀리 떨어진 소호의 거리에는 아마 패셔니스타들이 우글거릴 것이다. 거기서 풋사과 초록색의 가벼운 블레이저를 입은 20대 남자가 눈에 띈다. 그리고 몇 발자국 뒤에서는 50대 여성이 청바지를 종아리까지 걷어올려 입고, 오버사이즈의 붉은 선글라스, 그와 색을 맞춘 빨간 양말로 시선을 사로잡는다. 그리고 10대들로 말하자면, 당신도 그 아이들이 어떤 차림인지 짐작할 수 있을 것이다. 길 건너 벤치 위에서 빈둥거리다가 알록달록한 안대를 고쳐 착용한 10대 한 명이 눈에 들어온다.

그러나 이렇게 요란한 색깔과 스타일의 어지러움 속에서도 패턴은 있다. 강렬한 원색이 상당히 인기를 끄는 듯하며, 한색(寒色) 계열의 여러 가지 색깔이 눈에 띄기 시작한다. 초록 셔츠, 물오리색 블라우스, 세룰리언블루(밝은청색)와 하늘색 드레스와 스커트 등이 보인다. 겨자색이나 적갈색 등의 보색도 역시 드문드문 섞여 있으며, 헐렁한 드레스나 꽃무늬도 유행하고 있다. 1980년대에 유행한 스타일과 비슷한 밝은 색상의 레깅스에서는 이전 스타일의 영향이 분명히 드러난다. 하지만 1970년대식 나팔바지나 1990년대 풍의 베이비 티(가슴 아래를 절개해서 헐렁하게 퍼지게 만든 좀 긴 티셔츠-옮긴이)는 눈에 띄지 않는다. 다음 번의 인기 품목을 예측하는 일로 성공적인 커리어를 일궈낸 울프에게는 이 모든 현상이 전혀 놀랍지 않다.

울프는 30여 년간 유행 예측 분야에서 일하다가, 1990년에 크리에이티브 디렉터로 도네거그룹에 합류했다. 도네거그룹은 패션업계를 상대로 미래에 대한 예측을 해주는 몇몇 회사 중에서 가장 규모가 크고 그의 능력을 인정받고 있는 곳이다. 1000여 개의 고객사가 성공적으로 사업을 운영하도록 정보를 제공하기 위해 디자인과 상품화 계획, 소매를 포함한 개발의 모든 단계를 연구하며 패션업계를 보조하고 있다. 그들은 앞으로 인기를 끌 것으로 생각되는 색상 예측, 화장품 추세에 대한 예언을 담은 '미용서'들, 그리고 데이비드 울프의 강의 등 다양한 형태로 조언을 해준다.

미국 색채협회Color Association of America도 비슷한 서비스를 제공한다. 1915년에 창립된 이 협회는 일 년에 두 차례씩 모여 남녀와 아동 패션은 물론 가구, 가전, 그릇, 전자제품 등을 포함하는 인테리어 디자인 영역에서 2년 뒤에 인기를 끌 24가지 색상을 예측한다. 그러면 이런 색상 예측을 활용해 컬렉션을 디자인하거나 판매상품을 결정하려는 패션업계의 다양한 고객이 그 예측 정보를 구매한다. 사무실을 단장하려는 월스트리트 회사들이나 웹사이트 디자인에 인기 있는 색깔을 사용하려는 테크놀로지 에이전시, 파워포인트 발표를 맛깔스럽게 하고 싶어 하는 그 밖의 회사들도 이 회사의 주요 고객이다.

스노든과 내가 울프를 만났던 그해 여름, 우리는 또한 남성과 여성 패션을 위한 색채협회의 위원회 미팅도 참관했다. 맨해튼 미드타운에 자리 잡은 협회 사무실은 바닥부터 천장까지 온통 흰색이었으며, 한쪽 벽에는 넓은 커튼이 드리워지고, 다른 쪽 벽에는 미술책이 빼곡히 꽂힌 책장이 자리하고 있었다. 중앙 탁자 앞 벽면에는 시선을 집중시키는 물체가 걸려 있었다. 그것은 모든 색깔의 작은 사각형들이 안에 들어 있는 커다란 사각형의 그림인데, 언뜻 보면 미국의 극사실주의 화가이자 사진가, 판화가인 척 클로스Chuck Close의 그림이나 디지

털 이미지의 근접사진처럼 보이지만, 사실은 색채 스펙트럼을 나타낸 것이었다. 여러 개의 넓은 창문에서 들어오는 자연채광이 위에 걸린 설치물의 밝은 형광빛과 섞이면서 경쾌하고 인상적인 공간을 조명해주고 있었다. 코튼 인코퍼레이티드Cotton Incorporated, 삭스피프스애비뉴Saks Fifth Avenue, 도네거그룹 등 유명하고 영향력 있는 회사의 대표들로 구성된 이 위원회는 2009~2010년 가을부터 겨울까지 유행할 색채에 대한 각자의 예측을 상의하기 위해 그곳에 모였다.

  회원들은 저마다 색채 견본을 제시했다. 그것은 착상의 근원이 되는 것을 보여주는 포스터로 대개 예술품, 조각, 모델, 도자기, 정물화, 자전거 타는 사람, 꽃, 나뭇잎 등과 그 밖의 기묘하고 시선을 끄는 사물의 사진을 담고 있었다. 한 견본에는 턱수염을 기른 남자가 달마시안에게 입을 맞추는 사진이 있었다. 또 다른 견본에는 독특한 색깔들이 마치 동화 속 세계의 눈 뭉치처럼 동그란 형태로 가득 배치되어 있었다. 이러한 이미지들을 발표하는 것 외에도 위원들은 말 그대로 세상을 색칠할 시대정신이나 추세, 문화적인 지표라고 생각되는 것들의 예를 인용하고 이야기를 나누었다.

  S.J.C.콘셉트의 대표인 살 케사라니Sal Cesarani는 메트로폴리탄박물관에 전시되었던 슈퍼히어로 의상을 언급하면서, 그것이 밝은 원색과 코믹북에서 착상한 프린트와 무늬의 새로운 유행을 선도할 것이라고 했다. 동기아퍼니처그룹의 대표인 셰리 동기아Sherri Donghia는 첼시에 새로 들어선 건축가 프랭크 게리Frank Gehry의 건물에 대단히 열광적이었다. 그 건축물은 IAC인터액티브사의 회장 배리 딜러Barry Diller의 새로운 인터넷 테크놀로지 회사의 본사로 쓰이고 있다. 「뉴욕

타임스」의 니콜라이 우루소프Nicolai Ouroussoff는 "그 구조는 멀리서 접근할 때 가장 멋져 보인다. 첼시의 낡은 벽돌 건물들 사이로 살짝 드러날 때, 특이하게 깎은 형태는 주변의 하늘을 반사해서 마치 그 표면이 용해되는 것처럼 보인다. 하지만 북쪽으로 돌아가면서 보면 형태는 더 대칭적이고 경계가 날카로워져서 겹겹이 늘어서 있는 돛이나 칼날 같은 주름을 연상시킨다. 남쪽 방향에서는 그 형태가 더 뭉툭해진다. 이렇게 끊임없이 변화되는 특성은 건물의 외관에 신비한 미를 불어넣는다"라고 평했다. 동기아는 보는 사람의 위치와 기분에 따라 변화하는 듯이 보이는 외관을 지닌 이 변화무쌍한 건물이 밝은 색깔에 대한 욕구를 자극하고 개인적인 지각 체험에 집중하도록 해줄 것이라고 언급했다.

나는 그렇게 지엽적인 사건과 구조물이 보통 사람들의 색채 선호에 과연 영향을 미치는지 이해할 수가 없어 속으로 '되게 헷갈리네'라고 투덜댔다. 그다음 삭스백화점의 남성 패션 디자인 담당 상무인 마이클 매코Michael Macko가 에코루션Eco-lution이라는 주제로 위원회 앞에서 발표를 했다. 환경보호운농이 자연염료나 고갈되지 않는 재료, 난색조earth tone(연한 회색에서 짙은 갈색에 이르는 색깔들-옮긴이)에 대한 관심을 불러일으키리라는 게 발표의 요지였다. 그의 개념이 내게는 더 그럴듯하게 들렸지만, 이러한 모든 주장을 뒷받침하는 증거는 그다지 강력하지 않았다. 회원들이 차례로 발표한 뒤에 위원회는 하나의 결정적인 '색채 카드'를 뽑아내기 위해 다양한 예측들을 종합했다.

예측자들은 서로 자문을 구하고, 나아가서 캘빈 클라인이나 랠프로렌, 마이클 코어스와 같은 저명한 패션 디자이너들에게 어떤 영감을 느끼는지 물었다. 디자이너들도 발표자들이 이야기하는 내용에 그들 못지않은 관심을 가지고 있었다. 하나의 디자인이 기획 단계부터 매장에 진열되는 완제품에 도달하는 데 2년까지 걸리므로 패션의 미래를 살짝 엿볼 수 있다면 새로 도입하는 의류 라인의 성공 확률을 높일 수 있다. 또한 디자이너들은 발표자들과 이야기하면서, 추세와 색채 예측을 작업에 응용하려는 경쟁사들에 관련된 정보도 모을 수 있다. 예를 들어 캘빈 클라인은 무엇을 하지 말아야 할지 알기 위해 예측을 사들이는 것으로 알려져 있다. 데이비드 울프는 "잘나가는 디자이너들 중에서 추세 정보를 사지 않으려는 사람은 한 명도 없을 것이다. 패션 디자이너라면 그 일 자체가 연구와 개발의 일부분이다"라고 말했다.

소매업자들도 어떤 스타일이 인기를 끌지 알아내는 일에 예민하게 반응한다. 과거에 그들은 주요 패션 디자이너들이 파리, 밀라노, 런던, 뉴욕의 런웨이에서 소개하는 작품들을 추적하여 알아냈다. 하지만 오늘날에는 세계 모든 주요 도시에서 산발적으로 패션 주간이 개최되며, 수천 가지의 소규모 브랜드가 인터넷과 입소문을 타고 유통되고 있다. 그래서 소매업자들은 가장 뜨거운 추세를 종합하여 보고하는 이들 발표자의 말에 의존하게 되었다. 그런데 바로 그런 예측을 하는 사람들과 디자이너가 교류하면서 그 내용의 일부를 창조해낸다. 이러한 협력의 최종 결과로, 매장 선반에 진열되는 옷들이 상당히 많은 특징을 공유할 수도 있다. 그것들이 각각 독립적으로 제조되더라도 동일한 정보를 바탕으로 디자인되기 때문이다. 만약 당신이 좋아하는 선홍색이 한물 가고 주홍이 뜨고 있다면, 아무리 발품을 팔고 다녀도 선홍색은 찾기 어려울 것이다. 이전 시즌의 옷들을 처박아 놓은 상자들을 뒤적거린다면 모르겠지만 말이다.

'예측'은 점점 더 그 자체가 원인이 되어가고 있다. 만약 디자이너들이 흰색이 새롭게 검정색의 위치를 차지하게 될 것이라고 믿으며 흰옷만 만들거나 가게들이 흰옷만 주문한다면, 흰색이 바로 고객들이 사는 색깔이 된다. 당신이 아무리 못마땅해하거나 옷에 신경을 쓰지 않는 사람이더라도, 당신의 선택은 여전히 그 순간의 표준에 따라 결정될 것이다. 「악마는 프라다를 입는다」에서 메릴 스트립이 연기했던 불같은 성질의 패션 매거진 편집장이 이러한 사실을 완벽하게 표현해주었다. 젊은 비서가 패션을 그저 잡동사니에 불과하다고 폄하하자, 편집장은 기세등등하게 그녀를 깔아뭉갠다.

이…… 잡동사니라고? 아, 좋아, 알았어. 이게 자기하고 아무 상관없다고 생각한다는 말이지. 자네 옷장에 가서 음, 잘 모르겠지만, 그 두툼한 파란 스웨터를 골랐다고 해보지. 몸에 뭘 걸치는지 신경 쓰기에는 자신이 너무나 진지한 사람이라고 세상에 알리고 싶었기 때문에 말이야. 하지만 그 스웨터가 그냥 파란색이 아니고, 청록색도 아니고, 라피스색도 아닌, 세룰리언블루라는 사실을 자네는 미처 몰랐겠지. 그리고 2002년에 오스카 드 라 렌타Oscar de la Renta가 세룰리언블루 드레스 컬렉션을 했다는 사실도 태평스럽게 모르고 있겠지. 참, 세룰리언블루 군복 재킷을 내놓은 게 이브 생 로랑 아니었나? 우리에게 지금 재킷이 필요하다고 생각해봐. 그런데 여덟 사람의 각기 다른 디자이너 컬렉션에서 세룰리언블루가 빠르게 등장했어. 그러면 그건 백화점들을 거쳤다가 결국은 어떤 한심한 가게의 캐주얼 코너에까지 흘러들어 갔을 테고, 아마 자네는 그걸 땡처리 상자에서 건졌겠지. 하지만 그 파랑은 수백만 달러의 돈과 수많은 일자리를 의미해. 그러니까 자네가 자신은 패션업계로부터 벗어나 있는 선택을 했다고 생각하는 게 얼마나 웃긴 일인지 알겠지. 실은 자네는 이 방에 있는 사람들이 바로 그 잡동사니에서 골라준 스웨터를 입은 거라고.

한 걸음 더 물러나서 색채를 예측한 사람들이 세룰리언블루의 시즌이 찾아온다고 말했기 때문에 오스카 드 라 렌타가 세룰리언블루의 옷들을 만든 거라고 말할 수도 있을 것이다. 그렇다면 스타일을 생산하는 정교한 과정은 음모라기보다는 오히려 '닭이 먼저냐 달걀이 먼저냐' 하는 논쟁의 아주 세련된 버전이라고 보는 편에 더 가까울 것이다. 고객이 먼저일까, 디자이너가 먼저일까? 우리가 패션을 만드는 것일까, 아니면 패션이 우리를 만드는 것일까? 그 질문을 곰곰이 생각하면 할수록 대답은 점점 더 손가락 사이로 빠져나간다.

패션업계와 그 보조 업종들의 다양한 영역들은 대체로 "내가 네 등을 긁어줄게, 너도 내 등을 긁어줘"라는 철학에 따라 운영되면서 자기네 제품들을 홍보한다. 삭스피프스애비뉴 같은 소매업체는 상품이 전시대에 진열되는 순간 기사화될 수 있도록 「코스모폴리탄」이나 「GQ」 등 여러 잡지의 기자들에게 백화점에 입고될 스타일을 미리 귀띔해준다. 디자이너들은 패션쇼를 개최하면서 「보그」 등 잡지사의 사진기자와 기자들에게 독점 초대권을 보낸다. 잡지는 최신 경향에 대한 특종을 얻고, 디자이너들은 공짜 선전을 하는 것이다. 디자이너들은 또한 자기 제품이 텔레비전이나 영화에 소개되도록 마케팅을 하고(당신도 캐리 브래드쇼Carrie Bradshaw 드레스나 제임스 본드 손목시계의 소유자가 될 수 있다), 영화배우나 음악가, 패리스 힐튼 같은 사교계 명사들에게 최신 상품을 협찬하기도 한다. 이런 유명인들이 레드카펫 시사회나 나이트클럽에서 파파라치들에게 사진을 찍히고 잡지나 타블로이드 표지에 화려하게 등장할 때, 그들이 입은 옷도 같이 뜬다. 개인을 위한 쇼핑 상담자와 인테리어 디자이너들은 고객에게 무엇을 추천할지 결정하기 위해 칵테일 파티에서 업계의 소식통들과 만난다. 이런 사례를 들자면 수도 없이 많다. 내가 패션업계 사람들과 만나면서 한 가지 배운 사실이 있다면, 그것은 그들 모두가 서로 아는 사이며 종종 한통속이 된다는 것이다.

가능한 한 다양한 매체를 통해 제품을 노출시킴으로써 다양한 경로를 통해서 고객들에게 영향을 주고 '단순노출 효과mere exposure effect'를 일으키자는 것이 그들의 목표다. 로버트 자종크Robert Zajonc가 1960년대에 실시한 연구에서 보여주었듯이, 우리가 특정한 사물이나 아이디어에 대해 처음부터 호감이나 중립적인 감정을 가지고 있었다는 전제 하에서 그것이 많이 노출될수록 호감은 점점 커진다. 1968년의 한 연구에서 자종크는 중국어를 해독하지 못하는 사람들에게 중국 문자를 한 번에서 25번까지 보여주고, 그것이 무슨 뜻인지 짐작해보라고 했다. 문자는 더 자주 노출될수록 '말馬' '질병病' 등의 뜻보다 '행복' 처럼 더 긍정적인 뜻으로 짐작되었다는 사실이 드러났다. 알지 못하는 문자를 여러 차례 보더라도 처음 볼 때보다 의미를 아는 데 도움이 되는 정보를 더 얻는 것은 아니기 때문에 이러한 결과는 문자에 대한 사람들의 태도 자체가 그냥 노출에 비례해서 긍정적으로 변했다는 사실을 보여준다. 단순노출 효과는 삶 속의 여러 현상을 설명해준다. 예컨대 어렸을 때 먹었던 간식을 엄마처럼 만들어주는 사람을 찾기가 그토록 어려운 건 단순노출 효과 때문이다. 또한 매장이나 카탈로그에서 눈에 띄던 최신 유행 트렌드를 아는 사람이 입고 있는 모습을 알아볼 때도 이 효과가 적용된다.

그리고 더 나아가서 어떤 스타일이 유행하면 사람들이 그 유행을 점점 더 받아들이고 있다는 메시지가 전달된다. 다양한 독립적인 소매업자들의 공급 추세가 동시에 한 방향으로 움직이는 것을 볼 때, 일반인은 사람들의 수요 역시 움직였다고 짐작한다. 물론 공급 추세의 변화는 사실 미래 수요의 변동에 대한 예측에 따라 움직인 것이므로, 수요 변동이 그대로 실현될 수도 있고 그렇지 않을 수도 있다. 그렇더라도 그러한 예측은 사람들의 선택에 영향을 미친다. 어떤 제품이 많이 노출될수록 사회적으로 더 잘 수용된다고 지각되며, 더 많은 사람이 그것을 살 것이고, 그것은 또한 더 많은 노출과 수용으로 이어진다. 이런 과정을 통해 패션 고수와 예측한 사람들의 예언이 입증되고, 그들은 매력적인 옷을 입은 선각자로 인식된다. 내가 유행을 예측하는 것과 유행에 영향을 미치는 것 사이의 미세한 구분에 대해 물었더니 울프도 "예언이 그대로 성취되도록 만드는 것이니까 비열한 일이긴 하다"라고 시인했다. 그러면서 그는 "그것은 패션 용어를 써서 선택을 조작하고 그것을 제시하는 복잡한 방법이다. 상상할 수 있는 가장 뒤얽힌 길이다. 정직하게 말하면 나는 조종자라고 할 수 있다"라고 말했다.

언어와 색채 지각과 선택 사이의 복잡한 관계를 탐색해보겠다고 시작했던 일이 다소 기괴하고 사악한 추리물로 변질되고 말았다. 내가 일종의 음모를 발견했다면 누구를 탓해야 할까? 울프는 일종의 고해를 한 셈이지만, 나는 아직 그를 고객에 대한 범죄 행위를 저지른 사람이라고 비판할 마음은 없다. 어떻게 보면 울프를 비롯한 여러 예측자는 소비자의 선택에 대해 미리 알고 있다는 주장을 했는데, 그러한 주장은 스판덱스를 좋아하는 슈퍼히어로가 영향을 미쳤다는 등의 의심스러운 가정에 근거한 것이었다. 하지만 또 어떻게 보면 그들은 나 같은 사람들에게 대안의 가짓수를 줄여줌으로써 패션 유행과 색깔의 선택을 더 쉽게 해주었다고도 볼 수 있다. 그들은 세룰리언블루와 청록색과 라피스색 중에서 골라야 한다는 골치 아픈 문제를 내 손에서 거둬갔으며, 그런 의미에서 개인적으로 나는 별다른 유감이 없다.

내가 참석했던 색채협회의 회의를 기억하는가? 회의 결과, 최종 예측은 4개의 범주로 이루어진 단 하나의 '색채 카드'로 압축되었다. 색채 카드는 한 세트의 색깔들로부터 줄거리를 짠 여러 가지 이야기를 제시한다. 2009~2010년 가을·겨울 여성의류의 색채 예측에서는 에라토Erato(자주색), 칼리오페Calliope(주황색), 클리오Clio(타일색)라고 부르는 색들이 등장하는 '뮤즈Muse'라는 이야기가 제시되었다. 또한 에덴Eden(청록색), 크로커다일Crocodile(갈색), 버베나Verbena(녹색)가 포함된 '아방가든Avant Garden'이라는 이야기도 소개되었다. 이러한 이름들은 색깔의 특성을 묘사한다기보다는 예측한 사람들이 디자이너에게 전달하고자 하는 함축된 의미를 간략하게 지칭하는 기능을 더 많이 담당한다. 예를 들어 예측자인 마거릿 월치Margaret Walch는 초록 색조의 이름을 붙이는 일을 설명하면서 이렇게 말했다. "우리가 클로버Clover라고 부를 이 색깔에 대해 말해보자. 우리가 붙일 수 있는 이름 중에서 클로버 못지않게 정확하지만 그 순간 사람들의 마음을 끌지 못했을 이름으로는 어떤 것이 있을까? …… 나라면 아마 에메랄드나 아이리시 그린이 그런 이름이라고 말하겠다."

이름과 이야기들은 색채 포장의 일부분이 되며, 내가 네일아트 실험에서 알아챘듯이 그러한 포장은 상품을 볼 수 있는 사람에게는 매우 중요했다. 나는 그것이 어리석은 짓이라고 쉽게 폄하할 수도 있다. 심지어는 볼 수 있는 사람들의 나라에서는 앞을 못 보는 사람이 여왕이라고까지 주장할 수도 있을 것이다. 하지만 나 역시 다른 누구와 마찬가지로 조종당하기 쉬운 다른 경우들이 있다고 믿을 만한 이유가 있다.

03

더 비싼 와인을 선호하는 이유

「펜 앤 텔러Penn & Teller: Bullshit」라는 케이블 텔레비전 프로그램의 한 에피소드에는 생수산업을 공격하는 마술사이자 엔터테이너인 두 인물이 등장한다. 그들은 생수와 수돗물 간의 질적인 차이(또는 차이의 결여)에 대한 증거들을 검토한 뒤에 취향의 문제를 고찰했다. 생수 제조업자들은 자신들이 생산한 제품이 사람들에게 더 유익할뿐더러 수돗물보다 맛도 좋다고 선전하지만, 「펜 앤 텔러」가 뉴욕시의 거리에서 실시한 블라인드 테스트에서는 75퍼센트의 사람들이 에비앙보다 수돗물을 더 좋아한다는 결과가 나왔다.

그들은 근사한 레스토랑으로 장소를 옮겨 조사의 두 번째 단계를 진행했다. 그들은 '물 담당 매니저' 역할을 할 배우를 고용해서 자초지종을 알지 못하는 손님들에게 마운트 후지나 로 뒤 로비네와 같은 이름의 물을 소개하는 가죽 장정의 메뉴판을 보여주도록 했다. 물은

한 병당 많게는 7달러까지 값을 매겨두었다. 물 담당 매니저는 "천연 이뇨작용과 해독작용을 한다"는 등 각 브랜드의 유익함을 설명하고 손님들에게 추천했다. 손님이 어떤 물을 주문하겠다고 결정하면, 그것을 잔에 따라준 뒤 남은 물은 얼음을 채운 아이스버킷에 넣어 테이블 옆에 두었다. 그는 또한 맛에 대한 손님들의 의견을 물었는데, 그들은 자신이 선택한 물이 상쾌하거나 부드럽다고 묘사한 뒤 분명히 수돗물보다 낫다는 데 동의했다.

　독자들은 이러한 속임수를 이미 꿰뚫어보았을지도 모르겠다. 모든 물은 '천연 이뇨제이자 해독제'이며 로 뒤 로비네는 수돗물을 뜻하는 프랑스어다. 최고급이라는 허울을 쓰고 소개된 모든 물은 실은 지구촌의 이국적인 장소에서 퍼온 것이 아니라, 레스토랑 뒤의 옥외 수도꼭지라는 평범하고 소박한 공동 수원지에서 가져온 것이었다. 물 담당 매니저는 호스와 깔때기를 써서 혼자 이 께름칙한 작업을 했으며, 병에 담긴 물의 여러 가지 독특한 특성을 손님들에게 설명하러 안으로 들어오기 전에 이런 극적인 효과를 내기 위해 미리 입까지 맞춰두었던 것이다.

「펜 앤 텔러」는 과학적인 엄밀함보다는 오락성에 더 신경을 썼을지도 모르지만, 통제된 연구도 그와 기본적으로 동일한 결과를 얻었다. 한 연구에서 칼텍과 스탠퍼드대학교의 연구자들은 초보 와인 애호가들에게 한 병당 5달러부터 90달러 범위의 다섯 가지 다른 와인을 시음하고 평가해 달라고 주문했다. 사람들은 블라인드 테스트에서는 모든 와인을 다 비슷하게 좋아했지만, 가격을 보고 난 뒤에는 더 비싼 와인을 선호했다. 참가자들이 알지 못했던 점은 가격표는 다르지만 계속 똑같은 와인을 마셨다는 것이다. 그럼에도 가격이 더 비싸면 맛이 더 좋다고 평가했다.

제품의 로고 색깔이나 제품 자체의 색깔부터 포장 형태에 이르기까지 모든 것이 사람들의 선호를 바꿀 수 있다. 한편 블라인드 미각 테스트에서는 이런 현상을 잡아낼 수가 없다. 왜 이런 일이 생기는 걸까? 사람들은 자신이 무엇을 좋아하는지 정도는 알고 있지 않을까? 글쎄, 앞 장에서 보았듯이 우리의 선택은 그것의 결과뿐 아니라 그 선택이 표현하는 정체성에도 바탕을 두고 있다. 우리가 로 뒤 로비네나 더 비싼 와인을 선호한다고 말할 때, 그것은 벌거벗은 임금님의 이야기가 될 수도 있다. 우리는 자신이 세련되지 못한 미각을 가졌다거나, 좋은 와인을 두고 싸구려를 더 좋아하는 모습으로 비치기를 원하지 않는다. 하지만 그런 요인들이 더 깊은 수준에서 이루어지는 선택에도 영향을 미칠 수 있을까? 미각 전문가가 아닌 사람들, 즉 대부분의 사람은 제대로 선택하기 위해선 외적인 정보에 의존할 필요가 있다. 그리고 앞으로 보게 되겠지만, 어떤 유형의 정보는 다른 정보보다 더 유용하다.

당신이 수돗물보다 생수가 더 위생적이라고 믿기 때문에 생수를 선호한다고 해보자. 당신만 그런 것이 아닐 것이다. 생수를 마시는 사람들 중에서 거의 절반은 수돗물의 안전성이 걱정된다는 것이 이유의 일부거나 전부여서 생수를 사서 마신다. 그들은 생수의 우수성과 관련된 통계자료를 인용하는 흰 가운 차림의 대변인 때문에 마음이 동하는 것이 아니라, 지금 내 책상 위에 놓여 있는 크리스털 가이저 내추럴 알파인 스프링 워터 병에 붙은 어떤 이미지에 마음이 움직인 것이다. 레이블label의 왼쪽 부분은 청정한 수원지인 오시피 Ossipee(미국 뉴햄프셔주 캐롤카운티의 지역명-옮긴이) 산을 보여주며, 오른쪽에는 "질과 맛과 신선함을 보장하기 위해 항상 샘에서 길어오는 물. 확연한 차이"라는 광고문이 적혀 있다. 대부분의 생수 레이블은 자사의 제품이 '순수'하고 '신선'하고 혹은 '천연'이라고 자랑한다. 그리고 그 사실을 산이나 샘, 빙하, 그 밖에 야생에 숨어 있는 천연 수원지의 이미지를 동원해 시각적으로 표현한다. 이는 그런 병에 담기지 않은 물은 어쩌면 위험할 정도로 불순하고 가공적일 수도 있다는 의미가 함축되어 있다. 이 같은 광고 전략은 단순해 보이지만, 엄청난 효과를 거두었다. 1987년 미국인들은 연평균 21.5리터의 생수를 마셨다. 그런데 20년이 지난 뒤에 그 수치는 104리터로 거의 네 배나 뛰어 우유나 맥주 소비량을 추월했다.

자세히 살펴보면 생수의 마법은 마치 안개나 거울이 만들어내는 것처럼 실체가 없다는 사실이 드러난다. 크리스털 가이저 병에는 그 물이 부엌 수도꼭지에서 나오는 물이나 경쟁사의 어떤 생수보다도 실제로 질이 더 좋거나, 맛이 더 좋거나, 더 신선하다는 주장은 전혀 찾아볼 수 없다. 차이가 있을지는 모르지만, 그것이 무엇이며 무엇과 비교해서 차이가 있다는 것일까? 이러한 계략을 법률용어로 말하면 과대선전이다. 연방상거래위원회는 과대선전을 "일반 소비자들은 심각하게 받아들이지 않는 주관적인 주장"이라고 정의한다. 에너자이저 건전지의 토끼와 같은 과장과 '최고' '혁신적' '세련된' '미식가' '당신은 이 제품에 빠질 것이다' '몇 년 더 젊어진' 등 그럴싸하게 들리지만 별다른 의미가 없는 수많은 전문용어가 과대선전에 해당한다. 하지만 사람들이 과대선전을 진지하게 받아들인다는 것은 분명한 사실이다. 마케팅 담당자들이 그러한 과대선전이 매출 신장으로 이어지는 모습을 보면서 그것을 계속 사용하겠다고 고무될 정도로 소비자들에게 잘 먹히고 있다.

생수 소비자들은 분명히 과대선전에 넘어갔을 것이다. 그들은 병에 담긴 영험한 약을 마시기 위해 수돗물보다 1갤런(약 3.8리터)당 천 배나 더 비싼 값을 지급한다. 하지만 생수 브랜드들 중 4분의 1은 가정과 공공 식수대에 제공되는 지역 수원지에서 끌어온 수돗물이라는 사실이 밝혀졌다. 그들의 레이블에 기술적으로 틀린 말은 없지만, 나머지 경우에도 제품은 거기 함축된 약속에 종종 미치지 못했다. 예를 들어 폴란드스프링은 인공우물에서 물을 끌어다 쓰는데, 그중에는 주차장 지하의 우물이나 이전의 불법 하수폐기 지역과 쓰레기 폐기장 사이에 끼어 있는 우물도 있다. 이것들도 결국은 저절로 지표면을 뚫고 나오게 될 지하수원이라는 점에서 샘(스프링)이라는 정의가 적용될 수도 있겠지만, 레이블의 병이 연상시키는 목가적인 장소의 샘은 분명 아니다. 사실 수돗물에 대해서는 보통 생수보다 더 엄격하고 강력한 연방 수질기준이 적용되기 때문에 어떤 생수는 좋지 않은 의미에서 수돗물과 정말 다를 수도 있다(대부분의 경우 수돗물과 생수 모두 전적으로 안전하기는 하지만 말이다).

  우리는 자유시장이 부실하거나 불필요한 상품들로부터 소비자를 보호해줄 수 있을 것이라 생각하고 싶어 한다. 개별 브랜드가 서로 경쟁하게 된다면 성공하기 위해 소비자들이 요구하는 우수한 상품을 개발하는 것이 당연한 일 아닌가? 그리고 어떤 한 브랜드가 거짓 광고나 과장된 선전을 한다면 경쟁사가 그 점을 지적하고 반박하지 않겠는가? 하지만 자신들이 팔고 있는 같은 종류의 상품 뒤에 숨어 있는 허위 전체를 폭로하느니, 적과 결탁하는 편이 차라리 이로울 때는 그러지 않는다. (어디선가 이렇게 서로 등을 긁어준다는 이야기를 들어본 기억이 나는가?) 하나의 대기업이 서로 다른 브랜드를 소유하고 있는 경우라면 그 브랜드들끼리는 심지어 적극적으로 협력하는 일이 빈번하게 있다.

  유명한 생수 샌 펠레그리노와 페리에는 서로 차별화를 한다고 야단법석을 떨고 있지만, 실상은 네슬레가 생산하는 28가지의 생수 중 두 브랜드일 뿐이다. 그렇다 보니 그들 사이에서는 코카콜라와 펩시콜라가 내놓는 것과 같은 치열한 경쟁광고가 없다. 그리고 미국에서 가장 판매량이 많은 두 브랜드의 생수는 펩시(아쿠아피나)와 코카콜라(다사니)의 소유이기 때문에 탄산음료와 비교했을 때 생수가 건강에 유익하다고 공격적으로 광고하는 모습은 보기 어려울 것이다. 이것이야말로 생수회사들이 온당하게 내세울 수 있는 몇 안 되는 주장이지만 말이다. 하지만 이런 현상이 절대 생수에만 국한되는 건 아니다. 각각 알트리아Altria 그룹과 레이놀즈아메리칸Reynolds American의 자회사인 필립모리스와 R.J.레이놀즈는 미국 담배시장의 약 80퍼센트를 차지하고 있다. 그들은 카멜과 베이직, 쿨, 체스터필드, 팔러먼트, 윈스턴, 세일럼, 버지니아슬림, 말보로를 포함한 47가지 다른 브랜드를 생산한다. 슈퍼마켓에서 파는 시리얼의 대부분은 켈로그나 제너럴밀스 두 회사 중 한 군데서 제조되며, 미용용품의 대다수는 로레알이나 에스티로더에서 생산되고 있다.

거의 모든 사업 분야에서 생산자들은 합병과 인수, 브랜드 매각 과정을 겪는다. 그 결과로 이러한 소수의 대기업들은 브랜드들이 매장에 선을 보이기 훨씬 전에 이미 정확히 얼마나 다양한 브랜드를 소비자에게 제공할 것인지 결정한다. 진정한 다양성을 창출하는 것은 그들의 관심사가 아니다. 오히려 그들은 이미지의 차별화를 극대화하고, 이를 통해 다양성이라는 착각을 불러일으켜 자기들이 부담하는 비용을 최소화하면서 최대한 다양한 소비자들을 끌어들이려는 것을 목표로 삼는다.

1.30달러짜리 크리스털 가이저는 홀푸드Whole Food의 1달러짜리 365오가닉 브랜드에 들어 있는 물과 같은 수원에서 만들어진다. 실은 슈퍼마켓에서 팔리는 대부분의 브랜드가 레이블로만 구분될 뿐이

다. FDA의 규정에 따라 유명상표의 약과 똑같은 효과를 내야 하는 무상표 약들은 때로는 유명상표의 약품을 제조하는 동일한 회사에서 생산되어도 값이 더 싸다. 그런 약들은 승인된 무상표 authorized generics라고 알려져 있다. 예를 들어 콜레스테롤 저하제인 심바스타틴은 머크 Merck 제약에서 조코르라는 상표가 붙지만, 역시 머크 실험실에서 제조되는 무상표 약은 머크의 로고가 붙더라도 닥터레디스를 통해 상표 없는 형태로 판매된다.

완전히 똑같지 않은 상품들도 우리의 생각보다 더 비슷한 경우가 많다. 랑콤과 메이블린 화장품은 아주 다른 이미지를 가지고 다른 고객층을 타깃으로 삼고 있지만, 둘 다 로레알에 속해 있다. 이 두 브랜드의 매트파운데이션(광택이 나지 않고 보송보송한 느낌을 주는 파운데이션-옮긴이)은 동일한 공장에서 제조되며, 구성 성분이 거의 동일하다. '화장품 경찰관 cosmetics cop'인 폴라 비가운 Paula Begoun의 말에 따르면 효능에서는 차이점을 잡아낼 수 없다고 한다. 메이블린 뉴욕 드림 매트 무스 파운데이션을 8.99달러에 사는 대신 랑콤 매직 매트 소프트 매트 퍼펙팅 무스 메이크업을 37달러에 살 때 당신은 제품의 질이 아닌 다른 무언가에 돈을 지급하는 것이다.

회사들은 한 특정 상품만 통제하는 것이 아니라 겉으로는 경쟁제품처럼 보이는 상품들도 장악하고 있다. 사람들이 어떤 차이점이 실제이며, 어떤 차이점이 날조된 것인지 판단하기가 어렵다는 점을 이용해 이런 장난을 치고 있는 것이다. 사람들은 대개 비싼 제품이 질이 더 좋을 거라고 짐작하는 경향이 있다. 싼 제품이 똑같은 효능을 가졌다면, 그것을 만드는 제조사들이 그 사실을 선전할 기회를 놓치지 않을 것 아닌가? 하지만 두 브랜드가 모두 한 회사에서 만들어진다면, 동일한 제품에 다른 상표를 붙여 다른 가격으로 팔면서 더 두툼한 지갑을 가진 사람은 돈을 더 많이 내도록 속이는 것이 훨씬 이익이다.

 이러한 계략이 누적되어 생각보다 질적 차이가 별로 없는데도 사람들은 엄청난 다양성이 있다고 착각하게 된다. 그러면서 괜히 과다한 선택지를 훑느라고 많은 에너지를 낭비하다 보니 선택은 고민스러운 과정이 되어버리고 혹시 속는 게 아닌지 의심하는 마음만 들게 된다. 우리는 인터넷과 뉴스, 그 밖에도 과대선전을 꿰뚫어보고 의미 있는 결정을 하는 데 도움이 될 만한 정보를 찾는다. 하지만 가장 치우치지 않은 정보조차도 내일 새로운 연구가 나타나서 그동안 추천했던 내용을 뒤집지 않을 거라고 자신할 수는 없다. 그러므로 우리는 정보가 늘어날수록 더 혼란스러워진다. 헷갈려 죽겠다고 한숨지으며 "이런 외부적인 힘들이 내 선택을 조종한다고 해도 상관없어. 난 목이 마를 뿐이고, 크리스털 가이저면 됐어. 그만하면 아주 깨끗하고 신선해 보이는데 뭘"이라고 체념할 수도 있다. 사소한 결정을 매번 고민하고 싶은 사람은 아무도 없으며, 그럴 필요도 없다. 하지만 선택이 자유와 통제권 행사에 관한 것이라면, 우리는 혹시 소비자로서 의미 있는 선택을 하는 척하면서 자신을 배신하고 있는 건 아닐까?

04

인생을 바꾸는 빨간 알약

당신은 전날 밤 늦게 잔 탓에 아직도 피곤하지만 알람시계가 울려대서 잠에서 깬다. 침대 옆 탁자 위에 있는 물병을 더듬거려 한 모금을 들이킨 뒤에 침침한 눈의 초점을 억지로 맞춰 그 레이블을 읽어본다. "천연의…… 신선하고…… 환경을 책임지는." 아, 카페인이 좀 필요하기는 하지만, 그 글에 벌써 기분이 좋아진다. 집에 커피가 떨어졌지만 출근하러 집을 나설 때까지 기다리기 싫어 부엌으로 휘적휘적 걸어가 냉장고에서 코카콜라를 꺼낸다. 어머니가 지금 이 꼴을 보면 과연 뭐라고 하실까! 탄산음료를 한입에 꿀꺽 삼키고 입술을 닦은 뒤 화장실로 가서 양치질을 한다. 치약을 거의 다 써서 튜브가 납작하다. 저녁때 슈퍼에 가면 잊지 말고 콜게이트 치약을 사야겠다. 지금 몇 분쯤 시간 여유가 있으니 당장 필요한 것들을 적어둬야겠다. 그래서 전화기 옆에 있는 메모지와 펜을 집어든 채 녹색 소파 위에

털썩 주저앉는다.

바로 그때 현관 벨이 요란하게 울린다. 어라! 시계를 보니 누가 집에 찾아오기에는 너무 이른 시각이다. 그냥 무시해도 될 것 같다. 다시 실 것들을 적기 시작하는데 또 벨이 울린다. 손가락으로 대충 머리카락을 훑은 뒤 파자마 매무새를 고치고 문으로 다가간다. 문구멍으로 내다보니 머리끝부터 발끝까지 검은색으로 차려입은 남자가 서 있다. 그 사람은 앞으로 몸을 기울이고 선글라스를 조금 내려쓴다. 이유는 모르겠지만 왠지 중요한 용건이 있을 것 같다는 느낌이 든다. 문득 문을 열면 인생이 바뀔 거라는 생각이 든다. 그런데 복권에 당첨되는 식으로 변할 것 같지는 않다. 당신은 숨을 깊이 들이쉬고 그 사람을 안으로 들인다.

"지금부터 제가 보여드리고자 하는 것을 볼 준비가 되어 있는지 잘 모르겠지만, 안타깝게도 우리에게는 시간이 없습니다."

그의 말에 당신은 이렇게 말한다.

"음료라도 한잔 드릴까요? 코카콜라 괜찮으세요?"

순간 그는 인상을 찌푸린다.

"저는 선생님의 마음을 자유롭게 해드리려고 합니다."

"네? 감사합니다."

어쩌면 문을 열지 말았어야 했나 보다. 그러면서도 그의 말에 바짝 귀를 기울인다.

"이 모든 것은 당신의 마음을 가두는 감옥입니다. 우리를 통제하기 위해 지어진 환상의 세계에 불과합니다. 무엇이 진실인지 보고 싶으십니까?"

그는 호주머니에 손을 넣었다가 꺼내더니 두 손바닥을 당신 앞에 펼쳐보인다. 손바닥에는 알약이 한 개씩 놓여 있다.

"지금 당신이 파란 약을 드신다면 이야기는 이것으로 끝납니다. 깨어나서 그냥 믿고 싶은 대로 믿으며 살면 됩니다. 그런데 빨간 약을 먹으면 신기한 나라에 머물게 됩니다. 토끼 굴이 얼마나 깊은지 보여드리겠습니다. 제가 제시하는 모든 것은 진실, 그 이상도 이하도 아닙니다."

물과 코카콜라가 뱃속에서 그만 얹힌 것 같다. 어쩌다가 이런 상황에 빠지게 된 것일까? 좀 더 약삭빠르게 굴었어야지. 지금쯤은 알 만큼 알고 있어야 하는데, 어째서 또 빨간 약에 손을 내미는 것일까? 그것을 입에 털어넣자 불빛이 희미해지더니 깜깜해진다. 잠깐 동안 당신은 정신을 잃고 인사불성이 되었다가 깨어난다.

위의 시나리오는 1999년 영화 「매트릭스」에서 따온 내용이다. 그 영화는 인류가 인공지능을 가진 기계의 노예가 되어 살아가는 세상을 보여준다. 테크놀로지가 맹렬한 속도로 발전하면서, 때로는 매트릭스가 이론이 아니라 예언일지도 모른다는 의심이 들기도 한다.

어떤 목소리가 "조심하지 않으면 언젠가는 정말로 이런 일이 일어날 것이다"라고 말한다.

또 다른 목소리는 "바보같이 굴지 마. 그것은 그냥 공상과학 영화의 소재일 뿐이야"라고 말한다.

다른 목소리들에 밀린 목소리가 이렇게 말한다. "멍청한 것들! 그건 이미 일어난 일이야. 우리가 자신의 삶을 마음대로 할 수 있을 것 같아? 그렇지 않아. 우리의 일거수일투족에 영향을 미치고 현실 구조 자체를 변화시키는 힘이 온통 우리를 에워싸고 있다고."

아마 당신은 자신이 첫 번째나 두 번째 부류에 속한다고 생각하거나, 그 둘 사이를 오락가락할 가능성이 높다. 하지만 당신에게 알약을 건네주었던 신비스러운 사나이의 관점을 잠시 살펴보자. 그는 분명히 소수인 세 번째 집단에 속해 있다. 그가 다소 피해망상에 사로잡혀 있는지는 모르지만, 그렇다고 해서 그런 힘이 그 사람이나 우리를 노리지 않는다는 뜻은 아니다. 종종 우리도 모르는 사이에 우리의 선택을 지시하는 커다란 메커니즘은 우리가 인간에 못 미치는 존재라는 느낌이 들도록 만들 수 있다. 영화 「매트릭스」에서 인간들은 육체를 유지하지만, 그러한 육체는 인공지능기계의 제국을 위해 에너지를 만들어내는 도구에 불과하다. 매트릭스에 연결된 인간들은 정상적이라고 여겨지는 삶을 지어내는 프로그램의 일부가 되어 사악한 기계적 지배자에게 진을 빼앗기고 만다. 그러므로 그들은 기계에 불과하다. '강제노동'이라는 뜻의 체코어인 로보타robota에서 온 로봇이라는 용어가 여기서 참으로 적절하게 적용된다.

   우리도 자신이 자본주의 산업의 사악한 힘에 따라 프로그램되고 통제당하는 존재라고 생각될 때, 로봇이 된 것 같다는 기분이 들 수도 있다. 선택? 웃기네! 우리가 할 수 있는 유일한 선택은 어떤 약을 먹을지 결정하는 것뿐이다. 빨간 약을 먹어야 할까? 그러고 나서 우리의 현실이 한바탕 거짓말이라고 외쳐야 할까? 다름이 거의 존재하지 않는 데서 다름을 만들어내기 위해 우리의 편향을 이용하는 마케팅 업자들을 비난해야 할까? 또는 '실제 감각처럼 느껴진다면, 어떻게 그것이 실제가 아니겠는가?'라는 생각이 들기 때문에 파란 약을 먹어야 할까? 우리 뇌가 장미를 덜 향기로운 다른 이름으로 인식한다면, 장미 색깔을 덜 생생한 다른 이름으로 인식한다면, 다른 캔에 든 코카콜라를 '코카콜라만 못한' 것으로 인식한다면 그런 차이가 곧 우리의 현실이 되지 않겠는가? 그렇다면 우리는 이상한 나라로 여행을 가야 하는가, 아니면 지금 있는 자리에 머물러도 되는가?

05

코카콜라를 인식하는 뇌

한 여자가 거대한 기계 안에 누워 있다. 관같이 어둡고 비좁은 내부 공간에서 똑딱거리며 울리는 시끄러운 소리가 그녀의 귀를 괴롭힌다. 마치 그녀의 정신을 실제로 감옥에 가둔 것처럼 머리를 틀로 단단하게 조여 고정해놓은 상태다. 그녀는 튜브를 통해서 단순 탄수화물 용액을 정해진 양만큼 정확하게 주입받는다. 그녀의 눈만이 얼굴 앞에 있는 스크린에서 반짝이는 이미지를 바라보며 움직인다. 벽에 장착된 이상한 기기가 허공을 가로질러 파장을 보내 뇌를 관통하면 컴퓨터가 그녀의 생각을 엿보게 해준다. 세상이 마침내 여기까지 왔는가? 음모론자와 종말론 팸플릿을 유포하는 사람들의 말을 들었어야 했던 걸까?

그런데 사실 이것은 2004년 휴스턴에서 실시되었던 무해한 연구의 한 부분이다. 이것 역시 또 다른 종류의 블라인드 미각 테스트라고 할 수 있다. 첫 단계는 아주 단순하다. 어떤 것이 펩시콜라인지 코카콜라인지 말해주지 않고 참가자에게 마시도록 한 다음, 어떤 것이 더 좋았는지 물어보는 것이다. 그들 중 절반은 코카콜라를, 또 다른 절반은 펩시콜라를 더 좋아했다. 절반 정도는 평소에 코카콜라를 산다고 했으며 나머지 절반은 펩시콜라를 산다고 했다. 미각 테스트에서 더 좋다고 밝혔던 콜라와 평소 구매 행동이 일치되었던 결과나, 표시가 안 된 음료를 마셨을 때는 펩시콜라를 더 좋아하면서도 평소에는 코카콜라를 산다고 했던 결과(그 반대도 마찬가지였다) 사이에 별 차이가 없다는 흥미로운 사실이 발견되었다. 연구자들은 이러한 발견에 놀라 첫 번째 결과가 우연이 아니었는지 확인하기 위해 새로운 사람들을 대상으로 테스트를 몇 차례 더 실시했다.

만약 사람들이 어떤 탄산음료를 살 것인지 정말로 자신의 미각적인 선호에 따라 결정한다면, 그들은 제대로 하지 못한 셈이다. 동전을 던져 앞면이 나오면 코카콜라 단골이 되고, 뒷면이 나오면 펩시콜라 단골이 되도록 결정한다고 해도 아마 그 정도의 결과가 나왔을 것이다. 도대체 무슨 일이 일어났던 것일까? 다음 단계에서는 앞에서 묘사했던 세뇌 절차와 비슷한 실험을 진행했다. 처음에 자신이 코카콜라나 펩시콜라를 좋아한다고 밝혔던 사람들을 고정시킨 상태로 기능성 자기공명영상장치에 들여보냈다. 그 기계는 강력한 자기장을 이용해서 뇌로 흘러들어 가는 혈류를 측정함으로써 정신활동을 측정한다. 그 결과 참가자들이 자신이 더 좋아한다고 밝혔던 탄산음료를 마실 때 복내측 전전두엽피질ventromedial prefrontal cortex이라고 부르는 두뇌 부위가 활성화된다는 사실이 밝혀졌다. 그 부위는 좋은 맛과 같은 기본적인 보상을 평가하는 기능과 연관되어 있다. 이 경우에 참가자들은 카페인, 설탕, 향 등의 혼합물을 순수하게 감각적으로 평가했다.

물론 생활 속에서 코카콜라나 펩시콜라를 마실 때는 블라인드 미각 테스트를 거의 하지 않는다. 후속 연구에서는 사람들에게 다른 조건에서 다시 콜라를 마시게 하고 기능성 자기공명영상장치로 판독했다. 참가자들에게 계속해서 코카콜라만 주었지만, 한 모금 마실 때마다 코카콜라일 수도 있고 그렇지 않을 수도 있다는 말을 해주었다. 마시는 횟수의 절반에서는 음료보다 먼저 코카콜라 캔의 사진을 보여주었고, 나머지 절반에서는 음료에 앞서 색깔 있는 조명을 보여주었다. 하지만 참가자들에게는 그러한 자극이 마시는 음료에 관해 아무것도 표시해주지 않는다고 알려주었다. 그 결과 75퍼센트의 사람들이 불빛을 비춰주었을 때보다 코카콜라의 사진을 보여주고 마시게 했을 때 그 맛이 더 좋다고 했다. 사실 코카콜라 이외의 콜라는 한 번도 주지 않았는데 말이다. 코카콜라의 이미지를 제시했을 때는 과거의 감정적인 체험을 이끌어낼 때 사용되는 뇌의 영역인 해마hippocampus와 배외측전전두엽dorsolateral prefrontal cortex에서 활동이 증가하는 결과가 나타났다. 다시 말해 사람들은 상표의 맛을 보고 있었던 것이다. 적어도 뇌에서 경험한 바로는 불빛과 연결시켜 마셨을 때보다 코카콜라와 연결시켜 마셨을 때 정말로 맛이 더 좋았다. 미뢰taste bud에서 받는 신호는 사람들이 익히 알고 있는 빨간 캔을 보았을 때 일어나는 다른 두뇌활동에 눌렸던 것이다. 펩시콜라를 마시게 하고 펩시콜라 상표를 써서 이 실험을 되풀이했을 때는 비슷한 효과가 나타나지 않았다. 이를 통해 펩시콜라는 우리에게 코카콜라처럼 연결된 감각을 일으키지 않는다는 사실을 알 수 있다. 왜 이런 일이 일어난 걸까?

몇 년 전에 나는 비행기 여행을 하던 도중 이 질문에 대답이 될 만한 설명을 우연히 생각해냈다. 비행 중 음료 서비스를 받는데 승무원이 펩시 제품만 제공된다고 이야기하자, 내 옆의 승객이 짜증을 냈다. "저희 항공은 코카콜라를 제공하지 않습니다, 고객님. 대신 펩시콜라를 드시겠어요?" 그는 절대로 그러지 않을 것처럼 보였다. 나는 그 사람에게 콜라 맛을 정말로 구별할 수 있는지, 그렇다면 왜 펩시콜라보다 코카콜라를 더 좋아하는지 물었다. 그는 "정말 구분할 수 있을지는 잘 모르겠어요. 하지만 언제나 코카콜라가 더 맛있다고 생각했어요. 코카콜라는 크리스마스 같다고나 할까요. 크리스마스 없는 인생이 무슨 맛이겠어요?"라고 대답했다.

그런데 왜 펩시콜라가 아니고 꼭 코카콜라만 크리스마스 분위기가 나는 걸까? 코카콜라에 보면 탄산수, 고과당콘시럽, 캐러멜 색소, 인산, 카페인과 천연조미료가 원료로 표시되어 있다. 펩시도 마찬가지며, 그 안에 든 천연조미료의 맛도 거의 동일하다. 둘 사이에 약간의 차이가 있긴 하다. 펩시가 좀 더 달고 코카콜라는 이름처럼 코카 잎(물론 코카인을 제거한 뒤에)으로 향을 내기는 하지만, 이러한 차이는 블라인드 테스트 결과 거의 무시할 만한 수준인 것으로 드러났다. 그렇다면 우리는 자신의 뇌가 그 상표에 중독되었다는 이유만으로 코카콜라를 더 좋아하는 것일까?

코카콜라는 1885년에 만들어진 이후로 공격적이고 기발한 광고를 활용함으로써 미국 문화와 소비자들의 마음속에 깊숙이 자리 잡았다. 코카콜라는 이미지가 제품보다 더 중요하다는 사실을 포착해낸 최초의 회사들 중 하나였다. 지난 한 세기 동안 이 회사는 어딜 가나 눈에 띄는 트레이드마크인 그 특이하고 유명한 붉은색 캔을 텔레비전과 잡지 광고, 특히 할리우드 영화에 소개하는 데 수십억 달러를 쏟아부었다. 코카콜라 광고판은 1932년 이래로 줄곧 맨해튼의 타임스스퀘어의 한쪽을 차지하고 있다. 제2차 세계대전 중에는 코카콜라를 후방에서 제조하도록 지원하기 위해 248명의 '기술 감독관'을 해외로 파견하기도 했다. 화가이자 일러스트레이터 노먼 로크웰Norman Rockwell은 코카콜라로부터 의뢰를 받아 웅덩이에서 코카콜라를 마시는 농촌 청년들의 모습을 그리기도 했다. 전 세계의 젊은이들이 언덕 위에 서서 "세상에 코카콜라를 사주고 싶어I'd like to buy the world a Coke"라는 가사의 노래를 부르던 코카콜라 광고를 기억하는가? 그 노래는 차트 10위권 안에 드는 히트곡이 되었다. 사람들이 광고음악을 듣기 위해 돈을 냈다는 말이다! 이처럼 코카콜라는 그냥 단순한 음료수가 아니다.

사실 코카콜라는 다른 것들도 상징하지만, 무엇보다도 크리스마스를 상징한다. 산타클로스를 생각하면 무엇이 연상되는가? 아마도 밝은 빨간색 옷과 모자, 검은색 부츠와 벨트를 착용하고 불그레한 얼굴에 사람 좋은 미소를 띤 명랑하고 뚱뚱한 남자가 떠오를 것이다. 스웨덴의 만화가인 하든 선드블롬Haddon Sundblom이 만들어낸 산타의 이러한 이미지는 사실 성 니콜라스가 세계의 목마른 아이들에게 코카콜라를 전달하는 광고를 그려 달라는 코카콜라 회사의 주문을 받고 그린 것이었다. 마크 펜더그래스트Mark Pendergrast는 『코카콜라의 경영기법For God, Country and Coca-Cola』에서 "선드블롬의 그림 이전에는 크리스마스의 성자가 파랑, 노랑, 초록 또는 빨강 옷을 입은 다양한 모습으로 그려졌다"라고 했다. 또한 "유럽의 그림에 등장하는 산타는 대부분 키가 크고 마른 모습이었으며, 신학자이자 시인 클레멘트 무어Clement Moore는 「성 니콜라스의 방문」에서 그를 요정으로 묘사하기도 했다. 하지만 코카콜라의 광고 이후에 산타는 넓은 벨트를 매고 멋진 검은 부츠를 신은, 키가 크고 뚱뚱하고 늘 행복한 남자로 영원히 자리 잡았다." 산타의 옷이 코카콜라의 상표와 똑같은 빨간색이라는 사실을 눈치 챈 적이 있는가? 그것은 우연의 일치가 아니다. 코카콜라 회사는 그 색깔의 특허권을 가지고 있다. 산타는 분명히 코카콜라 쪽 사람이다.

그뿐만이 아니다. 내 경험에 비춰볼 때 코카콜라는 자유를 상징하기도 한다. 2장에서 언급한 베를린 여행을 기억하는가? 1989년 11월 베를린 장벽이 무너지면서 벌어진 축제의 한복판에서 코카콜라가 무료로 제공되었다. 세월이 흘러 내가 코카콜라의 마케팅 캠페인을 연구할 때가 되어서야 그 당시의 무료 콜라가 생각났다. 맞다! 자유의 승리에 환호하던 그날 나도 콜라를 받았다. 직접 장벽에서 뜯어낸 알록달록한 벽 조각을 자랑스럽게 왼손에 들고, 오른손에는 코카콜라를 들고 있었던 것으로 기억한다. 어쩌면 바로 그 순간에 그것이 자유와 그 밖의 미국적 이상들과 연결되면서 코카콜라에 대한 내 개인적 선호가 더욱 확고해졌는지도 모른다.

2004년 타임스스퀘어에서 새로운 코카콜라 광고판이 공개될 때,

뉴욕 시장인 마이클 블룸버그Michael Bloomberg는 전국에 중계되는 텔레비전 방송에서 이렇게 선언했다. "이 광고판은 다른 무엇보다도 미국을 가장 상징적으로 보여주고 있습니다. 코카콜라는 뉴욕시와 미국의 훌륭한 동반자였습니다. 코카콜라는 모든 사람이 옳다고 여기는 가치를 옹호해주었습니다." 이러한 메시지에 끊임없이 노출된 결과 우리는 코카콜라 캔에 표시된 상표를 볼 때마다 기분이 좋아지고, 그 긍정적인 감정이 탄산음료의 맛을 더 좋게 만들어준 것이다. 코카콜라에는 그냥 설탕과 천연 조미료 맛이 나는 것이 아니라 자유의 맛이 난다.

06

눈앞에서 놓친 227킬로그램짜리 고릴라

당신 안에 있는 자유 옹호자(그러면서 동시에 코카콜라 마니아)는 아마 소비자의 모든 행동을 예상하거나 조종하기 위해 회사가 배후에서 쏟아부은 막대한 돈과 에너지를 상쇄하기 위해 자신도 무엇인가 대응할 수 있을 거라고 생각할 것이다. 우선, 앞으로는 더 많은 주의를 기울이겠다고 생각한다. 그렇다. 어쩌면 좀 괴팍하고 지나치게 보일 수도 있겠지만, 당신은 자신의 정신을 자유롭게 하기 위해 그 정도 대가는 치를 용의가 있다. 나도 당신을 지지해주고 싶기 때문에 이런 전략에 잠재되어 있는 함정에 대해 주의를 주고자 한다.

주의에 대한 심리학 연구에서는 짤막한 비디오 한 편이 유명세를 타고 있다. 그 비디오에는 흰옷을 입은 3명의 학생과 검은 옷을 입은 3명의 학생이 끊임없이 자리를 바꾸면서 농구공을 앞뒤로 패스한다. 시청하는 사람의 목표는 흰옷을 입은 팀이 얼마나 여러 번 공을 패스

하는지 세는 것이다. 독자들도 한번 참여해보라고 권하고 싶은데, 다음 웹사이트에서 그 비디오를 볼 수 있다.(http://viscog.beckman.uiuc.edu/flashmovie/15.php.) 비디오에서는 여러 가지 활동이 진행되기 때문에 정확하게 세고 싶다면 보는 동안 흰 팀에 완전히 집중해야 한다. 보기를 다 마쳤으면 이제 계속해서 읽기 바란다.

흰옷을 입은 팀은 열네 번 패스를 했다. 당신이 그것을 정확히, 또는 비슷하게 맞췄다면 훌륭하다. 그런데 비디오를 보다가 약간 이상한 점을 발견했는가? 어쩌면 이번에는 흰 팀에 집중하지 않고 다시 한 번 봐야 할지도 모른다. 그리고 준비가 되었으면 계속 읽기 바란다.

비디오의 중간 쯤에서 고릴라 옷을 입은 한 남자가 화면의 오른쪽에서 조용히 걸어 들어왔다가 가운데로 옮겨간 뒤, 뒤돌아서 카메라를 마주한 채 잠깐 가슴을 두드리고는 왼쪽으로 어슬렁거리며 걸어간다. 특별한 목적을 가지고 비디오를 본 것이 아니라면, 이 유인원의 돌발 행동을 놓치지 않았을 것이다. 하지만 흰 팀에 주의를 집중하고 검은 팀의 움직임을 의도적으로 차단했다면, 검은 고릴라는 시야에 들어오지 않았을 것이다.

의식적인 주의의 범위는 생각보다 훨씬 좁다는 것이 이 실습의 요지다. 그래서 우리는 우선순위를 정해 당장 해야 하는 과제와 관련이 있는 것에만 집중한다. 당신이 시계가 똑딱거리는 방 안에서 이 책을 읽고 있다면, 내가 시계 이야기를 하기 전까지는 아마 그 소음을 의식하지 않고 있었을 것이다. (소음을 일깨워준 점은 죄송하다.) 또한 반대로 어떤 방에 내내 앉아 있다가 갑자기 그 방이 너무 조용하다고 문득 깨달은 적이 있는가? 그러다가 얼마 전에 시계가 멈췄다는 사실을 갑자기 알게 된다. 어떤 것의 존재가 아닌, 부재를 우리는 어떻게 해서 알아채게 되는가?

앞 장에서 우리는 마음이 동시에 두 수준에서 작동한다는 사실을 보았다. 하나는 의식적이며 숙고하는 수준이고, 또 하나는 무의식적이며 자동적인 수준이다. 숙고 시스템은 정보에 압도당하기 쉽지만, 자동 시스템은 단순한 대신 폭이 훨씬 넓다. 그래서 우리는 어떤 정보를 의식하지 못하면서도 잠재의식적으로 입력할 수 있다. 비디오를 보며 패스를 세다가 카메오로 등장한 고릴라를 놓친 경우, 당신은 그를 보지 못한 게 아니라 보았다는 사실을 깨닫지 못한 것이다. 중요한 사실은 우리의 주의가 옮겨갈 때 자동 시스템이 현재 무관한 정보를 그저 뒤쪽에 저장해두는 것 이상의 일을 한다는 것이다. 자동 시스템은 자기가 할 수 있는 유일한 방법을 써서 자발적으로 정보를 해석하고 결론에 따라 실행한다. 느낌이나 직감을 숙고 시스템 수준까지 보내는 것이 자동 시스템의 방법이다. 세상을 접하는 우리 의식 속에는 고릴라 크기만큼의 구멍이 뚫려 있을 수도 있지만, 그 구멍 안에 있는 것이 우리의 선택에 강한 영향을 미치기도 한다.

예일대학교의 사회심리학자인 존 바그John Bargh는 우리가 의식하지 못하는 가운데 여러 가지 판단과 의견, 태도, 행동, 인상, 감정이 형성되는 과정을 연구하는 데 심혈을 기울였다. 그는 뛰어난 통찰력을 보여준 한 연구에서 뉴욕대학교의 학생 30명에게 5개의 단어를 무작위로 섞어 과제를 내주었다. 예를 들어 '그, 그것, 숨긴다, 발견한다, 즉시'를 뒤섞어주고 그중 4개의 단어를 사용해 문법적으로 정확한 문장을 만들라고 주문했다. 한 유형의 과제에는 뒤섞인 단어 세트에 '근심하는, 늙은, 회색의, 감상적인, 현명한, 은퇴한, 주름진, 빙고게임, 플로리다' 등 노인에 대한 고정관념이나 묘사와 관련된 단어들이 포함되어 있었다. 하지만 느림과 관계된 단어들을 언급하지 않도록 조치를 취했다. 그 이유는 곧이어 밝혀질 것이다. 또 다른 유형의 과제에서는 '목마른, 깨끗한, 개인석인' 등 노년과 특정한 연관이 없는 단어 세트를 사용했다.

참가자들은 그 테스트가 언어 유창성을 살펴보기 위한 것이라는 이야기를 듣고 문장을 완성하는 과제를 마쳤다. 그후 실험자는 참여해주어서 고맙다고 인사한 뒤 그들을 엘리베이터가 있는 복도로 안내했다. 제2의 실험자는 모든 참가자를 몰래 관찰하면서, 참가자가 실험실 문을 나와 엘리베이터 쪽으로 걸어가서 10미터 정도 떨어진 곳에 붙인 테이프에 도착할 때까지 걸리는 시간을 쟀다. 그랬더니 노인과 연관된 단어들을 사용해서 문장을 구성했던 사람들이, 다른 세트의 단어를 사용했던 사람들보다 엘리베이터 앞까지 가는 데 평균 15퍼센트 정도 더 오래 걸렸다는 것이 드러났다. 양쪽 집단 모두 어떤 단어도 속도와 관계가 있다고 생각하지 않았는데 말이다.

이러한 결과는 두 가지 이유에서 꽤 흥미롭다. 첫째, 그 결과는 자동 시스템이 작동했으며, 그것이 복잡한 정신활동을 할 능력이 있다는 사실을 보여준다. 참가자들의 마음은 노인과 관계된 단어들에서 패턴을 입력했고, 노인은 천천히 걷는다는 기존의 지식에 그것을 연결시켰으며, 천천히 걷는다는 개념을 자신의 행동에 적용했다. 이 모두가 의식하지 못한 상태에서 이루어졌다. 실험을 마친 뒤에 분명하게 질문을 받았을 때도 아무도 단어가 노인들과 관계 있다는 사실을 알아차렸다고 대답하지 않았으며, 문장 구성 과제가 어떤 방식으로든 자신의 행동에 영향을 미쳤다고도 생각하지 않았다.

둘째, 그 결과는 잠재의식적 영향이 행동의 모든 면에 얼마나 널리 미칠 수 있는지를 보여준다. 심지어는 우리가 대체로 선택이라고 생각하지 않는 면에까지 영향을 미친다. 보디랭귀지나 얼굴 표정, 말하는 스타일과 마찬가지로 걷는 속도는 의식적인 통제를 받을 수도 있지만, 우리가 지속적으로 이러한 통제력을 발휘하려고 노력하지 않는 한 결국 자동 시스템의 지시를 받도록 넘겨진다. 존 바그의 말을 빌리면 "사고, 감정, 행동 등 일상생활의 상당 부분은 의식적인 선택이나 숙고의 중재를 받지 않고 환경의 현재 특성에 따라 결정된다는 의미에서 자동적이다." 단 10분의 1 정도만 물 위에 떠 있는 빙하와 마찬가지로, 의식도 정신의 아주 작은 부분일 뿐이다. 사실 정신은 빙하보다도 더 깊숙이 잠겨 있다. 정신활동의 95퍼센트 정도가 잠재의식적이고 자동적일 것으로 추정된다. 우리가 의식적으로 개입하지 않는다면, 외부적인 힘이 쉽사리 선택에 영향을 줄 수밖에 없다.

우리의 정신은 정보가 주어지면 알파벳이나 연대순으로, 또는 듀이 십진법에 따라 정보를 조직하는 것이 아니라 다른 정보와의 유사성에 따라 처리한다. 그래서 특정한 정보에 노출되면 관련된 정보를 기억하기가 더 쉬워진다(또는 기억하지 않는 게 불가능해진다). 그리고 여기서 정보는 그냥 사실만을 의미하는 것이 아니라 어떻게 머리를 움직여야 하는지, 레몬 맛이 어떤지, 첫 키스를 했을 때 어떤 느낌이었는지 등의 여러 가지 것을 포함한다. 우리는 예컨대 시험공부에 도움을 받기 위해 기억하기 쉬운 암기술을 지어내거나, 기억이 가물가물한 열쇠를 찾으러 머릿속에서 발자국을 다시 되밟아가거나, 과거를 회상하는 등 이러한 체계를 의도적으로 이용할 수도 있다. 하지만 자동 시스템은 부르지 않아도(종종 의식적으로 알아채지 못하면서) 어떤 경험에 대한 반응으로 일어나기도 한다. 이러한 자동적인 연상을 활성화시키는 자극은 '프라임prime'이라고 알려져 있으며, 그것이 정신상태와 그에 따른 선택에 미치는 효과는 '프라이밍priming'이라고 한다. 레몬 조각을 씹는 자신을 상상할 때 턱이 움찔하는 것을 느끼는가? 또는 세월이 흐른 뒤 라디오에서 '너의 노래your song'를 들으면서 지난날의 사랑이 떠오른 적이 있는가? 그렇다면 프라이밍이 일어나고 있는 것이다. 사람들이 캔을 보고 나서 코카콜라의 맛을 더 즐기거나 산타의 이미지를 보고 나서 코카콜라에 대한 갈증을 느끼면 역시 프라이밍이 일어난 것이다.

지금까지 우리의 선택에 작용하는 광고와 여러 가지 영향력을 살펴보았다. 그런데 그런 영향력은 프라이밍이 일어나지 않았더라면 그 절반만큼의 효과도 없었을 것이다. 우리는 유명인이 입은 브랜드의 옷을 사면, 그 사람이 연상되면서 자신이 더 화려해진 느낌이 든다. 아플 때는 의사는 아니지만 텔레비전에서 의사 역을 맡았던 잘생긴 배우가 특정 브랜드의 기침약으로 우리를 안심시켜주기 때문에 그 약을 선호한다. 물론 당신은 무엇 때문에 아픈지 그 배우가 전혀 알지 못한다는 것을 잘 알고 있다. 사실 거의 모든 광고가 비범하게 잘생긴 사람들을 등장시키는 이유는 바로 프라이밍 때문이다. 텔레비전에서 미인이 사용하는 데넘 치약을 우리도 실생활에서 사용하면 그들의 매력이 우리에게 좀 옮겨올지도 모른다는 생각이 든다. 얼빠진 소리처럼 들리겠지만, 자동 시스템에서 보면 그런 생각은 완벽하게 이치에 닿는다. 구글 검색처럼 자동 시스템도 어떤 생각과 관련이 있는 것이라면 무엇이든 목록을 뽑아낸다. 그 두 가지 사이의 관계가 우리의 필요와 관계가 있든 없든 간에 말이다. 그리고 구글과 마찬가지로 광고업자들도 자신들의 목적을 확대하고자 이러한 체계를 이용하는 데 능숙해졌다.

　프라이밍은 우리의 기분이나 지각, 선택에 광범위하게 영향을 미칠 수 있다. 프라임이 만들어내는 연상은 특별히 강하지 않지만, 또 꼭 강해야 할 필요도 없다. 우리는 그 효과를 의식하지 못하므로 의식적인 의사결정을 할 때 그것을 보완할 수가 없다. 더 나아가서 프라임 자체가 잠재의식적으로만 지각되어 우리가 영향을 받고 있다는 사실을 깨닫지 못하게 막기도 한다. 비록 대중문화로 말미암아 그 영역과 위력이 지나치게 과장되기는 했지만, 식역하메시지subliminal message가 이러한 현상의 고전적인 예다. (아니다, 당신이 학교에서 퇴학당한 것은 배경으로 틀어놓았던 헤비메탈 노래 가사가 체제에 반항하고 사탄을 숭배하라고 가르쳤기 때문이 아니다.) 진실은 그보다 훨씬 소박하다. 우리의 감정과 선택은 겨우 1000분의 5초에서 100분의 3초 동안 스크린에 나타나는 단순한 단어나 이미지들로부터 잠재의식적으로 영향을 받을 수 있다. 보통 눈을 깜박이는 데 10분의 1초가 걸린다는 사실을 감안할 때, 그것은 믿을 수 없을 만큼 짧은 시간이다. 쇠고기라는 글씨가 지속적으로 깜빡이는 짧은 영화를 본 사람은 그런 프라임 없이 같은 영화를 본 사람들에 비해 배가 더 고파졌다. 그들이 특별히 쇠고기에 허기를 느낀 것은 아니었다. 이렇게 우리가 노력하더라도 너무나 순식간에 나타나서 의식적으로 지각할 수 없는, 진짜 식역하메시지들은 실험실 상황에서만 존재한다. 하지만 실생활에서는 어떤 자극이라도, 그것에 의식적으로 주의를 기울이지 않는다면 잠재의식적으로 작용할 수 있다.

이 결과는 우리가 특별하게 경계하지 않는 한, 감시할 수조차 없는 영향력에 휘둘린다는 뜻일까? 심지어는 특별히 경계해도 도저히 그 영향력을 피할 수 없다는 뜻일까? 우리는 이처럼 교활하게 두뇌를 개조하는 세력들을 상대로 질 수밖에 없는 싸움을 하고 있는 것일까? 긍정하는 대답은 아마 영화처럼 자극적일지 모르지만, 스크린 밖에서의 사정은 좀 더 복합적이다. 우선 우리는 자동 로봇 모드에서 인생의 가장 중대한 선택을 할 가능성이 적다. 라스베이거스에 가는 사람들 말고는 자기가 의식적으로 합의하지 않았는데 그 전날 결혼했다는 것을 다음 날 아침에 일어나서 발견하는 사람은 없다. 프라이밍의 효과는 그 강력함이 아니라 미묘함에서 나온다. 그래서 우리가 강력하게 견지하는 가치에 반하는 행동을 하도록 영향을 미치기보다는, 주변적인 사소한 선택에 영향을 미친다. 프라임은 당신이 코카콜라나 펩시콜라 중 무엇을 마실 것인가 결정하는 데는 영향을 미칠 수 있지만, 당신이 모든 소유물을 팔고 히말라야의 수도원에서 여생을 보내도록 유도하지는 못한다.

한편 우리의 핵심 가치와 태도는 잠재의식적인 영향에서 비교적 안전하지만, 우리가 그 핵심에 따라 행동하는 방식도 그렇게 안전하다고만 말할 수는 없다. 자동 시스템은 연합을 형성하고 그에 따라 작용할 때, 부차적인 선택과 매우 결정적인 선택을 구분하지 못한다. 그러므로 삶에서 가장 중요한 선택도 우리가 표현하는 선호와 반대되는 방향으로 영향을 받을 수 있다. 예를 들어 우리가 국민발의로 직접투표를 할 때는 당연히 쟁점에 대한 우리의 견해 외에 다른 영향을 받아 선택하면 안 된다. 하지만 조나 버거와 마크 메러디스Marc Meredith, 크리스천 휠러Christian Wheeler의 연구는 우리가 부지중에 물리적인 투표환경의 영향을 받아 선택하기도 한다는 사실을 보여준다. 애리조나주 전체에서 2000년의 총선거 결과를 분석했던 그 연구에는 교육 지출을 늘리기 위해 주의 판매세를 5.0에서 5.6퍼센트로 인상할 것을 제안한 국민발의안 301호에 대해 어떻게 투표했는지 묻는 질문이 포함되어 있었다. 연구팀은 투표하는 장소가 투표하는 방식에 과연 영향을 미치는지에 관심이 있었다.

미국에서 선거는 교회나 학교, 소방서 등 다양한 장소에서 실시되며, 사람들은 거주지에서 가까운 장소를 지정받는다. 연구자들은 다른 투표 장소에 지정된 사람들에 비해, 학교에서 투표하도록 지정된 사람들의 26퍼센트가 발의안 301호에 찬성하는 투표를 해서 학교를 지지할 가능성이 더 높다는 사실을 발견했다. 이러한 효과가 실제로 투표 장소 때문인지 확인하기 위해 학교에서 투표하는 효과를 내는 모의 온라인 실험을 실시했다. 교육을 지지하는 사람들이 일부러 학교 근처에 살기로 선택한다는 등의 다른 요인들을 배제하려는 시도였다. 사람들에게 발의안 301호에 어떻게 투표할 것인지 표시하라는 지시를 내리기 전에 성격검사의 일부라고 하면서 학교나 그 밖의 일반 건물의 이미지를 보여주었다. 사람들은 성격검사가 설문과 무관하다고 여겼다. 그럼에도 학교 이미지에 노출된 사람이 교육기금을 위한 세금 인상을 더 기꺼이 지지한다는 결과가 나왔다.

　자신의 의견을 절대적으로 확신하고 결심이 굳다면, 이런 식의 영향을 받지 않을지도 모른다. 하지만 우리에게 가치관을 재고해볼 것을 요구하는 대부분의 쟁점은 흑백논리로 처리하기가 쉽지 않다. 우리는 똑같이 바람직한 대안들이나 똑같이 바람직하지 않은 대안들 사이에서 균형을 잡을 필요가 있다는 사실을 깨달을 때가 종종 있다. 억지로 직면하기 전까지는 어떤 문제에 대해 자신이 어떻게 생각하는지 알지 못하는 경우도 가끔 있다. 투표하는 다양한 장소에는 감각적인 단서들이 포함되어 있다. 학교의 분필가루 냄새, 교회 제단에 봉헌하는 촛불 냄새 등이 한쪽 또는 다른 쪽을 지지하도록 프라임을 줄 수 있다. 소비자 가격의 0.6퍼센트 인상을 감수하고 학교에 추가 지출하는 문제를 얼마나 가치 있게 여길지 아직 마음을 정하지 못한 사람, 투표장에 들어서기 전까지는 그러한 법안을 알지도 못했던 사람에게는 프라임이 영향을 미칠 수 있다.

후보자를 선택하는 일은 더욱 어려운 투표 결정이다. 후보자를 선택할 때 우리는 한 가지 쟁점을 다루기보다는 자신의 선거구에서 누가 전반적으로 더 일을 잘 할 것인지를 판단해야 한다. 우선 특정 후보를 지지하려면 적정한 정책의 묶음이 무엇인지, 그리고 어떤 후보의 정치적 플랫폼이 그 정책에 가장 근접할지 결정하는 어려움은 별도로 치더라도, 후보자의 능력이나 신뢰성 등 그 밖의 여러 가지 요인을 고려할 필요가 있다. 우리가 숙고 시스템으로 후보자의 장점과 단점을 분석할 때조차도 자동 시스템은 판단을 결정할 분석에 관련이 있는 정보나 무관한 정보를 무차별로 끼워넣는다. 그런데 관련된 정보만을 참고해서 최종 결정을 내리도록 보장할 수 있는 여과장치가 없다는 것이 문제다.

예를 들어 후보자의 외모가 그의 능력과 아무런 상관이 없다는 것을 알고 있지만, 외모는 여전히 선택에 영향을 미친다. 1974년 캐나다 선거를 파헤친 한 고전적인 연구에서는 가장 매력적인 외모의 후보가 가장 매력 없는 후보에 비해 두 배나 많은 표를 얻은 것으로 밝혀졌다. 그리고 2007년의 한 연구에서는 순전히 외모만을 근거로, 때로는 후보의 사진이 단 10분의 1초만 제시된 상태에서 더 유능하다는 평가를 받았던 후보가 약 70퍼센트 더 선거에서 당선되었음이 밝혀졌다. 추가적인 연구들도 이러한 결과를 지지해주었다. 또한 선출된 고위공무원들이 일반 인구에 비해 몇 센티미터 정도 키가 더 크고 머리가 덜 벗겨졌다는 사실도 드러났다. 이는 절대로 정치에만 국한된 현상이 아니다. 수많은 연구는 특히 남자의 경우, 키와 봉급이 긍정적으로 연관되어 있음을 밝혀냈다. 남자들은 키가 2.5센티미터 클수록 2.5퍼센트 정도 더 많은 보수를 받았으며, 남녀 모두 매우 매력적인 사람들은 그보다 수수하게 생긴 동료들에 비해 최소한 12퍼센트 이상 더 잘 벌었다. 실제로 직장 면접 뒤에 어떤 사람이 채용될 것인가 여부에 업무 자격보다 외모가 더 큰 영향을 미쳤다. 반대 극단에서 보면, 형사사건의 경우 매력적인 외모의 피고는 더 가벼운 형을 선고받았고, 구속을 완전히 면할 수 있는 가능성도 두 배나 높았다.

위의 어떤 경우에도 사람들은 외모가 자기의 선택을 결정하는 요인이었다고 말하지 않는다. 물론 자신이 그처럼 명백하게 부당하고 약삭빠른 행위를 했다고 스스로 인정하거나 인식하는 사람은 거의 없다. 사람들은 편견이 작용할 때 의식하지 못했을 가능성이 더 높다. 매력과 자기 전문 분야에서의 기술은 둘 다 바람직한 특성이기

때문에 우리 마음속에서 자연스럽게 연결된다. 그러므로 한 가지에 노출되면 또 한 가지는 자극이 된다. 신데렐라 이야기에서 사실상 오늘날 거의 모든 텔레비전이나 영화의 주인공들에 이르기까지 모든 문화가 이러한 연상을 더욱 강화시켜준다. 이야기 속에서는 그것들이 소망 성취의 도구로서나 장황한 배경 설명 없이 인물을 묘사하는 빠르고 편리한 방법으로 효과적이지만, 이러한 연상이 실생활 속에서 판단을 내릴 때 자동적으로 적용된다는 부작용을 낳는다. 거무튀튀한 피부와 머릿속 '땜빵' 자국은 패션 사진용을 제외한다면 어느 영역에서도 타당한 결정요인이라고 생각되지 않겠지만, 그런 것들이 심각한 결정의 근처까지도 슬그머니 끼어들 수 있다.

프라이밍 효과 자체는 극적인 경우가 거의 없지만, 사람들의 행동 변화는 아무리 미묘하더라도 세상에 엄청난 영향을 미칠 수 있다. 악명 높은 2000년 대통령 선거를 기억하는가? 플로리다만 발표하지 않은 시점에서 앨 고어는 모든 주의 유권자 투표에서 이기고 선거인단 투표에서 267표를 얻은 데 비해 부시는 245표를 얻었다. 이기려면 270표가 필요하기 때문에 플로리다주의 투표인단 25명이 대통령직의 열쇠를 쥐고 있었다. 하지만 플로리다주에서는 경합이 치열했고 투표설계가 부실해 많은 실수가 있었기 때문에 마지막 결과는 투표일로부터 한 달 이상 지나고 난 뒤에야 겨우 알 수 있었다. 팜비치 카운티에서는 헷갈리는 나비투표 용지(butterfly ballot, 10명이 넘는 후보자를 한 장에 모두 담기 위해 투표용지를 지나치게 조밀하게 디자인해서 유권자들을 혼란에 빠뜨렸던 나비 모양의 투표용지-옮긴이)를 쓰는 바람에 수천 명의 사람이 앨 고어 대신 팻 뷰캐넌에게 표를 주었다. 또한 펀치

카드식 투표용지의 경우에는 유권자들이 뚫고 버렸어야 할 천공 부스러기가 충분히 제거되지 않아 자동 계표기가 읽을 수 없어 수천 표 이상이 무효로 처리되었다. 이러한 논쟁들 때문에 여러 차례에 걸쳐 재검표가 실시되고 사태는 대법원까지 갔다. 소동이 가라앉고 부시가 정확히 537표차로 플로리다주에서 승리한 것으로 발표되었다. 하지만 다른 개표 방법을 썼더라면, 171표차로 고어가 승리했을지도 모른다.

이러한 나비투표 용지와 천공 부스러기의 혼란은 결정 요인이 아니었을지도 모른다는 것이 더욱 놀라운 사실이다. 물론 이것은 사용자에게 불편한 제도라는 점을 보여주는 확실한 예로, 유능한 투표 기획자라면 미리 간파했어야 할 문제였다. 하지만 선거를 결말지은 행동의 변화는 부시의 이름이 투표지 맨 위에 있었다는 사실이 그 원인이었을 수도 있다. 그렇게 된 배후에 어떤 사악한 이유나 당파적 음모가 숨어 있었던 건 아니다. 투표지에 나오는 후보의 순서는 어쩌면 아무도 그것이 중요하다고 생각하지 않기 때문인지 주마다 다르다. 어느 주에서는 후보자 이름의 알파벳 순서에 따라 나열하고, 다른 곳에서는 정당의 알파벳 순서에 따라 나열하며, 또 다른 곳에서는 현직에 있는 후보부터 나열한다. 단지 몇몇 주에서만 모든 후보자가 동일하게 나타나도록 선거구 간에 후보자 순서를 교대로 한다. 플로리다 주에서는 현 주지사가 소속된 정당의 후보를 후보자 명부에서 맨 먼저 표시하도록 하는 것이 규정이다. 2000년에는 플로리다 주지사가 조지 부시의 공화당 동료이자 동생인 젭 부시Jeb Bush였기 때문에 조지가 가장 첫 번째 순서를 받았다.

그런데 이것이 왜 문제가 되었을까? 최근에 스탠퍼드대학교의 교수인 존 크로스닉Jon A. Krosnick은 오하이오주와 노스다코타주, 캘리포니아주의 2000년 대통령 선거와 관련하여 일련의 연구를 실시했다. 이 3개의 주는 모두 후보자 명부에서 순서를 교대했다. 그래서 연구자들은 후보자의 이름이 처음에 나올 때와 밑에 나올 때를 비교해서 얼마나 많은 사람이 그 후보에게 투표했는지 측정할 수 있었다. 그들은 부시든 고어든 뷰캐넌이든 네이더Nader든, 먼저 이름이 나오는 사람이 상당히 유리하다는 점을 발견했다. 캘리포니아에서 부시가 9.5포인트라는 믿기 어려운 이익을 챙긴 것이 가장 두드러진 결과였고, 모든 후보자와 모든 주를 종합해보았을 때 순서로 말미암아 얻은 이익은 평균 2퍼센트였다. 정치에서 2퍼센트면 실로 엄청난 차이다. 그 정도 차이를 얻기 위해 후보자들은 죽기살기로 싸운다. 예를 들어서 1960년에 케네디는 0.2퍼센트 차로 닉슨을 누르고 승리를 거뒀다. 부시가 플로리다주에서 이름이 맨 먼저 나왔기 때문에 얼마만큼 유리했는지 측정하는 것은 불가능했지만, 전체 평균의 절반인 1퍼센트라고 조심스럽게 가정하더라도, 후보자 명부에서 맨 처음 나왔다는 순전한 행운 때문에 약 5만 표를 추가로 얻은 셈이다. 만약 후보자 명부의 순서를 교대로 해서 이 표를 고어와 나눠 가졌더라면, 이 세상에 있는 모든 천공 부스러기를 다 주워 모아도 부시에게 도움이 되지 않았을 테고, 오늘날의 세상은 다른 곳이 되어 있을 것이다.

07

선택의 함정

누구나 삶에서 의미 있는 선택을 하고 싶어 하지만, 여러 가지 선택지에 부여되는 사회적 가치나 어떤 선택이 최선인가에 대한 우리의 믿음, 우리의 감각과 감정이 조작당할 때는 어떻게 대처해야 할까? 어떤 의미에서는 우리가 사는 세상과 매트릭스 세계의 비교는 우리가 인정하려는 정도보다 더 적절할 수도 있다. 저항을 선도하는 모피어스Morpheus는 매트릭스를 '신경상호작용 시뮬레이션neural interactive simulation'이라고 하며, 영화의 맥락에서 보면 그러한 시뮬레이션이 아주 사악하게 그려진다. 이 사실을 인정하지 않는 인물, 진실을 알면서도 매트릭스가 만들어낸 안락한 환상이 매력적이라고 받아들이는 인물은 관객들에게 그냥 불쾌한 인간이 아니라 배신자라고 입력된다. 그의 이름은 사이퍼Cypher로, 오랜 기간 저항하다가 친구를 배신하고 다시 매트릭스 속으로 들어가려고 한다. '무지가 행복'이라는 것이 그의 생각이다. 사이퍼는 그의 이름과 태도, 행위 면에서 의미에 대적하며, 더 나아가 진실에 대적한다. 하지만 우리와 그들 사이에 분명한 선을 그을 수 있을 때는 악한을 만들어내기가 훨씬 쉽지만 모든 사람이 가담할 때, 즉 우리가 집단적으로 선택체계를 만들어낼 때도 실제와 실제가 아닌 것을 분리하는 게 과연 가능할까?

우리가 사는 세상에서는 각각의 뇌가 개별적인 신경상호작용 시뮬레이터, 즉 하나의 노드로 작용하면서 시뮬레이터들의 거대한 네트워크를 이루고 있다고 주장할 수도 있다. 이 모든 시뮬레이터의 활동이 다 합쳐져 세계를 창조하며, 개인은 각자의 시뮬레이터를 통해 세상을 지각한다는 것이다. 다른 시뮬레이터의 영향을 피하는 유일한 방법은 모든 연결을 끊고 자기 머릿속에서만 살아가면서 네트워크를 배제하는 것이다.

나는 광고, 프라이밍 등이 사회적 상호작용으로 말미암은 본질적이고 불가피한 결과라고 깨끗이 접어버리고 그 모든 영향을 무시하자고 제안하는 것이 아니다. 우리의 결정에 영향을 미치는 다양한 배우와 감독들을 비판적인 시각으로 살펴보는 것은 절대적으로 가치 있는 일이다. 하지만 우리는 정말로 빨간 약과 파란 약 중에서 하나만을 선택해야 하는 것일까? 과잉 자각과 행복한 무지 말고는 선택의 여지가 없는 걸까? 우리의 행동에 미칠 잠재적인 영향력을 의식한다고 해서 반드시 우리가 그것을 반대하는 결정을 해야 한다는 뜻은 아니다. 예를 들어 바다표범 새끼의 클로즈업 사진을 쓴 친환경 포스터는 분명히 사람들의 정서를 조작하지만(당신이 바다표범 새끼에 대해 터무니없는 공포를 느끼는 사람이 아니라면), 그것이 계기가 되어 당신이 탄소발자국(개인 또는 집단이 직·간접적으로 배출하는 온실가스의 총량-옮긴이)을 줄이게 된다면 그러한 조작을 걱정할 필요가 있을까? 당신이 펩시콜라보다 코카콜라를 더 좋아한다면, 그러한 선호가 제조법보다는 광고전략 때문이라는 사실을 안다고 해도 당신에게는 여전히 코카콜라 맛이 더 좋다는 사실이 순식간에 바뀌지 않을 것이다. 어쩌면 무상표 콜라로 바꿔 몇 달러를 절약하겠다고 결심한 뒤 그 콜라가 코카콜라만큼 좋아지도록 머리를 서서히 다시 훈련키는 것이 가능할 수도 있다. 하지만 당신은 자신이 그냥 코카콜라를 좋아할 뿐 아니라 코카콜라를 좋아하는 것을 좋아한다고 판단할지도 모른다. 그리고 당신이 아는 한 그 회사는 미성년자 노동력으로 콜라를 제조하지 않기 때문에 그것은 굳이 하지 않아도 되는 싸움이다.

그래도 우리는 여전히 초조하다. 좋다, 미뢰를 조금 조작하는 것 정도는 받아줄 마음이 있다. 그리고 어쩌면 꼭 마음에 두고 있었던 색깔은 아니더라도 검둥오리 색깔의 스웨터를 사는 것도 개의치 않겠다. 하지만 의식하지 못하는 요인들로 우리의 투표가 영향을 받는다면, 정신이 조종을 당하는 것은 더이상 공상과학 속의 시테가 아니다. 만약 민주주의 절차가 그렇게 쉽게 훼손된다면, 누가 주권을 쥐고 있는 것일까? 이는 고민할 가치가 있는 문제다. 정말로 중요한 일들에 집중함으로써 장기적인 면에서 그다지 중요하지 않은 결정들을 내리느라 기진맥진해지는 것을 피할 수 있다. 그리고 그렇게 해서 절약되는 에너지를 숙고 시스템에 집중할 수도 있을 것이다. 숙고 시스템은 다음 장에서 만나게 될 여러 가지 선택을 처리할 때 최고조로 작동시킬 필요가 있다.

6장

선택의 놀라운 역설

THE ART OF CHOOSING

01

잼에 파묻히다

혹시 그 유명한 잼 연구에 대해 들어본 적이 있는가? 어쩌면 오래전 한 신문기사에서 그 내용을 읽었던 기억이 날 것이다. 또는 누군가가 칵테일 파티에서 그 이야기를 꺼낸 적이 있을지도 모르겠다. 아직 모르다면 이제 곧 알게 될 것이다. 상당히 많은 사람이 내게 그 연구에 대해 말해주었으며, 어떤 사람들은 그것을 아주 진지하게 받아들이기까지 했다. 언젠가 피델리티Fidelity 리서치의 대표와 만난 일이 있는데, 그 자리에서 그는 이렇게 설명했다. "소비자들은 선택지가 많을수록 좋다고 생각하지만, 사실 더 많은 잼 중에서 선택해야 하는 상황에서는 잼을 한 병만 살 가능성이 오히려 줄어듭니다. 우리는 고객들에게 4500여 종이나 되는 뮤추얼펀드를 제공하는 회사이므로 이 연구는 우리에게 '좁혀주라'는 하나의 주문呪文을 제시해줍니다. 우리는 직원들에게 고객의 선택을 좁혀주라고 계속해서 충고합니다." 그러고는 "슬라이드가 있는데, 한번 보시도록 보내드릴게요"라고 덧붙였다.

그런가 하면 이 연구와 관련된 사내 메모가 돈 이후로 자기네 컨설턴트들이 3×3법칙을 실천한다고 이야기해준 매킨지McKinsey의 임원도 있었다. 그 법칙에 따르면 고객에게 우선 세 가지 선택지 중에서 하나를 고르게 하고, 또다시 세 가지 선택지 중에서 고를 수 있게 해준다. 궁극적으로는 세 가지 선택지가 있는 선택을 세 차례 이상 제시하지 않는다. 은행 브로커나 개인 쇼핑 상담사, 월스트리트 금융인들도 사람들에게 선택을 제시할 때 이러한 경험법칙을 이용한다. 그러면서 고객들에게 제시되는 선택지의 수를 제한하는 것이 대체로 매력적이고 효용이 있다는 점이 증명되었다.

이사회 회의실이나 기업 회의장에서만 잼 연구의 열광적인 추종자들을 마주치게 되는 것은 아니다. 한번은 장거리 비행기 여행을 하다가 옆자리 여성과 대화를 나누면서 장보기와 같은 기본적인 일상활동을 할 때 속 터질 일이 많다는 이야기를 나눌 기회가 있었다. 그녀는 "요즘은 가게에 고를 물건이 너무 많아요"라면서 한숨을 짓더니, 「뉴욕타임스」 사설에서 최근 읽었던 한 연구내용을 상세히 알려주었다. 몇 년 전에 어떤 사람이 다양한 맛의 잼을 가지고 슈퍼마켓에서 실험을 진행했다고 한다. 그런데 사람들에게 선택지를 광범위하게 줄 때보다 맛의 가짓수를 적게 줄 때, 잼을 살 가능성이 실제로 더 높다는 사실이 밝혀졌다. 그녀는 자세한 내용은 기억이 안 나지만, 자신이 내내 느끼고 있던 어떤 점에 신빙성을 더해준 연구였기 때문에 무척 인상적이었다고 말했다.

내가 이야기를 나눠본 사람들 중 많은 사람이 비행기 옆자리에 탔던 여성의 그러한 의견에 동의하는 것 같았다. 사람들은 지나친 선택이 오히려 좋지 않다는 이 흥미로운 아이디어에 뭔가 숨겨진 비밀이 있을지도 모른다는 생각을 했다. 하지만 연구에 대한 반응이 언제나 긍정적인 것은 아니었다. 다양한 사람이 책이나 토크쇼에서 그 결과를 공격했으며, 한번은 라디오 토크쇼 진행자이며 보수 논객인 러시 림보Rush Limbaugh가 이를 상당히 열띤 장광설의 중심 주제로 삼은 적이 있다는 이야기도 들었다. 그들은 그런 아이디어가 명백하게 반자유주의적이라고 주장했다! 그러한 생각을 옹호하는 사람이라면 분명히 권위주의나 나치즘, 공산주의 등등 수많은 나쁜 것을 옹호할 거라고 흥분하기까지 했다. 감히 누가 선택이 보편적인 선이 아니라고 제안하는가.

그 연구는 긍정적이든 부정적이든 큰 반응을 일으켰고, 많은 관심을 받았으며, 너무나 여러 가지로 묘사되어 이제 내 아이디어라는 생각이 들지 않는다. 나는 그런 반응을 예상하지 못했으며, 아직도 이해하려고 노력하는 중이다. 사람들이 다양한 버전을 듣고 전하는 가운데서 많은 것이 꼭 좋은 것은 아니라는 하나의 후렴이 떠올랐다. 다시 말해 선택의 여지가 많을수록 만족감과 성취감, 행복이 줄어든다. 선택의 풍요로움이 언제나 유익하지 않다는 깨달음은 서서히 더 넓은 문화 속으로 스며들어 쫄깃한 가십이나 스캔들처럼 퍼져나갔다. "선택에 대한 뉴스를 들어보셨어요?" "알아요! 믿어지세요?" 그 아이디어는 겉으로 드러난 모순과 반직관적인 전제들로 사람들을 사로잡는다. 틀린 말처럼 들리지만, 적어도 가끔은 맞기도 하다는 느낌이 들지 않는가?

인간이 선택하고 싶어 하고 선택지들을 가지고 싶어 한다는 것은 누구나 다 아는 사실이다. '선택'이라는 단어는 대부분 긍정적인 의미를 함축하고 있다. 역으로 안타깝게도 제약을 받는 어려운 처지를 설명하거나 용서를 구할 때 "나는 선택의 여지가 거의 없었다"라는 말을 한다. 선택권을 가지는 것이 좋은 일이라면, 당연히 많이 가지는 게 더 좋을 거라고 가정할 수 있다. 하지만 선택에 여러 가지 긍정적인 특성이 있음에도 너무 다양한 선택지가 주어지면 혼란스럽고 부담스러워서 그냥 포기하고 싶다는 생각이 들기도 한다. "모르겠어! 골라야 할 게 너무 많아. 어디서 도움을 받을 수 있을까?"라고 외치게 된다. 우리는 어떻게 하면 좌절감에 굴복당하지 않고 선택의 과잉에 따른 부정적인 면을 헤쳐나갈 수 있을까? 기가 질리도록 많은 선택지에 직면했을 때 실제로 우리에게는 어떤 일이 일어날까? 그리고 그 결과로 어떤 문제들이 발생할까?

02

처음부터 다시 시작한 연구

다시 2장으로 돌아가서, 내가 아시아계 미국인과 앵글로계 미국 아이들을 대상으로 실시했던 연구를 떠올려보라. 아시아계 아이들은 자기 엄마가 선택했다고 생각하는 퍼즐을 풀 때 가장 잘해낸 데 반해 앵글로계 아이들은 스스로 선택한 퍼즐을 가장 잘 풀었다는 결과를 기억할 것이다. 앞에서 나는 이 연구를 준비하기 위해 거쳤던 예비 단계들을 생략했지만, 이제 그 지점으로 되돌아가고 싶다. 이야기가 거기서부터 시작되기 때문이다.

과학적 연구의 엄밀함을 준수하기 위해 선택이 두 집단의 아이들에게 미치는 영향을 비교하기 전에 우선 선택이 앵글로계 미국 아이들에게 실제로 유익하다는 사실을 먼저 보여줄 필요가 있었다. 수십 년간의 이론과 연구들은 선택이 동기에 긍정적인 영향을 미친다고 주장해왔기 때문에 나는 이 연구에서 그러한 사실을 입증하는 데 아무런 어려움도 없을 거라고 짐작했다. 그런데 그 짐작은 틀렸다.

내 연구는 팰러앨토Palo Alto의 한 유아원에서 세 살짜리 아이들을 대상으로 시작되었다. 나는 한 방에 장난감을 잔뜩 들여놓았다. 레고, 스케치보드, 슬링키(스프링으로 만들어 자체 탄력으로 움직이는 장난감-옮긴이), 팅커토이즈(조립식 장난감의 상표명-옮긴이), 직소 퍼즐, 크레용 등등……. 한 아이를 방으로 데려온 뒤 아무거나 가지고 놀 수 있다고 알려주었다. 그 아이가 다 놀고 나면 다른 아이의 차례였다. 하지만 이번 아이에게는 정확히 무엇을 가지고 놀아야 하고, 다른 것으로 바꾸면 안 된다고 일러주었다. 그다음 또 다른 아이가 들어왔다. 이처럼 아이들 중에서 절반은 선택권을 받았고, 나머지 절반은 선택권을 받지 않게 조절해서 실험을 마쳤다. 이들 집단 중 한 집단은 신나게 놀았으며 시간이 다 되었을 때 아쉬워했다. 또 다른 집단은 기운이 없고 놀이에도 몰두하지 않았다. 어떤 아이들이 어떤 집단에 속해 있었을까? 선택권이 동기를 부여하므로 스스로 장난감을 선택한 아이들이 더 즐거워했다는 답이 확실해 보인다. 하지만 왜 나는 그 반대 결과를 얻게 되었을까?

나는 지도교수 마크 레퍼의 인정을 받고 싶은 젊은 박사과정 학생으로서, 드러난 내 무능함을 극복하고 제대로 된 결과를 얻으려는 각오가 대단했다. 그래서 열심히 실험을 되풀이했지만 소용이 없었다. 고민 끝에 실험을 조금 변형해보기로 했다. 어쩌면 좋은 장난감이 더 많이 필요할지 모른다는 생각이 들었던 것이다. 나는 특수 장난감 가게의 카운터와 진열대를 샅샅이 훑어 가장 최근에 나온 진귀하고 기발한 장난감들을 모아왔다. 방은 금방 100여 가지 이상의 선택지로 채워졌다. 그 정도면 아무리 까다로운 아이라도 뭔가 새롭고 흥미진진한 놀이 거리를 찾을 거라고 확신했다. 하지만 사정은 오히려 더 악화돼 선택이 허용되었던 아이들이 지난번보다 더 지루해하고 초조해하며 그곳을 나가려고 안달했다. 처음부터 다시 시작해야 했다.

나는 스스로 놓쳤을지도 모르는 소소한 사실들을 찾기 위해 선택의 위력을 다룬 주요 논문들을 살펴보았다(이러한 연구들이 주로 미국에서 백인 남자 참가자들을 대상으로 실시되었기 때문에 최소한 서구인들의 경우에는 해당되리라고 생각했다). 나는 선택지가 주어졌을 때 모든 연령대의 사람들이 더 행복하고 건강하며 동기가 강해졌다는 사실을 되풀이해 읽었다. 비록 어느 날 밤에 영화를 볼 것인지, 또는 어떤 퍼즐을 풀 것인지 등의 제한적인 선택일지라도 긍정적인 효과를 미쳤다. 사람들은 선택의 여지가 있다고 믿으면, 그것을 실제로 행사하는가와 상관없이 이득을 보았다. 그리고 실험 증거들이 보여주듯이 약간의 선택만 주어지거나 자신이 선택할 수 있다고 믿는 것만으로도 유익했다면, 더 많은 선택이 주어지면 아마 훨씬 더 좋아할 거라고 추측할 수 있다. 이러한 추측은 논리적으로 이치에 맞기 때문에 한 번도 실험을 거치지 않았다. 주요 연구들 중에서 참가자에게 여섯 가지 이상의 선택지를 제시한 적은 한 번도 없었다. 최초의 연구들은 편리하고 다루기 적당한 6이라는 숫자를 활용했으며, 나중의 연구들도 그 선례를 따랐다.

나는 먼저 실시했던 연구에서 단서를 취해 새로운 일련의 실험을 설계했다. 이번에는 1, 2학년 학생들을 방으로 한 명씩 불러들여 매직펜으로 그림을 그리라고 했다. 어떤 아이들에게는 두 가지 선택을 하게 해주었다. 6개의 다른 사물(동물, 식물, 집 등) 중에서 하나를 고르는 것이 첫 번째 선택이고, 각기 다른 6개 색깔의 펜 중에서 하나를 고르는 것이 두 번째 선택이었다. 또 다른 아이들에게는 어떤 그림을 어떤 색으로 그리라고 말해주었다. 이번에는 첫 번째 연구에서 내가 원했던 결과를 얻을 수 있었다. 스스로 선택한 아이들은 그림 그리기를 더 오랫동안 하고 싶어 했다. 그리고 객관적인 관찰자가 판단했을 때, 선택하지 못한 아이들보다 더 좋은 그림을 그려냈다. 이제 선택의 여지가 주어지는 것이 앵글로계 미국 아이들에게 더 유익하게 작용한다는 결과를 보여줌으로써 아시아계 아이들과 비교연구를 할 기초가 마련되었다. 나는 원하는 결과가 나와서 일단은 안도했지만, 장난감 연구에서 왜 뜻밖의 결과가 나온 건지 궁금하기도 했다. 왜 그 아이들은 그림 연구의 아이들처럼 선택으로부터 유익함을 얻지 못했을까? 스스로 결정할 수 있는 기술을 개발하기에 너무 어렸던 것일까? 아니면 내가 훨씬 더 큰 무엇인가를 건드린 것일까? 아직 탐구되지 않은 선택의 어떤 면 같은 것을 말이다. 나는 답을 구하고자 6이라는 숫자를 좀 더 자세히 들여다보고, 선택과 숫자 사이의 비밀협약을 파헤칠 필요성을 느꼈다.

나로서는 다행스럽게도, 현재 프린스턴대학교의 심리학 교수인 조지 밀러George Miller가 이미 아주 상세한 조사작업을 해놓았다. 그는 1956년 논문 「마법의 숫자 7±2: 정보처리 능력의 한계The Magical Number Seven, Plus or Minus Two: Some Limits on Our Capacity for Processing Information」에서 하나의 정수로부터 자신이 박해를 받았다고 썼다. 그것이 어디서나 자신을 따라다니는 것처럼 보였기 때문에 자신을 그토록 괴롭히는 그 숫자의 끈질김은 절대 우연한 사건이 아니라고 확신했다. 그렇다, 세상에는 7대 불가사의와 7대양, 7개의 치명적인 죄악, 플레이아데스Pleiades 성단(묘성단 또는 7선녀 성단 – 옮긴이)에 있는 아틀라스의 7명의 딸, 인간의 7개의 나이(셰익스피어의 희곡 「뜻대로 하세요」에서 나오는 인생의 단계에 대한 독백 – 옮긴이), 7층 지옥, 7원색, 7음계, 일주일의 7일 등이 있다. 하지만 밀러가 정말로 관심을 기울였던 것은 이 숫자와 어떤 주어진 시간에 사람들이 대처할 수 있는 정보량 사이의 관계였다.

사람들에게 잠깐 다양한 크기의 형태를 보여주고 그것들을 크기 순으로 숫자를 매기라고 했을 때(가장 작은 것에 1, 그다음 작은 것에 2 등등), 서로 다른 크기를 7개까지는 상당히 정확하게 평가했다. 하지만 그 이상의 개수를 보여줄 때는 실수할 가능성이 점점 높아졌다. 서로 다른 2개의 물체를 같다고 하거나, 동일한 물체를 다르게 평가하기도 했다. 연구에서는 점들의 위치, 선의 방향이나 곡도, 물체의 색조와 명도, 소리의 주파수나 음량, 진동의 위치와 강도, 냄새와 맛의 강도 등을 판단하거나 구분하는 등 다양한 범위의 지각 판단을 할 때도 우리 능력에 비슷한 한계가 있음이 밝혀졌다. 대부분의 사람은 각각의 감각마다 5개에서 9개까지의 항목을 다룰 수 있지만, 그것을 넘어가면 일관되게 지각의 오류를 범했다. 항목 개수가 늘어날수록 두 항목 사이의 차이가 평균적으로 더 적다고 지각되는 것은 일반적인 현상이지만, 이 사실만으로 우리가 겪는 어려움을 설명할 수는 없다. 사람들은 5개의 고음이나 5개의 저음을 쉽게 구분할 수 있지만, 10개를 모두 구분하라고 요구하면 헷갈릴 수 있다. 고음을 저음과 구분하기는 쉬운데, 문제는 소리의 특성 때문이 아니라 전체 항목의 개수 때문이다.

우리는 또한 여러 가지 물체나 사실을 동시에 추적하려고 할 때도 실수를 저지른다. 1개부터 200개까지의 점들을 몇 분의 1초 동안 빈 스크린에 비춰준 뒤, 몇 개를 보았는지 물어보면 대개 6개까지는 정확하게 대답한다. 그 개수를 넘어가면 추측을 하기 시작한다. 그리고 단어나 숫자 등 간단한 단위 정보를 7개 이상 단기기억에 저장하려고 하면, 그것들은 금방 흩어지기 시작한다.

우리는 선택할 때, 앞서 말한 여러 가지 정보처리 기술에 의존한다. 모든 선택지를 알아보아야 하며, 차이점을 알아내기 위해 그것들 사이에서 비교를 하고, 그렇게 내린 평가를 기억하고, 그 평가를 활용해서 순위를 매긴다. 그런데 우리에게는 한계가 있어 선택지가 많아질수록 각 단계는 점점 우리를 압도한다. 이런 이유에서 그림 연구에서는 아이들이 여섯 가지의 선택지를 무난히 처리할 수 있었지만, 장난감 연구에서처럼 100가지의 선택지가 주어지면 무척 당황스러워했던 것이다. 나는 첫 번째 연구가 실패하면서 밀러를 찾아가게 되었다. 그가 당했던 기이한 박해는 그때까지 간과되었던, 선택의 흥미롭고도 중요한 한 가지 면을 깨닫게 해주었다. 일상적인 결정에서 많은 양의 선택지와 적은 양의 선택지가 미치는 효과를 누군가가 탐색할 때가 되었던 것이다. 그렇게 해서 잼 연구가 시작되었다.

03

지나치면 모자라느니만 못하다

프러시아 이민자인 구스타브 드래거Gustave Draeger는 1925년에 샌프란시스코에서 델리숍을 차렸다. 열심히 노력했고 사업가적 수완도 있어 가게는 빠르게 성장했다. 금주령이 해제된 뒤 그는 소규모 주류점 체인을 시작했다. 그리고 은퇴할 즈음에는 샌프란시스코 최초의 슈퍼마켓을 개업했다. 사업을 물려받은 아들은 아버지가 운영하던 가게 문은 닫았지만, 더욱 확장시켜 새로운 슈퍼마켓을 7개나 더 열었다. 나는 대학원 학생일 때 종종 멘로파크에 있는 드래거슈퍼마켓을 방문하곤 했다. 그 가게는 발을 들여놓는 쇼핑객들이 감탄하지 않을 수 없을 정도로 대단한 규모라고 알려져 있었다. 아트리움(천장에 유리창을 낸 넓은 중앙홀 - 옮긴이)에 세워진 떡갈나무 조각기둥, 검은색 대리석 카운터톱과 어두운 바닥 타일, 2만여 병의 와인이 구비된 와인코너, 이러한 것들은 식료품 가게를 소비 행위가 상연되는 거대한 극장으로 변모시킨 요소 중 일부에 불과했다(카메라를 들이대기 좋아하는 일본인 관광객들은 종종 이러한 소비 행위를 기록으로 남겼다).

손님들은 그곳에서 판매하는 3000여 종의 요리책에 실린 어떤 요리든 그곳에서 판매하는 최고 품질의 냄비와 프라이팬을 사서 후딱 만들어낼 수 있으며, 2층에 있는 요리학원에서는 계량도구도 살 수 있다. 또는 집에 갈 때까지 기다리기에 너무 배가 고픈 손님들을 위해 가게 안의 식당에서 10달러짜리 구르메 햄버거를 팔았다. (맥도날드 햄버거가 85센트 하던 1995년의 일임을 기억하기 바란다). 여러 통로를 지나다니다 보면 15가지의 생수, 150가지의 식초, 250여 종의 겨자, 250여 종의 다양한 치즈, 300가지 맛의 잼, 500여 종류의 농산물이 진열되어 있다. 올리브 오일은 비교적 소박해서 75종류밖에 없지만, 가격 면에서는 그렇지도 않았다. 100년 이상 숙성시켜 유리상자 속에 진열해놓은 어떤 오일은 1병당 1000달러가 넘었다. 이러한 다양성은 드래거의 자부심과 차별화의 근원이었으며, 광고에서도 그 점을 놓치지 않고 강조했다. 사람들에게 20~50가지의 다양한 샘플을 나눠주며 소개하는 시식코너도 종종 차려졌다. 가게는 분명히 어느 슈퍼마켓과도 견줄 수 없는 제품들로 소비자의 관심을 끌고 있었지만, 그 관심이 과연 매출로도 이어졌을까?

선택이 유익하다고 신봉하는 매니저는 이 질문에 대한 답에 나 못지않게 관심이 있었다. 나는 그에게 나름의 시식코너를 차려 연구를 진행하게 해달라고 설득했다. (우리는 방해 요인을 배제하기 위해 직원들에게 이 사실을 비밀로 했다. 예컨대 직원들이 고객의 선택에 영향을 주려고 하는 일이 발생하면 곤란했기 때문이다.) 연구 조교들과 나는 영국 여왕에게

잼을 공급하는 윌킨앤선스Wilkin & Sons를 대표해 나와 있는 척했다. 그 브랜드를 선택한 이유는 다양성과 높은 품질의 상품이 필요했고, 잼이 겨자나 식초와 달리 맛보기 편했고, 대부분의 사람이 좋아하거나 적어도 싫어하지 않는 것처럼 보였기 때문이다.

손님들의 시선을 끌기에 가장 좋은 지점인 입구 근처에 코너를 설치하고, 매력적인 스탠퍼드 여대생 아이린과 스테파니가 그곳을 지키고 있었다. 우리는 몇 시간마다 많은 종류의 잼과 적은 종류의 잼을 교대로 제공했다. 많은 종류에는 윌킨앤선스가 만드는 28가지 맛 중 24개를 포함시켰다. (사람들이 자기에게 가장 익숙한 것을 고르는 일이 없도록 하기 위해 딸기, 산딸기, 포도, 오렌지 마멀레이드는 뺐다.) 적은 종류는 많은 종류에서 뽑아낸 키위와 복숭아, 블랙베리, 레몬커드(레몬·설탕·버터·달걀을 섞어 엉기게 만든 것), 레드커런트(까치밥나무 열매), 세 가지 종류의 과일로 만든 마멀레이드 등 6개로 구성되었다. 한편 또 다른 실험 조수인 유진은 전략적으로 코너 가까이에 있는 근사한 주방 용기들 뒤에 자리를 잡았다. 그곳에서 그는 가게로 들어오는 사람들을 관찰하고, 몇 명이 잼을 맛보기 위해 멈추는지 기록했다. 그는 손님의 60퍼센트가 다양한 종류에 이끌렸지만, 적은 종류에는 40퍼센트만 관심을 보였다는 사실을 발견했다. (그 학생은 이 자료를 얻기 위해 체포될 위험까지 무릅쓸 정도로 헌신적이었다. 가게 직원은 300달러짜리 르크뢰즈 냄비들 뒤에서 기웃거리는 그가 냄비를 훔치려 한다고 생각했다.)

 시식코너에서 아이린과 스테파니는 손님들에게 원하는 만큼 여러 가지 잼을 맛보라고 권했다. 사람들은 제공되는 종류의 개수에 상관없이 평균적으로 2개의 잼을 맛보았다. 그런 다음 각 손님에게 일주일간 모든 종류의 윌킨앤선스 잼 한 병을 사면 1달러 깎아주는 쿠폰을 주었다. 한 병을 사겠다고 마음먹은 대부분의 사람은 쿠폰을 받은 당일에 잼을 구매했다. 시식코너에서는 잼을 팔지 않았기 때문에 손님들이 직접 잼이 있는 곳으로 가서 골라다가 계산대에서 값을 치러야 했다. 그들은 잼 진열 칸에서 메모판을 들고 재고 품목을 점검하는 직원을 보았을 수도 있다. 실은 우리 팀의 일원인 마이크가 손님들을 엿보고 있었던 것이다. 그는 많은 종류 중에서 골라 시식했던 사람들이 상당히 헷갈려하는 모습을 관찰했다. 그들은 계속해서 이 병 저 병을 살폈으며, 다른 사람과 함께 있는 경우 어떤 맛이 가장 좋은지 상의하기도 했다. 10여 분 동안 그러다가 많은 사람이 그냥 빈손으로 떠났다. 반면에 6개 병에 담긴 잼만 본 사람들은 어떤 것이 자신이 좋아하는 잼인지 정확히 아는 듯했다. 그들은 진열 칸을 성큼성큼 걸어가서 재빠르게 병을 집어들고(레몬커드의 인기가 가장 높았다) 나머지 쇼핑을 계속했다. 우리는 쿠폰을 세어보고(각각의 구매자가 어떤 방식으로 제시된 잼을 보았는지 알 수 있도록 바코드를 부착했다) 다음과 같은 사실을 발견했다. 즉 적은 가짓수를 본 사람 중에서 30퍼센트가 잼을 사겠다고 결정했지만, 많은 종류를 본 사람 중에서는 겨우 3퍼센트만 구매했다. 다양한 종류가 사람들의 관심은 더 많이 끌었지만, 적은 수의 잼을 보여주었을 때 여섯 배 이상이나 많은 사람이 구매를 했다.

내가 이러한 결과를 매니저에게 보여주자, 그는 그 안에 함축된 의미를 곰곰이 생각했다. 모든 사람이 드래거에서 경험한 쇼핑이 경탄스럽다는 데 동의하겠지만, 그것이 가게 운영 방식에 대해 의미하는 바는 과연 무엇일까? 오로지 감탄하기 위해 드래거에 가는 사람이 많다. 그렇다면 그것은 그냥 쇼핑이 아니라 오락이다. 하지만 가게가 잘되려면 방문자와 구경꾼만 있어서는 안 된다. 문으로 들어오는 사람 중 상당수가 실제로 값을 치르는 고객이 되어야 하는데, 멋지고 다양한 상품은 구매자보다는 구경하는 사람을 편애하는 것 같았다. 어떻게 하면 애초에 사람들을 불러모았던 바로 그 엄청난 선택늘이 기념품으로 잼 한 병조차 사지 못할 정도로 사람들을 질리게 하지 않을 수 있을까? 매니저는 시식코너를 다양성의 과시용으로 사용하지 않는 것이 한 가지 방법이라고 판단했다. 그때까지 가게 안의 모든 시식코너는 분명 다양성을 자랑하는 역할을 하고 있었다. 하지만 이제 그 대신 특정 제품이나 상표에서 소수의 선택지만을 강조해야 한다. 그렇게 해서 시식코너는 단순한 여흥이 아니라 선택 과정에 활용할 수 있는 도우미가 되었다.

세월이 흐르는 동안 선택은 손님과 매니저 모두에게 점점 더 어려운 도전을 제시했다. 내가 선택도 너무 지나치면 좋지 않을지 모른다는 사실을 어렴풋이 알아차리기 시작한 해인 1994년 미국에서는 이미 50만 가지의 소비제품이 제공되고 있었다. 2003년에 이르자 그 수는 거의 70만 종으로 늘어났으며, 그런 증가 추세는 누그러질 조짐을 보이지 않고 있다. 나날이 발전하는 테크놀로지 덕분에 새로운 범주의 제품들이 자꾸 우리 생활에 도입되고 있다. 휴대전화와 컴퓨터, 디지털카메라 등은 이제 필수품이 되었고, 취할 수 있는 선택지가 계속 늘어나고 있다. 또 한 가지 중요한 점은 시장에 상품이 더 많아졌을 뿐 아니라 그것을 구입할 수 있는 방법도 더 많아졌다는 사실이다. 1949년 3750여 종의 품목을 취급했던 슈퍼마켓은 이제 4만 5000가지 품목을 자랑한다. 월마트와 그 밖의 대형 매장들은 미국의 전 지역에서 10만 가지 이상의 잡다한 물건을 제공한다. 그리고 몇 블록 안에서 당신이 찾는 물건을 구하지 못하더라도, 클릭 몇 번으로 그 물건을 찾을 수 있다. 인터넷은 당신이 도달할 수 있는 범위를 확장해서 동네를 훌쩍 뛰어넘게 해주었다. 예를 들어 넷플릭스닷컴Netflix.com은 10만여 종의 DVD를, 아마존은 2400만 종의 도서를 제공하며, 매치닷컴Match.com에서는 1500만 명의 독신에게 다가갈 수 있게 되었다.

선택의 확장은 선택의 폭발로 이어졌다. 이렇게 다양한 온갖 것을 마음대로 쓸 수 있다는 것은 한편으로 멋지고도 무한히 만족스러운 일인 반면에, 지나치게 많은 선택에 자신도 모르는 사이에 포위당할 때도 있다. 우리는 선택 가능성이 풍부해지면 친구의 생일에 완벽한 선물을 찾기가 훨씬 쉬워질 거라고 생각하지만, 가능한 선물이 줄줄이 제시되면 오히려 무력해진다. 어떤 모습이 진정한 그녀일까? 어떤 것이 그녀에게 완벽한 선물일까? 이것도 좋지만 다른 어딘가에 더 좋은 것이 없다고 어떻게 확신할 수 있는가? 나는 지금까지 충분히 찾아본 것일까? 그렇게 찾아다니다가 기진맥진해지고, 사랑하는 사람을 축하하면서 기뻐야 할 일이 성가시다는 기분이 들기도 한다. 하지만 과연 우리는 불평을 늘어놓을 수 있을까? 우리 주위의 많은 사람은 이런 풍요로움을 당연한 것으로 받아들이지만, 모든 사람이 선택의 풍요를 누릴 수 있는 것은 아니다. 우리가 풍요로운 선택에 의문을 제시하면, 어떤 사람은 귀한 선물에 고마워하지 않고 트집을 잡는다고 비난할 것이고, 어떤 사람은 우리에게 세상에서 가장 작은 바이올린으로 연주하는 너무나 처량한 곡을 들어보겠냐고 할지도 모른다. 더욱이 우리는 선택에 대해 어떤 의혹이 들더라도 항상 더 많은 선택을 요구해왔고, 그러한 요구는 무시당하지 않았으며, 덕분에 그 많은 선택에 따르는 유익함을 누렸다는 사실을 부정할 수 없을 것이다.

일단 자기가 무엇을 찾고 있는지 정확히 안다면, 어떤 원전이나 절판본이나 희귀 음반을 구하는 일이 훨씬 쉬워진다. 넷플릭스나 아마존, 랩소디뮤직서비스Rhapsody music service와 같은 온라인 판매처에서 이루어지는 모든 판매의 20~25퍼센트는 실제 매장에 진열하기에는 너무나 애매한 것들이다. 해리포터 시리즈의 마지막 권은 출간 당일 1100만 부가 팔렸지만, 눈에 잘 띄지 않는 품목은 일 년에 100부도 팔리지 않는 경우가 허다하다. 하지만 1권당 100부 정도밖에 팔리지 않는 수백만 종의 책까지 합치면 1편에 100만 부가 팔리는 100권의 책만큼 강한 힘이 된다. 이러한 현상은 '롱테일the Long Tail'이라고 불리며, 「와이어드Wired」의 편집장 크리스 앤더슨Chris Anderson이 쓴 같은 이름의 책에 논의되어 있다. 판매량이 가장 많은 품목부터 시작해서 가장 적은 품목에 이르기까지 상품의 막대그래프를 그리면, 가장 안 팔리는 상품들은 오른쪽 끝까지 가느다랗고 긴 꼬리를 이루면서 뻗쳐 있다는 것이 롱테일 현상에 대한 설명이다.

이러한 현상은 소매업자들에게는 반가운 이야기다. 꼬리를 이루는 희귀한 품목들이 전체 매출을 상당히 신장시키며, 그런 상품의 제조업자들은 적은 액수의 로열티에 낙착하기 때문에 소매업자들에게 떨어지는 수익성이 종종 더 높다. 고객의 입장에서는 잘 알려지지 않아서 다른 어디서도 구할 수 없을 것 같았던 특이한 물건을 발견하는 기쁨을 누리게 된다. 그건 그렇지만, 대부분의 사람이 구매하는 상품은 주로 가장 인기 있는 것들이다. 그런 상품은 그래프의 반대쪽에 위치하고 있기 때문에 '머리head' 상품이라고 알려져 있다. 잘 알려지지 않은 꼬리 쪽의 상품을 살 때조차도 우리는 이미 구매한 인기 있는 주류 상품에 더해 이러한 구매를 하게 된다.

사람들은 우리가 수백만 개의 선택지를 접해도 압도당하지 않는다는 증거로 종종 롱테일을 언급하곤 한다. 하지만 책이나 노래 등 서로 분명히 다른 품목에서만 이러한 현상이 목격된다. 당연히 소비자들은 평생에 걸쳐 수천 번 그런 선택을 한다. 하지만 한 가지 대안이 다른 것과 쉽게 구분되지 않을 때, 그리고 가장 좋은 단일 품목을 찾는 것이 목표일 때 더 많은 선택지는 유용하지도 않고 마음을 끌어당기지도 못한다. 누가 치실을 고를 때 수많은 선택지를 요구하겠는가? 더 많은 대안은 소음을 일으켜 오히려 집중력을 방해할 뿐이다. 정확히 똑같은 용도의 물건 중에서 결정을 하느라고 터무니없이 많은 시간을 낭비할 수도 있다. 그렇게 다양한 선택의 여지가 눈앞에 펼쳐진다면 그것들에 대해 조금이라도 생각해봐야 할 것 같은 기분이 들지 않겠는가? 슈퍼마켓은 선택지가 중복되는 것을 피하려면 정확하게 얼마나 많은 종류의 샴푸나 고양이 배설용 점토를 취급해야 할까?

어떤 회사들은 "지나치면 모자라느니만 못하다"의 정신을 실행에 옮겨 평가하는 과정을 거쳤다. 프록터앤갬블Procter & Gamble은 헤드앤숄더 비듬샴푸 26종 중에서 가장 인기 없는 것들을 없애고 15가지만 골라내자 판매가 10퍼센트 신장되었다. 골든캣코퍼레이션Golden Cat Corporation도 가장 판매 실적이 나쁜 고양이 배설용 점토 10종류를 단종시키는 비슷한 조치를 취했더니 판매가 12퍼센트나 뛰었고 유통비용은 반으로 줄어들었다. 결과적으로 소형 고양이 배설용 점토 분야에서 수익이 87퍼센트나 증가했다. 다른 여러 회사도 고객들에게 제공하는 선택의 개수를 줄이는 것이 유익할 수 있다. 좀 위험한 조치처럼 보일 수도 있겠지만, 그 사실을 지지해주는 증거가 점점 더 많이 쌓여가고 있다. 잼 연구를 발표한 뒤, 나와 다른 연구자들은 선택의 가짓수가 미치는 효과에 대한 실험을 더 진행했다. 실제 선택 상황을 재현하도록 설계된 이들 연구에서는 사람들에게 많은 수의 선택지(20~30가지)를 줄 때보다 적당한 수의 선택지(4~6가지)를 줄 때 실제로 선택을 하고, 자신의 결정에 더 큰 확신을 갖고, 자신이 선택한 것에 더 만족해한다는 결과가 상당히 일관되게 나타났다.

그러나 조지 밀러의 발견이 암시하는 바에 따라서 스스로 선택을 7±2가지로 제한해야 한다고 단언할 수는 없다. 당신은 아마 선택의 여지가 더 많아서 분명히 이익을 봤던 반대 예들을 자신의 경험 속에서 어렵지 않게 찾아낼 수 있을 것이다. 실제로 사람들은 기본적 인지 한계에 대한 연구가 암시하는 것보다 더 많은 선택을 처리할 수 있다. 어쨌든 사람들이 시리얼 진열 칸을 지나간다고 신경쇠약에 걸리는 것은 아니다. 슈퍼마켓의 상품 과잉은 때로는 신체뿐 아니라 영혼에도 양분이 될 수 있다. 돈 들릴로Don DeLillo의 소설 『화이트 노이즈White Noise』에서 화자는 자신과 아내가 슈퍼마켓에서 겪었던 일들을 숙고한다.

바베트와 나는 우리가 산 다양하고 많은 물건 속에서, 그 봉투들이 암시하는 순전한 풍요 속에서, 중량이나 부피, 숫자, 익숙한 포장 디자인과 선명한 글씨, 엄청난 사이즈, 세일 스티커가 붙은 덕용 포장에서, 가득 찬 느낌 속에서, 이 물건들이 우리의 영혼에 가져다줄 안녕감과 안정감, 만족감 속에서 존재의 충일함을 이룩했다는 생각이 들었다. 덜 필요로 하고 덜 기대하는 사람들, 외로운 저녁 산책을 중심으로 삶을 꾸려가는 사람들은 그러한 충일함을 알지 못한다.

그는 넘쳐나는 자신의 쇼핑카트를, 독신 친구가 든 가벼운 봉투 1개와 비교하고 있다. 하지만 그는 더 포괄적으로 충만함이 주는 위안을 이야기하는 것 같다. 그것이 커다란 축복처럼 느껴진다고 이야기한다. 숨이 넘어갈 듯 장황하고 철저한 그의 묘사 자체가 그에게 그토록 소중한 풍요를 예시한다. 하지만 동시에 그에게조차도 "슈퍼마켓은 소음으로 가득한 장소다. 단조로운 시스템과 카트가 미끄러지고 부딪히는 소리, 시끄러운 스피커와 커피를 만드는 기계 소리, 아이들의 울음소리. 그 모든 소리 위로, 또 그 소리 아래로 둔하고 근원지를 찾을 수 없는 포효가 들린다. 그 소리는 마치 인간의 이해 범위를 벗어나는 곳에서 들끓는 생명의 어떤 모습과 같다." 나는 우리에게 주어지는 모든 것을 처리하려고 애쓰는 마음의 잡음이 그러한 화이트 노이즈일 거라고 생각한다.

우리가 처리할 수 있는 선택의 양은 제공되는 선택지들의 특성에 따라서도 일부 결정된다. 롱테일에서 이야기했듯이 자주 여러 가지 품목을 고를 수 있다면 단 하나의 선택이 그다지 중요하지 않기 때문에 그것들을 완전하게 평가할 필요는 없다. 예컨대 100가지 엠피스리 음악은 100대의 엠피스리 플레이어만큼 압도적이지 않다. 그렇다면 어떤 종류의 선택은 우리가 상당히 잘 처리할 수 있다. 하지만 거의 끝이 없는 선택지를 놓고 결정해야 하는 다른 많은 선택 상황에서는 소음 때문에 주의가 분산되거나 심지어는 미쳐버리지 않기 위해 어떻게 자신을 보호해야 할까?

특정 영역에서 전문성을 계발하는 것이 수많은 선택에 대응하는 한 가지 비법이다. 전문성을 갖추면 선택지들을 나눌 수 없는 독특한 품목이라기보다는 그것이 지닌 특성들의 총계로 이해할 수 있게 된다. 선택지들을 일종의 과립 상태로 분석하는 것이다. 예를 들어 개인이 보유한 전문성의 수준에 따라 동일한 물체가 '차' 또는 '스포츠카' 또는 '페라리 엔초 12기통'으로 다르게 이해될 수 있다. 이렇게 더 상세한 수준의 전문성을 갖추면 정보처리의 인지적 한계를 몇 가지 방식으로 피해갈 수 있다. 일단 사람들이 다룰 수 있는 선택의 양면에서 훨씬 유리해진다. 무엇보다도 다양한 차원에서 품목들을 비교하면 우리가 구별할 수 있는 독특한 품목 수가 기하급수적으로 증가한다. 밀러가 묘사했던 한 연구에서 사람들은 주파수만 바꿨을 때는 청각적인 음을 7개까지 구분할 수 있었지만 강도나 지속기간, 공간적 위치 등도 함께 바꿨을 때는 실수 없이 150여 가지의 다른 소리를 구분할 수 있었다.

나아가서 사람들은 품목 전체보다 개별 특성들에 대한 선호를 개발할 수 있는데, 그렇게 되면 선택지들의 상당 부분을 금방 제쳐놓은 채 남은 소수에 주의를 집중할 수 있다. 계속해서 자동차를 예로 들면 어떤 사람이 3만 달러 이하이고, 짐을 싣는 공간을 넓히기 위해 뒷좌석을 접을 수 있고, 선루프까지 있으면 이상적인 차라고 생각하면서 독일제 스테이션왜건을 사러 시장에 가겠다고 생각한다. 개인의 선호가 구체적일수록 선택은 쉬워진다. 자신이 무엇을 원하는지 정확히 아는 사람은 무한한 선택범위로부터도 원하는 것을 쉽게 찾을 수 있다.

전문성이 주는 이러한 효력이 다 합쳐지면 굉장한 결과를 가져올 수 있다. 연구와 연습을 거쳐 단순화하고, 우선순위를 정하고, 요소들을 범주화하고, 패턴을 인식하는 법을 배우면 무질서해 보이는 곳에서 질서를 창조할 수 있다. 한 예로 역사적인 체스의 대가들은 심지어 눈을 가리고도 동시에 스무 게임을 해서 이기는 재주를 부렸다. 도대체 어떻게 그럴 수 있을까? 첫째로 공격선, 왕이 도피할 길 등 관련된 정보를 판에서 쉽게 뽑아내려면 많은 연습시간이 필요한데 그들은 피나는 노력을 했을 것이다. 또한 정보에 입각한 직관이 있기 때문에 겨와 밀을 분류할 줄 알며, 주어진 상황에서 어떤 움직임은 생각할 가치가 있고 어떤 것은 그럴 가치가 없는지 가려내어 소수에 집중한다. 가장 중요한 전략만 생각함으로써 크게 정신적인 수고를 하지 않고도 몇 가지 수를 미리 계획할 수 있다. '시칠리안 오프닝 Sicilian Opening' '보덴의 메이트 Boden's Mate'와 같은 이름까지 붙은 배열도 있어 전문가는 이러한 상황에 대처했던 이전 고수들의 축적된 지혜에 도움을 청할 수도 있다. 본질적으로 그들은 게임을 더 열심히 하는 것이 아니라 더 똑똑하게 사고해서 이긴 것이다.

고수와 초보자들을 대조한 연구에서 체스 대가들의 놀라운 회상이 초인적인 기억능력에서 나오는 것이 아니라 인지 효율성에 바탕을 두고 있다는 사실이 밝혀졌다. 한 연구에서는 사람들에게 단 5초 정도만 체스판을 보여준 뒤에 그것을 기억하고 재구성하는 능력을 테스트해보았다. 고수들은 처음 시도에서 25개 말 중에서 23~24개를 올바른 자리에 놓으며 쉽게 초보자들을 주월했다. 하지만 게임 도중에 자연스럽게 일어날 수 있는 배열을 보여주었을 때만 정확하게 재구성할 수 있었다. 말들이 무작위로 놓여 있을 때는 전문가들도 처음 시도에서 겨우 2, 3개만 제자리에 놓을 수 있을 뿐이어서 초보자보다 별로 나을 게 없었다.

전문성의 특성에서 미루어 알 수 있듯이 선택을 이야기할 때는 환경 속에서 주어지는 선택지 수와 선택하는 사람이 실제로 직면하는 선택지 수를 구분하는 것이 중요하다. 100가지의 선택지 중에서 직접 비교하고 골라야 하는 상황이라면 전문가와 초보자 모두 당황할 것이다. 어떻게든 선택 과정을 단순화할 필요가 있다. 전문가는 자신의 선택을 단순화하고, 그럼으로써 더 많은 선택이 제공하는 기회들을 충분히 활용한다는 점에서 보통 사람과 다르다. 한편 초보자는 선택을 제공하는 측이 선택지를 줄여주는 것에 의존할 수밖에 없다. 그렇게 되더라도 혜택을 얻긴 하겠지만, 전문가만큼 이득을 보지는 못할 것이다. 제공자가 계속해서 많은 선택의 여지를 내놓으면 초보자는 결국 당황하게 된다.

 자체적으로 처리할 수 있는 용량 이상의 선택에 직면할 때 초보자는 어떤 결과를 보여주는가? 또는 전문성을 계발하는 것이 불가능하다고 생각될 때는 어떤 일이 일어나는가? 결국 체스는 분명한 규칙과 왕을 잡아야 한다는 뚜렷한 한 가지 목표가 있는 폐쇄적이고 조리 있는 체계다. 그럼에도 숙달되려면 엄청난 노력이 필요하다. 우리가 자신의 목표에 확신이 없거나, 그 목표에 도달하는 과정에 확신이 없다면 어떻게 될까? 이런 경우에는 전문가가 되는 게 훨씬 더 어렵다. 그러면 어떻게 해야 할까? 지금까지 우리는 지나치게 많은 선택이 미치는 상당히 사소한 영향들만 고려해왔다. 선택 상황 자체가 그다지 심각한 것이 아니었기 때문에 그 영향이라고 해봤자 고작해야 잼 진열대에서 몇 분을 낭비하거나, 눈을 가린 체스 고수한테 다소 민망하게 지는 정도에 그쳤다. 이제 다음 섹션에서 보겠지만, 더 중요하고 복잡한 결정을 내릴 때도 '선택의 과부하'가 일어난다. 지나치게 많은 선택지는 실제로 사람들의 경제적인 안정과 건강을 해칠 수도 있다.

04

선택기회가 많을수록 더 잘못된 결정을 한다

1978년부터 미국 근로자들은 401(K)라는 새로운 은퇴제도를 이용할 수 있게 되었다. 전통적인 연금제도는 고용주들이 자금을 제공하는 방식이었던 데 비해 이러한 확정기여형제도defined contribution plans는 피고용인들이 자기 봉급의 일부를 다양한 뮤추얼펀드에 투자하도록 장려하고 그 수익을 은퇴 후에 지급하는 것이다. 전에는 자금부족 사례도 종종 일어났고, 피고용인이 직장을 바꾸면 이전이 안 되는 등의 문제가 있었는데, 새로운 제도는 그러한 고질적인 많은 문제를 해결해주었다. 그리고 피고용인이 자신의 금전적인 미래를 더 많이 통제할 수 있도록 해주었다. 오늘날 401(K)는 미국에서 가장 널리 이용되는 은퇴 투자 형태로 자리 잡았다. 어떤 형태로든 은퇴 계획을 하고 있는 사람들의 90퍼센트 정도가 확정기여형제도에 전적으로 또는 부분적으로 가입되어 있다.

다른 장기투자와 마찬가지로 401(K)도 복리에서 이윤을 거둬들인다. 특히 주식시장에서는 단기적으로 자산가치가 크게 변동할 수 있지만 장기적으로는 호황과 불황이 균형을 맞춰주기 때문에 엄청난 누적 수익을 만들어낸다. 2008년 주식시장이 그 가치를 거의 40퍼센트를 잃은 뒤에도(경제대공황 이후 최악의 손실이었다) S&P500 주가지수의 25년 연평균 수익률은 여전히 약 10퍼센트를 유지했다. 만약 25세 근로자가 그 이율로 매년 1000달러씩만 적립한다면, 65세에 은퇴할 때는 적립 총액인 4만 달러가 50만 달러로 불어난다는 계산이 나온다. 이는 인플레이션을 감안한 액수가 아니지만, 인플레이션은 투자뿐 아니라 저축에도 영향을 미치기 때문에 돈을 은행계좌에 묻어두는 것보다 401(K)가 열 배 정도 유리하다.

더 나아가 플랜에 기여하는 액수와 거기서 거두는 수익은 은퇴해서 돈을 빼내기 시작할 때까지 비과세다. 보통 미국 사람이 세후 수입으로 같은 액수를 시장에 투자하는 데 비해 20퍼센트를 추가로 투자하는 것이나 마찬가지인 셈이다. 더욱이 대부분의 고용주는 피고용인의 기여액과 동일한 액수를 회사가 부담한다. 고용주가 피고용주의 기여 액수에 맞춰서 내주는 퍼센트와 한도는 회사마다 다르지만, 수천 달러까지 일대일로 맞춰주는 곳이 드물지 않다. 그렇다면 앞서 이야기한 젊은이가 연간 기여하는 1000달러는 사실상 2000달러에 해당되며, 은퇴 무렵에 그는 백만장자가 되는 것이다. 이러한 장려책을 감안할 때, 당신이 투자에 대해 전혀 문외한이라면 무작위로 펀드를 선택해서라도 401(K)에 가입하는 게 가입하지 않는 것보다 현명한 조치다. 그런데 왜 모든 사람이 가입하지 않는 것일까?

2001년 나는 미국 최대 뮤추얼펀드회사 중 하나인 뱅가드Vanguard 그룹의 은퇴연구센터 책임자인 스티브 우트쿠스Steve Utkus의 전화를 받았다. 그는 뱅가드에 가입한 90만 명 이상의 피고용인에 대한 은퇴 투자 결정을 분석해본 결과 좀 우려되는 사실이 드러났다고 이야기 했다. 401(K)에 참여할 자격이 있는 피고용자의 참여율이 지속적으로 감소해 현재 70퍼센트까지 내려갔다는 것이다. 동시에 각 플랜에 들어 있는 펀드의 평균 가짓수는 점점 더 늘어났다. 그는 최근 잼 연구에 대한 내 논문을 읽고 두 가지 추세가 혹시 관련이 있지 않을까 의심하고 있었다. 혹시 피고용인들이 선택의 여지가 너무 많아 어려워하고 있는 것일까?

재정 전문 교수인 거 휴버먼Gur Huberman, 웨이 장Wei Jiang과 함께 나는 그의 질문에 답을 구하기 위해 투자기록을 살펴보았다. 우리는 선택지의 가짓수가 증가한 것이 정말로 참여에 상당히 부정적인 영향을 미쳤음을 발견했다. 다음의 그래프가 보여주듯이 참여율은 펀드의 가짓수가 4개로 가장 작은 플랜이 75퍼센트로 가장 높았으며, 12개 이상의 펀드가 포함된 플랜의 경우는 70퍼센트로 감소했다. 이 비율은 선택지의 개수가 30개를 넘어갈 때까지 유지되다가 그 지점에서 다시 떨어지기 시작해서 59가지의 펀드가 포함된 플랜에서는 60퍼센트를 간신히 웃돌았다.

사람들이 선택의 여지가 너무 많다고 투덜거리고 401(K)에 가입하지 않겠다고 주도적으로 결정했을 리는 없다. 그보다는 상당히 많은 사람이 좀 더 연구해보고 어떤 펀드가 자기에게 가장 좋은지 알아낸 다음에 가입할 생각이었을 것이다. 결국 5개의 선택밖에 없다면 그

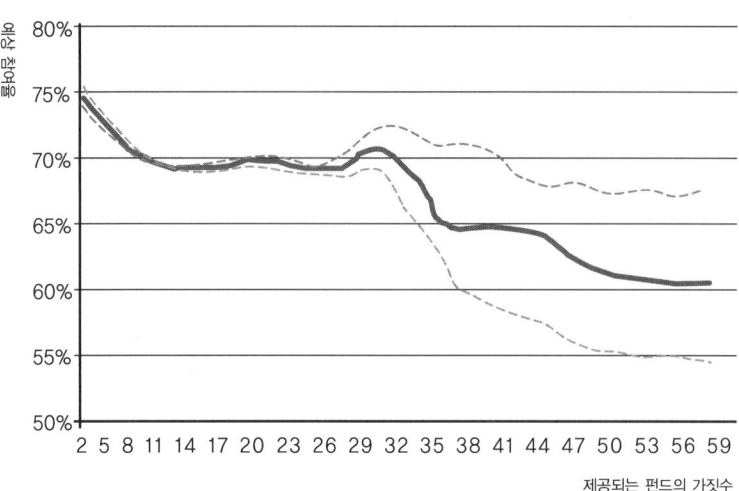

자리에서 가입하기가 쉽지만, 50가지의 선택이 주어지면 한동안 고심해보는 것이 옳다는 생각이 든다. 애석하지만 결정이 미뤄진 채 며칠이 몇 주, 몇 주가 몇 달이 되는 동안 401(K)를 아예 잊어버릴 수도 있다.

좋다. 그러면 선택지의 수에 압도당해 참여하지 않은 직원들이 있다고 치자. 선택의 여지가 많다는 것이 그런 사람들에게는 분명 유리하게 작용하지 않았다. 한편 참여했던 사람들은 어땠을까? 그들은 어쩌면 투자에 대한 지식이 더 많고 자신이 있었을 수도 있다. 그리고 모든 선택지의 유리한 점을 취할 수 있었는지도 모른다. 시카고대학교의 경제학 교수인 에미르 카메니카Emir Kamenica와 함께 가입자들이 선택한 펀드를 살펴보았을 때 사실은 그렇지 않다는 결론을 내렸다. 사람들은 더 많은 선택지가 주어졌을 때 더 잘못된 결정을 했다. 401(K)에서는 주식이 가장 큰 범주를 차지하며, 한 플랜에서 펀드의 개수가 늘어날수록 주식투자 비중이 점점 더 높아진다. 이러한 사실로 미루어볼 때, 사람들이 아무렇게나 펀드를 고르더라도 선택지가 많아질수록 주식에 더 많은 투자를 하게 될 것이라고 예상할 수 있다. 하지만 그와 정확히 반대 현상이 나타났다. 플랜에 10개의 펀드 세트가 추가될 때마다 주식을 사지 않겠다는 사람이 2.87퍼센트씩 늘어났다. 그리고 나머지 참가자들은 주식투자 분량을 3.28퍼센트 정도 줄이는 대신 채권과 머니마켓을 선택했다.

왜 우리 팀은 이런 사실을 발견하고 우려했을까? 401(K) 플랜은 장기투자를 위해 설계된 것이며, 장기투자일 때 주식은 그 진가를 발휘한다. 25년 평균을 살펴보면 주식은 꾸준히 채권보다 앞서왔으며, 특히 인플레이션조차 따라잡지 못할 때가 있는 머니마켓보다 월등했다. 하지만 우리 연구에서 보면 좀 더 모험을 감수해도 괜찮은 10대 후반이나 20대 초반의 직장인들조차 플랜에서 펀드의 개수가 늘어나면 가차없이 주식을 처분했다. 모든 펀드에 대해 알아보는 것이 너무나 복잡하게 보이자 사람들은 가장 큰 범주인 주식을 한쪽으로 치워버리는 방법으로 선택지를 줄이려고 했다. 그렇게 하면서 그들은 자신의 금전적 웰빙에 손해를 끼쳤을 수도 있다. 한 가지 예외는 있었다. 어쩌면 익숙함이나 충성심 때문이었는지, 자신이 일하는 회사의 주식은 더 많이 샀다. 하지만 회사가 부도나면 당신은 일자리와 알토란 같은 재산의 상당 부분을 동시에 잃을 수 있으므로 이는 대체로 위험한 행동이었다. 엔론이나 리먼브라더스의 예가 그 사실을 증명해준다.

중요한 결정임에도 그것이 선택하는 사람에게 당장 영향을 미치지 않기 때문에 은퇴 대비용 투자에 대한 선택을 활용하지 않을 가능성도 있다. 지금 당장 만질 수 있는 돈이 지급되지 않으면, 자신이 취할 수 있는 선택지들을 세밀하고 철저하게 평가할 마음이 생기지 않을 수도 있다. 하지만 중요도는 비슷해도 지금 바로 당신의 안녕에 영향을 미치는 영역에서라면, 더 많은 선택의 이점을 활용하기 위해 성의껏 노력하지 않겠는가? 하지만 안타깝게도 건강보험 문제에서조차 사람들은 제대로 된 선택을 하지 못하는 것으로 나타났다.

조지 부시의 메디케어 개혁추진을 기억하는가? 그 정책의 결과로 노인층을 위해 연방건강보험 프로그램에 파트 D라고 불리는 프로그램이 추가되었다. 파트 D는 현대 의료보험에서 처방약의 역할과 비용 증가분을 보상하기 위해 보조금을 지급하는 형태로, 2003년 12월에 제정되었다. 노인들은 사기업들이 제공하는 다양한 의료보험 중에서 원하는 걸 선택하고, 정부가 회사에 그 비용을 상환해주는 것이다. 부시는 특히 프로그램이 더 많은 선택을 제공함으로써 메디케어의 결점을 모두 개선했다고 칭송했다. 그는 "현대의 메디케어는 모든 노인에게 더 많은 선택과 혜택을 제공해야 한다"라고 주장했다. "선택의 요소, 즉 모든 사람이 스스로 의료보험에 관련된 결정을 하도록 신뢰하는 것은 필수적이다." 다양한 플랜을 제공하겠다는 방침의 배후에 있는 논리는 "노인이 취할 수 있는 선택지가 많을수록 그 사람의 필요에 맞춰 혜택을 조절할 가능성이 높다"는 것이다.

많은 가입자의 경우 메디케어 파트 D는 개인지급비용을 13퍼센트 감소시켜주었다. 그리고 한 연구에 따르면 처방약 구입량도 늘어났다. 이는 상당히 유익한 점이지만, 프로그램은 다른 면에서 문제를 드러냈다. 401(K)와 마찬가지로 가입하면 혜택을 볼 수 있는 사람들이 가입하지 않았던 것이다. 메디케어 수혜자가 되기 위해 가입해야 하는 최초의 마감기한인 2006년 3월 15일이 지나가도록, 자격조건이 되는 4300만 명의 노인 중에서 500만 명이 가입하지 않았다. 나중에 가입해도 아주 놓치는 것은 아니지만, 그들은 여생 동안 매달 불입금을 더 내야 한다.

그렇더라도 90퍼센트에 가까운 노인이 가입하지 않았느냐고 주장할 수도 있다. 그 정도면 성공이 아닐까? 사실 3분의 2에 가까운 고객들이 보험회사에 의해 자동으로 가입되었다. 그러면서 많은 사람이 자신의 처방약에 대한 필요성과 꼭 맞지 않는 플랜에 무작위로 할당되었다. 선택해야 했던 나머지 사람들 중에서는 1250만 명이 가입했으며 500만 명은 가입하지 않았다. 개인적인 비용을 전혀 부담하지 않고 처방약 비용을 신청할 수 있다는 점 때문에 파트 D를 가장 필요로 하는 사람들은 저소득층이었다. 하지만 그런 사람들의 가입률은 낮았다. 이제 와서 가입한다면 감당하기 부담스러운 연체 벌금을 물어야 할 것이고, 가입하지 않는다면 자비로 충당할 수 없는 치료를 포기해야 할 것이다. 어찌 되었든 그들은 난감한 처지가 되고 말았다.

처음에는 노인들이 스스로 보험을 선택하고 다양성을 더 많이 취할 수 있게 되면 유익할 거라고 여겨졌다. 하지만 선택 그 자체가 가입에 큰 걸림돌이 된 것으로 드러났다. 알래스카주에서는 47가지, 펜실베이니아주와 웨스트버지니아주에서는 63가지에 이르는 10가지가 넘는 플랜이 있으며, 시력도 좋지 않고 컴퓨터에 능숙하지 않은 노인들이 각 플랜의 특성을 살펴보기 위해서는 온라인에 접속해야 했다. 그리고 플랜들이 서로 어떻게 다른지 알아내야 했는데, 노인들로서는 초인적인 퍼즐 해결능력을 요하는 일이었다. 플랜들은 해당되는 약품과 무상표 약에 대한 방침, 공동 부담, 월납입금, 연간 공제액 등등 여러 가지 면에서 조금씩 달랐다. 서로 다른 회사들이 똑같은 특성을 가진 플랜들을 다른 가격에 내놓았다. 그리고 이러한 특성들은 일주일마다 바뀔 수도 있었다.

클리블랜드에 사는 은퇴한 간호사 마리 그랜트는 파트 D 때문에 답답했던 심경을 이렇게 토로했다. "나는 그 혼란을 이해하지 못했어요. …… 너무나 당황했지요. 서로 다른 플랜들이 한꺼번에 쏟아졌으니까요." 위스콘신에 사는 은퇴한 교사 마사 톤은 "너무 많아서 질려버릴 것 같았어요"라고 말했다. 노인들 중 86퍼센트, 의사와 약사들 중 90퍼센트 이상이 플랜 D가 지나치게 복잡하다고 동의했을 정도다. 메디케어에 가입하려고 했던 노인 중 상당수는 어떤 플랜이 이미 받고 있는 혜택과 동일한 혜택을 제공하는지 구분조차 할 수 없었다. 그러니 어떤 플랜이 더 개선된 것인지, 자신의 필요에 맞춰 어떻게 조절해야 하는지 알아내기란 더더욱 어려운 일이었다. 63가지 선택지를 비교하려는 시도는 분명히 인지의 한계를 시험할 것이다. 하지만 여러 가지 선택을 처리하는 능력의 한계 말고도 다른 문제가 있다. 부시와 프로그램 설계자들은 양에 집중하느라고 다른 부분에는 미처 신경을 쓰지 못했던 것이다. 포함된 선택의 질이나 이러한 선택이 사람들의 삶을 의미 있게 향상시킬 것인지 여부를 다 챙기지 못한 것이다.

　401(K)에 어떻게 투자할 것인지, 메디케어 파트 D 보조금을 어떻게 활용해야 가장 좋을지와 같은 중대하고 어려운 결정을 할 때는 가능한 선택의 가짓수를 늘리는 데만 집중하는 것은 역효과를 낼 수 있고, 도움이 되기보다는 피해를 입는 결정으로 이어질 수도 있다. 하지만 여기에 이의를 제기하는 사람도 있을 것이다. 그런 경우에는 선택을 제공하고 평가하는 일에 더 세심한 주의를 기울이면 되지 않을까? 그래도 전반적으로는 선택지를 열어두는 것이 유리하지 않을까?

05

선택의 과부하

"하나의 문이 닫히면 또 다른 문이 열린다." 이 말은 비록 원하던 걸 놓쳤지만 길게 보면 괜찮을 것이라고 누군가를 위로할 때 종종 쓰인다. 하지만 이는 가능성이 사라진 순간에는 차가운 위안에 불과할 수도 있다. 그 이야기에는 "우리는 종종 닫힌 문을 너무나 오랫동안 후회하며 바라보다가 자신을 위해 열린 또 다른 문을 보지 못한다"라는 호응이 뒤따른다. 우리는 종종 모든 문이 다 활짝 열려 있기를 원하기 때문에 잃어버린 대안들에 지나치게 집중하는 경향이 있다. 1장에서 보았듯이 동물조차도 선택지가 적은 것보다는 많은 것을 찾는다. 단추가 많아져도 아무런 추가 혜택이 없는 경우에도 먹이를 얻기 위해 하나가 아닌 여러 개의 단추를 누른다. 우리는 자신에게 이미 닫혀버린 기회들이 있다는 사실을 알면 속임수를 당했다는 생각을 피할 수가 없다. 그런데 왜 굳이 자신을 제한하겠는가?

2008년에 나온 『상식 밖의 경제학Predictably Irrational』의 저자인 댄 애리얼리가 실시했던 연구 결과를 살펴보자. 참가자들은 스크린에 빨강, 파랑, 초록 등 3개의 색깔 문이 보이는 컴퓨터 게임을 했다. 클릭을 하면 아무 문이든 열 수 있고, 일단 문이 열리면 안으로 들어가서 임의적인 액수의 돈을 잃거나 딸 수 있다. 또는 새로운 문을 클릭해서 그 문을 열고 그전의 문을 닫을 수도 있다. 참가자들은 도합 100번 클릭을 할 수 있으며, 이 제한된 횟수 안에 가능한 한 많은 액수의 돈을 따는 것이 과제였다. 어떤 문은 다른 문에 비해 걸려 있는 액수가 높지만, 어떤 문이든 한 번 클릭할 때마다 평균 3센트씩을 얻게 되어 있다. 가능한 한 가장 많은 돈을 얻으려면 결국 어떤 문도 다른 문보다 낫지 않다는 사실을 깨닫고 열려 있는 문을 가능한 한 여러 번 클릭해야 한다.

그런데 일을 약간 꼬아놓았다. 어떤 참가자의 경우 열려 있는 문을 12번 클릭한 후에는 안 열린 문이 서서히 줄어들어 완전히 사라지게 해두었다. 예를 들어 처음에 파란 문을 선택해서 돈을 얻기 위해 클릭하기 시작하면 빨강과 초록 문은 동시에 크기가 줄어들기 시작한다. 참가자들은 사라지는 문 중 하나, 가령 빨간 문으로 바꿔서 클릭을 할 수도 있다. 그러면 빨간 문은 다시 본래 크기로 되돌아간다. 하지만 일단 바꾸고 나면 이전에 열었던 파란 문과 열리지 않았던 초록 문이 줄어들기 시작한다. 이러한 사태는 사람들을 딜레마에 빠지게 한다. 다른 문들이 사라지지 않게 하려면 돈을 얻기 위해 사용할 수 있는 클릭 수를 잃을 것이고, 문이 사라지게 그냥 둔다면 지금 클릭하고 있는 문보다 돈을 더 많이 얻을지도 모르는 문을 잃어버릴 위험을 감수해야 한다. 이들 참가자는 문이 사라질 위험이 없는 조건에 있던 사람들에 비해 두 배나 많은 클릭 수를 문을 바꾸는 데 썼다. 안타깝게도 모든 문을 보이게 하려고 서둘러 클릭하고 다니다가 전체 수입이 상당히 줄어들었다.

참가자들에게 3개의 문 모두 평균적으로 똑같은 액수를 제공한다는 이야기를 미리 들려주었을 때 얻은 결과가 가장 놀라웠다. 이로써 문을 바꾸는 것은 금전적으로 전혀 유익하지 않다는 사실이 분명해졌다. 그런데 문이 사라지는 조건에 처한 사람들은 문을 바꾸면 결국 금전적으로 손해 보는 것을 분명히 알고 있으면서도 문을 바꾸기 위해 클릭 수를 썼다. 문을 열어두는 것(이 실험에서는 문자적으로, 우리 삶에서는 은유적으로)이 대부분의 사람에게는 무척 중요한 모양이었다. 하지만 연구가 보여주듯이 우리는 케이크를 가지고 있는 동시에 먹을 수는 없다. 만약 광범위한 대안을 유지하고 싶다면 시간이든, 정신건강이든, 경비든 간에 무언가를 희생해야 한다. 사라지는 문이 나오는 게임에서는 비용이라고 해봤자 기껏해야 여기저기서 몇 센트씩 잃는 사소한 것이지만, 선택지를 열어놓기 위해서는 치러야 할 대가가 있다는 사실을 깨닫는 것이 중요하다.

잘 선택하는 능력은 우리가 자신의 마음을 얼마나 잘 아는가에 따라 크게 좌우된다. 그리고 더 많은 선택을 요구할 때는 "나는 내가 무엇을 원하는지 안다. 그러니까 내게 아무리 많은 선택의 여지를 주어도 원하는 걸 골라낼 수 있을 것이다"라는 생각을 하고 있는 듯하다. 즉 아무리 많은 대안이 주어지더라도 결국에는 자신이 어떤 문을 열고 들어가기를 원하는지 알 것이라고 굳게 믿는다. 반면 역설적으로 더 많은 선택을 요구하는 건 자신이 무엇을 원하는지 모른다는 것을 인정하는 행위이거나, 선택의 순간에 처하기 전까지는 무엇을 원하는지 알 수 없을 정도로 자신이 변덕스럽다는 것을 인정하는 뜻도 된다. 그리고 특정한 지점을 지나면 선택에 들이는 시간과 에너지의 양이 선택의 유익함을 상쇄한다. 그런데 사람들은 왜 고집스럽게 더 많은 선택을 추구하는 것일까?

우리가 어떤 대상을 아무리 좋아하더라도 그 한 가지에만 제한된다면 대부분 괴로워한다. 당신이 좋아하는 어떤 음식을 아침, 점심, 저녁 일 년 365일 내내 먹는다고 상상해보라. 결국에는 물릴 것인데, 이 과정은 포만satiation이라고 잘 알려져 있다. 포만은 특정한 선택지나 그와 비슷한 것에만 적용되기 때문에 다른 음식들은 여전히 맛있다. 그래서 적어도 본래 좋아했던 음식에 대한 식욕을 되찾을 때까지만이라도 다른 것들이 결국은 당신이 선호하는 음식이 될 것이다. 실제로 푸딩에서 피자롤에 이르기까지 모든 음식을 가지고 실시했던 수십 년간의 연구에서 사람들은 한 가지 선택지만 주었을 때보다 고를 수 있는 다양한 맛과 음식을 주었을 때 더 많이 먹고 더 즐길 것이라는 사실이 밝혀졌다.

포만과 그에 따르는 다양성의 욕구는 좋아하는 영화나 친구, 애인에 이르기까지 삶의 여러 가지 면에 영향을 미친다. 포만이 시작되는 속도와 기간에 따라서 선택군이 상당히 커야 할 수도 있다. 당신 역시 한 번 읽은 책을 절대로 다시 읽지 않거나, 같은 영화를 두 번 보지 않거나, 식당에서 같은 음식을 한 번 이상 시키지 않는 사람을 알 것이다. 이런 이유에서 보면 선택지 수가 많아지는 것이 개별 선택

과정을 더 어렵게 만들지라도, 좋아하는 것에 싫증이 났을 때에 대비한 대안들을 찾도록 도와주기 때문에 전반적으로는 유익할 수도 있다. 하지만 애리얼리의 연구가 보여주듯이 선택지의 질보다 단순히 선택지가 있는 조건을 더 중요시한다면, 때로는 본인에게 그다지 유익하지 않은 결정을 내릴 수도 있다.

다양성을 원하는 우리의 강한 기호는 어쩌면 진화하면서 생겨난 적응현상일 수도 있다. 좋아하는 음식만으로 배를 채우다가 괴혈병 등의 영양결핍에 걸리지 않도록 균형 잡힌 식사를 하게 하기 위한 것일 수도 있다. 또는 사람들이 본래부터 뷔페식 취향을 가지고 있어서 요것 조금, 조것 조금, 그리고 저기에 있는 다른 것도 조금씩 손쉽게 취하는 것을 좋아한다고 할 수도 있다. 안타깝지만, 뷔페 규모가 커질수록 그 모든 다양한 음식을 먹으려다가 과식할 가능성이 높아진다. 미국 농무부(United States Department of Agriculture, USDA)가 실시한 한 연구에 따르면, 미국에서 최근 수십 년간 생산되는 식품의 총량과 다양성이 증가하면서 식품의 평균 총소비량이 더 빠른 속도로 증가했다고 한다. 정크푸드뿐 아니라 과일과 채소를 포함한 모든 식품의 소비량이 급증한 것이다. 음식 아닌 다른 분야에서도 비슷한 추세를 볼 수 있다. 예를 들면 채널과 웹사이트 수가 늘어나면서 텔레비전이나 컴퓨터 앞에서 보내는 시간도 증가한 현상이 그에 해당된다. ABC방송의 매출과 마케팅 담당 사장인 마이크 쇼의 말에 따르면, 평균적인 미국인은 이제 하루에 네 시간 반 동안 텔레비전을 시청한다. 스탠퍼드에서 실시한 한 연구에서는 보통 인터넷 사용자는 집에 있는 동안 두 시간을 컴퓨터에 접속하는데, 이렇게 온라인으로 소비하는 시간이 가족과 보낼 시간을 가장 많이 빼앗는 것으로 밝혀졌다.

풍부함은 우리를 매료시키지만 사실 우리에게 유익하지 않을 때가 많다. 열린 문 연구에서 보았듯이 더 못한 선택지를 광범위하게 가지고 싶어 하다가 가장 좋은 선택지를 포기하는 경우도 생긴다. 또는 선택지의 바다에 빠져 허우적대느라고 건강과 사랑하는 사람을 소홀히 대할 수도 있다. 그뿐 아니라 많은 선택지 중에서 가장 좋은 것을 알아내기가 어렵지 않을 때조차, 심지어 뷔페를 사랑하는 우리의 마음과 몸을 통제할 수 있을 때조차 우리는 또 다른 문제들과 씨름해야 한다. 아무리 예리한 안목을 가졌더라도 선택의 여지가 많을수록 매력적인 선택지도 많아진다. 어느 지점에 이르면 그 모든 선택지를 즐길 만한 충분한 공간이나 돈, 또는 시간이 부족하게 될 것이다. 그래서 무엇인가를 희생해야 하는데 그때마다 심리적인 대가가 따른다. 포기해야 했던 것에 대한 후회 때문에 선택한 대안을 즐기는 기쁨이 줄어들 것이다. 어쩌면 잃어버린 선택지들에 대한 후회의 총합이 선택한 대안이 주는 기쁨을 초과할 수도 있다. 그럴 바엔 처음부터 선택의 폭이 적었더라면 더 만족했을 것이다.

티보 죄책감TiVo guilt과 비슷한 체험을 해본 적이 있는가? 사람들은 처음에 텔레비전 프로그램을 자동으로 녹화, 저장, 정리할 수 있게 해주는 놀라운 발명품인 DVR 덕분에 좋아하는 프로그램을 놓친다는 사소한 아쉬움을 느끼지 않고도 야근을 하거나 마음대로 저녁 약속을 잡을 것이라고 생각했다. 그 기계가 당신의 현재 관심 분야를 근거로 새로운 프로그램을 제안해 그것까지 녹화해주는 것에 놀라며 기뻐하기도 했다. 하지만 당신은 볼 수 있거나, 적어도 즐기면서 볼 수 있는 것보다 훨씬 많은 프로그램을 녹화하도록 티보에게 지시하는 일이 너무나 손쉽다는 사실을 깨닫게 된다. 그러면 다시 죄책감이 생긴다. 보지 않고 쌓여가는 프로그램들을 삭제할 것인가? 아니면 흥미보다는 의무감 때문에 장시간 텔레비전 시청을 견딜 것인가?

선택지 수가 많아질수록 더 많이 후회하게 되는 또 다른 이유는 선택지가 많아질수록 그 과정이 더욱 어려워지면서도 잘한 선택의 잠재적 이익이 증가하기 때문이다. 선택지가 거의 없을 때는 그것이 우리에게 가장 좋은 선택임을 확신하기 때문에 자신이 선택한 것에 만족할 수 있다. 선택지가 사실상 무한할 때는 완벽한 선택이 어딘가에 있을 것 같고, 그것을 찾아내는 것이 자신의 책임이라는 생각이 든다. 그럴 때 선택은 루즈-루즈lose-lose 상황이 된다. 가능한 대안들을 충분히 탐색하지 않고 성급하게 선택할 경우 더 좋은 것을 놓쳤을지도 모른다고 후회한다. 하지만 모든 선택지를 정말로 철저하게 생각하려면 더 많은 수고를 해야 할 것이며(이 장에서 보여주었듯이 그런다고 반드시 최종 선택의 질이 좋아지는 것도 아니다), 다른 좋은 대안들을 발견한다면 그것들을 모두 선택할 수 없어 또다시 후회할 것이다. 이 같은 딜레마는 식당을 정하는 것과 같은 사소한 선택을 할 때든, 누구와 결혼하고 어떤 커리어를 추구할 것인지와 같은 매우 중대한 선택을 할 때든 언제나 일어날 수 있다.

어쩌면 선택이 늘어나서 생기는 핵심적인 문제는 그것이 우리의 기대를 저버린다는 것이다. 우리는 선택의 여지가 많아짐으로써 일어나는 긍정적인 효과를 알고 있지만 부정적인 효과를 잘 모르므로 지나치게 많은 선택 때문에 발생한 피해를 다른 이유로 돌린다. 심지어는 선택의 여지가 너무 없었기 때문이라고 생각하기도 한다. 어쨌든 언뜻 보면 완벽한 선택지를 찾을 수 없는 문제에는 선택지를 더 늘리는 것이 최선의 해결책처럼 여겨진다. 하지만 지나치게 많은 가능성은 자신이 내린 선택에 만족감을 느끼는 데 오히려 방해가 된다. 그 결과 실은 선택이 문제의 원인인데, 그것이 문제의 해결 방법이라고 생각할 수도 있다.

선택의 어려움이 선택지를 늘린다고 해서 해결되지 않는다면, 그 반대 방법이 해결책이 될 수도 있다. 즉 선택의 가짓수를 줄이는 더 효율적인 알고리즘을 개발하는 것은 어떨까? 그것 역시 아니다. 선택은 단순한 산수 문제가 아니다. 우리가 선택에 대해 품는 기대, 즉 그 선택이 우리가 이루고자 하는 것을 실현시켜줄 것이며, 우리가 가져야 하는 모든 것을 갖게 해주고, 되어야 할 모든 것이 되게 해줄 것이라는 기대는 고스란히 부담으로 되돌아온다. 내게 주어지는 것이 그렇게 많다면, 그중에서 최고의 선택을 하고 싶다는 것은 당연한 생각이다. 선택의 여지가 없었다는 변명은 이제 써먹을 수가 없다. 우리는 더 많은 선택을 요구할 때 더 많은 선택에 종속된다. 이런 식으로 선택이 늘어나면 선택은 나름의 독자적인 생명과 특성을 얻는다. 많아진 선택은 우리에게 더 훌륭해지고 더 잘하라고 요구한다. 이러한 요구는 계산적이고 합리적인 차원을 넘어 감정적이고 심지어는 실존적인 영역으로까지 확대된다.

초기 미국 사회를 예리한 안목으로 바라본 프랑스의 사상가 알렉시스 드 토크빌Alexis de Tocqueville은 170년도 더 전에, 계속 불어나는 선택의 순환이 가져올 결과를 다음과 같이 묘사했다.

나는 세상에서 가장 행복한 여건을 누리며 가장 자유롭고 가장 좋은 교육을 받은 사람들을 미국에서 보았다. 하지만 내 눈에는 그들의 미간에 항상 구름이 끼어 있고, 즐길 때조차도 심각하다 못해 거의 슬픈 것처럼 보였다. …… 그들은 모든 것을 움켜쥐고 있지만 아무것도 확고하게 붙잡고 있지 않았기 때문에 뭔가 새로운 기쁨을 황급히 좇아가면서 쥐고 있던 걸 놓치고 있었다.

우리는 토크빌에서 미국적 삶과 문화적 이정표를 통렬하게 풍자한 「심슨 가족」에 이르기까지 길고도 다소 굴곡진 연결선을 그을 수 있다. 「심슨 가족」의 다섯 번째 시즌인 '호머와 아푸Homer and Apu'에

피소드에서 마지는 아푸와 함께 몬스트로마트라는 새로 생긴 슈퍼마켓에 장을 보러간다(그곳에서 쇼핑을 한다는 것은 당혹스러운 시련이다). 마지는 거대한 용기들이 들어찬 높디높은 선반에서 커다란 갈색 상자를 고르더니 "너트메그Nutmeg(향신료의 일종) 5.4킬로그램 가격이 이정도라면 상당히 좋은데"라고 기뻐한다.

순간 아푸의 눈이 둥그레지며 "야, 아주 싸게 잘 골랐네"라고 말한다. "그런데 사랑은 어디 있지?"

바로 그때 마치 아푸에게 대답이라도 하듯 스피커에서 커다란 목소리가 흘러나온다. "몬스트로마트의 고객님께 안내말씀을 드리겠습니다. 우리는 여러분 한 분 한 분을 사랑한다는 것을 기억해주십시오."

"오오." 대부분의 쇼핑객은 시끄러운 스피커로 시선을 돌리며 감탄의 소리를 내뱉는다. 하지만 아푸는 감동받지 않는다. 시청자처럼 그도 사람들이 상품에 치여 왜소해지고, 사람 크기의 팬케이크 시럽병이 길을 가로막으며, 어마어마하게 큰 크랜베리 주스 병이 무너져내리면서 그 내용물이 피의 강처럼 매장 안에 흐르는 이상한 나라로 보일 뿐이다. 그것은 너무나 우스꽝스럽고 재미있는 광경이었다. 하지만 현실의 몬스트로마켓은 즐거움을 찾기에는 너무 심각하고 슬프기까지 한 장소일 것이다. 그곳은 부자연스럽게 부풀어오르고 변형된 『화이트 노이즈』 속의 슈퍼마켓이다.

06

잘 구성된 선택

그러나 용기를 내기 바란다! 이러한 신종 즐거움의 폭증은 반드시 우리에게 암울한 뉴스만은 아니다. 나는 선택이 약속하는 것들을 우리가 유리하게 이용할 수 있다고 믿는다. 어느 정도 재교육과 훈련을 받아들인다면, 우리는 선택의 요구에 짓눌리는 대신 거기서 이득을 볼 수도 있다. 선택에 따르는 계산적인 요구와 비계산적인 요구 사이에서 타협하는 방법을 배우려면 우선 중요한 두 가지 단계를 밟아야 한다. 첫 번째로 선택이 무조건적인 선이 아님을 깨닫고, 선택을 대하는 태도를 바꿔야 한다. 우리의 인지능력과 자원에는 제약이 있어 그것이 복잡한 선택들을 충분히 탐색하지 못하도록 막을 수 있다는 사실을 인정하고, 매번 최선의 대안을 찾지 못했다고 자책하지 말아야 한다. 그에 더해 인지능력과 자원의 한계를 상쇄하기 위해 가능하다면 자신의 전문성을 제고해야 한다. 그러면 선택할 때 최소한의 노력으로 최대한의 이익을 얻을 수 있다.

그런데 전문성을 계발하는 데는 나름의 대가가 따른다. 살아가면서 자연스럽게 전문가가 될 수 있는 분야들이 있다. 한 언어를 습득하거나 자기가 좋아하는 음식을 아는 것 등이 그에 속한다. 하지만 전문성을 갖추려면 상당한 훈련과 노력이 필요한 분야도 많다. 더욱이 체스판 기억 연구에서 밝혀졌듯이 전문성은 특정 영역에 국한된 것이다. 한 영역에서 열심히 노력하여 얻은 전문성이 그와 관련된 영역에서는 불완전하게 적용될 뿐이며, 무관한 영역에서는 아예 쓸모가 없을 수도 있다. 결국 삶의 모든 분야에서 전문가가 되려고 아무리 노력해도 그건 불가능한 일이다. 또는 전문가가 되는 게 가능한 영역에서조차도 반드시 노력할 가치가 있는 것은 아니다. 삶에서 가장 일반적이고 혹은 가장 중요한 선택의 영역과 자신이 배우고 선택하기를 적극적으로 즐기는 영역에만 자신의 노력을 집중해야 한다.

그렇다면 자신이 전문가가 아닌 분야에서 잘 선택하고 싶을 때는 어떤 방법을 써야 할까? 다른 사람의 전문성을 활용하라는 것이 확실한 대답이다. 물론 말하기는 쉽지만, 깊이 파고들면 간단히 실천할 수 있는 문제가 아니다. 당신이 선택을 제공하는 사람이라면, 어떻게 노련한 선택자를 밀어내지 않는 동시에 미숙한 선택자에게 효율적인 도움을 줄 것인지 균형 잡기가 쉽지만은 않다. 반면에 선택하는 사람이라면 일군의 선택지에 담긴 어떤 특성들이 좋은 선택을 하는 데 유용하고, 어떤 특성들이 더 큰 혼란을 불러일으키는지 알기가 어렵다.

사람들은 대체로 자신의 취향은 자신이 가장 잘 안다고 생각한다. 그래서 자기가 궁극적으로 선택하는 당사자여야 한다고 믿는다. 식당이나 비디오 가게처럼 사람마다 선호가 크게 다른 경우에는 그것이 사실이다. 하지만 많은 경우에 우리는 대체로 동일한 취향을 가지고 있다. 예를 들어 은퇴에 대비한 투자문제에서는 누구나 최고의 수익률을 얻고 싶다는 동일한 목표를 가지고 있지만, 그에 도달하는 방법을 알아내는 건 어렵다. 이런 경우에는 전문가의 추천에 의존하는 것이 가장 간단한 방법이지만, 그 전문가가 당신의 이익을 가장 염두에 두고 있다는 확신이 들어야 한다는 단서가 따른다.

은퇴에 대비한 투자의 딜레마로 되돌아가서 스웨덴이 2000년에 기존의 연금제도에서 확정기여형제도로 전국적인 전환을 하면서, 사회보장 프로그램을 민영화할 때 벌어졌던 사태를 살펴보자. 스웨덴 정부는 근로자들의 수입 중 일부를 원천징수해서 450여 가지 이상의 다른 뮤추얼펀드 중 하나 이상을 골라 투자하도록 했다. 그리고 선택하지 않을 경우 평균적인 투자자의 필요에 부응하도록 정부가 설계한 결제이행보증기금default fund에 거치시켰다. 정부는 국민에게 자신만의 포트폴리오를 구성하라고 장려하는 대대적인 홍보를 통해 투자 불이행을 막았으며, 그 방법은 효과를 거두었다. 그래서 3분의 2 정도의 근로자가 자신의 펀드를 주도적으로 선택했다.

그런데 『넛지』의 저자인 리처드 탈러Richard Thaler와 경제학자 헨리크 크롱크비스트Henrik Cronqvist가 실시한 분석 프로그램에서 그처럼 장려한 것이 잘못이었다는 사실이 밝혀졌다. 스스로 선택한 사람들이 자신의 이익에 배치되는 여러 가지 판단 실수를 저질렀던 것이다. 그들은 대부분의 돈을 주식에 넣고 채권과 기타 자산은 무시하는 등 투자의 균형을 깨고 극단으로 치우쳤다. 더 나아가서 그들의 주식 포트폴리오는 국내 주식, 자기 회사의 주식, 당시에 인기 있는 종목 등에 편중되었다. 대체로 그들은 자신의 필요에 맞게 분산된 포트폴리오를 구성하는 데 시간을 쓰는 대신, 일상생활이나 뉴스에서 들어 익숙한 선택지들을 취했다. 결과적으로 그들이 선택한 투자는 결제이행보증기금보다 수익률이 낮아 3년 뒤에는 10퍼센트, 7년 뒤에는 15퍼센트 정도 뒤졌다.

스웨덴 정부는 미숙한 투자자들을 결제이행보증기금에서 멀어지게 할 것이 아니라 그쪽을 선택하도록 안내했어야 한다. 이러한 영역에서는 전문가의 추천을 성실히 따를 때 가장 큰 혜택을 볼 수 있다. 한편 뱅가드 연구의 일환으로 내가 검토했던 제도들처럼 결제이행보증 대안이 없었던 경우와 비교했을 때는 처음부터 결제이행보증기금을 마련했고, 그것이 머니마켓 펀드처럼 간단하지만 덜 유익한 장치가 아니라 지능적으로 설계된 기금이었다는 점에서 스웨덴 정부가 잘한 일이었다. 미국 의회는 최근에 고용주가 그와 비슷한 조치를 취할 수 있게 하는 법안을 통과시켰다. 그래서 피고용인들이 직접 거부하지 않는 한 자동적으로 직원들을 401(K)에 가입시킬 수 있게 되었다. 최근의 한 연구에 따르면 자동가입은 참여율을 90퍼센트까지 높일 수 있을 정도로 효과적이었다. 가입 의사는 있지만 그런 조치가 없었다면 가입을 미루었을 사람들이나, 아예 그 제도가 있다는 사실조차 알지 못했을 사람들에게 다가갔기에 그 같은 참여율 증가가 가능했던 것이다.

개인의 선호가 다양할 때는 선택을 일종의 협력 활동화collaborative activity하는 것도 선택에 대처하는 또 한 가지 방법이다. 즉 다른 여러 사람에게 의존하고 상호작용하면서 선택하는 것이다. 결정 과정을 되도록 편하게 해주기 위해 소매업자가 고객과 협력하는 좋은 사례로, 와인 체인점인 베스트셀러스Best Cellars를 들 수 있다. 원산지나 사용된 포도의 종류에 따라 수천 개의 병을 진열대에 가득 채워놓은 전형적인 와인점들과 달리, 베스트셀러스는 가게에 적절한 가격과 질을 고려해 미리 선정해놓은 100가지의 와인만 비치해놓고 있다. 게다가 와인들은 '발포성' '풍부한 맛' '달콤한 맛'처럼 대충만 봐도 알 수 있는 여덟 가지 범주로 분류되어 있다. 각 와인에 대한 상세한 설명은 병 위 진열대에 자세히 적혀 있으며, 직원들은 언제라도 알아듣기 쉬운 말로 와인을 추천해주기 위해 기다리고 있다. 그 가게는 와인 감별사나 특별한 날을 위해 쇼핑하는 사람을 대상으로 한 것이 아니라 보통 고객들을 주고객층으로 삼고 있다. 이런 가게와 경쟁해 이기기는 어렵다.

더 나은 선택을 하기 위해 전문가의 지혜뿐 아니라 대중의 지혜도 활용할 수 있다. 한 예로 레스토랑 가이드북인 자갓Zagat은 수많은 아마추어 식당 고객의 의견을 바탕으로 식당들의 점수를 매긴다. 롱테일의 이점을 활용하는 온라인 소매업자들도 고객들의 평가와 추천 덕분에 성공을 거두었다. 그리고 소비자들은 자기와 비슷한 대중의 지출 성향을 눈여겨봄으로써 더 많은 이득을 볼 수 있다. 아마존닷컴은 '이 상품을 구입한 소비자가 구입한 또 다른 상품들'을 알려준다. 그리고 넷플릭스닷컴도 똑똑하게 영화 추천을 해준다. 당신이 이전에 내렸던 평가들을 이용해서 비슷한 취향을 가진 다른 회원들을 찾은 다음, 그들이 높게 평가했지만 당신은 아직 보지 않은 영화를 추천해주는 것이다. (넷플릭스닷컴은 새로운 영화 찾는 일을 너무나 간단하게 만들어놓아서 고객들은 흥분한 나머지 앞으로 10년간 봐도 다 못 볼 만큼 많은 영화를 카트에 넣기 십상이다. 조심하지 않으면 이번에는 넷플릭스 죄책감의 희생자가 될지도 모른다.) 이러한 추천 시스템의 또 한 가지 혜택은 수많은 선택지에 어떤 질서를 부여해주면서도 어떤 선택지도 제거하지 않기 때문에 컴퓨터의 추천 목록에 없는 것을 원하는 전문가는 여전히 스스로 찾을 수 있다는 점이다.

선택지를 범주화해주어도 선택의 부담을 줄일 수 있다. 선택군을 만만한 가짓수의 범주로 줄이고, 각 범주에 만만한 수의 선택지를 포함시킨다. 그렇게 하면 자신이 스스로 제한한다는 생각이 들지 않는다. 실제로 이러한 효과가 일어나는 과정을 보려고 나는 2명의 연구 조교와 함께 웨그먼슈퍼마켓 몇 군데의 잡지코너를 살펴보았다. 그리고 쇼핑객들은 전체적으로 선택지의 가짓수가 적지만 범주가 더 넓을 때 선택의 여지가 많다고 느낀다는 사실을 발견했다. '건강과 운동' 또는 '기정과 원예' 등의 다양한 소제목 아래 더 적은 수의 잡지들을 진열해놓으면, 선택 과정을 더 효과적이고 즐겁게 만드는 틀을 제공할 수 있다. 그럼으로써 고객들은 더 적은 선택지들에 만족하고, 잡지들은 추가 선택지를 만들어내는 비용을 절약할 수 있기 때문에 윈-윈하는 결과를 얻을 수 있다.

범주화는 백화점이 상품들을 부문별로 나누는 일처럼 단순한 작업이 될 수도 있고, 대부분의 고객이 알아내기에 어려운 특성들을 기준으로 어떤 유형의 상품을 분류하는 일처럼 깊이 들어가는 작업이 될 수도 있다. 베스트셀러스의 맛 범주는 후자의 예가 될 것이다. 유튜브나 플리커Flickr처럼 미디어를 공유하는 인터넷 사이트의 태그나 키워드 활용은 아마도 대중이 이끄는 범주화의 형태를 가장 잘 예시해 줄 것이다. 사용자는 엄청난 양의 내용을 묘사하기 위해 키워드나 태그를 붙인다. 개의 사진에 개라는 태그를 붙이는 것은 쉬운 일이다. 하지만 그 덕분에 개와 관계된 그림들을 찾기 위해 사이트에 있는 모든 이미지를 살펴보는 불가능에 가까운 작업을 하는 대신, 검색창에 그냥 개라는 단어를 쳐넣으면 해결된다. 어떤 형태의 범주화든 그것은 초보자에게 무관한 대안들을 무시하고 가장 가능성이 있는 것에 주의를 집중하는 전문가의 능력을 사용하도록 해준다.

추천과 범주화는 선택에 두 가지 혜택을 주기 때문에 어려운 결정을 내릴 때 활용해야 할 유용한 특성이다. 우선 그것들은 전문가나 대중의 지식을 빌려오도록 해줌으로써 문제가 되고 있는 결정을 더 쉽게 내리도록 도와준다. 또한 도움을 받지 않고 선택했을 때보다 더 빨리 자신의 전문성을 개발하는 데도 보탬이 된다. 다른 사람들이 어떤 것이 좋고 관련이 있다고 생각하는지 알면 어떤 분야에 대한 전반적인 안목을 가질 수 있으며, 우리가 그것을 이해하고 그 안에서 자신의 선호를 개발하는 데 촉매가 된다. 선택의 모든 영역에서 전문가가 되는 것은 불가능하지만, 다른 사람들의 전문성을 이용하는 방법을 배워 자신의 선택과 그에 대한 지식을 향상시킴으로써 선택 과정의 전문가가 되는 것은 가능하다.

또한 다른 사람들한테서 배울 수 있듯이 자신에게도 배울 수 있다. 다양한 특성에 바탕을 두고 결정할 때, 그 결정에 다가가는 방식은 우리가 다수의 선택지를 얼마나 잘 다룰 수 있는지에 큰 영향을 미친다. 나는 동료인 조너선 르바브, 독일 크리스티안알브레히트대학교의 마르크 하이트만Mark Heitmann, 스위스 세인트갈렌대학교의 안드레아스 헤르만Andreas Herrmann과 공동으로 독일 아우디 웹사이트에서 실험을 했다. 그 사이트는 새 차를 주문할 때 구매자가 선택지들의 목록을 보고 엔진에서 백미러에 이르기까지 모든 것을 직접 선택하도록 구성되어 있다.

우리는 아우디 A4 구매자를 두 집단으로 비교해보았다. 한 집단은 가장 선택지가 많은 영역에서부터 선택을 했다. 차의 내부와 외부 색깔로 각각 56가지와 26가지 다른 선택지가 제시되고, 그 뒤부터 선택지 수는 점차 줄어들었다. 그래서 인테리어 스타일과 기아변속 스타일에는 각각 네 가지 선택지만 제시되었다. 두 번째 집단은 동일한 선택을 하되, 선택지가 가장 적은 영역에서부터 시작해서 가장 많은 영역에서 끝나도록 순서를 뒤집었다. 두 집단 모두 8개의 범주에서 모두 합해 144가지 선택지를 보았지만, 처음에 많은 선택지에서 시작해서 적은 쪽으로 옮겨가던 사람들이 훨씬 더 어려움을 겪었다. 시작할 때는 각 선택지를 세밀하게 살폈지만 곧 피곤해져 포기하겠다는 선택지를 택했다. 결국 그들은 1500유로를 더 지급하고도(포기하면 자동으로 선택되는 샤양이 다른 선택지보다 더 비싼 경우도 있었다), 적은 선택지에서 많은 선택지로 옮겨갔던 사람들에 비해 자기의 선택에 덜 만족했다.

이 연구는 얕은 물에서부터 기술과 배짱을 기르면서 점점 깊은 곳으로 서서히 옮겨가면 익사할 가능성이 줄어들듯이 사람들이 점차적으로 접근하면 더 많은 선택지 중에서 선택하는 방법을 배울 수 있다는 사실을 보여준다. 56가지 페인트 색깔이라는 엄청난 선택지의 풀이 선택 과정의 마지막에 제시된다면, 처음부터 이런 선택을 만나는 것만큼 당황스럽지 않을 것이다. 그 지점에 이르면 차 전체에 대해 훨씬 더 분명한 비전이 생기기 때문이다. 우리가 스포츠카든, 세련된 차든, 가족용 차든 사고 싶은 차의 종류를 대략적으로 안다면, 어떤 선택지들은 제거하고 다른 것들은 강조함으로써 선택하는 과제를 단순화시켜주는 추가적인 틀이 잡힌다. 그러므로 우리는 선택지가 적기 때문이든, 무엇을 원하는지 이미 알고 있기 때문이든 가장 선택하기 쉬운 것에 우선 초점을 맞춰야 한다. 그리고 나서 그런 선택들이 더 복잡한 차원의 선택을 하는 데 길잡이가 되도록 한다.

프랑스의 저명한 수학자이자 과학철학자인 앙리 푸앵카레Henri Poincaré는 "발명은 불필요한 결합이 구성되는 것을 피하고 극소수의 유용한 결합을 구성하는 작업이다. 발명은 식별과 선택이다"라고 말했다. 나는 이 두 번째 문장을 뒤집어서 하나의 추론을 제안하는 바다. "선택은 발명이다." 이 말은 선택이 자신의 환경과 삶, 자기 자신을 만들어가는 창의적인 과정이라는 뜻이다. 구성을 하기 위해 더 많은 재료를 요구할 경우, 즉 더 많은 선택을 요구한다면 우리한테 별로 소용이 없거나 필요 이상으로 복잡한 많은 결합을 떠안게 될 것이다.

우리는 선택을 잘하기 위해 노력하며, 그럴 만한 타당한 이유도 있다. 하지만 선택을 만들어내고 요구하고 더욱 많이 만들어내는 일에 너무나 익숙해져 때로는 왜, 언제 그것이 유용한지를 잊어버리곤 한다. 선택과 관련해 가장 어려운 도전은 아마도 우리의 기대를 조절하는 일일 것이다. 제약이 어떻게 그 나름의 아름다움과 자유를 만들어 내는지 보여준 사람들로부터 그 방법을 배울 수도 있다. 발명가와 예술가, 음악가들은 선택에 제약을 가하는 것이 가치 있는 일임을 오래 전부터 알았다. 그들은 형식과 구조와 규칙 안에서 작업하며, 새롭고 때로는 더 엄격한 경계를 설정하려고 할 때만 그런 것들을 허문다. 선택에 대해 들려줄 이야기는 하나가 아니며, 우리 문화 속에서 선택에 대한 글을 읽고 쓰는 방법도 한 가지가 아니다. 시인 린 헤지니언Lyn Hejinian은 에세이 「폐쇄를 거부하다The Rejection of Closure」에서 '형식과 …… [써어진] 작품의 소재와의 관계'를 숙고한다.

형식이 원초적인 혼돈(거친 재료, 정리되지 않은 충동과 정보, 불확실성, 불완전성, 광활함)의 포용력 있는 생기와 생성력을 앗아가지 않으면서 그 혼돈을 명료하게 해줄 수 있을까? 더 나아가서 형식이 불확실성을 호기심에 열어주고, 불완전성을 숙고에 열어주고, 광활함을 풍부함으로 바꾸면서 그 힘을 실제로 생성해줄 수 있을까? 난 그럴 수 있다고 생각한다. 사실상 그것이 예술에서 형식의 기능이다. 형식은 고정물이 아니라 활동이다.

형식이 예술에서 이런 기능을 한다면, 우리가 삶에서 선택을 하는 방식에도 비슷하게 작용하지 않을까? 나는 선택에 구조적으로 접근하면서 실험하는 것이 우리에게 가치 있는 일이라고 믿는다. 그것은 선택 과정에 세심하게 주의를 기울이고, 선택 자체와 선택의 위력을 연결시킬 것이 아니라 우리가 선택을 실행하는 방식과 선택의 위력

6장 _ 선택의 놀라운 역설 **349**

을 연결시킬 것을 장려하는 접근방식이다. 예술이나 음악을 만들듯이 선택도 실제로 만드는 것이라면, 이러한 창조적인 분야에서 안내를 받을 수도 있다. 하지만 다시 토크빌의 표현으로 돌아가면, 무엇인가를 확고하게 붙잡기 위해서는 자신이 무엇인가에 고정되기를 허용해야 한다는 사실을 깨닫는 것이 핵심이다. 그토록 많은 선택이 넘쳐나는 세상에서 이런 결심이야말로 가장 실천하기 어려운 것일 수도 있다.

재즈 음악의 대가이자 퓰리처상을 수상하기도 한 작곡가 윈턴 마살리스Wynton Marsalis는 나와 대화를 나누면서 "재즈에도 제약이 좀 필요하다. 아무런 제약 없이 즉흥연주를 할 수도 있겠지만 그것은 재즈가 아니다. 재즈는 언제나 제약을 받는다. 그렇지 않다면 그저 소음처럼 들릴 것이다"라고 말했다. 또한 그는 "즉흥적인 작곡능력은 기본적 지식에서 나오며, 이러한 지식은 당신이 취하는 현재와 미래의 선택들을 제한한다. 선택이 있는 곳에서 지식은 언제나 중요하다"라고 말했다. 그에 따르는 행동은 정보에 입각한 직관, 또는 마살리스의 표현을 빌리면 초월적 사고superthought에 기초한다. 재즈에서 초월적 사고는 옳은 답을 판단하는 것을 넘어서는 사고 행위다. 다른 사람들은 똑같은 것이라고 보는 데서 새로운 가능성을 보게 해주고, 희귀하고 유용한 결합을 구성하게 해주는 원동력이 된다. 어쩌면 우리는 선택을 구성하는 기초를 배우고, 소음이 요란한 곳에 음악을 창조하기 위해 이러한 지식을 활용함으로써 선택을 헤쳐나가는 방법을 초월적으로 생각할 수 있을 것이다. 이미 충분히 가지고 있는데도 더 많은 것을 고집한다면, 그건 대개 탐욕으로 여겨진다. 선택의 경우에는 상상력이 빈곤하다는 표시로도 여겨진다. 상상력의 빈곤은 우리가 다지선택식의 문제를 해결하고 싶다면 반드시 피하거나 극복해야 할 문제다.

7장

인생은 선택의 과정이다

THE ART OF CHOOSING

01

케이크냐 죽음이냐

영국 코미디언 에디 이자드Eddie Izzard는 성공회가 스페인 종교재판을 주관한다고 상상하는 '케이크냐 죽음이냐Cake or Death' 코너로 널리 알려져 있다. 본래 재판관이라면 자신이 고문을 당하는 것과 다른 사람들을 고문받게 하는 것 중에서 선택해야 할 상황에서, 이자드의 성공회는 "케이크를 원하는가, 죽음을 원하는가?"라고 묻는다. 희생자들은 하나같이 "케이크를 택하겠습니다"라고 대답하고 성공회는 "좋다, 그럼 케이크를 주라!"고 응한다. 이 이야기는 여러 의미에서 웃음을 주지만, 두 가지의 선택지만 있을 때도 선택이 이처럼 쉬울 수 없다는 사실을 이미 알고 있기 때문에 특히 재미있다. 우리에게 한편으로는 케이크의 폭신한 맛이, 또 한편으로는 죽음이라는 음울한 결말이 주어진다. 어려운 선택을 익히 알고 있는 우리에게 이건 전혀 어려운 선택이 아니다. 언제라도 케이크를 선택할 것이다. 재판

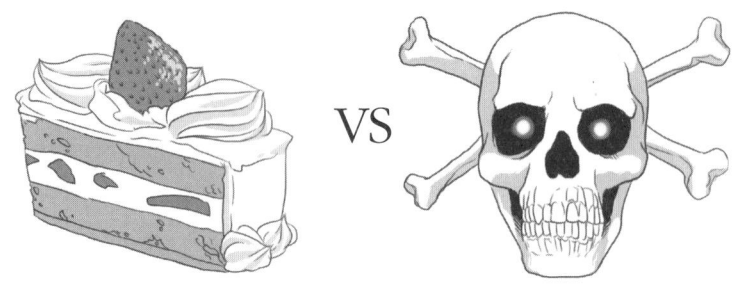

관이 미처 손을 못 써서 케이크가 부족하면 "이제 세 조각밖에 안 남았다. 이렇게 빨리 떨어질 줄 몰랐다!"고 당황한다. 그래서 희생자 후보에게 죽음 대신 예컨대 닭고기와 같은 다른 대안을 요청할 수 있도록 허용해준다. 확실한 답을 제시해주고 선택지를 바꿀 기회를 주는 벌이라? 이건 바로 선택하는 모든 사람의 꿈이다.

이 꿈속에서 생사의 선택에 대한 모든 상투어와 극적인 수사는 떠올랐다가 이내 파기된다. 의지력이나 성격에 대한 시험도 없고, 뼛속까지 비열한 흉터투성이의 악한도 없다. 그 꿈에는 지켜야 할 것과 대항해야 할 대상이 없다. 통상적으로 영웅의 여정에는 엄청난 장애와 불리함을 극복하는 과정이 요구되지만, 여기서 그 여정은 돌연 한 조각의 케이크가 되고 만다. 통렬하면서 인상적인 이자드의 코미디는 최악의 예상을 뒤엎기 때문에 너무나도 달콤한 꿈을 가져다준다. 그러면서 애초에 그러한 기대를 만들어낸 종교와 문화를 강타한다.

비록 유혹적인 꿈이긴 하지만, 모든 꿈처럼 이것도 반드시 끝이 난다. 깨어 있을 때 결정한다는 것은 언제나 복잡하고 불안하다. 당신이 성공회 재판관을 만나서 말도 안 되게 빵을 대접받을 가능성은 매우 희박하지만, 어느 날 케이크와 케이크 중에서 결정해야 하는 상황에 놓일 수도 있다. 초콜릿 퍼지 케이크냐, 레드 벨벳 케이크냐, 당근 케이크냐, 치즈 케이크냐? 그 결정에는 단지 사회적인 승리나 사회적인 죽음만 걸려 있을 수도 있지만, 그러한 결정도 케이크와 죽음 중에서 하나를 선택하는 것보다는 어렵다. 포틀럭 파티(각자 음식을 조금씩 가지고 와서 나눠먹는 파티-옮긴이)에 참석하는 사람들은 어떤 케이크를 가져가야 할지 정말 심각하게 고민한다. 이제 성공회의 재판관들이 일을 제대로 처리하지 못해서 다시 스페인 재판관들이 주도권을 잡고 자신이 고문을 받을 것인가, 다른 사람을 고문할 것인가 중에서 선택해야 한다는 본래 방침으로 되돌아간다고 상상해보라. 이 케이크냐, 저 케이크냐도 고민이 될 수 있지만, 두 가지 고문 중에서 선택하라니? 더는 웃을 일이 아니다.

  두 가지 맛의 케이크 중에서 고르는 일과 두 사람 중에서 고문받을 희생자를 고르는 일은 결과가 확연히 다르기 때문에 전혀 다른 딜레마처럼 보일 것이다. 하지만 이 두 가지 상황에서 선택을 할 때 거치는 심리적 과정은 생각보다 비슷할 수도 있다. 그리고 그런 상황에서의 선택이 실생활에서 체험하는 선택을 더 많이 반영하는지도 모른다. 모든 유머를 잠시 치워놓고 보면, 우리는 종종 명백하게 '옳거나' '최선'인 선택이 없는 상황에서 결정을 내려야 할 때도 있다. 행동할 수 없을 때, 또는 모든 대답이 다 틀린 것일 때, 또는 생각하기조차 끔찍한 질문이 주어진다면 과연 어떻게 할 것인가?

02

줄리의 불편한 딜레마

줄리는 임신 27주 만에 1킬로그램도 못 되는 체중으로 태어난 조산아이다. 아이는 뇌출혈로 위독해서 유명 대학병원의 신생아 중환자실에서 치료를 받으며, 호흡을 도와주는 기계로 힘겹게 생명을 부지하고 있다. 3주간 치료를 받았지만 줄리의 전반적인 상태는 호전되지 않았다. 의사는 아이의 위독한 상태로 보아 심각한 신경손상 가능성이 있다고 설명해주었다. 말을 하거나 걷거나 다른 사람과 어울리지 못하고 평생을 침대에 누워 살아야 할지도 모른다고 했다. 한참을 숙고한 끝에 의사들은 호흡기를 떼고 치료를 중단하여 그냥 죽도록 하는 것이 줄리에게 최선이라고 판단했다.

  이제 일어났던 일을 숙고해볼 시간을 잠시 가진 뒤 다음 질문에 대답해보기 바란다.

1) 다음과 같은 감정을 당신이 얼마나 강하게 느낄지 평가해보라.
숫자 1은 '전혀 안 느낀다', 7은 '엄청나게 느낀다'를 표시한다.
ⓐ 당황스럽다　　　1　2　3　4　5　6　7
ⓑ 걱정스럽다　　　1　2　3　4　5　6　7

2) 당신은 최선의 선택을 했다고 얼마나 확신하는가?
　　　　　　　　　1　2　3　4　5　6　7

3) 이 결정을 당신 자신이 내리기를 얼마나 선호하는가?
　　　　　　　　　1　2　3　4　5　6　7

위의 시나리오에서 의사들은 가족에게 그리 많은 정보를 주지 않고 자기들끼리 최종 결정을 내렸다. 요즘은 그런 일처리 방식이 놀랍고 심지어 부당하다고까지 여겨질 수도 있겠지만, 서구의 의료 역사에서는 이런 관행이 오랫동안 이어져 내려왔다. 그리스 의사 히포크라테스는 질병이 신의 처벌 때문이 아니라 환경적 요인으로 발병한다고 가정하면서 기원전 5세기에 의료 행위의 혁명을 일으켰다. 그의 가정에는 영적인 치료가 아닌 신체적인 치료를 통해 질병을 치유할 수 있다는 뜻이 함축되어 있다. 이러한 업적과 함께 히포크라테스의 선서라고 알려진 윤리조항을 확립하는 등 여러 가지 공헌으로 그는 의학의 아버지라고 인정받게 되었다. 의사들은 이제 이 선서에 충성을 맹세하지 않지만, 이는 오늘날에도 여전히 사용되는 비슷한 선서의 모델이 되었다. 히포크라테스는 의학계에 선구적인 영향을 미쳤을뿐더러 의사와 환자의 관계를 부모와 자녀의 관계와 비슷하게 보았다는 점에서 아버지라고 불릴 만하다. 의사는 지식과 경험, 올바른 판단력을 지니고 있는 반면에 환자들은 자신에게 가장 좋은 선택이 무엇인지 알지 못하며 병 때문에 정신력까지 마비되므로 모든 의료 결정은 이처럼 현명하고 양심적인 의사들의 유능한 손에 맡겨져야 한다는 것이 그의 견해였다. 환자가 의료 결정에 참여하도록 허용하면 업무 태만에 버금갈 정도로 치료의 질이 저하된다는 것이 그 시대를 지배하던 논리였다. 당신이 의사였다면 "환자를 돌보는 동안 그 사람에게 대부분의 사실을 숨기고, 환자의 현재나 미래의 상태에 대해 아무것도 드러내지 않으며, 차라리 그 사람을 편안하게 해주고 신경을 분산시키는 데 집중하라"는 히포크라테스의 조언에 유념해 환자에게 진단 내용을 알려주지 않았을 것이다. 당신이 줄리의 부모였다면 딸의 장애나 치료 중단에 대해 한 마디도 듣지 못하고 그냥 그 아이가 죽었다는 사실만 통보받았을 것이다.

히포크라테스는 온정주의적인 패러다임paternalistic paradigm을 옹호했고, 그후로 로마제국과 중세 유럽과 아랍 문명권도 그의 업적을 매우 존중했기 때문에 이러한 관점에 도전하려는 시도는 거의 찾아보기 어려웠다. 확고한 권위를 지닌 의사의 지위는 규범으로 지켜졌으며, 중세의 종교적 열정으로 더욱 강화되었다. 사람들은 의사의 권위가 신에게 부여받은 것이라고 믿었기 때문에 그에 복종하지 않는 것은 어리석거나 무례한 정도가 아니라 신성모독이라고까지 생각했다.

18세기 이성의 혁명과 계몽주의조차도 대안이 될 만한 다른 모델을 제시하지 못했다. 환자가 의사만큼 지식이 있다면, 어쨌든 의사가 이미 처방한 치료에 동의하지 않을 수 없을 것이라고 생각했다. 그렇다면 환자에게 상의는커녕 아예 알리지도 않고 그냥 진행하는 것이 더 현명하고 효율적이지 않았겠는가? 1847년의 미국 의학회American Medical Association는 분명히 그렇게 생각했다. 그리고 히포크라테스의 가르침과 놀라울 정도로 비슷한 미국 의학회 윤리지침의 첫 부분에 그러한 사실이 반영되어 있다. 그 지침에 따라서 의사들은 환자의 마음에 존경심, 자신감, 감사를 불러일으키고 병자의 정신적 아둔함과 변덕을 적당히 봐주기 위해 권위와 겸양을 겸비하라는 권고를 들었다. 또한 암울한 예후를 내놓지 말고, 절대적으로 필요한 경우에만 환자들에게 위험경고를 해주라는 지시를 받았다. 사실상 의사들은 가능한 한 고지의 의무를 피하고, 나쁜 소식을 전달하는 일은 판단력을 갖춘 섬세한 다른 사람에게 맡기라는 조언을 들었다.

과거에 의사들은 온정주의적인 모델에 따라 당신에게 거의 아무것도 알려주시 않고 독단적으로 줄리에 대한 결정을 내렸다. 이제 줄리의 이야기로 되돌아가서 조금 다른 시나리오를 상상해보자.

줄리는 임신 27주 만에 1킬로그램도 못 되는 체중으로 태어난 조산아다. 아이는 뇌출혈로 위독해서 유명 대학병원의 신생아 중환자실에서 진료를 받으며, 호흡을 도와주는 기계로 힘겹게 생명을 부지하고 있다. 3주간 치료를 받았지만 줄리의 전반적인 상태는 호전되지 않았다.

의사들은 두 가지 조치가 가능하다고 알려준다. 치료를 계속할 것인가, 호흡기를 떼고 치료를 중단할 것인가? 그들은 또한 각 조치에 따르게 될 결과도 설명해준다. 치료를 중단하면 죽는다. 치료를 계속하면 죽을 확률이 40퍼센트고, 생존은 하지만 신경장애로 말하거나 걷거나 다른 사람들과 어울리지 못하고 침대에서만 지내게 될 가능성이 60퍼센트. 줄리의 상태가 위독하기 때문에 의사들은 치료를 중단함으로써 죽게 하는 것이 아이한테 가장 좋은 일이라고 판단했다.

이제 일어났던 일을 숙고해볼 시간을 잠시 가진 뒤에 다음 질문에 대답해보기 바란다.

---

1) 다음과 같은 감정을 당신이 얼마나 강하게 느낄지 평가해보라. 숫자 1은 '전혀 안 느낀다', 7은 '엄청나게 느낀다'를 표시한다.

    ⓐ 당황스럽다   1   2   3   4   5   6   7
    ⓑ 걱정스럽다   1   2   3   4   5   6   7

2) 당신은 최선의 선택을 했다고 얼마나 확신하는가?
                     1   2   3   4   5   6   7

3) 이 결정을 당신 자신이 내리기를 얼마나 선호하는가?
                     1   2   3   4   5   6   7

이번에는 앞서의 경우와 다르게 응답했는가? 여전히 의사들이 판

단했고, 줄리는 죽었다. 하지만 그들이 가능한 조치들과 각각의 결과에 대해 알려주었기 때문에 결정하기가 더 쉬웠을 수도 있다. 그로써 옳은 결정을 내렸다는 확신이 강화되고 결정에 따르는 정서적인 스트레스가 줄었을 것이다.

오늘날에는 이러한 절차가 자연스럽게 받아들여진다. 하지만 의료 전문가들이 이전의 관점을 수정하기 시작하고, 환자와 가족을 당사자의 건강 테두리 안에 포함시키는 게 유익할 수 있다고 인식하게 된 것은 20세기에 들어와서부터였다. 인식의 변화가 일어나는 데 왜 그처럼 오랜 시간이 걸렸으며, 무엇이 이러한 극적인 변화를 불러왔을까?

히포크라테스의 제자들은 의사와 환자의 관계에 대한 그의 견해를 추종했을 뿐 아니라 네 가지 체액(혈액, 황담즙, 흑담즙, 점액)의 불균형 때문에 병이 생긴다는 그의 믿음에도 동의했다. 환자들은 그 까다로운 균형을 회복하기 위해 방혈, 구토 유발, 심지어는 더 불쾌한 관장 등의 치료를 받았다. 거머리와 칼을 피한 환자에게는 아마도 다혈질, 짐액질, 우울질, 남즙실 등 자신의 기실에 맞는 식단이 주어졌을 것이다. 의사가 어쩌다가 이런 식으로 음식 알레르기를 치료했다고 하더라도, 대부분의 다른 질병에는 그 방법이 효과를 거두었을 가능성이 없다. 그럼에도 네 가지 기질이론은 2000년 이상을 매우 끈질기게 이어져왔다.

기질론이 지배하던 오랜 세월 환자는 의사를 찾아가서 이득을 보기보다는 오히려 피해를 더 많이 입었을 것이다. 역설적으로 오늘날보다도 그 시대의 환자는 의사를 더 신뢰할 필요가 있었다는 뜻이다.

지금 코웃음을 치는 사람도 있겠지만, 그렇게 순진한 신뢰가 바로 위약 효과의 필수적 요소다. 환자들은 의사의 지시를 따르면 자기가 회복되리라고 믿었으며, 그렇게 해서 정말로 덜 고통받고 더 빨리 회복되고 나아졌다. 의사들이 가진 이론적 지식의 한계와 결함이 무엇이었든지 간에 과거의 의사들도 실제 경험에 기대어 자신의 판단을 향상시키고 직관을 가다듬을 수 있었다. 불가해한 의학에 대한 이해나 직접적인 경험이 거의 없는 환자들이 종종 목숨을 앗아가기도 하는 무서운 질병 앞에서 의사를 믿는 것 외에 다른 무엇을 할 수 있었겠는가?

19세기 중반에 이르러서야 비로소 패러다임이 변화하기 시작했다. 환자로부터 고지에 입각한 동의informed consent를 얻어내는 절차가 온정주의적 의료 행위를 대신하게 되었는데, 이는 과학적 발견과 실험을 강조하는 더 광범위한 변화의 부분적 현상이었다. 과거처럼 신비스럽고 우연적인 치료는 점차 자취를 감췄다. 사람들은 치료의 기제와 위험성을 더 잘 이해하게 되었고, 따라서 더욱 체계적이고 효율적으로 치료하게 되었다. 하지만 변화를 받아들이기란 쉽지 않은 일이었고, 의사들은 환자를 대하는 자신들의 태도를 바꾸는 데 소극적이었다. 그들은 종종 정보를 은폐하고 환자들이 알지 못하게 치료하면서 여전히 단독 결정자로서 행동했다.

1905년에 있었던 한 충격적인 사례를 보자. 의사 프랫은 한 여성 환자에게 구체적으로 밝히지 않은 채 가벼운 수술을 통해 간질을 치료할 수 있다고 알려주고 마취를 시킨 뒤 자궁과 난소를 들어냈다. 호르몬 수준을 안정시켜 발작을 줄이겠다는 의도에서였다. 그는 신뢰를 심각하게 저버린 행위로 고소를 당해 유죄 판결을 받았지만, 환자의 의견을 무시하고 그가 자신의 몸에 대해 가지고 있는 권리를 무시한 그 행위는 당시로서는 특별한 일이 아니었다. 심지어 2차 세계대전 이후에도 의사들은 요즘이라면 비양심적이라고 생각될 만한 방식으로 재량권을 행사했다. 제이 카츠Jay Katz는 『의사와 환자의 침묵하는 세계The Silent World of Doctor and Patient』에서 존경받는 한 프랑스 의사와 자신의 대화를 적어놓았다. 신부전증으로 죽어가는 한 시골 남자가 진찰을 받았는데, 거기서는 해줄 수 있는 일이 없었다. 유일한 방법인 투석치료를 받으려면 도시로 가야 하는데 의사는 농부들이 대도시로 이주하면 잘 적응하지 못한다는 이유로 투석을 받으면 생명을 구할 수 있다는 사실을 알리지 않고 그냥 죽게 내버려두었다. 하지만 과거로부터 얻은 교훈과 과학적 방법에 대해 한층 깊어진 신뢰가 점점 더 많은 정보와 결합되면서 결국 온정주의적 의료 행위를 지탱해주던 논리는 점차 침식당했다. 만약 치료와 절차가 논리적이고 과학적으로 타당하다면 왜 그것을 환자에게 설명할 수 없는가? 투명성은 또한 더 큰 책임으로 이어졌으며, 그러한 책임은 반박하기가 어려웠다. 1950년대와 1960년대에 일련의 법정 사례들에 따라 '고지에 입각한 동의'의 원칙이 확립됨으로써 다음과 같은 관점이 공식화되었다. 즉 의사들은 첫째 환자에게 서로 다른 치료 대안들과 각각의 방안에 따르는 유익함과 위험성을 알려주고, 둘째 치료를 하기 전에 환자의 동의를 구할 의무가 있다.

의과대학에서는 고지에 입각한 동의의 중요성을 학생들에게 가르쳤으며, 의료소송의 위험성 때문에 의사들은 새로운 법을 존중하지 않을 수 없게 되었다. 그로 말미암아 실로 획기적인 결과가 나타났다. 1961년에는 조사 대상자 중 10퍼센트의 의사만이 환자에게 암 진단 사실을 알리겠다고 했던 것이, 1971년에 이르러 수치가 완전히 뒤집혀 90퍼센트가 환자에게 말하겠다고 했다. 그리고 환자가 자신의 건강 상태를 전혀 모르도록 방치했던 수천 년의 전통이 종식되면서 또 다른 중요한 변화가 지평으로 떠올랐다. 그러한 변화를 줄리 이야기의 마지막 시나리오에서 볼 수 있다.

줄리는 임신 27주 만에 1킬로그램도 못 되는 체중으로 태어난 조산아다. 아이는 뇌출혈로 위독해서 유명 대학병원의 신생아 중환자실에서 진료를 받으며, 호흡을 도와주는 기계로 힘겹게 생명을 부지하고 있다. 3주간 치료를 받았지만 줄리의 전반적인 상태는 호전되지 않았다.

의사들은 당신에게 치료를 계속할 것인지, 호흡기를 떼고 치료를 중단할 것인지 선택의 여지를 제공한다. 그들은 또한 각 결정에 따르는 결과도 설명한다. 만약 치료를 중단하면 아이는 죽을 것이다. 치료를 계속하면 죽을 확률이 40퍼센트, 생존은 하지만 신경장애로 말하거나 걷거나 다른 사람들과 어울리지 못하고 침대에서만 지내게 될 가능성이 60퍼센트다. 어떻게 하겠는가?

다시 한 번 결정을 내릴 시간을 잠깐 가지고 무슨 일이 일어났는지 숙고해보고 나서 다음 질문에 대답하기 바란다.

1) 다음과 같은 감정을 당신이 얼마나 강하게 느낄지 평가해보라.
숫자 1은 '전혀 안 느낀다', 7은 '엄청나게 느낀다'를 표시한다.
　ⓐ 당황스럽다　　　1　2　3　4　5　6　7
　ⓑ 걱정스럽다　　　1　2　3　4　5　6　7

2) 당신은 최선의 선택을 했다고 얼마나 확신하는가?
　　　　　　　　　1　2　3　4　5　6　7

3) 이 결정을 당신 자신이 내리기를 얼마나 선호하는가?
　　　　　　　　　1　2　3　4　5　6　7

이번에는 선택이 당신 손에 달려 있다. 의사들은 필요한 정보를 제공해줄 뿐 아니라 당신이 행동하도록 허용한다. 당신은 여러 가지 선택지를 걸러낼 필요가 없었으며, 결국 마지막 결정은 자신이 내린다. 이번에 당신의 반응은 앞의 두 반응과 비교해서 어떤가? 비슷한 상황에 처한 실제 인물들이 점점 더 빈번하게 이 같은 시나리오에 직면하기 때문에 이것은 매우 중요한 질문이다.

1960년대와 1970년대에는 의학계에서 온정주의가 쇠퇴했을 뿐 아니라 미국 문화 전반에 걸쳐 독립성과 스스로 내린 선택의 가치가 부각되었다. 의료 결정에서 자율적인 접근으로 옮겨가는 현상은 의료적인 맥락에서 선택의 유익함을 보여주었던 몇 가지 유명한 연구로부터 큰 지지를 받았다. 1장에서 보았듯이 자기 방의 어디에 화초를 놓을 것인지, 화초를 놓긴 놓을 것인지, 또는 어느 날 밤에 영화를 볼 것인지 등 아주 사소한 일이지만 선택권을 가진 요양원의 노인환자들은 당시의 관행에 따라 그런 결정을 직원들이 내려주었던 환자들에 비해 더 행복해할 뿐 아니라 더 건강하고 죽을 가능성도 더 낮았다. 이처럼 사소한 선택이 건강과 행복을 증진해줄 수 있다면, 더 중요한 결정들은 그보다 더욱 유익할 거라고 짐작할 수 있다. 환자에게 치료 방법을 제안하고 동의를 구하는 것에서부터 환자에게 모든 선택지를 제시하고 스스로 선택하도록 장려하는 쪽으로 또 한 차례 작은 도약이 일어났다.

 사람들은 이제 "의사가 가장 잘 안다"라고 말하지 않으며, 중요한 의료 결정을 내려야 할 때 자신의 판단을 전면에 내세운다. 그래야 마땅한 건지도 모른다. 프랫 박사의 사례에서 자궁적출이 간질을 치료하기 위한 적절한 방법이었는지 여부는 중요한 문제가 아니었다. 그보다는 그 환자에게 그것이 적절한 치료임을 결정하는 사람이 누구여야 하는가가 핵심이었다. 프랫의 잘못, 그리고 확대해서 온정주의 패러다임 전체의 잘못은 올바른 치료란 증상과 예후의 문제만이 아니라 환자가 처한 삶의 상황과 선호의 문제이기도 하다는 사실을 인식하지 못했다는 것이다. 여기서는 미래에 아이를 가지고 싶은가 여부가 그러한 문제에 속한다. 온정주의 패러다임이 질병을 치료하는 것이라면, 새로운 자율적인 방식은 인간을 치유한다고 표현할 수 있다. 의사들은 분명 특정한 치료와 관련된 특화된 지식을 가지고 있으며, 그러한 치료에 따르는 의학적 위험과 유익함을 보다 완전하게 이해하고 있다. 하지만 환자인 당신은 더 찾아보기 힘든 부류의 전문가다. 병원이나 의사 진료실 밖에서 펼쳐지는 자신의 삶에 치료가 어떤 영향을 미칠지 알 수 있는 사람은 당신뿐이다. 선택의 실제 결과를 감당하는 것은 당신뿐이므로 당신이 결정을 내리는 주체가 되어야 하지 않겠는가?

당신이 방금 전에 한 질문에 "예"라고 말하고, 의료체제도 그에 동의할 가능성이 높다. 그러므로 나나 당신이나 신생아 중환자실에 자기 아기가 있는 불행한 부모들은 다른 여러 나라와 달리 미국에서는 온정주의적인 의료 관행이 얼마 전부터 사라졌다는 사실에 기뻐해야 옳을 듯하다. 하지만 앞으로 보게 되겠지만, 줄리의 치료를 계속할 것인가 중단할 것인가 결정하라는 기회가 제공될 때, 대부분의 사람은 더 행복하다거나 건전하다거나 감사하다고 느끼지 않는다. 실제 삶 속에서 이러한 결정을 해야 하는 부모들은 의사들이 결정을 해주는 부모들보다 종종 더 괴로워한다.

03

수전의 선택

수전과 대니얼 미첼은 첫아이의 출산을 기다리고 있었다. 새 집에 이사 온 지 얼마 되지 않았지만 벌써 아이 방을 다 꾸며놓았다. 부부는 아이의 할머니를 추억하며 바버라는 이름까지 지어두었다. 수전은 임신 중에 아무런 어려움이 없었기 때문에 새벽 3시에 양수가 터졌을 때도 두 사람은 별로 걱정하지 않았다. 중서부의 한 유명 대학병원으로 차를 몰고 가는 동안 수전은 곧 부모가 될 생각을 하면서 급속도로 강해지는 진통을 참아냈다. 하지만 분만 준비를 하고 척추마취를 하는 동안 그녀는 안개 같은 고통과 약기운 속에서도 아이의 심장이 멈췄다는 소리를 들었다. 그리고 응급 제왕절개를 하기 위해 수술실로 급히 옮겨졌다. 그녀는 복부를 절개하는 압력을 느끼면서 무의식 속으로 빠져들었다.

　수전이 회복실에서 의식을 되찾았을 때 남편은 곁에 있었지만 아이는 없었다. 그녀는 코드 블루code blue라는 단어를 들었던 것을 기억했지만, 여전히 몽롱한 상태여서 무슨 일이 일어났는지 알지 못했다. 의사가 그들 부부에게 상황을 설명하기 위해 들어와서야 그녀는 자기가 아홉 달 동안 뱃속에 데리고 있던, 지금 팔에 안고 있어야 할 아이가 호흡기를 달고 신생아 중환자실에 있다는 사실을 알았다. 바버라는 심각한 산소 결핍을 겪으면서 생명을 위협받는 두뇌손상을 입었다. 정확하게 손상의 정도를 예측하기는 불가능하지만, 좋은 소식은 거의 없었다. 지금으로서는 아이 혼자 힘으로 호흡조차 할 수 없어 호흡기와 영양분을 주입하는 튜브를 통해 생명을 부지하고 있었다. 이런 생명유지 장치를 연결시킨 동안은 생존하겠지만, 아이의 고등두뇌 기능이 다시 돌아온다는 것은 거의 불가능했다. 아이는 주위 환경을 의식하지 못하고 다른 사람들과 상호작용도 하지 못한 채 식물인간 상태로 남아 있을 것이다.

의사는 이 말과 무엇인가 다른 말을 더 했으며 수전은 울면서 듣고 고개를 끄덕이기도 했지만, 아직도 아이가 괜찮아질 거라는 희망을 버리지 못했다. 수전은 바버라를 한 번 보면 자신이 옳다는 사실이 증명될 거라면서 신생아 중환자실로 데려다 달라고 부탁했다. 기운이 없어 아직 걸을 수가 없기 때문에 직원에게 간청해서 휠체어를 타고 아이를 보러 갔다. 하지만 그녀가 본 광경은 위안이 되지 못했다. 온갖 의료장치에 둘러싸인 바버라는 너무나 작고 연약해 보였다. 수전은 아이가 호흡기를 달고 있다는 사실을 알고 있었지만, 흰 튜브가 아이의 목에 구불구불하게 꽂혀 있는 모습을 지켜볼 마음의 준비는 되어 있지 않았다. 심장 모니터 소리가 바버라가 살아 있음을 알려주었지만, 그것은 아이의 위중한 상태를 끊임없이 상기시켜줄 뿐이었다. 수전과 대니얼은 나가야 할 시간이 될 때까지 15분간 아기의 손을 잡고 이야기를 해주었다. 현실적인 상황이 마침내 그들을 엄습했다. 기적이라도 일어나지 않는 한 바버라는 정상적인 삶을 살 가능성이 없었다. 그들은 이것이 바버라의 부모로서 최초로, 또 어쩌면 마지막으로 내리는 중대한 결정이 되리라고는 상상조차 해본 적이 없었다.

각 조치에 따르는 결과를 설명하고 그들의 모든 질문에 대답해주면서도 제안하기를 정중히 회피하는 의사들과 오랜 이야기를 한 끝에 미첼 부부는 딸아이의 생명유지 치료를 지속할 것인지 여부를 선택해야만 했다. 이틀 뒤에 그들은 치료를 중단하기로 결정했고, 바버라는 몇 시간 만에 숨을 거두었다. 수전은 회복을 위해 조금 더 병원에 머물렀다. 그녀는 같은 층에 있는 신생아실에서 다른 아이들을 보기도 했지만, 아이 없이 병원을 떠날 때가 되어서야 비로소 상실감이 물밀듯이 밀려왔다. 그뒤 몇 달 동안 미첼 부부는 힘든 시간을 보냈다. 그리고 우리는 그와 같은 처지에 처한 적이 있었는지 여부와 관계없이 그들의 슬픔이 왜 그토록 깊은지 이해할 수 있다.

생명윤리학자 크리스티나 오팔리Kristina Orfali와 일라이저 고든Elisa Gordon은 수전과 대니얼을 비롯해 영아의 죽음이라는 시련을 겪었던 미국과 프랑스의 다른 부모들을 인터뷰했다. 모두 생명유지 치료를 중단하자 아이가 죽은 경험을 한 부모들이었다. 하지만 미국에서는 부모들이 치료 중단 결정을 내려야 하는 데 비해 프랑스에서는 부모가 분명하게 반대하지 않는 한 의사들이 결정을 내렸다. 그러므로 이 두 부류의 선택 경험에는 결정적인 차이가 났다. 나는 런던비즈니스스쿨의 마케팅 교수인 시모나 보티Simona Botti, 크리스티나 오팔리와 팀을 이루어 이러한 차이가 미치는 영향을 살펴보고, 다음과 같은 중요한 질문을 했다. 시련을 겪었던 미국과 프랑스 부모들은 몇 달이 지난 뒤에도 서로 똑같은 고통을 당하고 있었을까?

물론 두 집단 모두 여전히 슬퍼했지만, 한쪽이 다른 한쪽보다 좀 더 잘 대응하는 것처럼 보였다. 많은 프랑스 부모는 결과가 불가피했다고 믿었으며, 미국 부모들에 비해 자기 이야기를 들려줄 때 어떻게 했어야 한다는 후회에 덜 집중했다. 그들은 그다지 분노하거나 혼란스러워하지 않고도 실제로 일어났던 일을 이야기할 수 있었다. 몇몇은 아이와 함께했던 짧지만 소중하고 긍정적인 순간들을 강조했다. 프랑스인 노라는 "우리는 노아를 잃었지만, 그 아이는 우리에게 너무나 많은 것을 주었어요. 그것을 행복이었다고 말할 수는 없지만, 아이가 여기 있는 동안 그 아이를 우리의 아들로 사랑했어요. 그리고 그 밖에도 그 아이는 우리에게 어떤 인생철학을 주었어요."라고 말했다. 그녀는 또한 아이를 매개로 부부가 간호사들과 깊은 우정을 맺었다고도 말했다. "슬펐지요. 하지만 아이가 죽은 것은 죽어야 했기 때문이겠죠." 그녀나 다른 프랑스 부모들은 자신이나 의사를 탓하지 않았다.

어떤 부모들은 치료 중단 여부를 선택할 때 더 참여하기를 바랐지만, 한편으론 그런 선택이 너무나 괴롭고 어려웠을 거라는 생각도 했다. 앨리스라는 딸을 잃은 피에르는 그 심경을 이렇게 설명했다. "의사들이 결정을 내렸고, 그런 다음 부모와 그 결정을 상의했습니다. 우리는 부모기 때문에 그런 결정에 도움을 주는 게 불가능했을 것 같습니다. 차마 제 입으로 기계를 떼라고 말할 수 없었을 것 같습니다.

그런 스트레스를 받지 않더라도, 그 상태만으로도 이미 너무 힘들었습니다."

추가된 스트레스란 미국 부모들이 느끼는 떨치기 어려운 죄책감이나 의심, 분노와 같은 것을 의미할 것이다. 엘리엇의 엄마인 미국인 브리짓은 의사와 간호사들에게 재촉을 받았다고 느꼈다. 그리고 이렇게 덧붙였다. "요즘도 걸어다니면서 생각합니다. '만약 그랬더라면, 만약 그랬더라면 어떻게 되었을까?' 하고요." 그녀는 치료 결정을 할 때 더 적극적으로 참여해야 했다고 생각하면서도 줄을 제거하는 당사자가 되었던 사실에는 고통스러워했다. "그 사람들은 의도적으로 나를 고문했던 거예요. 어떻게 제게 그런 일을 하도록 했을까요? 이제 나는 결정을 했다는 죄책감을 안고 살아가야 해요." 아들 찰리를 잃은 샤론도 비슷한 감정을 표현했다. "내가 사형 집행에 가담했다는 기분이 들었어요. 그러지 말았어야 했어요." 이렇게 오싹하고 고통스러운 진술은 프랑스 부모들의 말과 상당히 달랐다. 그것은 윌리엄 스타이런William Styron의 소설 『소피의 선택Sophie's Choice』에 등장하는 같은 이름의 주인공 소피의 입을 통해 나올 만한 말들이었다.

2차 세계대전 때 나치 수용소에서 살아남은 소피는 여러 가지 끔찍한 체험들을 잊지 못한다. 소설의 제목은 이러한 경험 중에서도 최악의 경험을 나타낸다. 그녀는 강제적으로 결정을 내려야 했고, 그 일은 시간이 흘러서도 계속 따라다니며 궁극적으로 그녀를 파괴시켰다. 책이 거의 끝날 무렵에 이르러서야 소피가 용서할 수도, 잊을 수도 없는 선택의 실체가 밝혀진다. 아우슈비츠에 도착한 그녀와 아들

쟝, 딸 에바가 진입로에 서서 강제노동소로 보내질지 가스실로 보내질지 기다리는 장면에서부터 그 사건은 시작된다. 나치 친위대 의사가 선별을 담당했다. 겁에 질리고 절박해진 소피는 자기와 아이들이 유대인이 아니라 폴란드 사람이며 가톨릭 신도라고 엉겁결에 내뱉었다. 그러자 의사는 유대인이 아니라 폴란드인이니 선택할 수 있는 특권을 주겠다고 말했다. 한 아이는 데리고 있고, 또 다른 아이는 가스실로 보내라는 것이었다. "저더러 선택하라고 하지 마세요." 그녀의 귀에는 자신에게 속삭이며 간청하는 목소리가 들렸다. "저는 선택을 할 수가 없어요." 하지만 그녀가 선택을 하지 않으면 두 아이 모두 죽을 수밖에 없었다. 결국 그녀는 "아이를 데려가세요! 딸아이를 데려가시라고요!"라고 절규했다. 그 말과 함께 소피와 에바의 운명은 정해졌다. 오랜 세월이 흐른 뒤에 소피는 "아침마다 그 일을 떠올리면서 깨어나는 것, 그 선택을 안고 살아가야 하는 것이 너무나 끔찍하다"는 사실을 깨닫는다. 그리고 자신의 마음이 "너무나 상처를 받아서 돌로 변했다"라고 말한다.

'고문'이나 '사형'은 브리짓이나 샤본보다는 소피한테 어울릴 만한 단어들이다. 당신에게는 미국 부모들의 반응이 소피의 반응과 비슷할 수 있다는 가능성조차 충격적으로 생각될지도 모른다. 어쨌든 미국 부모들의 상황은 프랑스 부모들의 상황과 훨씬 더 비슷하며, 비슷한 상황은 비슷한 반응을 일으킬 것이라고 예상되니까 말이다. 물론 문화적인 차이도 반응의 차이를 가져올 수 있다. 하지만 사느냐 죽느냐의 비극적인 상황에 대한 반응은 너무나 본능적이고 근본적인 것으로, 그것을 겪는 모든 사람이 공통된 모습을 보이지 않을까? 하지만 여기에는 또 다른 힘이 작용할 수도 있다. 선택해야 했던 미국 부모와 소피의 부담이 두 나라의 부모들이 공유하는 다른 모든 여건보다도 더 큰 영향을 미쳤던 것이다. 사건 자체가 아니라 주체가 되어 결정을 내렸다는 사실 때문에 고통의 극한까지 떠밀려갈 수도 있지 않을까? 이런 경우에 선택이 강요하는 대가는 과연 무엇일까?

04

비교의 대가

당신은 줄리에 대한 세 가지 다른 이야기를 읽고 시나리오마다 질문에 대답했다. 첫 번째 이야기에서 의사들은 선택지를 이야기해주지 않고 치료를 철회하겠다는 결정을 내렸다(정보가 주어지지 않고, 선택의 여지가 없는 조건). 두 번째 이야기에서 의사들은 두 가지 조치의 가능성과 그 결과를 설명한 뒤에 치료 중단을 선택하겠다고 알린다(정보는 주어지지만, 선택의 여지가 없는 조건). 세 번째 이야기에서는 당신에게 정보가 주어지고, 스스로 결정하도록 요구된다(선택 조건). 2008년 우리는 컬럼비아대학교에서 참가자들에게 줄리에 대한 똑같은 이야기를 제시하는 연구를 실시했다. 참가자들은 자기가 줄리의 부모라고 상상하고, 독자들이 한 것처럼 설문지를 작성했다. 하지만 독자들은 세 가지 시나리오를 모두 보고 응답했지만, 각각의 참가자에게는 무작위로 세 가지 조건 중 하나만을 제시했다. 우리는 그들의 반응을 비교함으로써 정보를 받았으나 선택하지 않았던 사람들(프랑스 부모에 해당)이 선택해야 했던 사람들(미국 부모들에 해당)보다 부정적인 감정을 덜 표현했다는 사실을 확인했다. 정보를 받았으나 선택하지 않았던 사람들이 정보도 제공받지 못하고 선택도 하지 않았던 사람들보다 더 잘 견뎠다. 한편 후자는 스스로 선택해야 했던 사람들만큼 불행해했다. 이러한 결과는 비록 의사들이 최종적으로 결정을 내리더라도 사람들에게 다양한 치료 대안에 대해 말을 해주는 것이 상황의 부정적인 영향을 감소시키는 데 도움이 될 수 있음을 보여준다.

우리는 또한 선택하지 않은 사람들에 비해 선택한 사람들이 치료를 철회하는 것이 옳은 일이라는 사실을 더 확신하고 있었음을 발견했다. 이 말은 선택한 사람들은 최종 결정을 더 확신하고 있었음에도 더 괴로워했다는 뜻이다. 이러한 결과를 더 깊이 파고들어 가기 위해 우리는 선택의 여지가 없는 상황의 시나리오를 수정해 의사가 치료를 계속하기로 결정한 것으로 만들었다. 이 경우 선택하지 않은 사람들이나 치료를 계속하겠다고 선택했던 사람들 모두 확신하는 정도는 비슷했지만, 여기서도 선택했던 사람들이 더 괴로워했다. 그렇다면 부정적인 감정의 정도는 실제로 치료를 계속하거나 중단한다는 결정에 대한 확신보다는 자신이 결과를 가져온 주체라는 지각, 아이의 죽음이나 고통에 직접적으로 책임이 있는 장본인이라는 지각에 더 많이 좌우되는 듯하다.

지각된 인과관계가 중요하다는 사실은 변화를 준 다른 연구에서도 확인되었다. 그 연구에서는 전문가가 추천한 선택지로 치료의 철회를 포장해서 제시했을 때의 효과를 살펴보았다. 선택하는 사람들과 그렇지 않은 사람들로 이루어진 두 집단에게 줄리의 이야기에 다음과 같은 의사의 견해를 삽입한 글을 읽도록 했다. "우리 의견으로는 치료를 중단하는 것 외에는 달리 취할 만한 조치가 없습니다." 이전 연구에서 얻은 결과들과 대조적으로, 의사들이 치료 중단을 그냥 가능한 선택지들 중 하나라기보다는 의학적으로 더 나은 선택지라고 포장했을 때는 선택한 사람들이 선택하지 않은 사람들보다 덜 괴로워했다! 이처럼 다르게 제시했을 때 두 집단이 느끼는 부정적 감정의 차이가 상당 부분 사라졌다. 이 결과에는 의사들이 자신의 선호를 분명하게 밝힘으로써 어려운 의료 결정을 해야 하는 사람들의 개인적인 책임감에 따른 부담을 줄여줄 수도 있다는 암시가 함축되어 있다. 줄리에 대한 다른 연구들과 함께 이 연구는 단독으로나 주도적으로 책임을 져야 하는 상황에서의 어려운 선택이 우리의 생각과 양심을 얼마나 무겁게 짓누르는지 보여준다.

한편 앞 장에서 보았듯이 우리는 선택이 우리의 삶을 더 개선하거나 변화시켜줄 수 있다고 믿기 때문에 어떤 상황에서도 선택권을 포기하기를 꺼린다. 또 한편으로 우리는 어떤 선택지를 고르는, 어떤 결과가 따르든 간에 항상 행복을 감소시키기만 하는 선택이 있다는 사실을 인식하고 있다. 그러한 인식은 경험에서 얻었을 수도 있고 어쩌면 직관에서 왔을 수도 있다. 어떤 선택이 불가피하고 바람직하지 않은 선택지만을 제시할 때, 특히 우리에게 소중한 대상을 가치worth가 아니라 값value으로 생각해야 할 때 특히 그렇다. 나는 이 구분을 『선물The Gift』을 쓴 루이스 하이드Lewis Hyde한테서 빌려왔다. 그의 표현을 빌리면 "나는 우리가 소중하게 여기지만 가격을 매길 수 없는 것들을 지칭하는 의미로 가치라는 단어를 쓴다. 한편 우리가 어떤 것의 값을 찾아낼 때는 그것과 또 다른 것을 비교한다." 아이의 생명은 가치 있는 것이지만, 미첼과 같은 부모들에게 치료에 대한 결정을 내리라고 할 때 그들은 선택지를 비교해보아야 한다. 그리고 비교하기 위해서는 값을 정해야 한다. 얼마만큼의 고통이 죽음과 맞먹을까? 그러니까 당신과 자녀가 지금 받는 고통과 미래에 예상되는 고통을 합산했을 때, 그 총계가 얼마나 되어야 자녀의 죽음이 차라리 낫다고 보겠는가? 또는 생존 확률이나 회복 가능성 등으로 계산해서 나오는 희망이 얼마나 되어야 치료를 계속하겠다는 결정을 내릴 수 있을까? 선택할 때 정서적인 스트레스와 금전적인 압박과 다른 자녀한테 미칠 영향도 측정해야 하는가, 아니면 그 아이의 생명을 다른 모든 것보다 우선시해야 하는가? 우리가 가격을 매길 수 없는 것의 값을 정하려고 할 때 어떤 일이 벌어지는가?

하이드에게 다시 한 번 물어보자.

어떤 물건에 시장가격이 있다면, 저울질하기 위해 값을 따로 떼어낼 수 있어야 한다. 이 말에는 값을 평가하는 사람들은 값을 매기는 사물과 떨어져 설 수 있어야 한다는 특별한 뜻이 함축되어 있다. 그것으로부터 자신을 분리시킨다는 생각을 할 수 있어야 한다. 값을 평가하라고 요구하는 것이 부적절하거나 심지어는 무례하다고까지 느껴지는 상황이 있다. 당신이 구명보트에 아내, 자녀, 어머니와 함께 타고 있는데 배가 가라앉지 않기 위해 누군가를 던져야 하는 선택을 해야 하는, 윤리학의 고전적인 딜레마를 생각해보자. 가족이라는 맥락 안에서 값을 매겨야 한다고 강요당하기 때문에 그것은 딜레마다. 우리는 보통 가족한테서 거리를 둔 채 일용품을 평가하듯이 그것을 평가하고 싶어 하지 않는다. 하지만 그런 판단을 하지 않을 수 없는 상황이 분명히 발생하는데, 그때 우리는 정서적으로 연결되어 있는 대상에 비교하는 값을 매기지 않으려는 경향이 있어 스트레스를 받는 것이다.

소피와 미국 부모들은 자녀에게 값을 매길 것이 요구되는 선택에 직면했다. 그런 선택을 하기 위해서는 아이와 분리되어야 하는데, 그럴 수가 없기 때문에 갈등이 생긴다. 마치 고문대에 묶인 채 몸이 찢길 때까지 잡아당겨지는 느낌이 든다. 미국 부모들에게 이런 상황은 완화되지 않는 죄책감이나 분노, 때로는 우울증을 일으킨다. 전쟁 중이나 그 밖에도 여러 가지 고초를 겪은 소피의 경우에는 자살로 삶을 끝맺는다. 나치 친위대 의사가 소피에게 선택하라고 강요하는 장면을 읽을 때 우리는 그가 의도적으로 그녀를 고문했다는 것을 금방 알 수 있지만, 우리 자신의 삶 속에서는 특정한 선택에 따르는 비극적인 대가를 분명하게 인식하기가 어려울 때도 있다.

우리는 누구나 자신이 그러한 선택을 할 일이 없기를 바란다. 하지만 누구든 살아가는 동안 언젠가는 그처럼 고통스러운 결정에 직면하게 될 가능성이 높다는 것이 암울한 진실이다. 미국에는 현재 알츠하이머병에 걸린 환자가 450만 명이 있으며, 그 수치는 2050년이 되면 적게는 1,100만 명에서 많게는 1,600만 명이라는 어마어마한 수치로 늘어날 거라고 예상된다. 미국 암협회는 일생 침윤성 암에 걸릴 확률이 남자의 경우 2명 중 1명, 여자는 3명 중 1명이라고 추정한다.

매년 거의 6만 명이 새롭게 파킨슨병 진단을 받는다. 독자들을 우울하게 할 생각은 아니지만, 우리 중에서 그러한 상황에 처하지 않도록 정말로 보호받을 수 있는 사람은 아무도 없다는 것이 요지다. 의료혜택의 질은 계속 향상되고 사람들은 점점 더 오래 살지만, 우리는 자신의 부모와 그 밖의 사랑하는 사람들, 심지어는 자신에 대해 궁극적으로 가치와 값을 따져봐야 하는 어려운 선택을 강요당하는 상황에 처하게 될지도 모른다.

이러한 결정은 줄리의 시나리오보다 더 어려울 수도 있다. 한 차례의 가슴 아픈 선택 대신 우리는 너무나 쉽게 당연시하는 일상적인 모든 사소한 일과 씨름하게 될 것이다. 사랑하는 사람의 삶의 질에 값을 매겨야 할 것이다. 차 열쇠를 감추면서 지나치게 안전에 치중하는 잘못을 범할 것인가, 아니면 아직까지 가능한 한 독립적인 삶을 살아가겠다는 어머니의 의사에 굴복할 것인가? 한때 손바닥을 들여다보듯 훤히 알던 동네에서 길을 잃고 헤매지 않도록 어떻게 할아버지를 집에 머물도록 할 것인가? 만약 아버지가 혼자서 식사를 하지 못하게 된다면 지속적으로 돌봐주는 요양소에 보내드리는 것이 나을까, 아니면 대안으로 가정 간호사를 구해 어느 정도 자율성을 누리며 익숙한 환경에서 지내도록 해드리는 것이 나을까?

이는 "예"나 "아니요"의 딜레마라기보다는 균형을 잡는 행위에 더 가깝다. 건강과 안전은 분명 계산할 때 고려해야 할 중요한 요인이지만, 그래도 가능한 한 많은 자유와 독립을 보존하도록 허용해야 하는 것이 아닐까? 값이라는 척도에서 보호와 존엄성을 계속 비교해서 재어보고, 환자의 현재 상태에 따라 이러한 판단을 끊임없이 다시 평가한다는 건 쉬운 일이 아니다. 몸과 마음은 쇠약해지지만 통제하고 싶은 본능이 남아 있다는 사실은 전혀 도움이 되지 않는다. 때로는 환자가 다른 사람의 도움을 거부하고, 자기에게 남겨진 미미한 자유를 방어하고 싶어 할 수도 있다. 가족들은 언제 어떻게 사랑하는 사람의 선택권을 빼앗아야 하는지 결정하는 과정이 안 그래도 힘겨운 상황에서 특히 어려운 부분이라고 입을 모은다.

줄리의 연구에서 알게 되었듯이 의사들이 자신의 선호를 표현하지 않고 그냥 선택지만 제시할 때보다 줄리의 생명유지 장치를 제거하는 것이 의학적으로 더 좋은 선택이라고 제시했을 때 선택하는 사람들은 덜 괴로워했다. 우리는 어려운 결정의 짐을 덜기 위해 종종 전문가와 권위자를 찾는다. 어려운 상황에서 올바른 길로 갔다고 말해줄 누군가를 발견하면, 비록 실제 결과는 달라지지 않더라도 그 선택에 대한 마음의 부담을 더는 데 큰 도움이 된다. 선택의 개념이 존엄성과 독립이라는 미덕과 밀접하게 연결되어 있는 문화 속에서는, 어떤 사람의 선택권을 박탈하는 것에 대한 거리낌이 신체적인 안녕에 대한 우려를 우선할 정도로 강력할 수도 있다. 심지어 퇴행성 두뇌질환으로 고통받는 환자가 개입되어 있을 때도 그렇다. 이 문제에 대처할 수 있는 한 가지 방안은 간호하면서 가장 어려운 부분을 권위를 지닌 의료인에게 양도하는 것이다. 아들이나 딸, 배우자가 차마 자동차 열쇠를 뺏을 용기가 없다면, 운전하지 말라는 의사의 지시가 할머니의 면허증을 정지시키는 데 필요한 자극이 될 수도 있다. 이러한 어려운 결정 상황에서는 선택이 아무리 권리라고 하더라도 외부의 도움을 받아 행사하고 싶어진다.

아주 어린아이나 고령자는 보호와 보살핌을 받기 위해 전적으로 다른 사람에게 의존하지만, 고령만이 한때 누렸던 독립성을 완전한 의존 상태로 바꿔놓는다. 친구나 친척은 갑자기 간병인이 되면서 본인뿐 아니라 다른 사람을 위해 선택해야 하는 정신적인 부담을 지게 된다. 우리는 언제나 사랑하는 사람을 위해 가장 좋은 것을 선택하기 원하지만, 질적인 선택이 아찔하도록 즐비하다면 혼란스러워질 수 있다. 한 여성 동료가 자기는 어떤 통찰력을 얻고 나서 말할 수 없는 안도감을 느꼈다는 이야기를 내게 들려주었다. "오랜 시간 치료 대안을 놓고 고민하던 어느 날, 내가 무엇을 하든 안 하든 어머니는 결국 돌아가실 거라는 사실을 깨달았어요. 우울한 이야기지만, 내가 어머니를 낫게 할 수 없다는 사실, 어머니에게 다시 독립적인 삶을 되돌려드릴 수 없다는 사실을 이해하는 것이 너무나 중요했어요. 그러고 나서 함께하는 마지막 몇 년 동안 우리 두 사람은 삶의 질을 누릴 수 있도록 해주는 일에 집중하게 되었어요. 그런데 완벽한 간병인이 되어야 한다는 생각에 사로잡혀 있을 때는 그러지 못했어요." 우리 모두는 완벽함에 덜 집착하고, 사랑하는 사람과 그냥 함께 시간을 보내는 기쁨에 집중해야 할 것이다.

05

때론 가혹하고 파괴적인 선택

의학 역사에 등장했던 미심쩍은 수많은 진료와 돌팔이 의사를 고려할 때 사람들이 온정주의적 의료 관행을 혐오하는 것이 충분히 이해가 된다. 하지만 환자의 자율성을 강조하는 방향으로 추세가 바뀌면서 새로운 질문과 결과들이 제기되고 있다. 결정 과정에 참여함으로써 얻을 수 있는 강력한 심리적인 이득이 분명히 있다. 결국 그 사람이 다른 환자나 의사들과 같은 선택을 하는 경우라도 그렇다. 하지만 앞서 보았듯이 선택은 때론 가혹하고 파괴적일 수도 있다. 우리에게 기회가 주어졌을 때 잘못 선택할 수도 있다는 문제는 이전 시대 의학에서 가장 중요한 한 가지 관심사였으며, 아마 그렇게 믿고 싶지 않겠지만 전혀 근거 없는 건 아니다. 의사이자 의료 결정 전문학자인 피터 우벨Peter Ubel은 『욕망의 경제학Free Market Madness』에서 1970년대에 많은 부모가 소아마비 예방접종으로 말미암아 병에 걸릴 위험성이 두려워 예방접종을 안 시켰다는 사실을 지적한다. 그럴 가능성은 240만 명 중 1명 정도였기 때문에(예방접종을 하지 않은 사람이 소아마비에 걸릴 가능성보다 훨씬 낮다) 의료 전문가라면 당연히 접종을 권했을 것이다. 하지만 240만 명 중 1명이 당신의 자녀가 된다면 확률은 논리적인 위안일 뿐이다. 어떤 부모는 백신을 선택했다가 아이가 병에 걸리고, 그로써 자신이 원인 제공자가 된다는 것이 너무나 두려운 나머지 접종하지 않겠다는 훨씬 더 위험한 선택을 했다. 이것은 행동하지 않는 데 따르는 잠재적인 위험보다 행동에 따르는 잠재적인 피해에 더 치우치는 것이다. 이렇게 널리 알려진 성향이 어떻게 우리를 문제에 빠뜨릴 수 있는지 보여주는 하나의 예에 불과하다.

또한 우리는 의심이나 합병증에 대한 두려움 때문에 이따금 정도에서 벗어나는 행동을 하기도 한다. 역시 우벨과 그의 동료들이 진행했던 최근의 한 연구에서 참가자들에게 직장암 진단을 받았는데 다른 두 가지 수술로 치료할 수 있다고 상상해보라고 주문했다. 첫 번째 수술에서는 완치 확률이 80퍼센트이고, 사망 확률이 16퍼센트, 그리고 치유는 되지만 매우 불편한 한 가지 부작용(인공항문 형성, 만성 설사, 간헐적인 장폐색 또는 상처 감염)이 수반될 확률이 4퍼센트라고 제시했다. 한편 두 번째 수술은 완치율 80퍼센트에 사망률이 20퍼센트다. 당신은 어떤 수술을 선택하겠는가? 부작용을 안고 사는 것과 죽는 것 중에서 어떤 게 더 낫다고 생각하는가?

참가자들의 90퍼센트 이상이 부작용이 있더라도 죽는 것보다 사는 편이 더 좋다고 미리 대답했다. 그들의 선호를 근거로 본다면 대부분의 사람이 첫 번째 수술을 선택했어야 마땅하지만, 절반 정도만

이 두 번째 수술을 선택했다. 우리는 합병증을 동반한 수술이 합병증은 없어도 사망률이 높은 수술보다 더 좋다는 건 알지만, 합병증이 없는 수술이 더 좋다고 느낄 수도 있다. 어쩌면 고통스럽고 수치스러운 부작용으로 괴로워하는 자신의 모습은 그려볼 수 있지만, 죽는 모습은 상상할 수 없는지도 모른다. 그래서 합병증은 현실로 보이지만 죽음은 절대로 실감할 수 없다. 우리는 심지어 자신의 삶이 걸려 있을 때조차도(또는 그렇기 때문인지) 일관되게 행동하지 못하고 치우치는 경우가 있다.

그래서 어떻게 되는가? 분명하게 말할 수 있는 건 환자가 수술을 받고 실려 나올 때 생각했던 것보다 더 많은 장기를 잃어버렸던 시절을 그리워하지 않는다는 사실이다. 남의 지시를 받고 싶지 않지만, 자기 손으로 자신의 건강과 행복에 해가 되는 선택을 하고 싶어 하지도 않는다. 우리는 자신이나 사랑하는 사람이 질병과 죽음에 직면했을 때의 고통을 최소화하고 싶지만, 그러기 위해 선택을 제한당하는 것은 몹시 싫어한다. 당신이 지금 알고 있는 것을 전제로 할 때 지금까지 제시된 시나리오에서 선택권을 선뜻 포기할 용의가 있는가? 그렇다면 누구를 신뢰할 것이며, 얼마나 자주 그 사람들이 당신 대신 선택하도록 허용할 것인가? 만약 포기하지 않겠다면 그 이유는 무엇인가? 자신의 불안과 동기, 행동에 대해 남다른 통찰력을 가졌고, 따라서 실수할 가능성이 적기 때문인가? 다른 사람들은 감정이 고조되는 상황에서도 당신만큼은 객관적인 평가를 내릴 수 있기 때문인가? 또는 몇 가지 선택을 포기하면 곧 오웰의 반反유토피아에서 자동로봇의 신세로 전락하게 될까 봐 두려운가? 당신이 몇 센티미터를 양보하면 그들이 몇 미터를 차지할까 봐 두려운가?

그래서 우리는 진퇴양난에 빠질 때까지 어려운 질문들을 진지하게 고민하고 싶어 하지 않는다. 하지만 그때가 되면 자신에게 가장 유익한 대답을 할 만한 형편이 못 된다. 내가 독자들에게 성가신 선택에 대해 생각해보라고 요구하는 것이 부담스럽기도 하고, 하이드가 표현했듯이 무례하게 보일지도 모르겠다. 그리고 어떤 사람들은 그런 선택을 진지하게 생각하면 그런 상황을 자신의 삶 속으로 불러들이게 될 것이라고 미신처럼 믿기도 한다. 어려운 질문을 억지로 생각하는 것이 조금 병적이라는 사실을 부정하지는 않겠다. 하지만 생명보험에 가입하고 유언장을 작성하는 행위 역시 자신의 죽음을 인정하는 것이다. 죽음은 평생에 한 번 문을 두드리고 세무서는 일 년에 한 번 두드리지만, 불편한 딜레마는 언제라도 불청객처럼 찾아올 수 있다. 딜레마는 종종 나치 고문관처럼 극단적이기보다는 그냥 귀찮은 이웃의 모습으로 나타나겠지만, 그로 말미암아 늘어나는 결과들을 무시하거나 사소하게 취급하는 것은 우리에게 전혀 도움이 되지 않는다. 우리는 내키지 않는 선택지 중에서 골라야 하는 불가피한 상황에 대비할 수 있는 능력이 있다.

이렇게 불편한 일상의 선택들에 어떻게 반응하는지 살펴보기 위해서 나는 시모나 보티와 팀을 이루어 또 다른 연구를 진행했다. 연구에 참가했던 시카고대학교의 학생들은 자신이 소비자 조사가 목적인 미각 테스트를 받는다고 생각했다. 우리는 다양한 맛의 요구르트들을 섞어 학생들에게 각각의 맛을 얼마나 좋아하는지, 아니면 싫어하는지 1부터 9까지의 척도로 평가해 달라고 부탁했다. 그들의 평가를 바탕으로 우리는 가장 좋아하는 4개의 맛(흑설탕, 계피, 코코아, 민트)과 가장 싫어하는 4개의 맛(셀러리씨, 태라곤, 고춧가루, 세이지)을 선택했다. 이제 다른 학생들을 방으로 불러들여 테이블 위에 놓인 가장 맛있는 요구르트 4컵 혹은 가장 맛없는 요구르트 4컵을 보여주었다. 요구르트들은 뚜껑 없이 표시가 된 투명한 컵에 담겨서 학생들이 쉽게 보고 냄새를 맡을 수 있었다. 참가자의 절반은 샘플로 먹게 될 맛을 고를 수 있었고, 나머지 절반은 모자에서 제비를 뽑아 쪽지에 적혀 있는 대로 맛을 보아야 했다. 사실은 제비를 뽑은 사람도 누구나 그 이전에 자유롭게 선택했던 사람과 똑같은 맛을 먹도록 조작해두었다. 사람들은 원하는 만큼 먹을 수 있었으며, 자기가 그 맛을 얼마나 즐겼는지 응답해야 했다. 그리고 어떤 요구르트 회사가 이 연구를 진행한다고 알려주고, 그 회사에서 만든 약 225그램짜리 요구르트 가격을 얼마로 매기면 좋을지 설문에 답하도록 했다.

맛있는 요구르트의 경우에는 스스로 맛을 선택한 사람들이 제비를 뽑은 사람들보다 더 많이 먹었다. 또한 선택했던 사람들이 그렇지 않은 사람들보나 1컵에 1달러 더 비싸게 가격을 매겼다. 하지만 요구르트의 맛이 덜했을 때는 선택하지 않았던 사람들이 더 많이 먹었고, 가격도 1컵당 1.50달러 더 높게 책정했다. 더 나은 맛으로 얻은 결과는 설명이 필요 없겠지만, 맛없는 요구르트의 경우에는 왜 반대 결과가 나타났을까? 자기가 무엇을 먹을지 선택했던 사람보다 그렇지 않았던 사람들에게는 왜 맛없는 것이 더 맛있게 느껴졌을까? 설문을 검토하고 참가자들과 이야기를 해본 결과, 그 이유가 어느 정도 밝혀졌다. 선택했던 사람들은 좋은 점과 나쁜 점을 고려해 요구르트를 선택했고, 맛을 보는 동안에도 '얼마나 맛이 고약했을까, 왜 그 걸 골랐을까?' 라고 자문하면서 계속 평가 과정을 거쳤다. 한 숟가락 떠먹을 때마다 그 사람은 자기가 선택했다는 사실을 기억했으며, 자신이 정말 가장 불만이 없는 것을 골랐는지 생각했다. 한편 선택하지 않았던 사람은 자기가 맛보는 요구르트가 다른 것들에 비해 맛이 못한지 여부를 고민할 필요가 없었다. 그 사람은 자기가 선택하지 않았기 때문에 맛의 결과에 덜 투자한 셈이다. 그 사람에게는 그것이 개인적인 성공이나 실패의 척도가 아니라 그저 하나의 실험에 불과했다. 이렇게 잃을 것이 별로 없는 상황에서조차도 마음에 들지 않는 선택지들 중에서 골라야 하면 입맛이 떨어지는 모양이다.

우리는 물론 나쁜 요구르트 회사가 주관해서 먹기에 맛없는 요구르트를 강제로 먹어야 하는 괴상한 세계에 갇혀 사는 건 아니다. 동네 슈퍼마켓의 시식코너에서 구미 당기는 것을 제공하지 않으면 지나치면 그만이다. 하지만 선택지에 '답 없음'이 언제나 있는 건 아니며, 답 없음이 최악의 선택지가 되는 때도 있다. 당신의 배우자가 우베 볼Uwe Boll(독일 출신의 괴짜 영화감독으로 최악의 감독상을 받기도 함-옮긴이) 영화의 팬이라고 해보자. 데이트할 때 그냥 양보해서 「블러드레인BloodRayne」이나 「하우스 오브 데드House of the Dead」를 볼 것인가, 아니면 그의 영화를 모두 무기한 금지함으로써 애인의 마음을 상하게 할 것인가? 명절이 다가오면 시부모와 시간을 보내면서 친정 부모를 서운하게 하겠는가, 아니면 친정 부모를 찾아가서 시부모를 서운하게 하겠는가, 그도 아니면 집에 있으면서 양쪽 부모를 다 서운하게 하겠는가? 정서적인 가치를 지닌 가보를 이 딸에게 주겠는가,

저 딸에게 주겠는가, 아니면 싼 값에 팔아 돈으로 나눠주겠는가? 이러한 결정은 개별적으로는 삶을 바꿔놓는 결정과 거리가 멀지만, 그것들 하나하나가 당신의 행복을 방해한다면 불만이 하나둘 쌓여 심각한 대가를 치를 때가 오지 않겠는가? 어쩌면 선택과 관련해서 굳게 믿고 있는 우리의 신념을 의심해보고, 그것들을 놓아줄 때 무엇을 얻을 수 있는지 생각해보아야 할 때가 왔는지도 모른다.

06

빨간 단추 증후군

"파라다이스공원에 오신 걸 환영합니다! 손님께서 방문해주셔서 대단히 반갑습니다. 되도록 오랫동안 여기에 머무시길 바랍니다. 맛있게 식사하고 원하는 것은 무엇이든 즐기세요! 그렇습니다. 파라다이스에서는 어떤 규칙도 없으며 손님이 주인입니다(그런데 단추는 건드리지 마십시오). 지도를 들고 탐험하며 즐기세요. 날씨는 늘 기가 막히게 좋습니다. 저게 뭐냐고요? 단추요? 아, 네, 그것만 누르지 않으면 아무 문제 없습니다. 하지만 손님께서 단추를 누르신다면 우리는 그 결과에 책임을 질 수가 없습니다. 자, 크고 빨갛고 둥근 저 단추(선명한 빨강이라고 상상해보라)만 피하면 됩니다. 아시겠지요?"

당신도 나처럼 저 단추에 무슨 비밀이 숨겨져 있는지 궁금할 것이다. 놀이동산에는 관심 끌 만한 것이 아주 많지만 생각이 자꾸 그 단추에게로 가 머문다. 그러면서 마음속으로 이런 생각을 할 수 있다.

 '그렇게 나쁠 리가 없어. 그냥 저 사람들이 내게 무엇인가를 숨기려고 하는 것뿐이야. 내가 단추를 누르지 않으면 누군가가 누르겠지. 아니야, 그런 위험을 무릅써선 안 돼. 하지만 조금 자세히 들여다본다고 큰일이 나지는 않겠지? 아무튼 왜 그 사람들이 내게 단추 얘기를 했을까? 어쩌면 내가 누르기를 원하는지도 모르지. 그렇다면 정부의 함정일 수도 있어. 그걸 알아낼 길은 딱 한 가지밖에 없는데……'

 우리는 아주 어려서부터 어떤 것들은 그냥 허용되지 않는다는 사실을 배운다. 그럼에도 그 사실을 순순히 받아들이지 못한다. 미운 네 살에는 성질을 폭발시키고 주스 곽을 터뜨린다. 10대가 되면 문을 쾅 닫고 창문으로 탈출한다. 오랫동안 전해오는 인상 깊은 이야기들에 나오는 주인공들은 금지된 것의 유혹에 저항하려고 노력하다가 종종 실패의 쓴 맛을 본다. 이 나무 열매만 빼고 어느 과일이든 먹어도 좋다? 적의 아들만 빼고 아무나 사랑해도 좋다? 우리는 그 뒷이야기가 어떻게 전개되는지 안다. 그것을 불복종이라고 해도 좋고, 반항 또는 저항이라고 불러도 좋다. 1960년대에 심리학자 잭 브렘Jack Brehm은 그러한 현상에 유도저항reactance이라는 이름을 붙이고 다음과 같이 설명했다.

자유롭게 어떤 행동을 할 수 있다고 믿는데 그러한 자유가 제거되거나 제거될 위협에 처하면, 심리적인 유도저항을 체험한다. 심리적 유도저항이란 제거되거나 제거될 거라는 위협을 받은 자유를 되찾으려는 방향으로 형성되는 동기 상태라고 정의된다. 그리고 그것은 관련된 행동을 취하려는 욕구의 증가로 나타난다…….

당신 역시 분명 자신이 아직 가지지 못한 바로 그 선택을 붙잡으려고 해본 적이 있을 것이다. 하지만 이미 보았듯이 사람들은 늘 자신에게 가장 좋은 선택만 하는 것은 아니다. 이런 문제를 해결하는 한 가지 방법은 피해의 잠재성이 있는 선택들을 박탈해 신뢰할 만하고 보다 나은 자격이 있거나 객관적인 사람에게 넘기는 것이다. 하지만 이는 실천하기가 어려운 일이다. 무엇이 '해로우며' 누가 '자격이 있는가'에 합의하더라도 선택권을 박탈당하면 유도저항이 일어날 가능성이 높다. 선택권을 아예 가지지 못하는 것과 가졌다가 잃어버리는 건 전혀 다른 문제다. 줄리의 연구와 요구르트 실험에서 선택했던 사람들은 선택의 여지가 없는 조건과 바꾸고 싶지 않다고 설문에서 밝혔다. 한편 선택하지 못했던 사람들은 조건을 바꿔 선택해보고 싶어 했다. 비록 선택하지 않았던 사람들이 선택했던 사람들보다 전반적으로 더 만족했지만, 대부분의 사람은 선택하는 것이 더 낫다고 여긴다.

어쩌면 이런 시나리오들이 너무 가상적이거나 일상적이어서 참가자들에게 자신이 과연 선택에 얼마나 마음을 기울이는지 의문을 품도록 만들기에는 이해관계가 너무 약했는지도 모른다. 하지만 그러한 사실은 자기 아이의 치료와 관련해 실제적이고 심각한 결정을 내렸고, 그런 처지가 된 데 분노와 원망을 드러냈던 미국 부모들이 왜 선택권을 포기한다는 생각에 또다시 난색을 표했는지 설명해주지 못한다. 그들은 자신들의 처지에서 선택권이 부담이 될 수 있음을 이해했다. 그렇다면 기회가 주어졌을 때 왜 의사들에게 결정권을 넘기지 않았는가? 더 나아가서 프랑스 부모들은 의료 결정이 개인적인 선택의 문제가 아니라고 여겨지는 문화 덕분에 이득을 봤지만, 그들조차도 선택할 수 없었던 상황에 대해서는 복합적인 감정을 느꼈다.

앞에 나온 장들에서 나는 선택권이 인간의 안녕에 기본적인 필수 요소이며 생명, 자유, 행복 추구의 권리와 분리될 수 없고 양도될 수 없다고 제시했다. 그렇듯이 선택권은 값이라기보다는 가치를 지닌다. 선택은 고려하고 있는 선택지들의 값을 매길 것을 우리에게 요구하지만, 선택 그 자체는 그런 평가에 저항하며 한결같은 사랑과 충성을 요구한다. 우리는 원칙으로서의 선택권이 실천으로서의 선택권과 충돌을 일으킬 때 갈등을 느낀다. 자신의 권리를 주장하고 행사해야 할까, 아니면 당면한 상황에서 옳은 것을 해야 할까? 만약 선택권이 없는 것이 현상유지 상태라면 이러한 질문은 아마 제기되지도 않았을 것이다. 하지만 우리는 자신에게는 선택권이 없는데 다른 사람들은 가지고 있다거나, 현재 가지고 있는 선택이 사라질 위협에 처한 경우 분노의 감정을 갖게 된다. 그래서 균형은 원칙적으로 선택을 중시하는 쪽으로 기울어지며, 사람들은 결과에 상관없이 선택할 권리를 주장하게 된다. 이는 사람들이 어려운 선택을 하지 않도록 구해주려는 시도가 역효과를 낼 수도 있다는 뜻이다.

1972년 플로리다주의 마이애미 주민들은 곧 금지될 예정인 물건을 사재기 시작했다. 금지 발표를 하고 실행할 때까지 짧은 기간에 그들은 가게로 몰려들어 이제 곧 사라질 물건상자를 잡을 수 있는 만큼 여러 개 움켜쥐었다. 금지령이 시행되자 어떤 사람들은 아직 합법적으로 유통되고 있는 다른 지역에서 그 상품을 밀반입하기까지 하며 버텼다. 마이애미 주민들에게 없어서는 도저히 안 될 만큼 소중한 물건이 과연 무엇이었을까? 바로 세탁세제였다. 하지만 여느 세제가 아니었다. 마이애미는 인산염을 포함한 세제의 판매와 사용을 최초로 금지했다. 인산염은 세탁기의 물을 단물로 바꿈으로써 세정력을 높이는 화학물질이지만, 아쉽게도 강력한 비료이기도 했다. 그것이 하수도로 흘러 들어가면 이끼가 급격히 늘어나 물을 막히게 하고, 식물과 동물을 질식시키고, 어떤 경우에는 인간에게 해로운 신경독소를 방출한다. 하지만 그것이 흰 빨래를 얼마나 눈부시게 해주었던가! 신기한 점은 금지령이 도입되던 당시 이미 인산염은 더 강력한 세제를 제조할 수 있는 유일한 대안이 아니었으며, 제조업자들은 벌써 탄산염과 다른 대체 재료들을 도입하고 있었다는 사실이다. 사람들은 왜 그에 못지않게 세정력이 좋고 안전하며 법에 저촉되지 않는 세제를 살 수 있는데도 옷을 깨끗하게 빨겠다고 법을 어겼을까? 그것은 내 동료의 말처럼 "술 아닌 비누였다는 점만 빼고 일종의 금주법"과 같았다. 이 사태는 저항반응이 우리의 태도와 행동에 미치는 상당한 영향력을 보여주는 하나의 예에 불과하다.

심리적 현상으로서의 저항반응은 실제 상황이 아니라 그에 대한 우리의 지각에 의존하고 있다. 선택권을 빼앗겼다고 믿는다면, 우리가 틀렸다는 사실은 그리 중요하지 않을 수도 있다. 우리는 의료 영역에서 선택권을 특히 갈구하고 제약을 유독 싫어한다. 내가 HMOHealth Maintenance Organization라고 말할 때 맨 먼저 무슨 생각이 떠오르는가? 독자들도 이미 HMO의 끔찍한 이야기들을 들을 만큼 들어봤을 테니, 긍정적인 생각이 떠오를 거라고 짐작하기는 어렵다. 2000년 실시된 조사에서 HMO의 지지도는 담배회사의 지지도보다 겨우 1퍼센트 높은 29퍼센트로 나타났다. HMO는 모든 사람이 혐오하는 의료보험이 되었지만, 그것이 정말 그 정도로 우리의 분노를 살 만한 제도였을까? 기존의 건강보험은 우리가 어떤 의사에게 진료를 받든 진료비의 일부 또는 전부를 환급해주는 데 비해 HMO는 그에 가입되어 있는 의료진에게 받은 진료의 비용만을 지급해준다. 그리고 가입된 의료진은 가입된 보험마다 다르다. 전문의를 찾아간 비용을 되돌려받고 싶다면, 네트워크에 가입되어 있는 1차 진료의사에게 승인을 받아야 한다. 이러한 체계 덕분에 HMO는 네트워크에 소속된 의사들과 더 유리하게 진료비를 협상하고, 이를 통해 절감된 비용을 가입자들에게 더 낮은 보험료라는 형태로 되돌려줄 수 있다. 분명히 사람들은 돈이 굳으면 좋아한다. 하지만 절약을 선택만큼 좋아하지는 않는 듯하다. 그들은 HMO 때문에 제약을 받는다고 느끼며, 지정된 의사들로부터 예전만 못한 진료를 받고 있다고 끊임없이 불평을 늘어놓는다. 이러한 이야기들 중에는 심지어 HMO에 속하지도 않은 사람들한테서 나온 것도 있다. 한 연구에서는 1만 8000명 이상의 응답자로부터 설문자료를 수집해 분석해본 결과, 그들 중 25퍼센트 정도가 자신의 의료보험에 대해 잘못 알고 있음이 밝혀졌다. 그런 사람들은 자기가 기존의 보험을 가지고 있는데 HMO라고 믿기도 했고, 또는 그 반대로 생각하기도 했다. 자신이 기존 의료보험에 가입해 있다고 생각했던 응답자들이 HMO에 가입되어 있다고 믿었던 사람들보다 더 만족스러워했다. 그들이 실제로 가지고 있는 보험의 종류는 그들이 가지고 있다고 생각하는 보험보다 만족도에 영향을 덜 미쳤다. HMO가 선택의 폭이 좁은 것은 사실이지만, 그렇다고 해서 그것이 제공하는 의료혜택이 정말로 더 못한 걸까? 사람들은 그렇다고 생각하는 것으로 나타났다. 하지만 우리가 선택에 제약받는 것을 혐오하기 때문에 이런 치우친 평가를 했을 수도 있다. 유도저항이 판단력을 저해한다면, 우리가 어떻게 손을 써볼 방법이 없을까?

07

반대로 선택하는 이유

참다운 민주적사회는 어느 정도는 유도저항을 장려 해야 한다. 자유가 위협받을 때 도전하겠다는 생각이 들지 않는다면, 어떤 장치가 전체주의를 묶인하지 않도록 막아줄 수 있겠는가? 그러므로 나는 유도저항을 억압하기 위해 일급비밀 프로젝트를 개시해야 한다고 주장하지 않는다. 우리는 자신의 권리를 위협받지 않으면서 유도저항을 우회하거나, 조종하거나, 이용하는 전략을 생각해내고 채택할 수 있다. 예를 들어 역심리학reverse psychology은 어떨까? 브러 래빗Brer Rabbit이 적인 브러 폭스Brer Fox의 함정에 빠졌을 때는 이것이 효과적이었다(『Tales of Uncle Remus: The Adventures of Brer Rabbit』이라는 책에 등장하는 주인공 토끼 이야기로 영화와 연극으로도 만들어졌다 – 옮긴이). 브러 래빗을 포획한 브러 폭스가 어떻게 이 토끼를 벌줄까 하면서 불에 구울까, 목매달까, 물에 빠뜨릴까 고민하는 동안 브러 래빗은

"제발 찔레 덤불에만 던지지 말아주세요! 원하는 것은 무엇이든 다 할게요, 그러니까 제발 찔레 덤불에 던지는 것만은 말아주세요!"라고 간청했다. 그러자 브러 폭스가 어떻게 했을까? 그 여우는 물론 토끼를 찔레 덤불에 던졌고 그곳에서 자란 브러 래빗은 쉽게 달아났다. 내 동료 한 사람은 이 원리를 적용해 어린 아들이 셰익스피어에 흥미를 느끼도록 만들었다. 그는 셰익스피어 작품이 아빠의 책이니까 아이들은 그 책을 읽으면 안 된다고 말했다. 그게 마치 플레이보이나 펜트하우스인 것처럼 책꽂이의 다른 책들 뒤에 숨기거나, 목욕탕 캐비닛에 숨겼다. 그러면서도 언제나 한쪽 귀퉁이가 보이도록 해놓았다. 머지않아 아들이 그 금서를 발견해서 몰래 읽기 시작했다. 아들은 점점 고전에 빠져들기 시작했으며, 내 동료는 무척이나 뿌듯해했다.

그러나 더 나은 해결 방법이 있다. 스탠퍼드대학교에서 내 지도교수였던 마크 레퍼를 기억하는가? 1970년대에 그는 심리학자 마크 자나Mark Zanna와 로버트 아벨슨Robert Abelson과 함께 이제 고전이 된 연구들을 진행했다. 그들은 캘리포니아의 한 유치원에 있는 아이들에게 평범한 어느 날 '특별대우'를 해주었다. 보통 때처럼 수업을 받던 아이들은 한 번에 한 명씩 다른 방으로 불려갔다. 거기서 흰 가운을 입은 실험자가 아이들에게 기차, 슬링키, 불도저, 태엽 당나귀, 스케치보드, 건전지로 움직이는 로비라는 로봇(그해에 가장 인기 있었던 장난감중 하나였다) 등 6개 장난감을 보여주었다. 그리고 아이들에게 가장 좋아하는 장난감에서 가장 싫어하는 것까지 순위를 매기도록 했다. 로비가 전체적으로 일등을 차지했다. 그다음 실험자는 아이들에게 자기가 방을 나갔다 돌아올 때까지 로비만 빼고 아무 장난감이나 가지고 놀아도 된다고 이야기했다. 어떤 아이들에게는 "로비를 가지고 놀면 내가 무척 화가 나고 기분이 나빠 가만 있지 않을 거야"라고 말함으로써 로비를 가지고 놀지 못하도록 강력하게 경고했다. 또 다른 아이들에게는 "난 좀 화가 날 것 같아"라는 정도로만 말했다. 실험자가 방을 나가 있는 동안 분노할 것이라는 위협을 받았던 아이들은 로비를 바라만 보고 다가가지 않았다. 좀 약한 위협을 받았던 아이들 역시 실험자의 말에 복종했지만, 그 아이들은 로비에게 훨씬 더 가까이 다가갔다. 그들은 로비를 유심히 바라보고 난 뒤 만지려고 손을 내밀다가 마지막 순간에 손을 거둬들였다. 일주일 뒤에 또 다른 실험자가 같은 아이들에게 또다시 6개 장난감의 등수를 매기게 했다. 지난번에 가벼운 위협을 받고 나서 로비의 유혹에 어렵게 저항했던 아이들은 그때만큼 로비에게 관심을 보이지 않았다. 하지만 더 심한 위협을 받았던 아이들은 그전보다도 더 로비를 가지고 놀고 싶어 했다.

    보는 아이가 동일한 제약을 받았지만, 선택권을 빼앗겠다는 가벼운 위협이 강한 위협보다 장기적으로 유도저항을 덜 일으켰다. 강하게 위협을 받았던 아이들은 분노와 다른 꾸지람이 두려워 로비와 거리를 유지했지만, 빨간 단추 증후군과 비슷한 경험으로 불편해했다. 앞서 우리는 빨간 경고 단추가 눈앞에 있으면 괴로워하는 현상을 보았다. 강한 위협을 받았던 아이들이 '저 아저씨가 가지고 놀지 못하게 하는 것을 보니 로비는 정말 멋진 장난감인가 봐!'라거나 '내가 왜 저 사람 말을 들어야 해? 저 사람은 내 아빠도 아니잖아!'라고 생각하는 모습을 상상할 수 있을 것이다. 약한 위협을 받은 아이들은 자신의 충동에 거의 굴복할 뻔 했지만, 그들의 망설임 자체가 자기에게 선택의 여지가 있다고 믿었다는 사실을 보여준다. 그런 아이들의 생각은 아마도 '내가 정말 원한다면 로비를 가지고 놀 수 있어. 그 아저씨는 화가 조금 날 거라고만 말했잖아. 아빠도 언제나 화가 나 있으니까 그건 별 문제가 아니야. 하지만 어쩌면 나는 정말로 로비를 가지고 놀고 싶지 않을 수도 있어'라고 지나쳤을 것이다.

일주일 뒤에 아이들에게 장난감에 대해 다시 물었을 때, 아이들은 이전의 사건을 기억했고 그에 따라 로비를 평가했다. 지난번에 강하게 위협을 당했던 아이들은 강제로 로비를 포기해야 했으며, 선택의 여지가 전혀 없었음을 분명히 알았다. 그래서 그들은 유도저항이 생겨 로비에게 더 높은 순위를 매겼다. 하지만 다른 아이들의 경우에는 사정이 조금 더 복잡했다. 그들은 로비를 무척 가지고 놀고 싶다고 말했지만 실제로는 그러지 않았다. 불복종에 따르는 결과가 약했기 때문에 아이들에게는 선택의 여지가 있었는데, 왜 그 아이들은 가장 원하는 장난감을 선택하지 않았을까?

한 가지 가능한 설명은 그런 행동이 인지부조화를 일으켰을 거라는 사실이다. 그 아이들이 표현했던 욕구와 실제 행동이 불편하게 갈등을 빚었던 것이다. 그런데 행위는 과거에 일어나서 바뀔 수 없기 때문에 부조화를 피할 수 있는 유일한 방법은 욕구를 재해석하는 것이었다. 아마 '로비는 그렇게 대단하지 않았던 것 같아. 그걸 가지고 놀면 엄청 재미있을 것 같았지만 실은 그렇지 않았을 거야'라고 생각했을지도 모른다. 아이들에게 로비를 가지고 놀지 말라고 지시하면서도 어느 정도 여지를 줌으로써 실험자는 유도저항을 최소화하고 로비의 매력을 반감시킬 수 있었다. 아이들이 로비가 대단하지 않다고 스스로 결론을 내렸다고 믿었기 때문에 새로운 태도를 보일 수 있었을 것이다.

보험회사들은 그와 같은 연구에서 얼른 한 가지를 배워갔다. 그들은 제약을 제약같이 느껴지지 않게 하는 것이 유익하다는 점을 깨달았고, HMO에 대한 대중의 낮은 확신을 해결하는 문제에 새로 얻은 통찰을 적용했다. 물론 가입자들에게 유도저항에 대해 이야기하거나, 모든 문제가 그들의 머릿속에서 생긴 일이라고 설득하지 않았다. 그 대신에 선호제공자조직(Preferred Provider Organization, PPO)이라는 새로운 플랜을 개발했다. HMO와 마찬가지로 PPO 역시 전문의의 진료를 받으려고 할 때 문지기 역할을 하는 1차 진료의사와 승인받은 의사들의 네트워크를 제공한다. 핵심적인 차이점은 PPO 가입자가 네트워크에 속한 의사를 찾아갈 때보다 네트워크 외부에서 진료받을 때 본인 부담이 훨씬 커지긴 하지만, 그런 진료에 대해서도 지급을 해준다는 것이다. 네트워크 안에서 선택하도록 하는 유인이 상당히 강해 사람들은 대부분 그에 따른다. 그러면서도 자기들이 다른 선택도 할 수 있다고 생각한다. 따라서 가입자들은 PPO에서 낮은 보험료의 혜택을 받는 동시에 HMO의 엄격한 규제에 따른 불만감도 해소할 수 있다.

법률도 우리의 선택에 영향을 주기 위해 종종 비슷한 수단을 동원한다. 술과 담배의 소비를 낮춰주는 '죄악세sin tax'는 제약을 주긴 하지만 금지하지 않기 때문에 사람들은 그냥 받아들인다. 과도한 음주에 따른 결근이나 의료비, 사고가 일으키는 사회적 비용 감소 등 여러 가지 이유에서 그러한 세금이 도입되거나 인상된다. 연구에서는 주류세를 10퍼센트 인상하면 소비가 평균 3~4퍼센트 감소한다는 사실이 드러났다. 어느 주에서는 1갤런(약 3.8리터)의 맥주에 겨우 몇 센트 세금이 붙을 정도로 주류세가 매우 낮다는 사실을 감안할 때 이는 상당히 인상적인 결과였다. 노벨상 수상자인 개리 베커Gary Becker와 그의 동료들의 분석에 따르면 1갑당 세금이 2달러를 넘기도 하는 담배의 경우 세금이 10퍼센트 증가하면 소비량이 8퍼센트까지도 줄어들 수 있다고 한다. 이러한 효과들은 10대나 임산부처럼 음주와 흡연으로 잃을 것이 더 많은 집단일수록 더 높아진다. 소비량의 감소 비율이 대개 세금 인상 비율보다 낮기 때문에 정부는 전반적으로 더 많은 세수입을 확보해 적절한 곳에 더 많이 사용할 수 있다. 그런데 비용을 지급하는 소비자들은 이러한 세금에 대해 어떻게 생각할까?

최근의 한 연구에서는 흡연에 따른 고위험군에 속한 사람들이 담배세가 인상될 때 더 좋아한 것으로 드러났다. 흡연자들은 산수 계산을 할 줄 모를까? 돈이 남아도는 것일까? 아니, 그들도 세율이 높아지면 흡연 비용이 더 늘어난다는 사실을 인식하며, 담뱃값을 더 많이 쓰고 싶어 하지 않는다. 그렇다면 어찌 된 영문일까? 흡연자와 잠재적인 흡연자들은 담배를 피우지 말아야 한다는 사실을 알고 있다. 의학적·경제적인 면에서 모두 흡연은 어리석은 선택이다. 하지만 금연하려는 동기가 그들에게는 충분하지 않다. 어쩌면 동료의 압박을 받거나 멋지게 보이고 싶어 담배를 피우는지도 모른다. 벌써 중독되었을 수도 있다. 이유야 어찌 됐든 간에 흡연은 여전히 상당한 매력을 갖고 있다. 그런데 담뱃값이 인상되면 금연의 동기가 강해지니 좋은 일이 아니겠는가. 어느 시점에선가 사람들은 흡연 습관을 감당할 수 없다고 판단할 것이다. 아직까지 담배를 피우지 않았다면 아예 시작하지 않을 것이고, 이미 흡연자라면 줄이려고 노력할 것이다. 그리고 금연하려는 사람이라면 금연 시도가 조금 수월해질 것이다. 똑같은 담배라도 값이 비싸지면 덜 유혹적이다. 윈-윈 상황이라는 생각이 들지 않는가!

하지만 세금에 대해 시각의 균형을 잡아보자. 세금은 직접적인 금지보다는 덜 제약적이라고 여겨질지 몰라도, 인상폭이 너무 높으면 역시 유도저항을 일으킬 수 있다. 사람들이 어떤 상품을 원하는데, 그것이 지나치게 비싸면 어떤 일이 일어나는가? 캐나다는 1980년대와 1990년대에 담배세를 꾸준히 올렸을 때 뼈아프게 그 대답을 알아냈다. 그 기간에 흡연은 40퍼센트 감소했지만 1994년에 이르러 암시장이 극성을 부리게 되었다. 유통되는 담배의 30퍼센트를 범죄조직이 미국 국경을 넘어 밀수품으로 반입했던 것이다. 담배세를 물던 사람들이 줄어들자 정부는 범죄와의 전쟁뿐 아니라 세수 감소와도 전쟁을 치러야 했다. 1997년 캐나다 정부는 백기를 들고 세금을 인하했다. 이제 캐나다의 흡연 인구 비율과 담배세 수준은 미국과 비슷하다.

뺄셈에는 기술이 필요하다. 너무 적으면 효과가 없고, 너무 많으면 역효과가 난다. 스위트 스폿(야구 배트나 골프채, 테니스 라켓 등에서 공이 가장 효과적으로 쳐지는 부분-옮긴이)을 찾는 것은 어려운 일이며, 세금

문제를 비롯해 많은 사람에게 영향을 미치는 결정을 내릴 때 모든 사람에게 적당하면서도 유일한 해결 방법은 있을 수가 없다. 사람들이 자신에게 미치는 영향력의 적당한 수준을 판단할 수 있는 방법이 있다면 얼마나 좋겠는가.

08

자신을 돛대에 묶어라

그리스 서사시 「오디세이」에서는 책략에 능한 영웅 오디세우스가 장장 10년간의 힘겨웠던 트로이전쟁에서 그리스가 승리하는 데 큰 공을 세운 후, 귀향하면서 겪는 이야기들을 들려준다. 여행길에 여러 가지 불운한 사건이 일어나면서 귀향에 또다시 10년을 소모하게 된다. 그래서 오디세이라는 단어는 길고 위험한 여정이라는 뜻을 지니게 되었다. 오디세우스는 괴물들과 사투를 벌이는 동안 많은 부하를 잃었으며, 바람이 그를 고향이 아닌 다른 방향으로 밀어붙였지만 버텨냈다. 마녀 키르케의 조언 덕분에 매혹적이면서 치명적인 세이렌한테서도 무사히 빠져나올 수 있었다. 바다 요정 세이렌의 '소름끼치는 높은 노랫소리'가 너무나 매혹적이어서, 수많은 사람들이 이 세상 것이 아닌 듯한 노랫소리에 조금이라도 더 다가가려다가 험한 바위 해변에 배가 부딪혀 난파되거나 배에서 뛰어내려 익사했다. 오디세우스는 부하들에게 세이렌의 섬에 다다랐을 때 밀랍으로 귀를 막으라고 명했다. 하지만 자신은 그 노래를 듣고 싶어 부하들에게 다음과 같이 명했다.

나를 거칠고 단단한 밧줄로 묶어 근육 하나라도 움직이지 못하게 돛받침대에 세우고 그 자리에 고정시키라. 밧줄로 내 몸을 돛대에 묶어라. 그리고 내가 놓아 달라고 명령하고 간청하거든 더 꽉 묶어라.

세이렌의 노래를 듣는 동안 그는 자신을 놓아 달라고 애원했다. 하지만 충성스러운 부하들은 그를 더 단단히 묶고 위험에서 벗어날 때까지 열심히 노를 저었다. 그곳을 무사히 벗어난 뒤 동료들과 함께 오디세우스는 뱃사람들을 잡아먹으려는 머리가 6개 달린 괴물 스킬라Scylla와 배를 뒤집을 수 있는 소용돌이를 일으키는 카리브디스Charybdis 사이를 항해해 나갔다. 이 영웅은 두 가지 끔찍한 선택지 중에서 하나를 선택해야 했는데, 이제까지 이 책을 읽은 독자들은 그 과정이 어떨지 알 것이다.

고대 그리스인들조차도 불안할 정도로 어김없이 우리가 자신의 현명한 판단에 어긋나는 행동을 한다는 사실을 알았다. 그리고 자신을 잘 통제하지 못한다는 뜻으로, 그러한 상태를 의지박약akrasia이라고 불렀다. 의지가 박약한 모든 사람이 물에 빠져죽는 것은 아니지만, 우리는 끊임없이 유혹의 딜레마에 직면한다. 그래서 더블쿼터파운드 치즈버거와 라지 사이즈 감자튀김을 먹고 싶다는 갈망이나, 저축을 더 많이 하거나 규칙적으로 운동을 하거나 하는 책임감 있는 행동을 미루고 싶다는 충동에 굴복할 때 그 효과가 누적되어 큰 대가를 치를 수도 있다. 4장에서 나는 그런 유혹에 저항하는 최선의 방법은 애초에 그것을 피하는 것이라고 말했지만, 그 방법은 어느 정도까지만 효과가 있다. 케이크를 싱크대나 식탁 등 보이는 곳에 감질나게 놓아두는 대신 냉장고 안에 넣어둘 수도 있지만, 그 유혹에서 완전히 벗어날 수는 없다. 유혹에 사로잡혀 두 번째(또는 그 이상)로 먹겠다고 결심한다면, 우리보다 큰 어떤 힘이 우리를 구속하는 것만이 그 유혹에 지지 않고 저항할 수 있는 유일한 방법이다. 우리도 자신을 돛대에 묶는 방법을 고려해보아야 한다.

우리는 오디세우스가 배에 남아 있는 것 외에는 아무 일도 할 수 없도록 설정한 것이 현명한 판단이었음을 안다. 배에 남아 있느냐 물에 뛰어드느냐 하는 오디세우스의 선택은 그를 묶어놓을 것인가, 아니면 죽음으로 뛰어들도록 풀어줄 것인가 하는 부하들의 선택으로 바뀌었다. 오디세우스는 잘못된 치명적인 선택을 할 상황에 놓였지만, 부하들은 세이렌의 유혹을 물리칠 수 있는 묘책이 있었기 때문에 올바른 선택을 할 수 있었다. 우리도 오디세우스처럼 자신의 어려운 선택들을 다른 사람에게 양도하겠다고 선택할 수 있다. 그러면 스스로 선택할 때 따르는 고통과 피해, 우리가 승인하지 않았는데도 다른 사람이 우리의 선택권을 제한할 때 따르는 자율권의 축소 중에서 택일해야 하는 난감한 상황을 벗어날 수 있다. 이는 우리 삶에서 선택의 총량을 줄이는 게 아니라 재분배하는 것이다. 그럼으로써 지금 제거하거나 미래에 수정하겠다는 추가 선택을 하는 것이다. 이 때 도움이 되는 선원들과 밧줄만 있으면 된다.

의지가 약할 때 잘못된 선택을 하는 것을 피하기 위해 의지가 강할 때 사전에 약속해서 조치를 취할 수 있게 해주는 장치와 서비스가 도움이 되기도 한다. 예를 들어 카지노는 속임수를 쓰거나, 카드를 세거나, 기타 부정 행위로 블랙리스트에 올라 있는 사람들이 시설에 들어오는 것을 막아주는 세련된 데이터베이스와 안면인식 기술을 활용한다. 강박적인 도박사는 자신의 신상정보를 주요 도박장 체인이나 밴콥BanCop 같은 무료 서비스를 통해 자발적으로 블랙리스트에 올리고, 그로써 자신이 어렵게 번 돈을 날리는 것을 방지할 수 있다. 우리가 의지박약에 복종하지 못하도록 물리적으로 막을 수 없을지라도 자신의 잘못된 선택을 처벌할 수는 있다. 스누즈앤루즈 알람시계는 습관적으로 늦잠을 자는 사람에게 기발한 장치다. 당신이 스누즈 단추를 누르고 다시 잘 때마다 시계는 자동적으로 인터넷을 통해 당신

의 계좌에 접속해 미리 선택해둔 자선단체에 10달러 또는 그 이상의 액수를 기부한다. 그 기계의 발명자는 당신이 경멸하는 단체를 선택하는 것이 가장 효과적이라고 추천한다. 총기규제법을 강력히 옹호한다면 전미총기협회를 선택하거나, 옷장에 모피코트가 가득하다면 동물보호단체를 선택하라.

예일대학교의 경제학과 조교수인 딜 칼런Deal Karlan과 그의 동료들이 함께 개설한 웹사이트 스틱닷컴stickK.com도 이러한 사전 약속의 부류에 해당되는 또 다른 방법이다. 칼런은 박사과정 학생일 때 자신이 체중을 줄이지 못하면 연봉의 절반을 친구에게 주겠다고 약속하는 방법으로 약 17킬로그램을 뺄 수 있었다. 세월이 흐른 뒤에 그는 결심 과정을 즐겁고 편리하게 해주는 '약속 가게commitment store'를 생각해내서 스틱닷컴을 탄생시켰다. 그 사이트는 "계약을 공표하라!"고 가르친다. 당신은 계약을 수정할 수 없으며, 그것을 이행하지 않을 경우 미리 정한 액수의 돈을 개인이나 자선단체, 반자선단체에 뺏기게 된다. 또한 스틱닷컴은 실패에 따르는 비용 때문에 거짓말을 할 유혹이 생길 때에 대비해 원한다면 다른 사람을 심판 또는 동료로 끌어들이도록 했다. 2008년 1월에 개설된 그 사이트는 같은 해 3월에 1만 명의 가입자를 확보했다. 회원들은 일반적인 목표(체중감량, 금연 등)에서부터 좀 덜 일반적인 목표(충전용 건전지 사용, 사람들 앞에서 트림하지 않기 등)에 이르기까지 다양한 목표를 달성하겠다고 약속한다. 소액(치실 사용을 안 할 경우 넉 달 동안 일주일에 1달러씩 낸다)에서부터 거액까지 다양한 액수를 걸 수 있다. 어느 10대 청소년은 인터넷 중독을 조절하기 위해 일 년 동안 일주일에 150달러를 걸었다. 그 정도도 대단한데, 온라인으로 진척 상황을 보고까지 해야 했으니 참으로 엄청난 계약이었다.

물론 우리 목표가 처음부터 돈과 관련된 것이라면 스틱 계약은 매우 효과적이거나, 잔인하고 특별한 처벌이 될 것이다. 어쨌든 이미 돈 씀씀이를 조절하는 데 어려움을 겪는 사람에게는 신용카드 빚을 못 갚았을 때 돈을 더 빼앗긴다는 것이 세상에서 가장 달갑지 않은 일일 테니 말이다. 사실 사이트에는 돈 문제를 처리하겠다는 많은 약속이 있지만, 그것들은 전적으로 상징적일 뿐이다. 사용자가 자신의 약속에 돈을 걸 의사가 없거나 걸 수 없다면, 스틱 계약은 새해 결심보다 더 특별히 나을 것이 없다. 다행히 미래에 대비해 저축하는 일을 좀 덜 버겁게 해주기 위해 고안된 프로그램들도 있다. 예를 들어 우리는 점진적 저축 증대 Save More Tomorrow나 스마트 SMarT 같은 프로그램의 도움을 받을 수 있다. 리처드 탈러와 슐로모 베나르치 Shlomo Benartzi가 설계한 이런 프로그램은 사람들에게 기여율을 높이겠다고 미리 약속하도록 함으로써 은퇴에 대비한 저축액을 불릴 수 있게 해준다. 스마트는 보수가 줄어드는 것을 싫어하거나, 현재에만 집중하거나, 나태해지는 등 저축 목표를 방해하는 가장 흔한 요인들을 고려해 그러한 것들을 교묘하게 피해가거나 돌아가도록 해준다.

은퇴에 대비해서 충분히 저축하고 있는지 알아보기 위해 재정 상담사와 만났던 어느 대기업에 다니는 직원들의 예를 통해 스마트가 어떻게 활용되고 있는지 살펴보자. 상담사는 직원들이 목표에 훨씬 밑도는 수준인 봉급의 겨우 4퍼센트만 저축하고 있음을 알아냈다. 이제 그 수치를 서서히 늘려 15퍼센트까지 높일 필요가 있었다. 상담사는 봉급의 5퍼센트를 추가로 401(K)에 납입하기 시작하라고 제안했다. 그리고 그것이 너무 급작스러운 증액이라고 생각하는 사람들에게는 대안으로 스마트를 제시했다. 스마트 가입자들은 계약할 때 납입금을 늘리는 대신, 봉급이 인상될 때마다 자동적으로 3퍼센트씩 납입금을 늘렸다. 3퍼센트는 일반적인 봉급 인상률 3.5퍼센트에 조금 못 미치는 액수다. 그러면 가입자가 받는 봉급이 절대로 줄어들지 않기 때문에 더 많은 저축을 하겠다는 결심이 덜 버겁게 느껴진다. 스마트 가입자들은 아무 때나 자유롭게 해약할 수 있지만 해약하겠다는 사람이 거의 없었다. 그리고 가입 5년 만에 그들은 평균 13퍼센트를 저축할 수 있었다. 사실 그들은 상담사의 첫 번째 추천을 따랐던 사람들보다 더 많은 액수를 저축했다. 401(K)를 택했던 사람들은 맨 처음에 납입금을 5퍼센트 늘리고 나서 추가 조치가 뒤따르지 않았기 때문에 봉급의 9퍼센트를 납입하는 수준에 멈추고 말았다.

앞서 소개한 기법과 프로그램들이 역효과를 낼 가능성은 아주 적지만, 우리는 통제력을 양도한다는 것을 천성적으로 싫어하기 때문에 여전히 그러한 제도들을 채택하는 데 망설일 수도 있다. 하지만 많은 사람이 다른 여러 방식을 통해 규칙적으로 기꺼이 선택을 포기하기도 한다. 우리는 선택 제한이 강조될 때는 그에 따른 저항을 참을 수 없지만, 동일한 제약을 좀 더 은근하게 진행한다면 그 안에서 어떤 이득을 찾을 수도 있다. 예를 들어 미국인 대다수는 어떤 행동은 권장하고 어떤 행동은 금지하는 종교적인 행동규범을 따른다. 이러한 규범들을 무시하면 또 다른 종류의 죄악세라고도 할 수 있는 대가를 치러야 한다. 하지만 내가 앞서 이야기했던 흡연자들과 마찬가지로 종교인들도 종종 그러한 틀을 수용한다. 그들은 도덕적 청렴함과 소속감을 위해 선택권을 내놓는다. 신과 공동체를 대상으로 거래하는 것이다. 이는 실제로 어떤 종류의 믿음이든, 그것이 종교적이냐 아니냐를 떠나서, 우리를 대신해 선택해주는 다른 사람을 신뢰한다는 점을 극히 부분적일지라도 기반으로 삼고 있다. "당신이 결정하면 나는 신뢰하겠다"는 것이다.

『햄릿』을 각색한 표현을 써서 '선택하느냐, 마느냐' 하는 것이 문제일 때는 '인간이 물려받는 상심과 무수한 자연적 충격'은 피할 도리가 없다. 삶은 늘 이런 자연적인 충격들을 줄 뿐 아니라 그것들 중에서 선택하도록 강요함으로써 끊임없이 우리를 시험에 들게 한다. "케이크를 주십시오"처럼 답이 쉽고 분명한 경우는 거의 없다. 선택 당시에 더 분명하거나 더 나은 선택이 존재하지 않았다고 하더라도, 힘든 역경 속에서 바람직하지 않은 결과의 원인 제공자가 되었다는 인식은 족쇄가 되어 부담으로 느껴질 수 있다. 우리는 종종 선택의 자유에 대해 정신적·감정적 세금을 지급한다.

이 장에서 다룬 선택의 시나리오들은 가상적인 것에서 실제적인 것, 유머러스한 것에서 비극적인 것에 이르기까지 다양하다. 부적절한 요구르트를 선택하는 것은 부적절한 건강보험을 떠안는 것과 비슷해 보이지 않을지도 모른다. 하지만 모든 선택은 그것이 삶을 바꾸는 중대사든 아니든 간에 우리에게 불안감과 후회를 안겨줄 잠재력을 가진다. 이 장에 소개된 다양한 연구들의 누적된 결과는 우리에게 선택에 따르는 소모적인 결과를 줄일 수 있는 힘이 있음을 알려준다. 그것은 선택지를 확장함으로써가 아니라 결정의 일부를 다른 사람에게 위임하거나, 선택 과정에 긍정적인 영향을 미치는 방향으로 자신을 제약할 때 가능하다. 우리가 상황에 정서적으로 너무나 얽혀 있어 현명한 판단을 내릴 수 없을 때 전문가와 상담하거나, 유익하다고 익히 알고 있는 행동을 장려하는 스마트 같은 프로그램을 활용하는 방법들이 이러한 전략의 구체적인 사례다. 이들 방법이 어려운 선택을 모조리 제거해주지는 못하지만, 인생의 기복에 좀 더 잘 대처하도록 도와줄 수는 있다. 사실 선택을 완전히 피할 수 있는 방법은 없다. "선택을 하느냐, 마느냐?"라는 질문에 어떤 식으로 대답하든, 결국 언제나 선택해야 하는 것이다. 하지만 그 선택 뒤에 항상 괴로워할 필요는 없다. 자, 이제 케이크 좀 먹어볼까?

에필로그

선택하는 자, 미래를 결정한다

나는 지금 햇살이 가득찬 방의 소파 위에 가벼운 기분으로 앉아 있다. 유명한 자인 박사 S. K. Jain를 만난다는 생각에 기대감과 불안감으로 들떠 있었던 것 같다. 머리 위에서는 선풍기가 맥없이 돌아가고 있었는데, 내 생각에는 손님들을 시원하게 해주기 위해서라기보다는 어딘가에 켜놓은 향내를 퍼뜨리기 위해 켜놓은 듯싶었다. 나는 일상적인 세상으로부터 더 조용하고 신비스러운 장소로 옮겨가는 통로 같다고 여겨지는 긴 복도를 지나 그곳에 도착했다. 문 앞에 이르자 여자 두 사람이 내게 신발을 벗어 달라고 부탁했다. 매끄럽고 서늘한 바닥이 내 벗은 발에는 마치 새로운 체험을 위한 완벽한 기초처럼 느껴졌다.

한 여자가 나와 아들, 남편이 태어난 날짜와 시각을 물으며 일을 진행하기 시작했다. 우리가 태어나던 때의 행성과 별들의 위치를 알려줄 도표를 뽑으려면 분까지 정확하게 알아야 한다고 했다. 그녀는 옆방에 있는 컴퓨터에 정보를 입력하러 방을 나가면서 비슈누 신에게 나의 슬픔과 부족함을 가져가고 기쁨과 행복으로 그 자리를 채워달라는 기도를 드리라고 일러주었다. 그러려면 "하레 크리슈나, 하레 크리슈나, 크리슈나 크리슈나, 하레 하레/하레 라마, 하레 라마 라마 라마, 하레 하레"라는 주문을 100번 외워야 한다고 했다. 그 여자는 외우면서 횟수를 세는 데 도움이 되라고 100개의 구슬을 꿴 염주를 건네주었다. 한 번 외울 때마다 검지와 엄지로 구슬을 한 개씩 다음으로 넘겨야 했다. 참을성 있게 기다리던 또 다른 여자는 내 옆에 앉아 내 진척 상황을 감시하다가 말을 더듬으면 도와주었다. 왠지 이 장소에 어울리는 고요함을 방해하고 싶지 않아서, 내 귀에도 간신히 들릴 만큼 작은 목소리로 속삭이며 기도했다.

마지막 구슬을 넘길 때 마치 황홀경에서 깨어나듯, 나는 선풍기가 돌고 향내가 흐르는 대기실로 되돌아왔다. 우다야Udaya 텔레비전에서 그의 프로그램이 인기리에 방영되고 정부 고위관료들을 자문하는 일이 알려져 인도에서 가장 유명한 점성술사로도 손꼽히는 자인 박사를 만날 시간이 되었다. 2009년 새해를 맞은 직후 그를 방문하게 된 이유는 새해 신수를 보기 위해서가 아니라 예측과 선택 간의 관계에 관심이 있었기 때문이다. 나는 오랫동안 인도 친구들과 지인들이 이런저런 결정을 내릴 때 얼마나 점성술에 의존하는지를 보아왔다. 결혼만 하더라도 점성술 때문에 많은 결혼이 결정되거나 예정되거나 깨지곤 했다.

내 결혼으로 이르는 길 역시 별이 밝혀줬다고 해도 무방하다. 남편과 결혼하기로 결정했을 때 양가 가족들은 그 일을 흔쾌히 받아들이지 않았다. 그의 가족들은 남부 인도의 브라민 계급 출신인 아이엔가가 역시 아이엔가 가문의 신부와 결혼할 것으로 기대했다. 하지만 나는 아이엔가 가문이 아닐뿐더러 종교도 달랐다. 친척들이 보기에 그 결합은 적절하지 않았으며 불길하게 생각될 정도였다. 내 시어머니가 될 분은 곧장 신봉하는 점성술사에게 달려갔다. 그 여자는 시어머니가 질문을 하기도 전에 이렇게 말했다. "그 두 사람은 전생에 일곱 차례 결혼했고 앞으로도 일곱 번 더 결혼할 것입니다!" 남은 일은 이 생에서 그것을 공식화하는 것뿐이었다. 우리는 전통적인 아이엔가 가문의 결혼식 절차에 따라 결혼했다.

인도에서는 주로 개인적인 문제의 조언을 점성술사한테서 구하지만, 사실 그들의 영향력이 공적인 영역에까지 미칠 때도 있다. 정치가와 관리들은 선거 결과를 묻거나 국가운영 문제에 대해 안내를 받으려고 자인 박사에게 자문을 구하러 온다. 그들은 어떻게 한 사람의 말을 그처럼 전폭적으로 믿을 수 있을까? 점성술의 어떤 점이 그들에게 그 같은 영향력을 미치는 것일까? 나는 관찰하고 답을 구하기 위해 그곳을 찾은 의심 많은 사람이었다. 사람들이 선택할 때 왜 이 불가해한 기술에 의지해 안내를 받는지 알고 싶었다. 하지만 이렇게 특별한 방의 분위기와 의식 속에서 나는 연구자로서의 자세가 자꾸 흐트러지는 것을 다잡기가 어려웠다. 주문을 다 외고 나서 안내를 받아 안쪽의 성소로 들어가 책상을 사이에 두고 그와 마주보고 앉았다. 나는 그 사람이 순백의 옷을 입은, 호리호리하고 인상적인 남자일 거라고 상상했다. 자인 박사는 종이를 바스락거리면서 도표를 살피더니 부드러운 목소리로 내 결혼이 운명적인 것이었다고 말해주었다. 그 이야기를 듣는 것은 이번이 두 번째였다. 그는 또한 내 아들도 행운의 별이 보살피기 때문에 오래도록 충실한 삶을 살 것이라고 말했다. 우리는 내 삶과 일에 대한 이야기를 나누고, 내가 어떻게 가족을 더 잘 이끌어갈 수 있을지 이야기했다. 그러더니 구체적인 질문을 하나 하고 상담을 마치자고 하면서 "뭐든 원하는 걸 물어보세요"라고 말했다.

나는 잠시 생각하다가 "제가 쓰고 있는 책 말인데요, 어떻게 될 것 같나요?"라고 물었다.

박사는 생각할 시간이 좀 필요한 듯했다. 그리고 약간의 거리도 필요한 것 같았다. 그는 발을 끌면서 다른 방으로 걸어갔다. 그가 그 방에서 무엇을 하는지 궁금했다. 크리슈나 동상 앞에서 묵상을 하거나, 대답을 불러내기 위해 종을 울리고 있는 걸까? 어쩌면 고대의 지혜를 담고 있는 책을 열심히 뒤적거리거나, 자신만의 특별한 주문을 외고 있었는지도 모른다. 무슨 방법을 썼는지 모르겠지만, 박사는 결국 대답을 가지고 되돌아와서 자신감과 인자함을 담은 음성으로 그 대답을 전했다. "부인, 그 책은 당신의 기대를 훌쩍 뛰어넘을 정도로 잘 될 것입니다."

선택한다는 것은 미래를 향한다는 뜻이다. 그것은 다음 시간, 다음 해, 또는 그 너머를 살짝 엿보고 거기서 보는 것에 근거해 결정을 내린다는 뜻이다. 그런 의미에서 우리는 누구나 아마추어 점쟁이이다. 다만 화성이나 금성, 북두칠성보다는 훨씬 더 자신에게 가까운 요인을 근거로 예측한다는 점에서 전문가들과 다르다. 전문적인 점쟁이들은 우리보다 더 크게 보고 더 잘 예측할 뿐 기본적으로는 우리와 같은 과정을 거친다. 그들은 상식적·심리적 통찰과 연극적인 기술을 조합해서 미래를 '드러내주는' 일을 능수능란하게 처리한다. 이상하게도 그들은 신비로우면서도 동시에 객관적인 것처럼 보인다. 그들의 기술을 간파할 수는 없지만, 그들이 물리적이고 관찰 가능한 것에 의존하기 때문에(무당을 제외하고) 우리는 그 예측이 증거에 기초하고 있다는 착각에 빠지게 된다.

자인 박사를 찾아가기 전 나는 이 책이 어떤 반응을 얻을지 나름대로 생각하는 바가 있었다. 모든 저자가 다 그렇겠지만 나도 사람들이 읽고 싶어 하고, 자신과 연결 지을 수 있고, 몰입할 수 있으며, 무엇인가를 배워갈 수 있는 책을 쓰고 싶었다. 하지만 행성과 별의 지시를 받는 박사의 음성이 그렇게 선언하는 것을 들었을 때, 나는 아주 잠깐 동안 내 자신의 평가를 창밖으로 던져버렸음을 고백한다. "훌쩍 뛰어넘는다"는 소리가 듣기 좋았다. 아니 대단히 좋았다! 이 사람은 전문가가 아니던가, 내가 어떻게 감히 하늘과 따지겠는가.

물론 나의 이성적인 자아는 자인 박사가 어떤 기적도 행하지 않았음을 안다. 그의 예언은 모호해서 어떤 것들은 틀렸다고 증명할 수조차 없다. 어떤 결과도 창의적으로 해석(또는 오해)하면 그의 말에 들어맞는 것처럼 생각될 수도 있다. 이 사실을 인식한 나는 점괘를 무시하려고 열심히 노력했다. 하지만 그 조용하고 경건하고 향내 가득한 세계에 발을 디디면서 무언가에 사로잡히고 마음이 편안해졌음을 부정할 수는 없다. 의식과 특히 신념, 즉 우리의 몸이 아닌 천상의 몸으로부터 진정한 대답을 얻어낼 수 있다는 느낌이 있었기 때문에 그 체

힘이 그토록 유혹적이었던 것이다.

　책의 뒷부분에서 보았듯이, 선택의 과정은 혼란스럽고 피곤할 수 있다. 고려하고 책임져야 할 일이 너무 많다 보니 가끔 더 쉬운 길을 갈구하는 것도 당연하다. 선택은 거의 무한한 가능성을 약속하기 때문에 위력적인 것이다. 하지만 가능성이 있다는 건 또한 알지 못한다는 것이기도 하다. 우리는 선택이 자신의 삶을 형성해가도록 이용할 수 있지만, 그래도 여전히 커다란 불확실성에 직면해 있다. 사실 선택에 힘이 있는 이유는 바로 그 불확실성 덕분이다. 만약 미래가 결정되어 있다면 선택은 그처럼 큰 가치를 지니지 않을 것이다. 하지만 미래를 오로지 선택이라는 복잡한 도구만 가지고 대면해야 한다면, 우리는 흥분도 되지만 두렵기도 할 것이다. 때로는 어떤 결정이 어떻게 펼쳐질 것인지 귀띔받는 것이 속 편할 수도 있다.

　어렸을 때 『어떤 모험을 할지 골라보세요Choose Your Own Adventure』라는 책을 읽었다면, 주인공 역할을 하면서 자기가 선택하는 대로 줄거리를 만들어나갈 때 얼마나 신났는지 기억할 것이다. 속임수를 쓰는 것도 쏠쏠한 재미가 있었을 것이다. 이야기를 이어가기 위해 세 가지 선택지 중에서 골라야 할 때, 선택하기 전에 각 선택지의 결과를 살짝 엿보기도 했을 것이다. 자신의 행동을 주도할 수 있다는 건 좋은 일이지만, 그러다가 용의 뱃속에 갇히고 싶지는 않았을 것이다. 언제든 돌아갈 수 있으니까 몇 차례 길을 잘못 드는 것은 괜찮지만, 마지막 목표는 끝까지 가서 이기는 것이었다. 성인이 된 우리는 선택을 통해 삶을 써내려간다. 그 어느 때보다도 더 많은 통제권을 가지게 되었지만 여전히 이기고 싶은 욕망을 갖고 있다. 때로는 작가보다 독자가 되고 싶고, 뒷장을 미리 들춰보는 속임수를 쓰고 싶기도 하고, 우리 삶의 이야기를 미리 읽고 싶기도 하다.

점성술이나 기타 점술들은 그런 방법을 제시해준다. 하지만 미래를 모호하게라도 발췌해서 보고 싶다면, 어떤 선택은 반드시 포기해야 한다. 더 많이 보기를 원한다면 더 많은 선택을 포기해야 한다. 어떤 사람은 상당 부분을 맞바꿀 마음이 있으며, 어떤 사람은 약간, 또 어떤 사람은 전혀 맞바꿀 생각이 없다. 따라서 우리는 X만큼의 선택, Y만큼의 우연, Z만큼의 운명을 가지고 삶의 궤도를 설명하는 개별적인 방정식을 각자 만들어가야 한다. 이때 더 많은 변수를 발견하는 사람도 있을 것이다. 나는 당신의 방정식이 어떠해야 한다고 말해줄 수는 없지만, 점성술의 매력을 체험한 뒤에도 여전히 우리가 어디로 어떻게 가야 할지를 결정하는 가장 강력한 결정자는 궁극적으로 선택이라고 믿는다. 선택이 몹시 까다롭고, 다루기 힘들며, 많은 노력을 필요로 하는 일이긴 하지만 말이다. 하지만 선택이 점점 확대되는 미래를 앞둔 당신은 지도 한 장, 최소한 가는 길의 몇 가지 이정표라도 주어지기를 바랄 것이다. 절대로 당신만 그런 생각을 하는 건 아니다.

내가 오랫동안 알고 지낸 친구의 딸 레이철은 오랫동안 변호사가 되겠다는 꿈을 간직해왔다. 고등학교 시절에는 모의재판에서 기량을 발휘하기도 했다. 대학시절 레이철이 따랐던 교수는 탁월한 법률가의 머리를 가지고 있다고 그녀를 칭찬했다. 레이철은 열심히 공부해서 명문 로스쿨에 합격했다. 그녀의 할머니는 공장에서 일하며 도서관 사서가 되는 꿈을 꾸었으며, 어머니는 간호사로 일하면서 교수가 되는 꿈을 꾸었다. 레이철은 그녀의 가족들 중에서 꿈꾸던 직업을 정말로 손에 넣는 최초의 여자가 될 전망이었다.

　로스쿨에 다니는 동안 레이철은 동료 법대생과 결혼했다. 졸업 후에 그녀는 종종 "아기를 원하는가"라는 질문을 받았고 언젠가는 그러고 싶다고 대답했다. 당분간은 온전히 자신의 경력에만 집중하고 싶었다. 하지만 놀랍게도 레이철은 일 년차 어소시에이트로 새 직장에서 몇 달 일하는 동안 임신 사실을 알게 되었다. 이제 그녀는 임신을 지속해야 할지 결정해야 했다. 여태까지 살아오면서 많은 선택을 했지만, 이번에는 지금까지 본 것들 중에서 가장 크고 선명한 빨간 표시가 붙어 있었다. 레이철이 개인적으로 그렇게 느꼈기 때문이 아니라, 미국에서는 선택이라는 단어가 낙태 논란과 너무나 강하게 연관되어 있었기 때문이다. 마치 여자라면 마땅히 이것이 자기 삶에서 가장 중대한 선택이라고 생각해야 할 것 같았다. 하지만 그녀에게 그 선택이 중요하기는 했지만, 양심의 위기를 느끼지는 않았다. 그보다는 우선 실질적인 문제들에 관심이 갔다.

　미루지 않고 지금 아이를 가지는 것이 자신의 경력에 어떤 영향을 미칠까? 자신의 삶이나 남편과의 관계가 어떤 식으로 달라질까? 자신이 과연 신체적·정서적·금전적으로 부모가 될 준비가 되어 있을까? 특히 일을 시작하고서 이렇게 일찍 아이를 가졌기 때문에 레이철이 할 수 있는 선택들은 상당히 달라질 것이다. 뿐만 아니라 아이의 선택까지도 책임을 져야 할 것이다. 변호사가 된다는 것은 쉽지 않았지만, 그녀는 곧고 잘 다져진 길을 따라 앞으로 나아갈 수 있었다. 오히려 부모가 된다는 것이 그보다 훨씬 더 복잡해 보였다.

레이철에게 제시된 딜레마는 어떤 차원에서 보면 모든 예비 부모에게 공통적으로 따르는 것이다. 그런 상황에서 누군들 회의적인 생각이 들지 않겠는가? 하지만 그녀는 이 문제에는 여자에게만 특별히 해당되는 또 다른 차원이 있음을 인식했다. 레이철의 남편 역시 젊고 의욕 넘치는 변호사지만, 아이가 자신의 직업에 미칠 영향에 대해 그녀만큼 많은 고민을 하지 않았다. 두 사람은 언제나 동등한 동반자관계를 맺어왔으며 전통적인 성역할은 그다지 문제가 되지 않았다. 그녀는 남편이 육아와 가사를 자기보다 더 많이 맡는 것까지는 기대하지 못하더라도, 자기 몫은 분담하리라는 것을 알고 있었다. 하지만 아이가 두 사람 모두의 삶을 바꿔놓을지라도, 아무도 일에 대한 남편의 헌신에 의문을 제기하지 않을 것이다. 레이철은 남편의 상사와 동료들이 아기 소식을 듣고 그의 등을 두드려주고 함께 축하주를 마시는 모습을 쉽게 상상할 수 있었다. 반면 레이철의 직장에서는 그녀가 이미 임신했다면 얼마나 더 직장을 다닐 것인지 궁금해할 것이다. 남편은 우연히 아이가 생긴 변호사로 보일 것이다. 하지만 레이철은 이전의 자신이 더 단순한 클론으로 대체라도 된 듯, 진지하지 않고 지적으로 부족한 한 아이의 엄마가 법률문제를 집적거리고 있는 모습 정도로 비칠 것이다. 그녀가 심혈을 기울여 쌓아올린 자신의 정체성을 지속하기가 매우 어려울 것이다. 아마도 선택이 그토록 어려운 이유는 다른 무엇보다도 그 때문일지도 모른다.

어머니와 할머니에 비하면, 레이철은 직장과 가정에서 훨씬 더 많은 자유를 누렸다. 이전 세대의 여성들에게는 꽉 닫혀 있던 문들이 하나둘씩 열렸기 때문이다. 그렇다고 해서 그녀는 자신이 열린 모든 문으로 걸어 들어오라고 특별하게 환영받는다는 느낌은 들지 않았다. 어떤 사회적 제약에서는 자유로웠지만, 새로운 기회를 빠짐없이 활용할 만큼 자유롭지는 않았다. 그러려면 적어도 상당한 대가를 치러야 했다. 남편과 똑같은 교육을 받고 능력을 갖추었음에도 자신은 남편과 같은 선택을 하고 같은 결과를 기대할 수 없음을 알았다. 어떤 영역에서 내리는 레이철의 선택은 더 복잡하고 고민스러울 것이다. 어쨌든 이러한 선택권을 가진다는 것 자체가 분명히 발전한 건 맞지만, 그녀는 인생의 바로 그 시점에서 그것만으로 턱없이 부족하다는 사실을 깨달았다.

그러면서도 레이철은 이러한 혼란 밑으로 강렬한 기쁨이 흐르고 있음을 발견했다. 임신은 놀랍기는 했지만 달갑지 않은 일은 아니었다. 그녀는 엄밀하게 이성적인 접근방식을 택하고 이 같은 감정을 무시할 수도 있었다. 하지만 엄마가 되겠다는 선택은 직장을 포기하는 선택보다 더 나은 것은 아니라는 생각이 들었다. 그녀는 비슷한 처지에 있던 여자들을 알고 있었다. 어떤 사람은 아이를 낳기로 하고 어떤 사람은 그러지 않기로 했다. 그녀가 아는 한 어떤 결정을 했든지 간에 자신의 본능적 반응과 계산된 반응을 모두 고려했던 사람이 결국 가장 만족해했다. 그것은 아이가 자신에게 미칠 부정적·긍정적 결과를 모두 생각해봐야 한다는 뜻이다. 그녀는 자신에게 부과될 부당한 제약과 자신이 감당해야 할 더 많은 희생을 심각하게 고려해야 했다. 그것들을 생각했을 때도 여전히 지금 아이를 낳고 싶은가? 그녀는 그렇다고 판단하고, 자기 앞에 다가온 도전들을 받아들이기도 했다.

레이철의 이야기는 타당한 이유 없이 선택권에 제약을 받는 모든 여자의 이야기다. 더 넓게는 선택을 가로막는 가장 두드러진 장애물이 제거된 뒤에도 여전히 그 길에 다른 장애물이 남아 있음을 깨닫는 모든 사람의 이야기이기도 하다. 선택이 아주 좋게 쓰일 때는 우리를 통제하려는 사람이나 체제에 저항할 수 있는 수단이 된다. 하지만 모든 사람에게 선택이 동일하게 주어진다고 주장하는 순간부터 그 선택 자체가 우리를 억압하게 된다. 그것은 성과 계급, 인종 간의 차이에서 기인하는 불평등을 무시하는 구실이 될 수 있다. "아, 그들도 선택을 할 수 있었어! 누구나 선택권을 갖잖아"라고 태평스럽게 말할 수 있는 것이다. 최선의 해결 방법을 찾기보다는 문제를 피하기 위한 전략으로 선택을 이용하기 시작할 때, 우리는 잘못된 방향으로 나아가게 된다.

　선택에 종종 제약을 가하는 힘의 불균형을 손쉽게 바로잡을 수 있는 방법은 없지만, 그러한 제약을 공론화하는 것이 올바른 방향으로 한 걸음 나아가는 길이 된다. 선택이 훌륭하게 균형을 잡아주는 기능을 한다고 주장하고픈 유혹이 들 수 있다. 결국 아메리칸 드림을 비롯한 많은 꿈이 그런 생각에 기초하고 있다. 맨 앞 장에서 보았듯이 선택의 약속이나 선택의 언어, 심지어 선택이 주어진다는 착각조차도 우리에게 동기를 부여하고 고양시켜주는 힘이 된다. 하지만 이것을 신념, 희망, 수사修辭만으로 충분하다는 뜻으로 받아들여선 안 된다. 리히터의 실험에서 헤엄을 치던 쥐들과 마찬가지로, 우리도 발아래 단단한 바닥이 받쳐주지 않으면 오래 살아남을 수 없다. 우리에게 주어진 선택들이 진짜가 아니라면 머지않아 가라앉을 수밖에 없다.

그러므로 우리가 선택에 대해 어떤 가정들을 가지고 있는지 살피고, 언제 어떻게 왜 그것이 부족한지 공개적으로 논의하는 것이 중요하다. 그런 다음에라야 비로소 선택의 온전한 잠재력을 깨닫게 된다. 논의를 하다 보면 어떤 선택이 존재하는지, 그것을 끝까지 옹호할 용의가 있는지 의문이 제기될 것이다.

퓰리처상 수상 시인 콘래드 에이킨Conrad Aiken의 딸 제인 에이킨 하지Jane Aiken Hodge는 91년 생애의 대부분을 영국에서 살았다. 그녀는 고혈압과 경미한 형태의 백혈병을 앓고 있었지만 나이에 비해 건강했다. 60년간의 커리어를 통해 40권 이상의 책을 썼는데, 특히 스스로 "내 바보 같은 책들"이라고 부르는 역사로맨스 소설 분야에 주력했다. 그리고 옥스퍼드에 재학 중일 때 공부했던 제인 오스틴에 대한 책을 출간하는 등 문학전기도 썼다. 하지는 작가로서 성공했을 뿐 아니라 재혼해서 오랜 세월 결혼생활을 유지했고 딸들의 가족과도 돈독한 관계를 유지했다. 직업이나 사생활 면에서 많은 사람이 꿈꾸는 것들을 성취하는 삶을 살았던 것이다.

2009년 7월 17일 하지가 자택에서 숨을 거뒀을 때 가족과 친구들은 큰 충격을 받았다. 그리고 그뒤 몇 주 동안 하지의 죽음을 둘러싼 자세한 정황들이 하나둘 밝혀지면서 그녀가 깔끔한 마지막을 준비했음이 드러났다. 하지의 주머니에서 심폐소생술 거부 카드가 나왔다. 그전에 이미 어떤 상황에서라도 심폐소생술을 받지 않겠다고 의사에게 말해두었던 것이다. 그리고 순전히 자신의 뜻에 따라 자살을 계획하고 실행했다고 밝힌 편지가 시신 곁에서 발견되었다. 그 글에서 바로 이 목적을 위해 수년간 약을 모았다고 밝혔다. 하지의 치밀하고 끈기 있는 준비 과정에는 그녀가 자신의 행동을 완전히 이해하고 있다는 사실이 암시되어 있었다. 충동 때문에 한 행동이 아니라는 것이었다. 그녀는 세밀하고 사려 깊게 죽음을 선택한 듯했다.

그러나 사람들은 자살을 선택이라고 이야기하기를 꺼린다. 자살이 대개 절망적인 행동이며 자유롭게 선택하기보다는 어쩔 수 없이 강요된 것이라고 생각하기 때문이다. 알베르 카뮈는 에세이 『시지프의 신화』에서 "삶이 살 가치가 있는가 여부를 판단하는 건 철학의 근본적인 질문에 대답하는 것이다"라고 말했다. 하지의 자살은 삶이 더는 살 가치가 없다는 그녀의 대답이었다. 하지만 그것이 순간적인 생각의 결함이 아니라 선택이라고 받아들여질 수 있는 대답일까? (내가 받아들인다고 말한다면 그건 우리가 그녀의 행동을 도덕적인 근거에서 인정하거나 거부할 입장이라는 의미가 아니다. 내 관점을 밝히면, 우리는 자살을 옳거나 그르다고 분류할 자격이 없다. 그보다 나는 선택과 비선택의 경계를 어디에 어떻게 그어야 하는지 알고 싶은 것이다.)

삶이 가격을 매길 수 없기 때문에(보험회사에서 근무하는 사람 말고는) 본질적으로 가치가 있다고 주장할 수도 있다. 그러므로 누군가가 살지 말아야 할 이유와 살 이유를 재볼 때는 삶이 얼마만큼의 값을 가지는지 판단하려는 것이다. 이렇게 값을 매기는 행위는 뇌의 오류처럼 보일 수도 있다. 카뮈의 표현을 빌리면 말이다.

산다는 것은 당연히 쉽지 않다. 당신은 여러 이유에서 실존이 명하는 몸짓을 계속한다. 그 첫 번째는 습관이다. 자발적으로 죽는다는 것은 그러한 습관이 우스꽝스럽다는 사실을 본능적으로라도 인지했음을 암시한다. 살아야 할 심오한 이유가 존재하지 않으며, 매일 매일의 소란이 미친 짓이고, 고통이 쓸모없다는 사실을 깨달았다는 뜻이다.

자살을 선택으로 볼 것인지 여부는 카뮈가 묘사하는 인지에 대해 당신이 어떻게 느끼는가에 달려 있다. 이 같은 인지를 심오한 정서적, 지적, 어쩌면 영적 깨달음이라고 상상할 수 있다면 죽음을 선택하는 것이 정말로 가능하다고 생각될 수도 있다. 한편 인지를 우울증이나 기타 정신질환의 결과라고 본다면, 제정신이면서 죽음을 선택하는 것은 불가능하다고 주장할 수도 있다.

7장에서 보았듯이, 우리는 다른 사람을 대신해서 생과 사의 결정을 내린다. 결정이 운명이 아니라 선택이라고 여겨질 때는 결정을 내리는 것이 종종 고통스러운 일이 되고 만다. 어떤 사람이 죽음을 선택한다는 개념을 거부하는 이유는 어쩌면 그것을 선택이라고 생각하기에는 너무나 괴롭기 때문일지도 모른다. 우리는 차라리 그것들이 자신의 통제와 이해를 넘어서는 일이라고 믿고 싶어 한다. 하지만 죽음을 선택한다는 생각으로 위안받을 수 있는 사람도 있다. 죽음이 평생 해오던 선택의 논리적인 연장선에 있다고 생각할 수도 있다.

하지는 죽기 일 년 전에 한 지역신문과의 인터뷰에서 "아흔 살에도 나는 가족과 친구들의 도움을 좀 받아가며 여전히 내 삶을 즐기고 주도하고 있다. 하지만 불확실한 미래에 대비해 믿을 만한 출구 전략을 가졌음을 안다면 훨씬 더 행복할 것이다"라고 말했다. 그녀는 자신의 삶과 죽음을 다 주관하고 싶어 했다. 무슨 일이 닥치든 최대한 준비되어 있기를 원했다. 불치병을 간호하는 내용이 담긴 소설을 썼던 하지는 삶의 마지막에 다가갈 때 겪게 될 문제를 예리하게 의식하고 있었음에 분명하다. 인간의 선택권이 서서히 줄어들어 마침내 사라지는 과정을 잘 알고 있었을 것이다. 작가이기 때문에 자신의 이야기를 자기 식으로 끝내는 것이 특별히 중요하다고 생각했을 수도 있다. 선택이 우리 삶에 대해 글을 쓰는 한 방식이라면, 또한 삶의 종말에 대해 쓰는 방식도 될 것이다. 그녀의 아버지가 쓴 시 「당신이 놀라지 않을 때When You Are Not Surprised」는 그러한 생각을 다음과 같이 잘 표현하고 있다. "세상이 당신을 더 이상 놀라게 하지 않을 때는 죽음을 환영하고/죽음으로부터 친절한 환영을 받으라/그리고 영원한 무지에 다시 합류하라/당신은 그 무지함으로부터 깨어나면서 처음으로 놀라움을 체험하지 않았던가." 태어났던 곳으로 되돌아가는 것이 죽음이라고 본다면, 아마도 그것을 마지막 선택이라고 받아들이기가 훨씬 쉬울 수도 있다.

우리는 배우거나 가르치고 싶어서, 다른 사람들을 알고 싶거나 그들에게 우리를 알리고 싶어서, 어떻게 우리가 그곳에서 이곳으로 왔는지 이해하고 싶어서, 그 밖의 여러 가지 이유에서 선택에 대한 이야기를 한다. 이런저런 이유에서 우리의 기억을 가로질러 별처럼 빛났던 선택들을 취하고, 그 별을 따라 여정을 계획한다. "그 선택 때문에 내가 경기에서 이겼다." "그렇기 때문에 내가 살아남았다." "그것이 바로 모든 것이 바뀌었던 순간이다." 이러한 이야기들을 통해 우리는 자신이 영위하는 일이 중요하다고 주장한다. 우리는 선택을 이야기함으로써 인생의 낯선 바다를 항해하는 길을 발견하고, 나아가서 예측할 수 없는 흐름을 음미하기도 한다.

카뮈는 시지프의 모습을 어떻게 그렸는가? 저승에서 그는 바위가 굴러떨어지는 모습을 지켜보면서 산꼭대기까지 그것을 밀어올리는 일을 되풀이해야 하는 벌을 받았다. 삶을 사랑했던 시지프는 영원토록 부질없는 일을 해야 하는 저주를 받았지만, 꼭대기에 이르렀다가 다시 내려오는 길에 숙고할 시간이 주어졌다. 그의 상황은 부조리하지만 "그의 운명은 그의 것이다. 그의 바위는 그의 것이다. …… 그리고 자신의 삶을 되돌아보는 그 짧은 순간에 시지프는 자신의 바위로 되돌아간다. 살짝 돌아서는 순간 자신으로부터 생겨나고 기억의 눈앞에서 합쳐지며 곧 죽음에 의해 봉인되어 그의 운명이 될, 일련의 무관한 행동들을 숙고한다."

잠깐 애쓰다가 갈 이 세상에서 우리는 선택에 의해, 그리고 선택의 도움을 받아 바위를 움직일 수 있다. 카뮈는 "정상을 향한 수고가 마음을 충분히 채워주기에 시지프가 행복하다고 상상해야 한다"라고 수상했다. 만약 그 말이 맞는다면, 우리는 산 아래서 시무룩하게 앉아 있을 수도 있지만 선택하면서 산 정상을 향해, 즉 행복을 향해 나아갈 수도 있다.

다시 말해 선택은 우리가 삶을 만들어나가도록 도와준다. 우리는 선택하는 주체이며, 또한 선택에 의해 형성된다. 더 현명한 선택을 하도록 과학의 도움을 받을 수도 있지만, 선택의 핵심은 여전히 하나의 예술이다. 선택으로부터 최대한의 것을 얻어내려면 불확실성과 모순을 감수해야 한다. 모든 사람의 눈에는 선택이 똑같아 보이지 않으며, 모든 사람이 그 목적에 동의할 수도 없다. 선택이 우리를 끌어

당길 때도 있지만, 밀어낼 때도 있다. 우리는 철저하게 살피지 않고 선택을 한다. 그래서 그에 대해 무엇인가를 발견할수록 더 많은 것이 여전히 숨겨져 있음을 깨닫는다. 우리는 절대 선택을 완전히 파악할 수 없다. 바로 거기에 선택의 힘과 신비 그리고 그 독특한 아름다움이 숨어 있다.

주석 | 내 자신의 개인적인 이야기 속에서 언급되었던 가족이나 친구들의 이름과 세부적인 사실 중 일부를 바꿨다. 그리고 후기에 등장하는 레이철은 합성된 인물임을 밝혀둔다.

1장 : 선택의 목소리

헤엄치는 쥐를 설명한 실험 내용 전체를 보려면 리히터의 실험(1957)을 참조하기 바란다. 그는 문화적 금기를 범한 뒤 명백한 이유 없이 갑자기 죽는 인간들과 쥐 연구와의 연관을 고찰했다. 이 현상을 더 살펴보고 싶으면 스턴버그Sternberg, E.의 「Walter B. Cannon and 'Voodoo Death': A Perspective from 60 Years On」, American Journal of Public Health 92 (10) (2002) 1564-1566쪽을 보기 바란다. 개한테서 나타나는 학습된 무력감은 셀리그먼과 마이어Seligman and Maier(1967)를 참조하라.

선택에 관여하는 두뇌 시스템에 대한 설명은 베리지와 크린겔바흐Berridge and Kringelbach(2008), 비요크와 호머Bjork and Hommer(2007), 델가도Delgado(2007), 옥스너와 그로스Ochsner and Gross(2005), 트리코미 등(2004)의 주장을 근거로 했다. 선택을 하도록 보다 일반적으로 동기를 부여하는 선조체와 기저핵의 중요성은 이 영역이 손상되면 '동기장애'라는 증상이 일어날 수 있다는 사실에서도 찾아볼 수 있다. '동기장애'는 지능과 다른 사람에게 반응할 수 있는 능력은 보존되어 있지만 자기보존을 포함한 자발적 행위를 시작하려는 욕구를 잃은 상태다. 그 예는 베르스티첼과 라루이Verstichel P. and Larrouy P.의 「Drowning Mr. M」, Scientific American Mind(2005), http://www.scie ntificamerican.com/article.cfm?id=drowning-mr-m에서 찾아볼 수 있다. 장기적인 계획을 세울 때 개입되는 전두엽피질의 중요성은 쇠막대가 전두엽을 관통했으나 생존했던 피니어스 게이지Phineas Gage의 유명한 이야기에서도 볼 수 있다. 다음은 그를 치료했던 의사의 말이다.

"그는 지적능력과 동물적 성향 사이의 …… 평형이 파괴된 것으로 보인다. 그는 초조해하면서도 불손하며 매우 예의 없는 행동을 거리낌 없이 했고(이전에는 그런 모습을 보이지 않았다), 동료들을 전혀 존중하지 않았으며, 자신의 욕구와 어긋나는 제약이나 조언을 참지 못했고, 때로는 심하게 고집을 부렸으며, 그러면서도 변덕스럽고 마음이 흔들렸다. 그래서 미래의 활동에 대해 여러 계획을 생각해냈다가 다른 것들이 더 그럴싸해 보이면 금방 버렸다. …… 이런 식으로 그의 마음은 급격하고도 너무나 단호하게 변해서 친구와 지인들은 그가 '더 이상은 게이지가 아니다'라고 말했다" [Harlow J. M., 「Recovery from the Passage of an Iron Bar through the Head」, Publications of the Massachusetts Medical Society 2 (1868): 327–347].

아이들의 의사결정 능력이 시간이 흐르면서 성숙해지는 과정에 대한 정보는 반Bahn 등(1986)과 코키스Kokis 등(2002)에서 가져왔으며, 전두엽피질의 발달은 소웰Sowell 등(2001)에 설명되어 있다.

동물이 선택을 선호하는 현상에 대한 연구는 카타니아Catania(1975), 스즈키Suzuki(1999), 보스와 홈지Voss and Homzie(1970)에 나와 있으며, 그에 해당되는 인간에 대한 연구는 본Bown 등(2003)과 루이스Lewis 등(1990)에서 다루고 있다.

동물의 동물원 탈출 시도를 설명한 내용은 마셜Marshall(2007)과 BBC 뉴스의 "Berlin bear's breakout bid fails"(2004), "Orangutan escapes pen at US zoo"(2008)에서 찾아볼 수 있다. 감금 상태가 동물에게 미치는 해로운 영향은 클러브와 메이슨Clubb and Mason(2003), 클러브 등(2008), 칼루에프Kalueff 등(2007), 키프너Kifner(1994), 윌슨Wilson(2006)의 주장을 참조했다. 동물들한테서 의도적으로 스트레스를 유발하기 위해 감금을 어떻게 이용할 수 있는가에 대해 많은 연구자료가 있는데(예를 들면 위궤양 치료제를 시험해보기 전 단계로), 파레와 글래빈Pare W. P. and Glavin G. B.의 「Restraint Stress in Biomedical Research: A Review」, Neuroscience and Biobehavioral Review 10(3) (1986) 339-370쪽과 같은 간행물의 1994년 갱신본(18[2], 223-249)을 참조하라.

인간에게 있어 스트레스 반응과 그것이 가져오는 잠재적인 유해한 영향을 다룬 자세한 내용은 셀리에Selye(1946)의 고전적인 저서에서 찾아볼 수 있다. 그리고 화이트홀Whitehall 연구의 두 번째 단계에 나온 자료들을 근거로 한 간행물의 목록은 런던대학교의 전염병과 공중보건 학과에 보존되어 있으며, http://www.ucl.ac.uk/whitehllII/publications/index.htm에서 온라인으로도 찾아볼 수 있다. 안녕과 직장에서 통제력 간의 관계에 대한 결과는 제인 페리에Jane E. Ferrie 박사가 편집하고 UK Council of Civil Service Unions and the Cabinet Office를 대표해서 출간한 『Work, Stress, and Health』라는 책자에 요약되어 있다. 또한 http://www.ucl.ac.uk/whitehallII/findings/Whitehall-booklet.pdf에서도 찾아볼 수 있다. 사소하지만 광범위한 스트레스 요인의 누적된 효과가 더 크지만 빈도가 낮은 스트레스 요인의 효과와 비길 만하다는 사실은 들롱기스DeLongis등(1988)과 에임스Ames 등(2001)의 글에 설명되어 있다.

통제력에 대한 지각이 전반적인 수준에서 건강에 어떤 영향을 미치는지를 보여주는 증거는 프리드먼과 부스큘리Friedman and Booth-Kewley(1987)를 찾아보라. 최근의 연구에서는 통제력을 지각하는 것이 복내측전전두피질ventral medial prefrontal cortex을 활성화시켜 스트레스에 대한 신체반응을 억제시킨다는 사실이 발견되었다. 이 사실은 마이어Maie, S.와 아맛Amat J., 바라타Baratta M., 폴Paul E., 왓킨스Watkins L.의 「Behavioral control, the medial prefrontal cortex, and resilience」, Dialogues in Clinical Neuroscience 8(4) (2006) 353-374쪽에 나와 있다.

요양원 환자들의 연구는 랭거와 로딘Langer and Rodin(1976)의 글에 설명되어 있다. 슐츠와 하누사Schultz R. and Hanusa B.의 「Long-term effects of control and predictability-enhancing interventions: Findings and ethical issues」, Journal of Personality and Social Psychology 36(11) (1978) 1194-1201쪽에서는 랭거와 로딘의 발견에서 유의해야 할 한 가지 중요한 경고를 언급하고 있다. 연구자들은 비슷한 양로원의 노인들을 몇 년에 걸쳐 추적한 결과, 추가로 통제력

이 생겼다고 지각했다가 박탈당하는 것(일단 연구가 끝나서 이전 상태의 일과로 돌아간 것)이 통제력이 있다고 한 번도 지각하지 못한 것보다 장기적으로 더 나쁘다는 사실을 발견했다. 또한 비교적 사소한 선택을 제시함으로써 안녕을 증진해주는 테크닉은 환경을 풍요롭게 해주는 동물 복지 실행과 일맥상통하는 방법이다. 동물원들은 자연스러운 물리적 환경을 재현해주려고 할 뿐 아니라 본능을 활용할 기회도 주려고 노력한다(예를 들어 얼음덩이 위에 사과를 얼려 놓아둔다든지, 동물들이 수동적으로 먹이를 받는 대신 적극적으로 획득하도록 간단한 퍼즐 상자에 먹이를 놓아두거나, 호기심과 사냥 본능을 충족시켜주는 장난감을 주거나, 동종의 다른 동물들과 어울리게 해준다).

자신의 삶을 통제할 힘이 있다고 지각하면 어떻게 HIV와 AIDS 환자들에게 유익한지 보여주는 연구를 개관하려면 테일러Taylor 등(2002)을 참조하기 바란다. 로열마스덴병원에 대한 연구는 왓슨Watson 등(1999)에 설명되어 있다. 하지만 HIV와 AIDS의 경우 전반적으로 일관된 결과를 얻었던 것과 달리, 암환자의 경우에는 희망을 유지시켜주는 게 실질적으로 얼마나 유익한지는 연구마다 상당히 달랐다. 스트레스와 우울증의 결과를 포함해 자세한 내용은 터너코브Turner-Cobb(2002)를 참조하라. 유방암 환자들이 통제력이 있다고 믿음으로써 긍정적인 심리적 효과를 얻었다는 내용은 테일러 등(1984)을 참조했다.

2장: 선택에 영향을 미치는 것들

유니테리언 보편주의자들과 관련된 통계수치는 Unitarian Universalist Association Commission on Appraisal이 내놓은 「Engaging Our Theologial Diversity」(2005)에서 가져온 것으로, http://www25.uua.org/coa/TheoDiversity/에서도 볼 수 있다. 종교와 행복에 대한 내 연구는 결혼 전의 이름을 써서 세티와 셀리그먼Sethi and Seligman(1993)으로 발표되었다. 위터Witter R. A.와 스톡Stock W. A., 오킨 Okin M., 해링Haring M.의 「Religion and Subjective well-being in adulthood: A quantitative synthesis」, Review of Religious Research 26(4) (1985) 332-342쪽과 같은 다른 연구들도 종교성과 행복 간의 긍정적인 연관을 지지해준다. 흥미롭게도 이러한 관계는 종교적 신념의 강도보다는 종교적 집회의 출석 빈도와 더 강하게 연결되어 있었다. 이 같은 유익함의 대부분이 신에 대한 믿음이나 신 자체에서 오는 것이 아니라 사회적 지원이 증가되고, 자기통제력을 실행하는 데 도움을 받고, 인생에 대한 안내를 받기 때문일 가능성이 제기되었다. 이런 도움은 종종 특정 종교집단의 일원이 될 때 받게 되는 것들이다. 좀 더 경쾌한 관점으로 이 두 가지를 풀어보고 싶다면 제이콥스Jacobs A. J.의 『The Year of Living Biblically: One Man's Humble Quest to Follow the Bible as Literally as Possible』, Simon & Schuster(2007)를 보도록 하라. 완전히 세속적이지만 치밀하게 구성된 군대와 같은 환경이 개인의 성격을 형성하는 데 긍정적인 영향을 미칠 수 있음을 보여주는 일화적인 보고 내용도 많다.

데카르트의 아이콘적인 경구는 그의 저서인 『Discourse on Method』(1637)에 프랑스어(je pense donc je suis)로 최초로 표현되었으며, 더욱 유명해진 라틴어 표현(cogito ergo sum)은 그의 『Principles of Philosophy』(1644)에 등장한다. 밀Mill의 인용구는 그의 에세이 『On Liberty』(1859)에서 따왔다. 초기 공산주의 철학을 대표적으로 개관한 내용을 보려면 마르크스와 엥겔스Marx and Engels(1972)를 참조하기 바란다.

많은 사람이 개인주의와 민주주의, 집단주의와 공산주의가 연결되어 있는 현상을 보면서 자유의 가치가 서구 개인주의적 문화의 고유한 산물이라는 증거로 생각한다. 반면 집단주의적 문화는 권위주의와 억압을 용인한다고 생각한다. 나는 이것이 쟁점을 지나치게 단순화하는 것이라고 논박하고 싶다. 그리고 모든 사회적 가치 중에서 자유가 으뜸을 차지한다는 생각은 서구의 산물이지만, 자유의 가치 그 자체는 문화를 넘어서는 것이라고 주장하고 싶다. 더 깊이 있는 내용을 읽고 싶으면 패터슨Patterson O.의 『Freedom, Volume I: Freedom in the Making of Western Culture』, Basic Books(1992)와 센Sen A.의 『Development as Freedom』, Anchor(2000) 223-240쪽을 참조하기 바란다. 2장의 일곱 번째 섹션도 자유의 개념이 문화에 따라 어떻게 달라질 수 있는지에 대해 언급하고 있다. 다른 문화권에 속한 외부인이 그러한 현상을 보면 자유를 박탈당했다고 생각하기 쉽다.

개인주의 수준(과 다른 차원들)에 따라 나라들의 순위를 매긴 연구들은 호프스테드Hofstede에 설명되어 있으며, 구체적인 수치는 그의 가장 최신 자료에서 취했고, http://www.geert-hofstede.com/hofstede_dimensions.php에서도 찾아볼 수 있다. 트리안디스 Triandis(1995)에 묘사된 연구들도 이러한 유형을 지지해준다. 그리고 호프스테드와 트리안디스 모두 개인이나 어떤 문화가 개인주의와 집단주의로 치우치는 경향에 영향을 주는 요인에 대해 언급하고 있다. 자신이 개인주의와 집단주의의 연속선상에서 개인적으로 어느 위치에 있는지 알고 싶은 사람들은 트리안디스의 책 부록에 실려 있는 척도를 보기 바란다.

결혼을 논의할 때는 중매결혼과 배우자 중 한쪽이나 두 사람이 모두 동의하지 않은 상태에서 이루어지는 강제결혼을 구분하는 것이 중요하다(강제결혼에는 미성년자의 결혼도 포함된다). 강제결혼은 역사적으로 흔히 이루어졌으나 오늘날에는 인권침해 논란이 불거져 전반적으로 불법화되었다. 하지만 단속이 느슨한 지역에서는 아직도 행해지고 있다. 모든 강제결혼은 당연히 제삼자에 의해 이루어지지만, 대부분의 중매결혼은 강제에 따른 것이 아니다.

뭄타즈 마할과 그녀를 기리기 위해 지어진 건축물에 대한 이야기는 코흐Koch E.의 『The Complete Taj Mahal: And the Riverfront Gardens of Agra』, Thames & Hudson Ltd.(2006)에 설명되어 있다. 여기 언급된 수메리아의 시는 「A balbale to Inana and Dumuzid」로서, 옥스퍼드대학교의 Electronic Text Corpus of Sumerian Literature의 일부로 번역된 것이다. http://www.etcsl.orient.ox.ac.uk/sec-tion4/tr40802.htm에서도 찾아볼 수 있다. 성경을 인용한 두 부분은 각각 신명기 25장 5-10절과 아가 4장 9절이며, 아가는 NIV에서 인용했다.

카펠라누스Capellanus의 인용은 카펠라누스(1969)에서 찾아볼 수 있으며, 사랑과 결혼의 분리를 반영하는 또 다른 사례는 미셸 드 몽테뉴 Michel de Montaigne의 『Essays』(1580) 「Upon Some Verses of Virgil」에서 인용한 다음과 같은 글에서 볼 수 있다. "만약 좋은 결혼이라는 것이 있다면, 그것은 사랑을 동반하지 않으며 사랑의 조건을 거부한다. 그러한 결혼은 우정의 조건들을 재현하려는 것이다." 결혼을 생각하는 사회적 태도의 변화를 다룬 내용은 쿤츠Coontz(2005)를 참조했다.

인도에서의 연애결혼과 중매결혼의 비교는 굽타와 싱Gupta and Singh(1982)에 설명되어 있다. 결혼에 대한 쇼Shaw의 언급은 쇼(1911)에서 인용했다. 그리고 그러한 사실을 지지해주는 신경학적 발견들은 아론Aron A.과 피셔Fisher H., 매시크Mashek D., 스트롱Strong G., 하이팡 Haifang L., 브라운Brown L.의 「Reward, motivation, and emotion systems associated with early-stage intense romantic love」, Journal of Neurophysiology 94(2005) 327-337쪽에 설명되어 있다. 부부의 10퍼센트가 수십 년간 상대를 향해 이러한 감정을 유지할 수 있음을 밝힌 아론과 피셔의 가장 최근 연구(연구자들은 그러한 부부를 '백조'라고 불렀다)는 아직 출간되지 않았지만 할로와 몬태규Harlow and Montague(2009)에 소개되어 있다. 다른 90퍼센트의 부부에게는 다행스럽게도 열정이 사라지면서 반드시 냉담함이 그 자리를 채우는 것이 아니라 보다 차분하고 지속적이며 친구 같은 사랑이 자라게 된다. "사랑한다"는 말에 포함된 다른 모든 의미를 알고 싶다면 스턴버그 Sternberg R. J.의 「A triangular theory of love」, Psychological Review 93(2) (1986) 119-135쪽을 참조하기 바란다. 인도에서 중매결혼이 지배적이라는 통계자료는 부밀러Bumiller(1990)에서 가져왔으며, 사랑 없이도 결혼하겠다는 의사를 밝힌 대학생들의 통계자료는 슬레이터 Slater(2006)를 참조했다.

아이들을 대상으로 한 내 연구는 이옌가와 레퍼Iyengar and Lepper(1999)에 발표되었다. 흥미롭게도 그와 일치하는 패턴의 결과들이 나중에 주Zhu Y.와 장Zhang L., 팬Fan J., 하나Hana S.의 「Neural basis of cultural influence on self-representation」, NeuroImage 34(2007) 1310-1316쪽에서도 독자적으로 발견되었다. 미국 학생들은 자기와 관련된 판단을 할 때만 전전두피질medial prefrontal cortex과 전대상피질anterior cingulated cortex이 활성화되는 것으로 나타났다. 반면에 중국 학생들은 어머니에 대한 판단을 할 때도 이러한 두뇌 영역에서 활동이 나타났는데, 낯선 사람을 판단할 때는 이들도 이 부위가 활성화되지 않았다.

실드에어사Sealed Air Co.의 문화적 충돌은 스미스Smith(1994)에 나와 있다. 회사가 직면하는 도전과 그에 대한 반응을 더 알아보고 싶다면 카첸바흐와 스미스Katzenbach J. and Smith D.의 『The Wisdom of Teams: Creating the High-Performance Organiza-tion』, Harper Business』(1994)를 참조하라.

물고기 연구는 마스다와 니스벳Masuda and Nisbett(2001)에 설명되어 있으며, 사진은 미국 심리학회와 니스벳의 허가를 얻어 게재했다.

"하늘은 스스로 돕는 자를 돕는다"라는 인용구절은 사실 앨저넌 시드니Algernon Sydney의 『Discourses Concerning Government』(1698)에서 가져왔지만, 그 주제는 소포클레스Sophocles의 『Fragment』 288(에

드워드 아예스 플럼프트레Edward Hayes Plumptre 번역)에 나온 "하늘은 행동하지 않는 자를 절대로 돕지 않는다"라는 말로 거슬러 올라갈 수 있다. 이는 서구문화에서 이러한 개념이 얼마나 긴 역사를 가졌는지를 보여준다. 바가바드기타Bhagavad Gita의 인용은 2권 47절에서 따온 것이며, 몇 가지 번역을 혼합한 것이다.

올림픽에 참가한 운동선수들이 어디로 통제력을 돌리는가 살펴본 연구는 기타야마Kitayama 등(1997)이 실시했으며, 뉴스 내용에 대한 연구는 메논Menon 등(1999)의 것이다. 한편 보다 전반적인 통제력 지각의 차이는 말러Mahler 등(1981), 파슨스와 슈나이더Parsons and Schneider(1974)에서 찾아볼 수 있다. 이렇게 다른 믿음들이 살면서 일어나는 사건에 대한 사람들의 반응에 어떤 영향을 미치는지 알고 싶으면 바이스Weisz J.와 로스바움Rothbaum M., 블랙번Blackburn C.의「Standing out and standing in: The psychology of control in America and Japan」, American Psychologist 39(9) (1984) 955-969쪽을 보기 바란다.

시티뱅크 직원들을 대상으로 한 내 연구에서 나온 일부 결과는 드보와 이옌가(2004)에 보고되었으며, 나머지 결과는 역시 샌포드 드보Sanford DeVoe와 함께 쓴 미간행 원고「Rethinking autonomy as an incentive: The persistent influence of culture within a multinational organization」에서 가져온 것이다.

베를린 장벽의 붕괴를 접한 제닝스의 반응은 셰일스Shales(1989)를 참조했으며, 대중의 발언 인용은「타임」의 "Freedom!"(1989)에서 보았다. 동구권 주민들이 장벽에 대해 느끼는 향수를 보여주는 여론조사는 코널리Connolly(2007)에 묘사되어 있다.

두 면으로 이루어진 자유에 대한 또 하나의 유명한 분석은 이사야 벌린Isaiah Berlin의 에세이 「Two Concepts of Liberty」, 『For Essays on Liberty』, Oxford University Press(1969)에서 찾아볼 수 있다. 프롬 Fromm은 궁극적으로 두 요소의 통합을 주장했지만, 벌린은 긍정적 자유(적극적 자유freedom to와 동의어)를 증진하기 위해 사람들의 부정적 자유(소극적 자유freedom from와 동의어)를 제한한다는 명목으로 일어날 수 있는 만행에 더 비판적인 입장을 취한다.

미국과 유럽의 경제정책 차이와 관련된 통계치는 알레시나Alesina 등(2001)에서 따왔다. 그러한 경제정책의 결과를 보기 위해 GDP와 지니지수(2009년 6월 현재)는 CIA월드팩트북에서 가져왔다. 현재의 수치는 http://www.cia.gov/library/publications/the-world-factbook/rankorder/2004rank.html과 http://www.cia.gov/library/publications/the-world-factbook/fields/2172.html에서 얻을 수 있다. 미국에서 억만장자의 상대적인 수는 크롤Kroll 등(2009)에 근거하여 산정했다. 스웨덴, 독일과 비교해본 미국에서의 수입 이동성은 각각 뵈르클룬트와 욘티Bjorklund and Jantti(1997), 카우치와 던Couch and Dunn(1997)에서 가져왔다. 2042년 미국 혈통의 추산은 번스타인과 에드워즈Bernstein and Edwards(2008)에 나와 있으며, 문명의 충돌을 다룬 헌팅턴Huntington의 논문은 헌팅턴(1996)에 설명되어 있다.

3장 : 미처 알지 못했던 내 선택의 심리

평균 결혼연령의 증가는 미국 센서스국의 『Statistical Abstracts of the United States: 1997』에서 찾아볼 수 있으며, 트윅스터의 특징들은 그로스먼Grossman(2005)을 참조했다.

프랭클린의 원칙에 대한 분석은 베버Weber(1905)에서 볼 수 있고, 그 원칙들 자체는 프랭클린Franklin(2007)에서 가져왔다. 포드사의 5달러 임금에 붙은 단서는 페터슨Peterson(1988)에 설명되어 있으며, 슈미트의 이야기는 테일러Taylor(1911) 23-25쪽의 요약문에서 인용했다. 전문은 훨씬 더 길고 모욕적인데, 테일러는 그러한 접근방식이 '정신적으로 나태한 부류'에게 효과적이라고 언급하면서 그것을 정당화했다. 이 장에서 여러 차례 인용한 에머슨의 이야기는 「On Self-Reliance」(1847)라는 에세이에서 가져온 것이다. 에머슨에 대한 칭송은 올리버 웬들 홈스Oliver Wendell Holmes가 한 것이라고 치버Cheever(2006)에 언급되어 있다. 캐럴이 소도시의 삶을 비난하는 내용은 루이스Lewis(1921)의 265쪽을 인용했다.

1950년대 중점적으로 일어났던 문화적 변화를 다룬 더 많은 내용은 앤더슨Anderson(1995), 마르샹Marchand(1986), 슈타이거발트Steigerwald(2008), 서스먼Susman(1984), 특히 「Personality and the Making of Twentieth-Century Culture」의 271-285쪽을 참조하라. 이동성과 관련된 통계자료는 타버Tarver(1992)를 참조했으며, 종교와 관련된 통계치는 Pew Forum on Religion & Public Life를 근거로 했다. 이 내용은 http://pewforum.org/docs/?DocID=409에서도 찾

아볼 수 있다. 니콜라스 로즈Nicholas Rose의 주장은 『Powers of Freedom』 87쪽에서 인용한 것이다.

사람들이 특별히 자신에게만 해당되는 이야기라고 생각하지만 사실은 일반적인 이야기가 상당히 정확하게 맞아떨어지는 경향은 바넘 효과라고 알려져 있다. 홍행사인 바넘P.T. Barnum이 종종 사용해서 붙여진 명칭이다. 또는 포러Forer B. R.의 「The fallacy of personal validation: A classroom demonstration of gullibility」, Journal of Abnormal and Social Psychology 44(1) (1949) 118-123쪽의 다소 직설적인 제목의 논문에서는 포러 효과라고 언급되어 있다. 점의 개수를 추정하게 하는 패러다임을 이용한 처음 연구는 레오나르델리와 브루어Leonardelli and Brewer(2001)에 설명되어 있으며, 두 번째 연구는 레오나르델리(1998)에 언급되어 있다. 평균 이상 효과에 대해 더 많은 내용을 알고 싶으면 알리케와 고보룬Alicke and Govorun(2005)을 참조하라. 레이크 워비곤이란 이름의 근원은 케일러Keillor의 장수 라디오 프로그램 「A Prairie Home Companion」에서 나왔다. 더 많은 내용은 크루거Kruger J.의 「Lake Wobegon be gone! The 'below-average effect' and the egocentric nature of comparative ability judgment」, Journal of Personality and Social Psychology 77(1999) 221-223쪽을 참조하기 바란다.

사람들은 자신이 평균보다 더 독립적이라고 생각한다는 결과는 프로닌Pronin 등(2007)을 참조했으며, 그것을 보여주는 만화는 랜들 문로 Randall Munroe의 온라인 코믹 시리즈 XKCD의 「Sheeple」에서 가져온 것이다. 그림은 http://xkcd.com/610/에서도 찾아볼 수 있다. 사람들이 남들끼리는 서로 비슷하다고 보면서 자신은 다른 사람들과 덜 비슷하다고 생각한다는 사실은 스럴과 갤릭Srull and Gaelick(1983)을 참조했다.

이름과 의상에서 적당한 정도의 독특함을 살펴본 내 연구는 이옌거와 에임스Iyengar and Ames(2005)에 발표되었다. 이름을 선택할 때 적정한 수준의 독특함을 선호하는 현상을 더 폭넓게 보여주는 자료로는 마드리갈Madrigal A.의 「Why your baby's name will sound like everyone else's」, Wired Science(2009), http://www.wired.com/wiredscience/2009/05/babynames가 있다. 또 다른 흥미로운 사례로 Hit Song Science service가 있다. 과거의 히트곡과 비슷한 음악적 파라미터가 어떤 노래의 바탕에 얼마나 많이 깔려 있는가에 따라 그 노래의 인기를 예측할 수 있다고 주장한다. 내가 아는 바에 따르면, 그 프로그램의 정확도는 아직 과학적으로 검증되지 않았지만 음악계에 종사하는 사람들의 호의적인 관심을 받았다. 그 프로그램은 아홉 차례 그래미상을 수상히고 오늘날까지 1600만 장의 앨범을 판 컨템퍼러리 재즈 아티스트 노라 존스Norah Jones의 성공을 예측했다고 한다. 더 많은 정보는 회사의 웹사이트 http://uplaya.com/에서 얻을 수 있다.

던Donne의 유명한 문장은 『Devotions Upon Emergent Occasions』(1624)의 「Meditation XVII」에서 인용했다.

베닝턴 연구와 그 후속 연구들은 알륀Alwin 등(1991)에 상세하게 묘사되어 있다. 학생들의 이야기는 뉴컴Newcomb(1958)에서 가져왔다. 인지부조화의 고전적인 연구는 페스팅거Festinger(1957)의 것이며, 추가로 쿠퍼Cooper J.의 『Cognitive Dissonance: 50 Years of a Classic

Theory』, Sage(2007)를 추천한다. 엘리엇과 디바인Elliot and Devine(1994)은 참가자의 태도에 반대되는 입장의 논술을 작성하도록 한 수많은 연구의 보다 최근 사례들을 소개하고 있다. 순응의 모든 사례가 다 인지부조화를 일으켜서 해당되는 선택지들 쪽으로 태도가 변화되는 것은 아니다. 아시Asch의 유명한 집단 영향력 연구는 참가자들이 답이 분명히 틀렸음을 알면서도 암묵적인 집단의 압력에 순응하는 사례다. 아시의 「Effects of group pressure upon the modification and distortion of judgment」, 게츠코우Guetzkow의, 『Groups, Leadership and Men』, Carnegie Press(1951)도 참조하기 바란다. 외부적인 영향력은 옳은 답이 무엇인지 불확실할 때 더 잘 내면화를 이끌어낸다. 지각 분야에서 고전적인 사례들은 셰리프Sherif M.의 「A study of some social factors in perception」, Archives of Psychology 27(187) (1935) 23-46쪽을 참조하라.

콜버트가 부시를 조롱한 일화는 스턴버그Sternbergh(2006)에 언급되어 있다. 그의 퍼포먼스 전체는 동영상 공유 사이트인 유튜브에 올라와 있다. http://www.youtube.com/view_play_list?p=8E181-BDAEE8B275B.

최근 졸업생들의 우선순위에 대한 내 연구는 웰스와 이옌거Wells and Iyengar(2005)에 설명되어 있다. 그리고 여러 사람이 주문하는 행동을 다룬 연구는 애리엘리와 레바브Levav(2000)에 나와 있다. 효능과 정체성 함축의 역관계는 버거와 히스Berger and Heath(2007)에서 가져왔으며, 팔찌 연구는 버거와 히스(2008)를 참조했다. 칩 히스Chip Heath와 그의 형제 댄Dan은 이 장에 묘사된 멜로디 두드리기 실습을 했다. 그 연구는 그들의 저서 『Made to Stick: Why Some Ideas Survive and Others Die』, Random House(2007)에서 가져온 것이다.

다른 사람들이 우리에 대해 어떻게 생각하는지를 지각하는 능력이 대체로 부족하다는 사실을 검토하려면 케니와 드파울루Kenny and DePaulo(1993)을 참조하고, 그러한 현상의 바탕에 깔려 있는 과정을 더 알고 싶으면 크루거Krueger(2003)를 보기 바란다. 긍정적으로 보자면, 최근 연구에서는 사람들이 다른 부류의 사람(예컨대 부모와 친구들)에게 자신의 여러 면을 각각 다르게 보여준다는 사실을 알고 있음이 밝혀졌다. 그리고 칼슨과 퍼Carlson E. and Furr M.의 「Evidence of differential meta-accuracy: People understand the different impressions they make」, Psychological Science 20(8) (2009) 1033-1039쪽에 설명되어 있듯이, 그에 따라 자신이 어떻게 다르게 지각되는지를 상당히 잘 예측한다. 자신의 로맨틱한 매력과 유머 지각에 대한 사실들은 내가 즉석 데이트 참가자들을 대상으로 실시한 일련의 연구에서 가져온 것이다. 구체적인 결과들은 알렉산드라 주페스Alexandra Suppes와 공동으로 준비한 미발표 원고 「Through the looking-glass self: The effects of trait observability and consensuality on self-knowledge」에서 취했다. 그리고 이러한 조사에서 얻은 다른 결과들은 피스먼Fisman R.과 이옌거, 카메니카, 사이먼슨Simonson I.의 「Gender differences in mate selection: Evidence from a speed dating experiment」, Quarterly Journal of Economics 121(2) (2006) 673-697쪽과 「Racial preferences in dating: Evidence from a speed dating experiment」, Review of

Economic Studies 75(1) (2008) 117-132쪽에 발표되었다.

다중평가 피드백의 보급과 관련된 수치는 에드워즈와 이웬Edwards and Ewen(1996)에서 가져왔다. 자기를 돋보이게 하는 것이 직장에서 역효과를 가져올 수도 있다는 결과는 앤더슨Anderson(2008)과 스완Swann(2003) 등에 설명되어 있다. 그리고 같은 자료에 보면 우리는 우리가 자신을 보는 것과 비슷하게 다른 사람들도 우리를 보아주기를 개인적으로 선호한다는 사실을 지지하는 많은 연구가 소개되어 있다.

퍼트넘Putnam은 사회적 자산이 사라지는 것이 아니라 그냥 형태만 바뀐다고 인정하지만, 이러한 새로운 형식들은 캐스 선스타인Cass Sunstein이 자신의 저서 『Republic.com』, Princeton University Press(2001)에서 언급했듯이 그 나름의 문제점을 가지고 있을 수도 있다. 인터넷 덕분에 우리는 자신의 관심과 취미, 신념을 그 어느 때보다도 더 구체적인 수준에서 맞춤화할 수 있게 되었다. 하지만 우리가 노출되는 정보들을 스스로 선택할 수 있게 되면서 '에코체임버echo chamber' 효과가 나타날 수도 있다. 그렇게 되면 서로 다른 속성을 지닌 집단이 제각각 현재의 신념을 확인하는 정보만을 찾고 그것에 반대하는 정보는 피함으로써 서로 고립되고 더 극단적으로 치우칠 수 있다. 이러한 효과의 비교적 경미한 예는 Program on International Policy Attitudes(PIPA)가 실시한 조사에 나타난다. 그 조사에서는 FOX뉴스 시청자들의 80퍼센트가 이라크전쟁에 대해 적어도 한 가지 오해를 하고 있다는 사실이 발견됐다(예를 들어 사담 후세인과 알카에다가 분명히 연결되어 있다고 생각하는 오해가 발견되었다. PBS와 NPR 시청자들의 23퍼센트만이 그러한 오해를 했다는 결과와 비교된다). PIPA 보고는

http://www.worldpublicopinion.org/pipa/pdf/octo3/IraqMedia_Octo3_rpt.pdf에서 찾아볼 수 있다.

4장 : 선택에도 기술이 필요하다

닥터 수스는 테어도어 가이젤Theodor Geisel의 필명이며 『Oh, the Places You'll Go!』는 1991년 그가 사망하기 전에 출간된 마지막 책이다. 이 책의 지속적인 인기는 블레스Blais 등(2007)에 언급되었다.

    나는 자동 시스템과 숙고 시스템을 주로 판단과 선택의 관점에서 논의했지만, 그것은 행동의 통제에도 역시 중요하다. 거리를 걸으면서 철학적인 논쟁을 진행하려면 두 가지 체계가 모두 필요하다. 자동 시스템은 우리가 발에 걸려 넘어지지 않도록 해주며, 숙고 시스템은 우리의 논쟁이 걸려 넘어지지 않게 해준다. 나아가서 마치 운전을 하는 것처럼 숙고 시스템은 충분한 연습을 거치면서 나중에는 대체로 자동적으로 작동한다. '자동'과 '숙고'라는 용어는 탈러와 서스타인 Thaler and Sustein(2008)에도 사용되었으며 데넷Dennett(1997)에서 인용했다. 이런 체계들은 과학문헌에서 다양한 이름으로 언급되기도 했다. '뜨거운hot' 시스템과 '차가운cool' 시스템hot system and cool system, 휴리스틱과 분석적 처리heuristic processing and analytic processing, 그리고 수식어 없이 Sytem 1, System 2라고 불리기도 했다. 이러한 시스템에 대한 더 많은 참고도서로는 스타노비치Stanovich K. E.의 『What

Intelligence Tests Miss: The Psychology of Rational Thought」, Yale University Press(2009)를 보기 바란다.

불륜에 대한 통계치는 게레로Guerrero 등(2007), 지연과 관련된 통계치는 갤러거Gallaghe 등(1992), 저축에 대한 통계치는 헬먼Helman 등(2004)에서 가져왔다.

즉각적인 보상이 두뇌의 또 다른 부위들을 어떻게 활성화시키는가를 다룬 연구는 매클루어McClure 등(2004a)에 설명되어 있으며, 미셸의 충족 지연에 대한 본래 연구는 미셸Mischel 등(1972)에 설명되어 있고, 청소년기의 적응과 성공이 충족 지연과 어떻게 연관되어 있는지 탐색한 내용은 쇼다Shoda 등(1990)에서 가져왔다. 이러한 양상이 성인기까지 지속된다는 발견은 아직 발표되지 않았기 때문에 그 내용은 「Willpower': Decomposing Impulse Control」, a PowerPoint and verbal presentation that Walter Mischel gave at Columbia University on October 13, 2009를 기초로 했다. 유혹의 회피를 자동화시키는 내용과 관련된 더 많은 자료는 레이나Reyna V.와 팔리 Farley F.의 「Is the teen brain too rational?」, Scientific American Reports: Special Edition on Child Development (2007) 61-67쪽을 참조하라.

두 번째 섹션에서 설명한 휴리스틱과 편향들은 우리의 결정에 영향을 미치는 힘들 중에서 단지 빙산의 일각에 불과하다. 편향을 다룬 주요 내용으로 트버스키와 카너먼Tversky and Kahneman(1974)을 보기 바란다. 카너먼은 트버스키와 공동연구를 통해 내놓은 '전망이론 prospect theory'으로 2002년 노벨경제학상을 수상했다. 전망이론은 사람들이 위험과 확률을 어떻게 이해하는가에 따라 그들의 선택이 영향을 받는 과정을 설명해준다. 전망이론을 더 알고 싶다면 카너먼과 트버스키의 「Prospect Theory: An Analysis of Decision under Risk」, Econometrica XLVII(1979), 263-291쪽을 참조하라. 편향을 보다 광범위하게 개관하고 싶다면 플러스Plous(1993)를 찾아보기 바라며, 기업 상황에 응용한 내용은 베이저먼Bazerman M.의 『Judgment in Managerial Decision Making』, Wiley(2005)에서 찾아볼 수 있다.

신용카드가 지출을 증가시키는 사례는 파인버그Feinberg(1986), 프렐렉과 시메스터Prelec and Simester(2001)를 보라. 카지노가 지폐 대신 칩을 사용하는 방침 역시 칩은 지출을 덜 실감하게 한다는 사실로 일부 설명될 수 있을 것이다. 슬롯머신에서 벨이나 호루라기 같은 다른 속임수(어린 시절에 결정을 하는 바탕이 되지만, 성인이 되어서도 완전히 사라지지 않는 자동적인 긍정적 평가를 촉발한다)들과 지급의 무작위성(변동간격강화 스케줄이라는 전문용어로 알려져 있으며 고정간격 스케줄보다 더욱 동기를 유발한다는 사실을 보여준 많은 연구가 있다)도 왜 우리의 손실회피 경향에도 불구하고 도박이 그토록 인기 있는 오락이 되었는지 설명하는 데 도움이 된다.

고이주에타 이야기는 티치와 코언Tichy and Cohen(1997) 27쪽에서 취했다. 의료결정을 내릴 때 손실과 이익의 프레이밍이 어떻게 영향을 미치는가에 대한 연구는 맥닐McNeil 등(1988)에 설명되어 있다. 행동에 영향을 미치기 위해 의도적으로 프레이밍을 사용하는 내용을 더 자세히 알고 싶으면 맷 바이Matt Bai의 「The Framing Wars」, New York Times, July 17, 2005를 참조하라. 이에 관한 내용은 http://www.nytimes.com/2005/07/17/magazine/17DEMOCRATS.html에서도 찾아볼 수 있다.

일일거래에 대한 통계치는 「Report of the Day Trading Project Group」(1999)과 서로위키Surowiecki(1999)에서 찾아볼 수 있다. 주택구매자의 예측과 관련된 연구는 실러Schiller(2008)에서 가져왔다. 그와 케이스Case가 그 이전 주택가격에 거품이 좀 덜 심했던 기간에도 거의 동일한 패턴을 발견했다는 사실에 주목하면 흥미로울 것이다. 그 사실은 실러와 케이스의 「The behavior of home buyers in boom and post-boom markets」, New England Economic Review, November-December 1988 29-46쪽에 설명되어 있다. 마지막으로 금융기관들도 패턴을 지각할 때 비슷한 실수를 하기 때문에 서브프라임 주택담보위기의 피해가 더욱 심화되었다는 사실의 한 단면은 새먼Salmon F.의 「Recipe for disaster: The Formula that killed Wall Street」, Wired Magazine, Feburary 23, 2009, 그리고 http://www.wired.com/techbiz/it/magazine/17-03/wp_quant?currentPage=all에서 볼 수 있다.

직장에서의 업무수행을 예측하는 데 면접이 효과적이지 않다는 사실은 헌터와 헌터Hunter and Hunter(1984), 맥대니얼McDaniel 등(1994)에서 찾아볼 수 있다. 한편 그러한 사실에도 면접이 계속 대중적으로 사용되는 현상은 알버그Ahlburg(1992)에 설명되어 있다. 우리가 사회적 상황에서 자신의 기대를 확인받고자 하는 현상을 더 알고 싶으면 스나이어Snyer와 스완(1978)을 참조하라. 전문가에 대한 연구는 테틀록Tetlock(2003)에 설명되어 있으며, 더 자세한 내용은 그의 저서 『Expert Political Judgment: How Good Is It? How Can We Know?』,

Princeton University Press(2005)를 참조하라. 공식적으로 기록되어 있지 않으나 특정한 세계관을 지지하는 평범한 개인들을 대상으로 얻은 비슷한 결과는 로드Lord C.와 로스Ross L., 레퍼의 「Biased assimilation and attitude polarization: The effects of prior theories on subsequently considered evidence」, Journal of Personality and Social Psychology 37(11) (1978) 2098-2109쪽을 참조하라.

에크먼의 거짓말 탐지 능력은 에크먼Ekman(2001)에 묘사되어 있으며, 내가 수년간 참석했던 학회와 학문기관에서 그가 발표했던 자료들로부터 보충내용을 찾을 수 있다. 아인슈타인Einstein의 이야기는 머피Murphy(1933)에서 인용했으며, 사이먼Simon의 말은 사이먼(1992)에서 인용했다. 충분한 전문성이 있을 때 자동 시스템이 우리가 의식적으로 알아채지 못하는 사실들을 탐지하고 분석하는 현상의 특히 좋은 사례들은 글래드웰Gladwell(2005)의 「The Statue that Didn't Look Right」와 레러Lehrer(2009)의 2장 「The Predictions of Dopamine」, the Silkworm missile incident에서 찾아볼 수 있다. 운동선수들과 공항 보안원의 능력은 기거렌처Gigerenzer(2007)의 1장 「Gut Feelings」에 설명되어 있다. 세계 수준의 전문성을 개발하기 위해 필요한 연습의 양은 에릭슨Ericsson 등(1993)을 참조했다.

도덕적 대수에 대한 프랭클린Franklin의 설명은 프랭클린(1833)에서 인용했다. 라이파Raiffa 이야기의 비슷한 버전은 만들어낸 사람이 의심스럽지만 수십 년간 학자들 사이에서 떠돌아다녔으며, 베이저먼의 『Smart Money Decisions: Why You Do What You Do With Money (and How to Change for the Better)』, Wiley(2001)에 나와 있다.

봉급과 만족도에 대한 결과는 구직 과정을 탐색한 내 연구에서 취했으며, 이옌거(2006)에서 찾아볼 수 있다. 카너먼의 행복 연구는 카너먼(2006) 등에 설명되어 있다. 그리고 이 장의 뒷부분에서 우리가 어떤 사건이 일어날 때의 맥락을 고려하지 않음으로써 자기 감정의 강도를 과대평가하는 현상을 논의할 때도 역시 그 자료를 참조했다. 카너먼은 소득 수준에 따른 행복을 조사한 GSS 자료를 포함시켰다. 온라인 분석을 포함한 완벽한 자료는 http://www.norc.org/GSS+Website/에서 찾아볼 수 있다. 돈과 행복과의 관계(또는 무관함), 우리가 미래의 행복을 예측하려 할 때 겪는 어려움과 관련된 더 많은 내용은 길버트 Gilbert(2007)를 참조하라.

월슨Wilson의 포스터 연구는 윌슨 등(1993)에 설명되어 있으며, 데이트에 관한 그의 연구는 윌슨 등(1984)에 있다. 어떤 선택을 지나치게 생각하면 전문가의 판단에 비해 객관성이 떨어질 수 있다는 사실을 더 자세히 알고 싶다면 윌슨과 스쿨러Schooler J. W.의 「Thingking too much: Introspection can reduce the quality of preferences and decisions」, Journal of Personality and Social Psychology 60(1991) 181-192쪽을 보기 바란다. 사람들이 자기 감정의 강도를 잘못 기억한다는 그의 연구 결과는 윌슨 등(2003)에 설명되어 있다. 정신의 두 가지 시스템의 특성과 영향을 더 자세히 알고 싶다면 윌슨의 「Strangers to Ourselves: Discovering the Adaptive Unconscious」, Belknap Press(2002)를 추천한다. 현수교에서의 사랑 연구는 더튼과 아론Dutton and Aron(1974)에 설명되어 있으며, 아드레날린 연구는 샤흐터와 싱어Schachter and Singer(1962)에 묘사되어 있다.

5장 : 우리를 함정에 빠트리는 것들

도네거그룹과 미국 색채협회에 관련된 더 많은 정보는 그들의 웹사이트 http://www.doneger.com/web/231.htm과 http://www.color-association.com/site/History.pdf에서 찾아볼 수 있다. 패션업계의 또 다른 면은 개브나스Gavenas M. L.의 『Color Stories: Behind the Scenes of America's Billion-Dollar Beauty Industry』, Simon & Schuster(2007)를 참조하라. 마케팅 담당자와 디자이너들이 스타일과 정체성의 함의를 어떻게 공동관리하는가를 더 알고 싶다면 프랭크의 『The Conquest of Cool: Business Culture, Counterculture, and the Rise of Hip Consumerism』, University of Chicago Press(1998)를 참조하기 바란다.

게리 빌딩의 묘사는 우루소프Ourousoff(2007)에서 인용했다. 「악마는 프라다를 입는다」의 인용 내용은 영화에서 따왔다. 이 영화는 보그의 편집장 인니 윈투어Anna Wintour의 보좌였던 자신의 경험을 대략 바탕으로 해서 쓴 로런 와이즈버거Lauren Weisberger의 책(2003)을 근거로 만들어졌다.

「펜 앤 텔러」의 생수 속임수는 첫 번째 시즌 일곱 번째 에피소드에서 가져왔다. 그들의 미각 테스트 결과는 전혀 특이한 것이 아니어서 2001년에 「굿모닝아메리카」가 실시했던 미각 테스트에서도 유사한 결과를 얻었다. 뉴욕시의 수돗물이 대부분의 대중적인 생수보다 거의 두 배나 많은 45퍼센트의 투표를 차지해서 분명한 승리를 거두었다. 그 결과는 http://abcnews.go.com/GMA/sto-ry?id=126984&page=1

에도 나와 있다. 와인의 가격을 매긴 연구는 플라스만Plassmann 등(2008)에서 가져왔는데, 이 연구에는 나중에 소개되는 코카콜라 연구와 비슷하게 기능성 자기공명영상장치가 사용되었다.

생수의 안전에 우려를 표현한 생수 소비자의 비율은 미국 수도협회 연구재단이 후원한 「Consumer Attitude Survey on Water Quality Issues」(1993)에서 가져온 것이다. 그리고 생수 소비와 관련된 수치는 로이트Royte(2008)의 1장에서 인용했다. 생수와 수돗물의 질적 비교와 수돗물에서 취한 생수가 전체 생수들 중에서 차지하는 비율은 천연자원수호위원회가 제출한 「Bottled Water: Pure Drink or Pure Hype?」라는 보고서에서 가져왔다. 폴란드 스프링이 'spring 샘'을 함부로 해석했다고 해서 2003년에 대단한 소송이 제기되었다. NPR에 보고된 바에 따르면, 회사는 소송이 제기된 해에 과실을 인정하지 않고 1000만 달러의 합의금에 낙착을 보았다(Brooks, 2003).

과대선전의 더 상세한 내용들은 폴크Foulke(1995)를 참조하라. 이 책에는 '병아리 태아 추출물, 말의 피 세럼, 돼지 피부 추출물' 과 같이 화장품에 들어가는 역겨운 속임수 원료들의 목록이 소개되어 있다. 랑콤과 메이블린의 유사점은 비가운Begoun(2006)이 든 여러 가지 사례 중 하나다. 「매트릭스」(1999)에서 착상한 신비한 남자와의 대화는 영화 속 모피어스한테서 직접 인용한 말들로 구성되었다.

탄산음료 선호에 대한 자기공명영상장치 연구는 매클루어 등(2004b)에 설명되어 있다. 펩시콜라가 1970~80년대에 내보낸 일련의 광고인 펩시 챌린지Pepsi Challenge는 블라인드 미각 테스트를 통해 코카콜라와 펩시콜라의 차이가 드러났던 특이한 사례다. 펩시 측에 따르면 대다수의 코카콜라 마니아가 로고 대신 임의의 문자들이 표시된 컵에 든 음료를 마셨을 때는 펩시콜라를 더 좋아했다고 주장한다. 펩시 챌린지는 뉴코크New Coke의 도입이라는 재앙의 촉매가 되었다. 뉴코크는 회사를 경영하는 동안 고이주에타가 저지른 가장 큰 실수였다. 새로운 제조법을 쓴 뉴코크는 블라인드 테스트에서는 펩시를 눌렀지만, 대중 사이에서 본래의 기분 좋은 연상을 전혀 일으키지 못했다. 그 결과 매출이 흔들리고 불매운동과 본래 제조법을 다시 도입하라는 편지쓰기 운동까지 일어나면서 금방 시장에서 사라졌다.

『블링크』에서 말콤 글래드웰이 제시한 설명에 따르면, 펩시 챌린지 이벤트가 한 모금만 마시게 하는 절차를 썼기 때문에 그러한 결과가 나왔다고 한다. 한 모금만 마실 때는 약간 더 단 펩시콜라가 유리하다는 것이다. 또 다른 가능한 설명은 맛을 본 사람들이 서로 다른 종류의 프라이밍에 영향을 받았다는 것이다. 즉 펩시콜라가 든 컵은 고의로 좀 더 긍정적인 함축이 담긴 문자들로 표시되었다고 한다. 적어도 코카콜라 측의 주장에 따르면 그렇다. 코카콜라가 제작한 광고에서는 심리학자가 "펩시콜라의 M 자는 'mellow(부드럽다)', 'mild(순하다)'와 같은 단어를 상징한다. 그리고 코카콜라의 Q는 'queer(괴상하다)'를 상징한다. 나아가서 펩시콜라의 L은 'lovely(사랑스럽다)'와 'light(경쾌하다)'를, 코카콜라의 S가 무엇을 상징하는지 당신도 알 것이다(힌트: 그 단어는 펜 질레트Penn Jillette(『Penn & Teller』를 진행하는 마술사이자 엔터테이너—옮긴이)가 매우 좋아하는 것이다)"라고 단언한다. 이 사실은 휴스Hughes M.의 『Buzzmarketing: Getting People to Talk about Your Stuff』, Portfolio(2005)에 설명되어 있다. 코카콜라는 나중에 2개의 테니스공 중에 어떤 것이 더 복슬복슬하냐고 묻는 것과 펩시 챌린지를 비교하는 광고를 내보냈다. 이 광고는 두 제품이 실제로는 똑같다는 사실을 암묵적으로 인정하는 것이었다.

걸음 속도가 어떻게 프라이밍의 영향을 받을 수 있는가를 보여준 바르흐Bargh의 연구는 바르흐 등(1996)에 설명되어 있다. 그리고 자동성에 대한 그의 말은 바르흐(1997)에서 인용한 것이다. 식역하메시지가 배고픔에 미치는 영향은 번Byrne(1959)에 설명되어 있다. 식역하 광고의 가장 유명한 예로, 극장 스크린에 "Drink Coca-Cola", "Hungry? Eat Popcorn"이라는 메시지를 잠깐씩 비춰주었더니 그 제품들의 매출이 극적으로 증가되었다고 주장했던 한 연구를 들 수 있다. 이 연구는 그러한 행위로 말미암아 대중의 비난을 받고 미디어 네트워크로부터 금지당했지만, 날조된 데이터에 기초한 주장이었음이 나중에 밝혀졌다. 더 자세한 사실은 'Subliminal Advertising' Snopes.com을 참조하거나 http://www.snopes.com/business/hidden/popcorn.asp를 찾아보라.

마케팅 전문가들과 다른 여론형성가들은 프라이밍에만 의존하는 것이 아니라, 앞 장에서 설명한 여러 가지 편향을 포함한 인지편향들도 십분 활용한다. 신용카드로 지급하면 할증료를 낸다고 하는 대신 현찰로 지급할 때는 할인을 해준다는 가게들은 프레이밍을 이용하고 있는 것이다. 그리고 그 악명 높은 HeadOn 광고(동종요법으로 제조된 두통치료제로, 이마에 직접 바르라는 슬로건을 세 번 되풀이하는 텔레비전 광고를 내보냈다—옮긴이)는 소비자의 마음속에 제품의 용이성을 증가시키기 위해 반복을 활용한다.

투표 장소가 학교일 때의 효과는 버거Berger 등(2008)에 설명되었다. 또한 신장이 수입에 미치는 효과는 저지와 케이블Judge and Cable(2004)과 페르시코Persico 등(2004)에 나와 있다. 그리고 순간능력 판단의 예측력은 발루와 토도로프Ballew and Todorov(2007)에 소개되었다. 치알디니Cialdini(1998)에서는 우리가 상당히 중요한 결정을 할 때조차도 외모 때문에 잘못을 저지르게 되는 다양한 현상을 개관했다. 더 많은 정보를 구하려면 『블링크』의 3장 「The Warren Harding Error: Why We Fall for Tall, Dark, and Handsome Men」을 보기 바란다. 2000년 대선에서 투표지의 순서가 미친 효과는 크로스닉Krosnick 등(2004)에 설명되어 있다.

6장 : 선택의 놀라운 역설

내가 나중에 이옝거와 레퍼(1999)로 발표될 아동연구의 자료를 수집하기 시작할 무렵, 선택과 비선택 조건을 비교하기 위한 지배적인 패러다임은 주커먼Zuckerman M.과 포락Porac J., 라신Lathin D., 스미스Smith R., 데시Deci E. L.의 「On the importance of self-determination for intrinsically motivated behavior」, Personality and Social Psychology Bulletin 4 (1978) 443–446쪽을 바탕으로 한 것이다. 그 연구에서는 참가자들이 여섯 가지의 퍼즐 중에 어떤 것을 선택해서 완성할 것인지 선택하도록 허락해주거나, 실험자가 퍼즐을 지정해주는 두 가지 조건을 설정했다. 선택과 동기의 관계를 탐구한 이론들을 더 읽고 싶다면 드참스DeCharms R.의 「Personal Causation: The Internal Affective Determinants of Behavior」, Academic Press(1968), 데시와 리안Deci E. L. and Ryan R. M.의 「Intrinsic Motivation and Self-Determination in Human Behavior」, Plenum(1985)을 참조하기 바란다. 우리 정보처리 능력의 한계를 보여주는 다양한 예는 밀러Miller(1956)에서 가져왔다. 주커먼 등에서 사용된 선택의 세트들이 마법의 숫자 7보다 조금 적었기 때문에 성공적인 결과를 얻었을 수도 있지만, 그것이 의도된 바는 아니었음이 확실하다.

드래거에서 실시한 내 연구는 이엥거와 레퍼(2000)에서 가져온 것이다. 그 논문에 실린 다른 연구에서는 참가자들에게 벨기에의 고디바 초콜릿을 6조각 또는 30조각 주고 선택하게 하는 실험실 상황을 설정해서 같은 결과를 얻었다. 지나치게 많은 선택지가 역효과를 낼 수 있다는 그뒤의 연구 결과로는 역시 초콜릿을 이용한 체르네브 Chernev A.의 「When more is less and less is more: The role of ideal point availability and assortment in consumer choice」, Journal of Consumer Research 30 (2003) 170-183쪽이 있으며, 또한 로이츠카야와 호가스Reutskaja E. and Hogarth R.의 「Satisfaction in choice as a function of the number of alternatives: When goods satiate」, Psychology and Marketing 26(3) (2009) 197-203쪽, 샤와 울포드Shah A. M, and Wolford G.의 「Buying behavior as a function of parametric variation of number of choices」, Psychological Science 18 (2007) 369-370쪽도 있다.

경제에서 소비자 제품(특히 UPC코드가 부착된 상품) 전체의 성장과 관련된 통계치는 웨인스타인과 브로다Weinstein and Broda(2007)에서 찾아볼 수 있다. 1949년 슈퍼마켓 재고품목의 수치는 『The Supermarket Industry Speaks: 1965』에서 찾았으며, 2005년 수치는 『The Food Marketing Industry Speaks: 2005』이라고 중간에 이름이 바뀐 동일한 간행물의 보다 최신판에서 가져왔다. 월마트 재고는 주크와 그레이엄Zook and Graham(2006)에서 인용했으며, 온라인에서 제공되는 선택지 수는 각각의 웹사이트에서 직접 찾아왔다.

온라인에서만 판매되는 물량의 비율은 앤더슨(2006)에서 인용했고 소비자의 구매 습관에 대한 설명은 엘버스Elberse(2007)를 참조했다. 엘버스는 「Should You Invest in the Long Tail?」, July-August 2008 issue of the Harvard Business Review에서 그러한 습관들과 테일제품 생산자들이 누리는 이익에 대한 연구를 더 자세히 소개했다. 그리고 롱테일이론이 제안하는 것처럼 상품을 분산하기보다는 적은 수의 블록버스터를 살 판매하는 네 인터넷 마케팅을 집중해야 할지도 모른다는 결론을 내린다. 롱테일을 다루는 블로그를 운영하는 앤더슨은 이 논문에 온라인으로 응답했으며, 그 내용은 http://www.longtail.com/the_long_tail/2008/06/excellent-hbr-p.html에서 찾아볼 수 있다. 프록터앤갬블이 제품 라인을 정리함으로써 얻은 이익은 오스노스Osnos(1997)에 보고되었으며, 골든캣Golden Cat의 유사한 성공 이야기는 크럼Krum(1994)을 참조했다.

체스 고수들의 실적에 대한 연구는 체이스와 사이먼(1973)에 설명되어 있다. 사이먼의 연구 관심사는 흥미진진하게 다채롭지만 특히 이 장과 관련된 그의 공헌은 '제한적 합리성bounded rationality' 이라는 경제학적 개념을 개발했다는 점이다. 고전적인 경제학 이론가들은 사람들이 제한 없이 큰 선택군에서 자신에게 돌아오는 이익을 극대화하는 선택지를 발견하기 위해 모든 선택지의 장점과 단점을 합리적으로 분석할 수 있다고 단순하게 가정한다. 하지만 사이먼은 인간의 정보처리 능력과 선택지들을 비교하는 데 드는 노력에 한계가 있기 때문에 이러한 극대화 과정maximizing은 사실상 어느 정도 질의 기준에 맞는 최초의 선택지를 선택하는 만족화satisficing된 선택보다 더 나쁘다는 의견을 냄으로써 중요한 공헌을 했다.

401(K) 가입률에 대한 분석과 그에 관련된 그래프는 이옌거 등(2004)에서 가져온 것이다. 그리고 기여율의 효과와 패턴들은 이옌거와 카메니카Kamenica(2008)를 참조했다. 메디케어 개혁에 대한 부시의 연설은 "President Applauds Congress for Passing Historic Medicare Bill"(2003)이라는 보도자료에 전문이 게재되어 있다. Plan D에 대한 논의와 분석 자료의 양은 방대하다. 간단히 개관하고 싶다면 http://www.medicalnewstoday.com/articles/35664.php를 보기 바란다. 비용과 처방활용 면에서의 유익함은 인Yin 등(2008) 등에 설명되어 있으며, 최초의 가입 패턴은 헤이스Heiss 등(2006)에 설명되어 있다. 그랜트Grant의 인용은 피어Pear(2006)에서 찾아볼 수 있으며, 그것의 지각된 단순성(또는 단순성의 결여)은 카이저패밀리재단의 2006년도 두 조사 「The Public's Health Care Agenda for the New Congress and Presidential Campaign」과 「National Surveys of Pharmacists and Physicians, Findings on Medicare Part D」를 참조했다.

문을 클릭하는 연구는 신과 애리얼리Shin and Ariely(2004)에 맨 처음으로 설명되었지만, 애리얼리(2008)에 더 상세하고 흥미롭게 다뤄져 있다. 식품의 다양성과 비만의 관계는 퍼트넘 등(2002), 레이너와 엡스타인Raynor and Epstein(2001)을 참조했다. 인터넷 사용시간에 대한 통계치는 니와 힐리거스Nie and Hillygus(2002)에서 가져왔으며, 그때부터 지금 사이에 분명히 증가했을 것이다. 한편 쇼의 이야기는 보스먼Bosman(2006)에서 인용했다. 우리가 다양성을 좋아하는 것은 사실이지만, 사이먼슨의 「The effect of purchase quantity and timing on variety-seeking behavior」, Journal of Marketing Research 27 (1990) 150-162쪽에서 볼 수 있듯이 실제 좋아하는 만큼보다 더 좋아한다고 생각한다. 이 연구에서는 사람들이 매일 간식을 선택할 때는 대체로 자기가 좋아하는 것을 선택하지만, 미리 며칠 치를 선택하라고 요구했을 때는 다양성을 확보하기 위해 좋아하는 품목을 덜 포함시켰다는 결과를 얻었다. 사람들은 간식과 간식 사이의 간격에 포만이 사라진다는 사실을 깨닫지 못하기 때문에 그런 행동을 했던 것이다.

선택의 증가와 후회 사이의 관계, 또한 앞서 사이먼의 주에서 설명했듯이 선택의 증가와 극대화와 만족화의 관계, 또한 현대사회에서 선택하는 사람들이 직면하는 다른 여러 가지 어려움을 보다 깊이 알아보고 싶다면 배리 슈워츠Barry Schwartz의 『The Paradox of Choice』, Ecco(2003)을 강력히 추천한다. 드 토크빌De Tocqueville의 발언은 『Democracy in America』 536쪽에서 가져왔다.

스웨덴 연금개혁의 함정은 크롱크비스트와 탈러Cronqvist and Thaler(2004)에 설명되어 있다. 자동가입이 은퇴연금 가입에 미친 효과는 최Choi 등(2006)에서 찾아볼 수 있으며, 장기기증과 관련해서도 비슷하게 극적인 결과를 존슨과 골드스타인Johnson E. and Goldstein D.의 「Do defaults save lives?」, Science 302 (2003) 1338-1339쪽에서 찾아볼 수 있다.

잡지 진열에 대한 내 연구는 모길너Mogilner 등(2008)에 설명되어 있으며, 아우디 구매자 연구는 「Order in Product Customization Decisions: Evidence from Field Experiments」를 참조하라. 윈턴 마르살리스Wynton Marsalis와의 인터뷰는 2008년 7월 24일에 이루어졌다.

7장 : 인생은 선택의 과정이다

'케이크냐, 죽음이냐' 코너는 조던Jordan(1999)의 풍자극 「Church of England Fundamentals」에 포함되어 있다. 히포크라테스 인용문의 원 출처는 그의 『Decorum』이며, 체질이론과 그 이론이 놀랍도록 오래 지속된 사실과 관련된 정보는 개리슨Garrison(1966)을 참조했다. 위약효과를 더 알고 싶은 독자를 위해서는 실버먼Silberman S.의 「Placebos are getting more effective. Drugmakers are desperate to know why」, Wired Magazine(August 24, 2009)에 그 역사와 흥미로운 근황들이 소개되어 있다. 그 내용은 http://www.wired.com/medtech/drugs/magazine/17-09/ff_placebo_effect?currentPage=all에서도 찾아볼 수 있다.

의사와 환자의 관계를 보는 히포크라테스 개념을 포함해서 선택과 관련된 의학 역사의 대부분과 AMA(미국 의학회) 지침, 프랫 박사의 경험, 이름 미상의 프랑스 의사에 대한 이야기들은 카츠Katz(1984)를 참조했다. 환자에게 암 진단을 알리겠다는 의사들의 비율은 슈나이더 Schneider(1998)에서 가져왔다.

선택이 실제와 가상 부모들의 대응에 미치는 영향을 탐색한 내 연구는 보티Botti 등2009)에 설명되어 있다. 같은 자료를 더 광범위하게 보고 싶다면 오팔리와 고든Orfali K. and Gordon E.의 「Autonomy gone awry: A cross-cultural study of parents' experiences in neonatal intensive care units」, Theoretical Medicine and Bioethics 25 (4) (2004) 329-365쪽을 참조하기 바란다. 하이드Hyde의 첫 번째 인용은 『The Gift』 78쪽에 나와 있으며 그다음 인용은 80쪽에 나와 있다.

알츠하이머병의 전망은 슬론Sloane 등(2002)에서 암과 관련된 수치는 「Probability of Developing Invasive Cancers Over Selected Age Intervals, by Sex, US, 2003-2005」에서 가져왔다. 이 자료는 http://www.cancer.org/downloads/stt/CFF2009_ProbDevCancer_.7 pdf에서도 찾아볼 수 있다. 그리고 파킨슨병의 수치는 미국 파킨슨 병재단의 'About Parkinson's disease' 페이지에서 찾아볼 수 있으며 http://www.parkinson.org/page.aspx?pid=225도 참조하기 바란다. 이러한 질병들이 제기하는 딜레마의 실례를 보고 싶다면 화이트White J.의 「When do families take away the keys? Spokane Woman with Alzheimer's took wrong turn and died」, The Spokesman-Review October 3, 1999를 보라. 인공 항문형성술의

합병증에 대한 연구는 암스털로Amsterlaw 등(2006)에 설명되어 있으며, 요구르트에 대한 내 연구는 보티와 이옌거(2004)에서 가져왔다.

단추는 온라인 http://www.psdgraphics.com/psd/3d-red-push-button/에서 자유롭게 공유하는 이미지에서 가져왔다. 그리고 왜 사람들이 그것을 누르고 싶어지는지 설명하는 내용은 브렘Brehm(1966)에서 참조했다. 금지된 세제의 사례는 마지Mazis 등(1973)에 묘사되어 있다. HMO의 지지도는 블렌든과 벤슨Blendon and Benson(2001)에, 사람들이 자신의 건강보험이 어떤 것이라고 알고 있는가에 대한 연구는 레초프스키Rechovsky 등(2002)에 나타나 있다.

로비 로봇Robbie the Robot 연구는 자나Zanna 등(1973)에 설명되어 있다. 가격이 알코올과 담배 소비에 미치는 영향은 찰로프카Chaloupka 등(2002), 베커Becker 등(1994)에 각각 소개되어 있다. 유해한 식품에도 비슷하게 세금('Twinkie(크림이 든 고칼로리의 케이크 상표명—옮긴이) tax'라고도 알려져 있다)을 부과하자는 제안이 나오기도 했다. 그 부분은 제이콥슨Jacobson M. F.과 브라우넬Brownell K. D.의 「Small taxes on soft drinks and snack foods to promote health」, American Journal of Public Health 90(6) (2000) 854-857쪽을 보라. 담배세가 높아질수록 흡연자들이 더 좋아한다는 사실은 그루버와 물라이나산Gruber and Mullainathan(2005)에서 참조했으며, 지나친 세금으로 생겨났던 캐나다의 문제는 물라이나산(1994)에 설명되어 있다. 흥미로운 여담을 하나 하자면, 일 년 뒤에 캐나다는 다소 수치스럽게도 강력 변기라는 또 다른 밀수품의 종착지가 아니라 출발지가 되었다. 1995년 수자원보호법에 따라 미국 화장실들이 한 번 물을 내릴 때마다 1.6갤런(약 6리터)의 물만을 쓰도록 제한된 뒤로, 보다 강력한 배관을 원하는 사람들이 변기를 캐나다 국경을 넘어 은밀하게 들여오게 된 것이다. 범죄 조직보다는 주로 개인들이 이런 밀수에 가담했다. 어쩌면 변기 밀수 집단Commode Kingpin이라는 별명을 원한 범죄 조직이 없었기 때문인지도 모른다.

오디세우스의 명령은 로버트 페이글Robert Fagle이 옮긴 『The Odyssey』의 276쪽에서 인용했다. 카지노 방문 때문에 자신을 돛대에 묶고 싶은 사람은 http://bancop.net/을, 스누즈앤루즈SnuzNLus를 구입하고 싶은 사람은 http://www.thinkgeek.com/stuff/41/snuznluz.shtml.을 찾아가기 바란다. 스틱닷컴stickK.com 배후의 이야기는 http://www.stickk.com/about.php의 'About' 페이지에서 가져왔다. 점진적 저축 증대Save More Tomorrow는 탈러와 베나르치Benartzi(2004)에 설명되어 있으며, 사람들이 현명한 판단을 내리도록 도와주는 장치에 대해 더 알고 싶으면 탈러와 선스타인의 『Nudge: Improving Decisions About Health, Wealth, and Happiness』, Yale University Press(2008)를 찾아보라. 「햄릿」은 3막 1장에서 인용했다.

에필로그 : 선택하는 자, 미래를 결정한다

첫머리에 나오는 시는 「Little Gidding」에서 인용했으며 엘리엇Eliot(1943)에서 찾아볼 수 있다. 나는 2009년 1월 5일 오전 11시에 방갈로르Bangalore에 있는 자인의 아파트에서 그를 만났다. 그의 영업에 대해 더 알고 싶거나 자신의 점괘를 알고 싶다면, http://www.skjainastro.com/을 찾아보기 바란다. 제인 에이킨 하지의 죽음과 관련된 정보는 브라운Brown(2009)을 참조했으며, 그녀 아버지의 시는 에이킨Aiken(1953)에 실려 있다.

다르게 표시하지 않은 주와 참고문헌 목록에 소개된 모든 인터넷 정보는 2009년 10월 15일 현재 알려진 주소에서 얻을 수 있는 내용을 기초로 한 것이다. 그 이후로 내용이 변경되거나 찾을 수 없게 되었다면 http://www.archive.org/index.php의 Internet Archive에서 이전 내용을 찾을 수 있다.